为什么要重建中国法系

二十世纪中华法学文丛

为什么要重建中国法系

——居正法政文选

范忠信 尤陈俊 龚先砦 选编

中国政法大学出版社

总　序

　　二十世纪是中华文化经受空前巨大、深刻、剧烈变革的伟大世纪。在百年巨变的烈火中，包括法制文明在内的新的中华文明，如"火凤凰"一般获得新生。

　　大体上讲，二十世纪是中国法制现代化的世纪。这一个世纪的历程，不仅仅是移植新法、开启民智、会通中西的法制变革的历程，更是整个中华文明走出传统的困局、与世界接轨并获得新生的历程。百年曲折坎坷，百年是非成败、得失利弊，值此新旧世纪交替之际，亟待认真而深刻的反省。这一反省，不仅有助于当代中国法制建设的深入，亦有助于推进新世纪中国民主与法治社会的形成。这一反省，是一项跨世纪的伟大工程。作为这一工程的起始或基础，我们应全面系统地检视、总结二十世纪中华法学全部学术成就，并试图作初步点评。为此，我们特郑重推出"二十世纪中华法学文丛"。

　　1898 年，光绪皇帝接受康有为、梁启超等人建议，实行"新政"。中国法制现代化的事业于此开始萌动，但旋即夭折。四年之后，在内外剧变的巨大压力下，这一事业再次启动。1902 年，清廷命沈家本、伍廷芳为修订法律大臣，设修订法律馆，开始翻译欧美各国法律并拟定中国之刑律、民商律、诉讼律、审判编制法等新型法律。这一年，应视为中国法制现代化的正式开始。自此，中国法律传统开始发生脱胎换骨的变化：以五刑、十恶、八议、官当、刑讯、尊卑良贱有别、行政司法合一为主要特征且"礼刑结合，律令相辅，刑事优先"的中国法律传统，在极短时间内仓促退出历史舞台，取而代之的是一个又一个令国人颇感生疏的新式法律体系和法律运作机制。不宁惟是，一套又一套从前被认为"大逆不道"、"不合国情"的法律观念——"民主"、"自由"、"平等"、"法治"、"契约自由"、"无罪推定"、"制约权力"、"权利神圣"等，随着新型法律制度的推行一起被带给了人民，使人民的心灵深处渐渐发生革命。与此同时，近代意义上的中华法学，亦与"沟通中西法制"的伟大事业相伴而生，渐至发达。出洋学习欧美日本法律成为学子之时尚，法政学堂如雨后春笋，法政期刊杂志百家争鸣，法学著译如火如荼，法学成为中国之"显学"。据不完全统计，仅二十世纪上半叶，全国各出版机构出版发行的法律和法学著译及资料，多达六千余种，总印行数多达数百万册。本世纪下半期，"法律虚无主义"一度盛行，为患几近三十年，中国法律和法学一派凋零。七十年代末以后，国人痛定思痛，重新觉醒，中国又回到法制现代化的正轨，法律和法学重新兴旺和昌盛，法学著译出版再次空前繁荣。据估计，1978 年至今，我国法学著译资料的出版多达万种，总印数可能在千万册以上。这期间，不惟基本完成了前人未竟的法制和法学现代化事业，亦开始了向法制和法学更高的境界的迈进。

这一个世纪的法学著译和资料编纂，是中国法律现代化历程的忠实记录，是中华法学界百年耕耘的结晶。从"全盘欧化"、"全盘苏化"的偏失到"中国特色"法制与法学的探索，百年上下求索留下的这份宝贵的学术遗产，值得我们珍惜；即使仅仅作为一部时代的病历，也值得我们借鉴和分析，以期发现和治疗我国法制现代化过程中的常见病症。不幸的是，这份学术遗产，特别是二十世纪上半叶的法学著译资料，现在正面临着悄然毁失的危险。由于印刷技术低下、纸质粗劣、馆藏条件落后，许多法学书籍破旧枯朽，不堪翻阅，有些甚至图文蚀褪无法辨读。加之种种人为的原因，那些汗牛充栋的法学资料长期尘封蛛网，很少有人记起，半个世纪的探索和成就竟被视若虚无。馆藏制度之限制又使借阅者困阻重重。人们常叹：《尚书》、《周易》乃至秦汉野史随处可得，几十年前的法学著译竟一书难求！此种文化"断裂"现象，实有碍于今日中国法律教育和研究事业之正常进行，亦有损于中国法律现代化事业之发达。以上诸端，不仅二十世纪上半期的书籍如是，二十世纪下半期的一些作品亦已经或很快将面临同样的命运。有感于此，我们遂有整理二十世纪中华法学遗产之愿望及筹划，不意与中国政法大学出版社之设想不谋而合，是以有"二十世纪中华法学文丛"之选印。

　　本"文丛"选印的书籍或选编的论文，纵贯二十世纪始终。凡能代表二十世纪不同时期法律学术水平、法制特色，有较大影响且为当今中国法学教育研究所需要者，均在选印之列。即使是五十至七十年代间特定背景下的法律和法学作品，只要有历史文献价值，亦可收入。在选印的顺序上，大致由远及近，优先选印上半个世纪的著译资料。目前选印编辑的重点是二十世纪前半期作品。二十世纪后半期的法学成就，拟在以后条件成熟时再行整理。选本范围将不局限于内地学者的作品，还将涉及五十年代以后台湾、香港地区和海外华人学者的法学作品，因为他们的成就也是二十世纪中华法学不可忽视的一部分。除曾正式出版的单本著译外，还将汇聚若干法学家的个人文集，或重新编辑二十世纪各个不同时期的法规、案例及习惯调查资料。不过，凡近二十年间已为各出版机构再版的法学著作、译作，原则上不再选印。

　　为了保证选本的权威性、准确性，我们特聘请了六位二十世纪上半叶即涉足法学或司法工作的前辈学者出任顾问。老先生们不顾古稀耄耋之年，亲自批点方案、确定书目、选择版本，并以口头或书面的方式提出了许多宝贵的意见。幸赖于此，我们的计划才得以顺利进行。

　　本"文丛"之选印，旨在集二十世纪中华法学之大成。为体现历史真实，我们将恪守"尊重原作"的原则，不作内容上的任何更动。即使有个别观点与今日不符，亦予以保留。作为不同时期的特殊历史记录，保持原貌更有利于比较和借鉴。为了使读者对每本书的作者及该书的学术地位等有一个必要的背景了解，我们特约请法学界一些学者为各书撰写关于其人其书的专文，置于书前。除此之外，我们所做的纯粹是一些技术性工作，如纠正原作的排印错误，注明原书所引事实、数据、名称之错误等等。为方便起见，可能将同一法学家的数个单行著作合而为一，也可能将原合印在一起的不同著作分开重印，还可能将当时或今日学人对其书或其人的有关评论或有关的图表、法规资料选附于书后。总之，尽可能使其全面、完整。

本"文丛"的选编校勘，是一项看似简单实则复杂艰难的工作，需要相当的学养和责任心。我们虽兢兢业业，如临深履薄，但仍难免疏漏，恳请各界朋友批评指正。除此之外，还期待学界朋友推荐符合本"文丛"宗旨的法学著译资料，与我们共同完成这一跨世纪工程。

谨以本"文丛"献给中国法制现代化事业，献给中国民主法治的新世纪！

二十世纪中华法学文丛
编委会　谨识
1997 年 7 月于北京

居正法律思想与民国法制及中国司法近代化

● 范忠信　尤陈俊　龚先砦 ●

居正先生是民国时代著名的政治家和法律家。在长期的革命和建设活动中，先生实际上成为民国法律思想的主要代言人之一，是民国法制的主要奠基人和践行者之一，影响了辛亥革命以来的几代人，对中国法制近代化事业作出了重大的贡献。[1]但是新中国成立以来，由于政治的原因，居正的政治法律著述长期乏人问津，对居正的政治法律思想之研究几乎成为禁区，直到改革开放以后才稍有改善。这一状况，实际上正是毛泽东同志一贯批评的"割断历

---

[1]　自1932年1月至1948年7月，居正任司法院长一职时间长达十六年半之久。在此期间，他还曾兼任最高法院院长（1932年1月~1935年7月）、司法行政部长（1934年10月~1935年1月）、中华民国法学会理事长（1935年9月~1948年）、朝阳大学董事会董事长（1936年~1948年）。有学者因此称"就其影响于三四十年代司法制度扩而大之乃至整个法律制度的进程而言，都是重要而不容忽视的。"诚哉斯言！参见江照信："居正思想与司法实践：1932~1948"，香港中文大学2008届博士学位论文。

史"；本书的编辑出版旨在为这一状况的彻底改变稍尽绵薄之力。

一

居正，原名之骏，号岳崧，其留学日本期间改名为正，号觉生，晚号梅川居士。湖北省广济县（现为武穴市）人，生于1876年11月8日（清光绪二年九月二十三日），卒于1951年11月23日。

居正出生于一个塾师家庭，父亲居宾虞，母亲胡氏，其在兄弟五人中排行第三。七岁启蒙，由族叔居澧泉教读经书；十五岁开始习作八股文，准备循科举正途上进，但连年应试不中，遭人讥笑。1898年曾想去当兵，然苦无门径，惟得苦读奋进；终于1899年以院试第一之成绩考取秀才，入县学。当时武昌农务学堂招考，广济知县保荐居正应试，但因冰雪封路，家人劝阻，未能成行。1901年居正入沧浪书院读书，接受新学，但不久因学潮而退学，第二年春到省城武昌准备投考学堂，未成，于是跟随饶汉祥等人攻读，并结识陈乾、石瑛、田桐等十四人，结为盟兄弟。1902年夏居正回乡参加乡试，因八股制艺改为时事策论，第一场试题有"俄主专制、美主共和、英主立宪"等语，居正未曾修习，结果名落孙山。于是返乡协助父兄授徒，郁郁不得志两年有余。

1905年夏，其盟兄弟陈乾从日本归国，力劝居正同赴日本留学。在陈乾等人的资助下，居正于同年九月东渡日本，进入日本法政大学法政速成科第四期学习。甫由江户至东京，受已加入同盟会的盟兄弟田桐（梓琴）邀请，至《民报》社兼职；其间阅读田桐所编之《亡国惨记》及其与宋教仁共同创办的《二十世纪之支那》杂志，遂倾向革命。1905年12月14日，在陈乾的介绍下，由宋教仁主盟加入同盟会。当年十一月，日本文部省颁布"留学生取缔规则"〔2〕，激起中国留学生愤慨，遂奋起抗争。在抗争方式上，留学生意见分歧：一派主张全体回国以为抗议，一派主张不可因抗议而轻率废学。居正遂选择继续留在日本读书。1906 年与张百祥、何庆云、焦达峰、刘公等在东京组织"共进会"，并包办会中一切组织规章拟订事宜，以该会作为同盟会的外围组织，以便联络各省会党，并借以对抗汤化龙等立宪保皇派所组织的"地方自治会"。在日本法政大学法政速成科学习两年之后，1907 年秋，居正考入位于神田区的日本大学本科法律部。〔3〕此时，鉴于同盟会在国内的起义屡遭失败，孙中山与黄兴等人将同盟会总部搬至安南，并策动云南起义。居正决心投笔从戎，于是毅然辍学，离开日本赶赴云南参加起义。途经香港之时，传来河口起事失败消息，于是在孙中山先生的长兄孙眉（德彰）先生协助之下，乘船转赴新加坡。加入《中兴日报》，以"药石"之笔名接连撰写大量杂文、专论，阐发革命大义，驳斥保皇党谬论，协助胡汉民、汪精卫、田桐等人，与当地保皇派主办的《总汇报》展开论战。其文笔犀利，令人折服，一时声誉大著，使《中兴日报》在南洋各埠销路大畅，革命声势为之大振。未几，仰光华侨革命党人慕名前来，请居正赴缅甸主办《光华日报》。1908 年 7 月，经槟榔屿转抵仰光。9 月，在居正的主持筹备下，《光华日报》在缅甸正式创刊，宣传革命，初由居正担任总主笔，后由吕志伊接替。清廷驻缅领馆人员千方百计打击

---

〔2〕 所谓"留学生取缔规则"，即 1905 年 11 月 2 日由日本文部省颁布的《关于令清国人入学之公私立学校规程》。该《规程》规定，中国留日学生不论入公立或私立学校均需找官厅作保，由清驻日公使出具证明；在入学志愿书上必须写明本人入学前的履历、介绍入学的官厅名称；凡因参与政治活动而被指令退学者不得复学；等等。这个专门限制中国学生的规则，遭到了中国留日学生的坚决反对。在中国留日学生的愤然抵制之下，日本政府不得不暂缓执行这一规则。

〔3〕 居正曾在《梅川谱偈》中如此自述道："修业虽完只速成，一年半载学无名。也知读法须深造，重入神田日本营。"

《光华日报》，保皇党分子也常寻隙习难。然居正排除干扰，使该报声势愈张。其间，他"终日以脑筋发电，腹稿新闻须写三四千字"，以充实版面，此外又利用星期日报纸不出刊之机，举办演讲会、座谈会，宣传共和革命，并秘密扩大同盟会队伍，革命势力因而遍及全缅各埠华侨社会。1910年春，因保皇党人指控其宣传无政府主义，居正被缅甸法院裁判驱逐出境，遂返日本。乘船至槟榔屿，受殖民地警察严密监视，不准其离船上岸；返新加坡又遭监视，经邓子喻等当地革命党人担保后方获准转船至香港，并于1910年夏再赴东京，入先前辍学之日本大学交费补课复学。

1910年暑假，居正受命回国从事革命活动。先抵上海，拜访陈其美，并沿途调查联络，至冬季回到家乡广济。1911年2月抵汉口，主持湖北省同盟会工作。在汉期间，居正与当地革命力量共进会、文学社领导人孙武、蒋翊武等人取得联系，在武昌黄土坡设同兴酒店以为革命据点，于过往之湖北新军中宣传革命思想，发展同盟会员，秘密筹备武汉地区的武装起义工作。同年9月中旬，受武汉革命党人之托，携购买枪械款起程赴上海，先后会晤宋教仁、陈其美、谭人凤等同盟会领导人，报告武汉地区之革命形势，商量起义计划，并采购军火。1911年10月10日，武昌起义爆发。居正恰于是日晚登轮西上，然因人在船上而对此消息一无所知，直至13日船泊九江时方才获悉。10月14日携所购军火抵达武汉，参与筹组湖北军政府活动。当发现黎元洪缺乏革命决心和措施时，居正力主肃清汉口清军，巩固江北阵地；为严肃军纪，稳定人心，提议设坛场、具礼仪，促成黎元洪誓师盛典举行。10月16日黎明于阅马场举行誓师盛典，是日晚，居正约集同志会议通过《军政府组织条例》。在随后进行的汉口刘家庙战役中，居正亲临前线，身先士卒，在大智门被流弹击伤头部，幸未伤及性命。同年12月，居正以武昌都督府代表身份前往南京，参加各省都督府代表会议。1912年1月，中华民国南京临时政府成立，大总统孙中山先生采

"总长取名，次长取实"之策略，任命居正为内务部次长。其间，因部长程德全称病避居上海租界，未到职视事，居正实际代理主持内政部务，并负责同盟会总部的财务工作。2月，孙中山宣布让位给袁世凯，居正不愿与袁世凯同流合污，后向孙中山递交辞呈去职。8月，国民党在上海设交通部，以与北京总部相呼应，居正被孙中山委任为国民党上海交通部部长。1913年元月居正在湖北省议会被选为国会议员。1913年3月宋教仁在沪遭袁党刺客暗算身亡后，居正追随孙中山，策动武力倒袁的"二次革命"。5月奉命离京，密谋讨袁活动。6月至南昌，策动江西都督李烈钧反袁；后经九江至武汉联络军队，策划倒袁。7月，李烈钧宣布成立讨袁军，"二次革命"之序幕由此始。数日后黄兴于南京起兵讨袁，居正被黄兴任命为一等咨议官，并在上海组织讨袁军进攻制造局，惜未成功，反遭袁军自水、陆两路包围上海，形势危急。居正奉命至上海吴淞炮台收抚要塞官兵，亲任要塞司令官。8月，北洋舰队来犯，居正指挥要塞士兵发炮攻击，迫使"联鲸"小舰及一运送小艇投降，数日后又重创"海圻"舰。之后，在吴淞炮台坚守二十余日。"二次革命"失败后，居正于9月携家眷亡命日本京都。

反袁失败后，孙中山先生检讨革命受挫原因，痛感革命党人纪律涣散、缺乏团结精神。于是改组国民党（旧）为中华革命党，手订《中华革命党总章》，规定凡入党者须立誓约，并宣誓服从领袖。居正率先宣誓入盟，并担任党务部长[4]，负责联络海内外党人，并兼中华革命党机关刊物《民国》杂志经理。中华革命党在日本期间，物质条件虽然艰苦，但大家充满信心，革命情绪高涨。居正事后回忆，"反谓生平精神，无过此一阶段者"。1915年隆冬，居正奉孙中山之命回国，前往大连策动东三省革命党人讨袁事宜。

---

〔4〕 居正自著《梅川谱偈》记民国三年事写道："入党者须宣誓服从孙先生，并于誓约签名之下，亲盖指模……迄开成立大会，任余为党务部长。"

1916 年夏，孙中山先生特命居正为中华革命军东北军总司令，统筹直隶、山东、山西等地讨袁军事。1916 年 5 月，居正至青岛组建中华革命军东北军，亲率两师一旅之兵力讨袁，竖青天白日旗，贴孙大元帅讨袁檄文，沿胶济铁路进占潍县。东北军连克高密、诸城、昌乐、临淄、益都，直逼济南，威震山东。

1916 年 6 月袁世凯死，黎元洪继任大总统，恢复国会。孙中山乃电告居正："袁死，内外情大变，应按兵勿动，候商黎解决。"同年 7 月，居正北上出席国会，发表措词激烈的言论，表达中华革命党的呼声。不意当时府院之争激烈，国会不久便遭废弃。1917年 8 月，居正响应孙中山维护民国元年临时约法、反对解散国会之号召，联络各议员南下广州，召开非常国会，并参与组织广州军政府的活动，期间虽未担任官职，但为孙中山最亲信顾问之一。1918年 4 月，桂系军阀勾结政学会，通过改组军政案。孙中山痛感军阀专权而愤辞大元帅职，离开广东，由居正留穗办理一切交代手续。1919 年 10 月 10 日，孙中山于上海改组中华革命党为中国国民党，任命居正为总务部主任兼军事委员会委员。1920 年 11 月，桂系军阀被逐出广州，月底孙中山返广州，准备重组中央政府。居正应其所召，于次年春由上海回到广州，拥护孙中山之主张，在国会中提议将军政府由总裁制改为总统制。1921 年 5 月，孙中山在广州宣誓就任非常大总统，居正被委任为总统府参议，并兼理国民党本部事务。孙中山与陈炯明交恶后，居正于 1922 年 3 月间多次至惠州协调二者的关系，然毫无效果。5 月被任命为内务部长。6月 16 日陈炯明叛变，使叶举部炮击总统府，居正通电怒斥，并设法帮助孙中山夫人宋庆龄脱险，还奉命至沙面办理军队供应，前后长达 50 余日。

1923 年初，孙中山着手改组中国国民党，居正被指定为国民党本部参议之一。1924 年 1 月，居正出席在广州召开的国民党第一次全国代表大会，被选为中央执行委员，不久又被推举为执行委员会常务委员。居正辞不就，因内心对孙中山"联俄"、"联共"政策不满，以闭门思过为由离开广州，至上海宝山县杨行乡置新舍闲居，养蜂消愁。[5] 1924 年 2 月底虽被孙中山任命为大本营参议，但未至广州就职，缺席国民党中央执行委员会第二次全体会议。1925 年初离沪回湖北家乡，未几，又赴汉口、常德、长沙访友，再到河南、山东旅行考察。

　　1925 年 3 月 12 日，孙中山在北京逝世，居正急赴北京奔丧。5 月参加在北京召开的国民党中央执行委员会第三次会议；然因各派意见分歧，无果而终，居正中途退出，返上海参与章炳麟组织的"辛亥俱乐部"，又至开封会见国民军第三军军长孙岳等，为日后分裂活动作准备。同年 11 月，与邹鲁、谢持、林森等人在北京组织召开西山会议，公开反对孙中山的"联俄、联共、扶助农工"三大政策；居正被派任上海执行部委员。1926 年 3 月，出席在上海召开的西山会议派"国民党中央第二次全国代表大会"，被选为该派"国民党中央"执行委员，并任组织部长，不久补任为中央常务委员，又被任命为中央政治委员会委员，负责右派在上海的中央总部工作，并在沪创办《江南晚报》作为喉舌，鼓吹西山会议派"反共"言论。

　　1927 年 7 月宁汉合流后，居正与许崇智等人先至庐山访汪精卫，又往汉口晤唐生智，与国民党其他政要协商，一起促成南京（宁）、汉口（汉）、上海（沪）合流。9 月，三个"国民党中央"各派代表于上海举行会谈，决定组织国民党中央特别委员会，居正被推为特别委员会委员。年底，各派矛盾激化，南京发生枪杀民众的"一一·二二"惨案，居正被蒋、汪两派诬为主使人之一。为防止居正再行参加"西山会议"等派系的反蒋活动，蒋、汪两派组织的南京惨案特别法庭宣布将居正等十人停职监视。1928 年春，

---

[5]　居正曾于《梅川谱偈》自我解嘲道："求田问舍养蜂奴，索处非关我道孤。"

居正东渡赴日访问；当年夏返上海，极力张罗《江南晚报》，亲撰文章抨击蒋介石之独裁统治，并编《清党实录》一书发行[6]。因反蒋不遗余力，于 1929 年 12 月被蒋介石以"阴谋反动，危害党国"之罪名全国通缉，同月 21 日在沪被逮捕下狱，遭禁上海龙华看守所，亲尝囹圄之苦，每日抄写佛经以求解脱，自此信奉佛学。后自上海狱中解至南京，初因于三元巷军法处，七日后获准出外租屋居住，但仍须由军法处监视，实遭软禁在家。此番坎坷几近两年。[7]

　　1931 年"九·一八"事变后，国民党内部又号召团结御侮，各派系商定在南京召开第四次全国代表大会。因蒋介石迫于粤方（非常会议）压力，居正获释，并以第一届中央委员身份出席 12 月下旬召开的国民党四届一中全会，被选为中央执行委员。后召开中央执行委员会全体会议，居正又被推为国民党中央常务委员，并任司法院副院长，时年 56 岁。1932 年 1 月，因院长伍朝枢辞职不就，居正代院长职，并依法兼任最高法院院长。同年 3 月，国民党中执会第二次全体会议在洛阳举行，决议批准伍朝枢辞职，推居正为司法院院长。后居正又奉命兼任中央公务员惩戒委员会委员长，1934 年兼任司法行政部部长。不久，居正辞去一切兼职，专任司法院长。按照他自己后来所言，"在这个枯冷的位置上"，"一任达十六年之久"。此外，居正于 1935 年任"中华民国法学会"理事长，1936 年北上就任北平私立朝阳大学董事长（居正后任此职凡十年，抗战末期曾一度兼任校长），并聘张知本为校长。此间，他

---

〔6〕 居正所编的《清党实录》一书，汇集了西山会议以来至南京"一一·二二"惨案的相关文件，该书现已收入陈三井、居蜜合编的《居正先生全集》之中。

〔7〕《居正日记书信未刊稿》（谢幼田整理，广西师范大学出版社 2004 年版）、《上海图书馆庋藏居正先生文献集录》（上海图书馆整理，广西师范大学出版社 2007 年版）均收录了居正狱中便条、营救居正函件、居正被捕入狱相关资料等内容，可资参考。

力促朝阳大学作为培养法律人才的学府与国家的司法革新工作相互配合。1942 年 1 月，居正被任命为"全国慰劳总会"总团长，率领五个慰劳团分赴各战区前线慰劳抗日军队。居正行程四个月，到达滇、黔、桂、湘、鄂等省前线劳军。

1948 年 3 月，国民党第一届国民大会开幕，其主要任务为选举总统与副总统。友人敦劝居正竞选副总统，居正认为"民主国家只有竞选大总统，决无竞选副总统……如余要竞选，只有赤条条的竞选大总统"[8]，于是宣布与蒋介石"竞选"中华民国总统。在竞选中，居正提出三点政治纲领，即"改革地方政治"、"抢救农村危机"与"养成守法精神"。[9] 后迫于压力，声明放弃竞选[10]，但在蒋介石操纵下，仍被提名作为"陪选"[11]，最终以 269 票对 2430 票落败。国民大会结束后，居正辞去司法院院长职务，被选为国民政府监察院监察委员。1949 年，居正随国民党政府由南京迁广州，后飞台湾、返广州、转重庆，意图建立"根据地"反攻。同年 11 月 28 日，居正乘机经南宁飞往台湾，任台湾国民党

---

[8] 参见《梅川谱偈》。

[9] 关于居正参加竞选的三大政治纲领之具体内容，参见其交由国民党中央社发表的一篇书面谈话，即现已收入本书的"竞选谈话"一文。亦见 1948 年 4 月 6 日《大公报》刊登的居正"竞选总统的政见谈话"一文，收入陈三井、居蜜合编：《居正先生全集》（上册），台湾"中央研究院"近代史研究所 1998 年版，第 410 页。

[10] 参见居正："放弃竞选总统之声明"，载《大公报》1948 年 4 月 9 日，收入陈三井、居蜜合编：《居正先生全集》（上册），台湾"中央研究院"近代史研究所 1998 年版，第 421 页。

[11] 居正在 1948 年 4 月 16 日（阴历）的日记中写道："早起，见报公布候选总统人名单，余以一〇九人（刚是法定人数）之题名，与二千四百余人蒋公并列，摆布得太不相称。有人嗤为候相，有人笑为陪席，总之可谓找不着第二人，亦可哂也。"并草成感怀小诗一首："开张竞选说无为，不犯猜疑也发疑。毕竟庸庸浑不识，时行物兴又凭谁。"参见谢幼田整理：《居正日记书信未刊稿》（第三册），广西师范大学出版社 2004 年版，第 126 页。

政府"监察院监察委员"。晚年笃诚信佛，诵读经文，写有《禅悦集》、《学佛修养》等书。1951年11月23日深夜，病逝于台北阳明山寓所，终年75岁。[12]

二

居正先生在自述中曾把自己的一生分为三个阶段，"三十岁以前，言明贫家子，困而学之，志不在大。三十岁以后，言明行拂乱其所为，所以动心忍性。断断兮，无他技。五十以后服官政"。[13]

1876年到1905年的29年间，为居正出道之前，大部分时间在湖北广济老家读书，试图循科举之途仕进。但科场不甚如意，二十三岁始中秀才，以后屡应乡试不售。加上家境清贫，"二兄四弟手胼足胝，仅供温饱"；读书应试，丝毫无补于生计。1901年到武昌投考学堂未成，结识田桐、陈乾等具有民主革命思想的青年知识分子，受到革命思潮的浸润，"为稻粱谋"的想法才稍有改变。

---

〔12〕 关于居正生平的介绍，我们参考了以下资料：李翊民等编：《居觉生先生全集》，台北1954年印行；吴相湘："居正革新司法"，载吴相湘编：《民国百人传》（第2册），台北传记文学杂志社1982年版，第83~96页；赵玉明：《菩萨心肠的革命家：居正传》，台北近代中国出版社1982年版；中国国民党党史会编：《居正传记资料》，台北天一出版社，出版时间不详；胡春惠："居正"，载秦孝仪编：《中华民国名人传》，台北近代中国出版社1984年版，第230~234；罗福惠："《居正文集》前言"，载罗福惠、萧怡编：《居正文集》（上），华中师范大学出版社1989年版，第1~21页；林济：《居正传》，湖北人民出版社1993年版；唐荣智编：《世界法学名人词典》，"居正"条，上海立信会计出版社2002年版，第728~729页；萧栋梁："居正"，载朱信泉、娄献阁编：《民国人物传》（第12卷），中华书局2005年版，第68~73页；李艳玲："辛亥革命时期的居正"，湖南师范大学2005年硕士学位论文；方慧："居正与辛亥革命"，载《青海师专学报（教育科学）》2004年第6期，第227~229页。

〔13〕 居正："梅川谱偈·例言"，载李翊民等编：《居觉生先生全集》（上册），台北1954年印行，第29页。

"他那时还缺乏政治参与意识，对民族危机和社会的亟需变革感受不深。但到了日本之后，受到革命气氛的激励，原先在国内因受到社会道德、法律和传统教育所压制而成为潜意识的不满、反抗等心理要求，得以爆发出来，从而很快获致新的政治观点，对传统的规范、价值和社会结构表现出否定态度。"[14]

1905 年，居正由田桐、陈乾二人介绍，宋教仁主盟，加入同盟会。居正一生的"革命时期"亦由此始。[15] 因其志向坚定、不畏艰险，很快就得到孙中山先生的信任，遂加入同盟会领导中枢，并在之后的武昌首义、二次革命、护国运动、护法运动等革命斗争中担当重任，成为孙中山手下的得力干将。在宣传发动、组织策划乃至军事行动诸方面，为推翻专制、维护共和做出了巨大的努力。在孙中山的启发下，居正的民主革命思想逐渐走向成熟。在这些斗争过程中，居正形成了对孙中山及其"三民主义"、"五权宪法"等思想的高度崇拜与服膺，将"三民主义"作为自己法律思想的最高指导原则与法制建设的根本出发点。居正追随孙中山，为实现"三民主义"的国家理想而出生入死，历经挫折而矢志不渝。但因服膺"三民主义"几至迷信地步，居正的思想后来日趋保守。

1922 年以后，孙中山基于国际国内形势的变化，改组国民党，重新解释"三民主义"，并提出"联俄、联共、扶助农工"的三大政策。居正虽开始仍能在表面上与孙中山保持一致，但内心对"联俄、联共"始终难以接受，对阶级斗争与无产阶级专政学说固持坚决反对态度。1924 年，居正在国民党第一次全国代表大会当选为中央执行委员和常务委员，因对"联俄""联共"政策不满并

---

[14] 罗福惠："《居正文集》前言"，载罗福惠、萧怡编：《居正文集》（上），华中师范大学出版社 1989 年版，第 8 页。

[15] 关于居正早年参与中国革命活动的介绍与研究，另可参见郭芳美："居正与中国革命：1905～1916"，台湾政治大学历史研究所 1979 届硕士学位论文。

"辞不就"，不久之后蛰居上海宝山县杨行乡，"求田问舍"，"养蜂为事"。随后召开的国民党第二次中央执行委员会第二次会议，居正亦不参与，逐渐淡出国民党权力中枢。1925 年，孙中山先生逝世以后，居正参加"西山会议"，从此成为"一个既遭到后来的革命者批判、又为国民党当权者所排斥的过了时的人物"。[16] 1927年，蒋介石背叛革命、掌握政权后，居正进一步被边缘化。先是在野两年，继而因反蒋被软禁两年，至 1931 年 11 月召开的国民党第四次全国代表大会上重新担任中央常务委员和执行委员时，他已离开国民党权力中枢达七年之久。多年政治斗争的结果，使居正最终屈从于蒋介石，成为一位虽受尊崇但无实权的国民党元老。

居正人生的最后十九年，有十六年半的时间是在司法院院长任上度过的，而这十六年半的时间，是民国法律史上极其重要的转型阶段。[17] 最初，居正兼任最高法院院长、中央公务员惩戒委员会委员长以及司法行政部部长，权倾一时，但也由此招致各方侧目。后来，在国民党派系斗争中，居正的三个享有实权的兼职一一失去，最终仅任司法院院长。在十六年半的司法院院长生涯中，居正为在国民党统治下推行法治、改良司法做了大量工作。在长期从事司法政务的实践中，他积累了丰富的法政经验，形成了比较系统的法政思想。居正的法政思想以"三民主义"为指导，以"重建中国法系"为核心，涉及立法、执法、司法、守法和法学教育等方方面面。他对近代中国法学发展和法制建设的种种努力与贡献主要体现

[16] 罗福惠："《居正文集》前言"，载罗福惠、萧怡编：《居正文集》（上），华中师范大学出版社 1989 年版，第 14 页。

[17] 1948 年 7 月 1 日，时值新旧司法院长交接之日，居正曾致词自慨道："训政时期创立司法院是他（指王宠惠），行宪时期改组司法院又是他，我在中间搞了十六年多，实在搞不好。今日付托得他，亦可论因缘凑巧，一定作到法治修明，人民乐利"。参见谢幼田整理：《居正日记书信未刊稿》（第三册），广西师范大学出版社 2004 年版。

于这一时期，他的绝大多数法学著述也形成、发表于这一时期，本书所收录的法政著述为其中一部分，是居正法政思想集中而系统的体现。

三

对居正的法政思想，我们可以从以下几个方面来加以认识：

（一）"三民主义"的法治学说

居正早年留学日本，先后在日本法政大学、日本大学学习法律，接受了当时比较先进的资本主义法律思想观念。担任司法院院长之后，又积累了多年的法政实务经验，对法律的作用有深刻的认识。他结合中国的现实，提出了建立"三民主义之法治国"的理想图景。其三民主义法治观大致有以下要义：

首先，以法治为建设新国家之不二法门，认为"非厉行法治，不足以建设国家"。居正的法治观念，系建立在他对法律作用的全新认识之基础上。"法律者，国家施政之信条，社会生活之秩序，个人行动之准则也"[18]，"法律之于国家，如民非水火之不能生活也。"[19]法律是国家施政的信条，是社会生活的秩序，关系到国家主权的独立与完整，对一个国家来说至关重要。"果国家施政无信条，社会生活无秩序，个人行动无准则，其纷乱扰攘之状，将至不堪设想。是平时自保尚不可能，更遑论抵御外侮?"[20] "唯法治完

---

[18] 居正："法治前途之展望"，载李翊民等编：《居觉生先生全集》（上册），台北1954年印行，第381页。

[19] 居正："朝阳学院《法律评论周刊》复刊词"，载李翊民等编：《居觉生先生全集》（下册），台北1954年印行，第586页。

[20] 居正："法治前途之展望"，载李翊民等编：《居觉生先生全集》（上册），台北1954年印行，第381页。

成之国，始有完整独立之主权。"[21] 要把中国建设成拥有完整、独立主权的国家，就必须效法西方实行法治。"欲求庶政之推行、民国之振作，根本大计，舍法治莫由。"[22]

居正认为，"所谓法治，即系以法律统治全国，一切公私问题，唯依法律以解决，亦即是以法律主治之意"[23] 这一定义提出了"法律主治"的主张，突显了法律的至上地位，继受了自亚里士多德以来西方法治观念的部分内容，具有进步性。

居正认为，官吏与人民对法律的了解与遵守，是实现法治的必要条件。他担任司法院院长之初，国民政府在立法方法上已经取得较大成就，国民党"六法全书"体系大体形成。但"徒法不足以自行"，他认为如果国民政府官员不能做到执法严明，国民对法律不能做到完全了解、坚信不疑且奉行不悖，则"法治"仍然无法实现。针对这一问题，居正提出，"法不贵能立，而贵能行；不仅能行，尤贵行之严明"，并系统地提出了实现法治的五条具体途径，即"遵行国父遗教"、"严格执行法律"、"注重合作精神"、"养成守法习惯"以及"发挥固有道德"[24]。

其次，"三民主义"为中国法治模式之精神核心。

在居正等人的推动下，1929 年 3 月召开的中国国民党第三次全国代表大会通过《确定总理遗教为训政时期中华民国最高根本法决议》，规定全国人民之民族生活与国家生活须统一于"总理遗

---

[21] 居正："法治前途之展望"，载李翔民等编：《居觉生先生全集》（上册），台北 1954 年印行，第 381 页。

[22] 居正："法治前途之展望"，载李翔民等编：《居觉生先生全集》（上册），台北 1954 年印行，第 381 页。

[23] 居正："中华民国法学会上海分会第二届年会致词"，载李翔民等编：《居觉生先生全集》（上册），台北 1954 年印行，第 463 页。

[24] 居正："法治前途之展望"，载李翔民等编：《居觉生先生全集》（上册），台北 1954 年印行，第 381～384 页。

教"之下。第一任立法院院长胡汉民在《三民主义之立法精义与立法方针》一文中明确地说，三民主义是一切建国工作的最高原则和立法方针。[25]服膺三民主义的居正，率先提出实现三民主义法治的五条途径，其中首列"遵行国父遗教"，亦即遵循"三民主义"。居正指出："一切政治经济之建设，均应以主义为依归。法制者，政治经济建设之基础也，匪惟不得悖乎主义，尤应发挥主义之精神。"[26]可见居正法治思想有其特定的内涵，即以三民主义为依归，努力"建立三民主义之法治国"。对居正而言，将"三民主义"作为法治思想的指导原则，绝对不仅仅是出于对国民党"三大"决议的拥护，而主要是因为对"总理遗教"即三民主义的推崇与服膺。

居正早年追随孙中山从事革命事业，与孙中山同荣辱共进退，"以孙中山先生的意志为意志"，高度崇拜"三民主义"。他说："三民主义是国父集古今中外学说之大成，并就古今中外的政治法律等制度而发明的一个伟大崇高的主义。继往开来，承先启后。纵的方面，继承尧舜禹汤文武以来先圣先贤一脉相传的道统；横的方面，博采世界群哲的学说，更从而折衷斟酌之"。[27]他对三民主义的评价近乎将之神化。就纵的方面而言，他认为三民主义是中国圣圣相传的"道统"的体现，认为"大学所谓格致诚正修齐治平之道"，"黄老儒墨诸子百家之思想"[28]，其精华尽入三民主义之中。三民主义"是本诸我国先圣先贤传授心法、种族哲学、政治哲学、

---

〔25〕范忠信、陈景良编：《中国法制史》，北京大学出版社2007年版，第529页。
〔26〕居正："法治前途之展望"，载李翊民等编：《居觉生先生全集》（上册），台北1954年印行，第382页。
〔27〕居正："法治前途之展望"，载李翊民等编：《居觉生先生全集》（上册），台北1954年印行，第504页。
〔28〕居正："国难中的国庆纪念读总理遗嘱"，载陈三井、居蜜合编：《居正先生全集》（上册），台湾"中央研究院"近代史研究所1998年版，第294页。

经济哲学融贯而成的法律哲学。考诸三王而不谬，亘诸天地而不悖，质诸鬼神而无疑，百世以俟圣人而不惑"，并且放之四海而皆准。[29] 在居正看来，上溯三王，下迄当世，三民主义都称得上是至圣至明、无与伦比的法律哲学。从横的方面说，他认为，不但"泰西所谓自由、平等、博爱"不在话下，即便"泰西政治、经济学者诸如亚里士多德、卢梭、霍布司、亚当·斯密、李加特，以迄于近代之黑格尔、费希特、马克思、拉斯基诸家之学说，亦均不能超出三民主义之范畴"。[30] 综上，三民主义包罗万象，囊括了人类思想界一切文明成果，没有哪一家学说能望其项背；三民主义是"我们中华民族今后建国的大宝典"。这种理解或有神化之嫌，但其实质不过是劝说人们以三民主义统率中国法治建设而已。

再次，居正极力推动"三民主义"理念具体贯彻到政府法制活动之中。他指出："今吾人服膺三民主义，号召法治，自应冶二者于一炉，以收融会贯通之效。如法制不主义化，则缺乏一贯之中心思想，不能辅翼主义之推行；主义不法制化，则仅为少数人所信仰，而不具有强制力，为全体国民共守之准绳。故今后立法方面，应以三民主义为其创制之最高原则；在行政司法等方面，尤应本主义之启迪，为适宜运用，务使主义法制化，法治主义化。"[31] 居正在自己的著述中反复强调，要将三民主义的精神贯彻到中国法治建设的始终，用三民主义来指导中国的立法、执法、司法和守法，极力实现三民主义与法治的有机结合，以三民主义为法治的指导原则，以法律的形式来推行三民主义。

---

[29] 居正："为什么要重建中国法系"，载罗福惠等编：《居正文集》（下），华中师范大学出版社1989年版，第507页。

[30] 居正："国难中的国庆纪念读总理遗嘱"，载陈三井、居蜜合编：《居正先生全集》（上册），台湾"中央研究院"近代史研究所1998年版，第294页。

[31] 居正："为什么要重建中国法系"，载罗福惠等编：《居正文集》（下），华中师范大学出版社1989年版，第381页。

总之，三民主义是居正法治思想的精神核心，其法治思想可称之为"三民主义的法治观"，他是民国时期法制思想的正统代言人。

居正广泛接受当时西方的各种法律学说，以辅助三民主义法治观。他曾借鉴"社会法学派"的理论，为三民主义作为中国法治指导思想进行论证。20 世纪 20 年代以后，以美国法学巨擘庞德（Roscoe Pound，1870～1964 年）为代表的社会法学派大行其道，成为全球法律界的主流思想之一。社会法学派的重要观点之一，就是强调法律的特定社会时空性，即实际的法律要与一定时间、空间的文明相联系去考察理解。庞德在《法律史解释》一书中指出，法官头脑中指导他们发现法律规则、解释法律规则并将法律规则适用于判案的蓝图，立法人员头脑中指导他们制定法律的更为详尽的蓝图，以及法学家头脑中指导他们构设创造性活动的方向、条理化活动的方向和系统化活动的方向的那些图景，都"只不过是一幅适用于特定时空的图景"；"每一特定时空下的文明都具有某些法律先决条件……法学家的任务就是要确定和系统阐释特定时空之文明的法律先决条件（不是整个文明的法律先决条件）……并且努力形构那些传承至我们的法律材料，从而使它们能够表达或者实施那些法律先决条件"。庞德认为，世界上没有永恒的法律，而只有特定时空中的法律，这种法律应当成为在该特定条件下最大限度地发展人类力量的一种工具。[32]

居正无疑接受了社会法学派"法律时空性"的观点。在《法律与人生》一文中，他指出，"法律既是治国利民的良器，社会生活的规范，当然含有时间性和空间性，随时代环境的递变，而演成

---

[32] ［美］罗科斯·庞德：《法律史解释》，邓正来译，中国法制出版社 2002 年版，第 219～220 页。

社会的反映物"。[33] 而在《司法党化问题》一文中，居正更进一步加以分析，认为"法律就是由整个世界观所包涵'正义'意识部分所反映而成的东西"，而"世界观实在是充满着时间性与空间性的东西"，从而推导出法律也具有一定的时间性与空间性。"法律因素必要与其母体世界观之时间性、空间性完全适合，而且与其姊妹生活（道德、宗教等生活）之时间性与空间性也完全适合。"[34]这既是说考察和认识法律必须与特定时空性联系，也是说创制和实施法律必须与特定的时空性适合。居正又指出，法律就是在一个统一的"正义观念"指导之下形成的系统，这个统一的正义观念便形成一国法律之"基本法理"或"中心原则"。法律具有时空性，那么这个"基本法理"或立法的"中心原则"也会"跟着时代为转移"。他说，"今日中国之国家，既不是前清或北洋军阀时代封建国家之遗留，也不是欧美资本主义国家或苏联共产党国家之移植，而是孙总理四十余年致力革命所创造之国家，它是帝国主义时代殖民地革命所必然地产生之新机构。它需要特殊的正义观念，特殊的基本法理，特殊的建国中心原则。'革命民权'、'平均地权'、'节制资本'等等理论，就是适合于殖民地革命客观的环境而由国民党扶植生长之主观的法理"。[35] 由此可见，在居正看来，"三民主义"就是与中国革命的特定时空性相联系的法律的"中心原则"，是应在中国建设的特有法治模式的精神支柱；它的出现或我们对它的选择，都是中国历史特定时空下的历史必然。

---

[33] 居正："法律与人生"，载《中华法学杂志》新编第一卷第七号，中正书局1937年3月版，第1页。

[34] 居正："司法党化问题"，载陈三井、居蜜合编：《居正先生全集》（上册），台湾"中央研究院"近代史研究所1998年版，第242~243页。

[35] 居正："司法党化问题"，载陈三井、居蜜合编：《居正先生全集》（上册），台湾"中央研究院"近代史研究所1998年版，第247页。

（二）"重建中国法系"的法律主张

居正认为，法学是一种形而上的学问。对法学的探讨研究，必须穷原究委，遵循一定的准绳法则，即在前人研究的基础之上，"因事推理，准情合数，而逐渐发明"，不能一蹴而就，更不能凭空捏造。[36] 他指出，我们研究法学及探讨任何一国法律，可以分作三个步骤：先考察它"过去如何"，然后考察"现在如何"，再进而"应当如何"。[37] 居正就是循此"准绳法则"展开对中国法系之考察。1944 年发表于《中华法学杂志》的《中国法系之重新建立》一文，[38] 便是他在此方面所做的探讨，而他于 1946 年由大东书局出版的《为什么要重建中国法系》一书，则是其以自己先前思考为基础，再加修订与增补后形成的集大成之作。[39]

---

[36] 居正："为什么要重建中国法系"，载罗福惠等编：《居正文集》（下），华中师范大学出版社 1989 年版，第 468 页。

[37] 居正："为什么要重建中国法系"，载罗福惠等编：《居正文集》（下），华中师范大学出版社 1989 年版，第 469 页。

[38] 居正："中华法系之重新建立"，载《中华法学杂志》第三卷第一期（1944 年）。

[39] 承蒙江照信博士提醒，我们注意到居正在其日记中对《为什么要重建中国法系》的成书过程有所记载："拟改'中国法系之重新建立——为什么要重建中国法系'，作一绪言，寄邓子骏商榷，因原文曾嘱子骏起草补充故也"（1946 年 7 月 4 日）；"补作中国法系结论"（1946 年 7 月 14 日）；"校对中国法系初稿"（1946 年 8 月 8 日）。参见谢幼田整理：《居正日记书信未刊稿》（第一册），广西师范大学出版社 2004 年版。按此处日记所述，可知《为什么要重建中国法系》一书，系改自居正先前发表的《中国法系之重新建立》一文，而后者当初曾由邓子骏"起草补充"，后来改写时，居正补充了绪言、结论部分，并校对了全书初稿。因此，准确地讲，《为什么要重建中国法系》一书系居正与邓子骏合作的成果。邓子骏曾在 1940 年代与林纪东、芮沐、查良鉴、洪兰友、孙晓楼、梅仲协、杨兆龙、杨幼炯、戴修瓒等人共同担任《中华法学杂志》编辑委员会委员，并担任司法院"讨论战后法规特种委员会"委员，居正曾在 1946 年 12 月 31 日为邓子骏书一条幅："汉阳有邓子，学道耻纵横。持戒宁辞禄，怀刑不为名。引经融世法，拟典断疑情。小试庖丁技，惟期允克明"。参见谢幼田整理：《居正日记书信未刊稿》（第一册），广西师范大学出版社 2004 年版。

首先，他对中国法系的进化历程进行了梳理。他认为，中国古代法律历史悠久，法律制度发达，法律思想也很丰富，中国法系形成了自己独特的传统。"观《易经》所示刑法之象"，"可知吾国法律萌芽之早，远在数千年以前"；早在"伏羲时，刑狱之制、法官之设，俱已有之"。[40]考诸《舜典》，则公元前2250年时，中国法律已有"象刑"、"五刑"、"五流"、"鞭"、"扑"、"赎刑"、"赦"等刑名之别，以及"眚灾肆赦，怙终贼刑"的处罚原则。"吾国在四千二百余年前即有如此详晰的法律概念记载"，较之《罗马十二铜表法》之公布，早3700多年；即使与"欧洲最古之《摩西法典》"相比，也要早八百多年，"当然弥足珍视"。[41]

他认为，这种起源悠远的法律，自伏羲以后，"黄帝、唐虞以及三代，册籍所载，随在多有"，在后世得以传承，并形成完备的典章制度。到周代时，法律对刑罚体系、"法律公布"、"用典原则"、"正当防卫"、"证据法则"、"审判心理与自由心证"、"诉讼代理、辩护及辅佐人"、"陪审制度"、"法院编制"、"越级上诉"、监狱设置、狱政管理、"法官的选择及其责任"等各方面已有"相当的概念和类似的创制"，"可见吾国法律方面发达的悠远了"。[42]但是，由于地理的关系，"中华民族过去与他族少所接触，一切思想行为，完全为一单一的整体的发展，个人主义向不发达"；加之"因受过去政治制度的影响，国家对于个人行为不免常采干涉主

〔40〕 居正："为什么要重建中国法系"，载罗福惠等编：《居正文集》（下），华中师范大学出版社1989年版，第469~471页。
〔41〕 居正："为什么要重建中国法系"，载罗福惠等编：《居正文集》（下），华中师范大学出版社1989年版，第471页。
〔42〕 居正："为什么要重建中国法系"，载罗福惠等编：《居正文集》（下），华中师范大学出版社1989年版，第473~478页。

义，刑法范畴，因此遂致扩大"[43]，中国早期法律的发展偏于刑法方面，这一点与古罗马法有所不同。

到春秋战国时期，随着成文法的公布，在法律制度进一步完善的同时，法律思想也蓬勃发展，涉及方方面面。诸如，"法立令行，不愆赏功，不乱赦罪"；"法律必须公开、不可任法令法吏操纵把持、因缘为非"；"法律应该不分贵贱，一律平等"；"法律必须综核名实，是非随名实，赏罚随是非"；"立法行法要以客观为标准，不能闭门造车、迳情直行"；"一切唯断于法，则可无为而治"；"法律应有进化性，不可与时代背道而驰"；等等。这些思想已经非常接近近代法律思想了。居正对这些法律思想推崇备至，认为"象这一类诠释法理、昌言法治的议论，就与欧美第一流的法学家言，对照参详，也可相互发明，并提媲美"。[44]

中国古代法律思想的这种蓬勃发展势头并没有一直持续下去。秦朝厉行法治，汉初崇尚黄老，至汉武帝时"罢黜百家、独尊儒术"，儒、墨、道、法诸家并峙的时代一去不复返。居正认识到，"从汉时起，儒家的法律思想，已经在政治上社会上占有绝对的优势，几乎法律内容的全体都受其支配。经过了两汉三四百年的时间，就愈加根深蒂固，非其他的势力所能动摇。继起的儒者，对于德礼和刑罚的见解，也大都大同小异，所以不但历三国、魏、晋、南北朝历代，虽各有法律的制定，而没有什么根本的变更，就是由隋、唐、五代，以至宋、元、明、清，也始终是一脉相承，保持这一个传统的精神"。[45] 这种受儒家思想支配的法律，不仅在时间上

〔43〕 居正："为什么要重建中国法系"，载罗福惠等编：《居正文集》（下），华中师范大学出版社 1989 年版，第 479 页。

〔44〕 居正："为什么要重建中国法系"，载罗福惠等编：《居正文集》（下），华中师范大学出版社 1989 年版，第 482 页。

〔45〕 居正："为什么要重建中国法系"，载罗福惠等编：《居正文集》（下），华中师范大学出版社 1989 年版，第 485 页。

绵延了两三千年，而且在"东至日本、朝鲜，南至安南，西至西域，北至契丹、蒙古"的广大空间范围内产生了巨大的影响。

在居正看来，中国法系具有悠远的历史、优良的法律制度、丰富的法律思想，形成了独特的儒家法律传统，成长为支配整个东方世界的法律体系。当代中国人应当引以为自豪，发扬而光大之。

其次，居正认为中国法系至近代未能延续和发展，在列强入侵的情况下遭到破坏，其直接原因就是领事裁判权的出现。

居正认为，"本来，从清代中叶起，中国法系就已呈现动摇倾覆的预兆"，原因在于中外通商交涉时，由于法律的冲突引起中外商人乃至各自政府间的龃龉，各国多不愿其在华侨民受到中国法律的支配。于是自1858年《中英天津条约》起，列强纷纷在华攫取领事裁判权，中国主权受到严重破坏。[46] 由于中国传统法律的残酷性，尤其是刑罚的残酷性历来为西方各国所诟病，并成为他们攫取领事裁判权的主要口实。[47] 清廷欲实现司法主权的完整，就必须从变法修律入手，变革落后残酷的法律制度。光绪三十四年《大清现行刑律》的修订正是基于这一原因。居正认为，"这一部刑律虽有不鲜的改革，但大体仍系沿袭《大清律》"，并未得到根本改善。对于中国政府自清朝末年至民国初年的其他变法修律成果，居正认为"或则仍旧因袭前此的礼治，或则完全继受他国的法律，东抄西袭，缺乏中心思想"。[48]

他认为，列强的入侵使中国社会结构发生了重大的变化；因此中国过去的法律体系即使不被有意识地加以修订，也必然无法适应

---

[46] 居正："为什么要重建中国法系"，载罗福惠等编：《居正文集》（下），华中师范大学出版社1989年版，第490页。

[47] 张从容：《部院之争：晚清司法改革的交叉路口》，北京大学出版社2007年版，第17页。

[48] 居正："为什么要重建中国法系"，载罗福惠等编：《居正文集》（下），华中师范大学出版社1989年版，第490页。

社会的发展；因袭礼治便是刻舟求剑。但是，盲目移植西方发达资本主义国家成熟的法律制度，则会产生水土不服的问题。解决这一矛盾的最好办法就是，在借鉴外国法律制度时，适当进行取舍，立足本国的国情加以"苦心经营创造"，"撷取各国之长"，"详为折衷，期于尽善"[49]。具体的"经营"方案，就是"重建中国法系"。这是在批判清末修律和北洋政府立法偏差和缺陷，即近代法律移植的缺陷后所提出的崭新方案。居正还引庞德之言为据，主张应以立足中国固有文化为基础，而非以追随英美法系为鹄的，来重建中国本位的新法系[50]。但他强调，这种"重建"，决不是提倡复古，"而正是要以革命的立法，进取创造，为中国法系争取一个新的生命，开辟一个新的纪元"[51]。

最后，居正提出了重建中国法系的四点"理想倾向"。

第一，"由过去的礼治进入现代的法治"。居正认为，革命建国的根本目标是建立一个现代的法治国家。既然"我们早已步入了革命建国的新时代，当然要以革命的立法，克服历史中不合理部分，建立一个法治的国家"[52]。而所谓"历史中不合理部分"，也是"近数十年最受人攻击的地方"。在居正看来，这就是"束缚过

---

[49] 居正："为什么要重建中国法系"，载罗福惠等编：《居正文集》（下），华中师范大学出版社1989年版，第491页。

[50] 居正曾在写于1946年12月7日的日记中述及："阅庞德报告谈法律教育，注重研究改造，中国应本自己历史，自成一法系，并引证英美法有不适宜于中国之处，提供种种实例，均有见地，非揣摩心理说法。而中国人反欲移植英美法于中国，殆数典而忘祖者，应为庞德之所窃笑也。"参见谢幼田整理：《居正日记书信未刊稿》（第一册），广西师范大学出版社2004年版，第392页。感谢江照信博士提示此则信息。

[51] 居正："为什么要重建中国法系"，载罗福惠等编：《居正文集》（下），华中师范大学出版社1989年版，第492页。

[52] 居正："为什么要重建中国法系"，载罗福惠等编：《居正文集》（下），华中师范大学出版社1989年版，第494页。

甚"的传统礼治。过去我国法律中礼治的成分，几乎占百分之百，导致"出礼则入刑"，公法私法界限混淆不清，这种状况应当得以改变。同时，居正又认为，应当历史地看待礼治。礼治在过去完成了它的使命，具有世界其他法系无可比拟的优点，我们不能够以20世纪的眼光来抨击它的不合理。礼在过去包含了"几乎全部的道德观念"，其中一些体现中华民族固有的美德、"经过无数先圣先贤的阐扬"、能够与法治相辅为用，"直到现在还与时代毫不相背"的部分，应当得以保持，成为社会规范之一。而这些所谓体现"固有的美德"的部分，在居正看来，就是古代中国的精神支柱，新时代经孙中山新倡导"四维八德"——即礼、义、廉、耻为四维，忠、孝、仁、爱、信、义、和、平为八德。在强调法治建设的同时，居正没有忽视道德的辅助作用；沿着传统的思路，他对法律与道德的关系有着清醒的认识。有学者将其概括为居正的"以德辅法"思想。[53]

第二，"由农业社会国家进而为农工业社会国家"。居正说，"数千年来都是以农立国，所以经济的演变，与法制的维系，不离乎农业范围"，"一向虽偏于农业经济生活"，但社会"大体颇为安定"[54]。然而，"近百年来，海禁大开，各国挟其工商业势力，先后侵入，藉着不平等条约的护符，政治的及经济的压迫，国民经济乃发生了剧烈的变动，驯至次殖民地地位"[55]。面对这种国际经济侵略和世界发展潮流，中国仅局限于农业发展是不行的。"而在不

---

〔53〕 韩洪森、陈强："论居正的法律思想"，载《山东行政学院山东省经济管理干部学院学报》2006年第2期，第71~72页；周振新："居正法律思想研究"，华中师范大学2003年硕士学位论文，第2~22页。

〔54〕 居正："为什么要重建中国法系"，载罗福惠等编：《居正文集》（下），华中师范大学出版社1989年版，第497页。

〔55〕 居正："为什么要重建中国法系"，载罗福惠等编：《居正文集》（下），华中师范大学出版社1989年版，第498页。

平等条约已获撤废，今后国民经济生活发展的趋向，自非农业与工业同时并进不可。"[56] 同时应遵照总理遗教，"平均地权"，"节制资本"，防止重走西方的弯路。

第三，"由家庭生活本位进而为民族生活本位"。在比较分析了我国历史上的家庭本位主义、欧美法系的个人本位主义，以及"欧美法律社会学者近年所创造的社会本位主义"各自的优点缺点之后，居正特别反省和批判了中国的家族本位主义。他认为，就家族本位而言，"合理的固然不能说没有，而不合理的就太多了"。他认为，"我国今后的法律，既不能够再因袭过去的家庭本位，也决不可再去摹仿欧美的个人本位"；就是欧美学者新创造的社会本位，对于中国"都还似乎不很适宜"。要"别谋所以创造中国法系之新生命"，应以促进民族公共利益、发展民族生活为依归，建立"以民族为本位"的法律。当然，居正强调民族生活本位，并未从根本上否定家族的地位和个人自由。他反对的是"只知有家族而不知有国族，或为家族的利益而牺牲民族的利益"的做法，承认"家族在法律上还是有它的地位"，"不过不象从前那样采取家族本位罢了"[57]。就个人而言，"在不违背民族公共自由和民族公共利益原则之下，每个人，法律上还是容许其有最大的自由"[58]。

第四，"以三民主义为最高指导原则"。"三民主义"是居正法律思想的指导精神，因此重建中国法系应该以贯彻三民主义为要旨，以三民主义为最高指导原则。所有法制的设计和改造都以三民主义为灵魂，将三民主义落实到具体的法律规范之中。

---

[56] 居正："为什么要重建中国法系"，载罗福惠等编：《居正文集》（下），华中师范大学出版社 1989 年版，第 498 页。

[57] 居正："为什么要重建中国法系"，载罗福惠等编：《居正文集》（下），华中师范大学出版社 1989 年版，第 502 页。

[58] 居正："为什么要重建中国法系"，载罗福惠等编：《居正文集》（下），华中师范大学出版社 1989 年版，第 502 页。

　　总之，"重建中国法系"是居正的政治理想（他曾在一文中自言道，此为其两大志愿之一[59]），也是其法律思想的核心内容，是居正对中国传统法律和近代法律进行梳理、思考后的结果，也是他为中国未来法律改革指出的一个方向，是国民党三民主义法律思想体系的重要组成部分。[60]作为国民党专制统治时期的一位政治家、法律家，居正尊重传统但不复古，虚心学习西方而不媚外，主张立足本国国情，对移植的外来法律制度加以斟酌损益，建立熔固有传统与外来法制优点于一炉的"中国法系"；有其独到的见解，时至今日仍属难能可贵。

（三）宪政思想

1. 对"宪政"的理解

　　一般说来，宪政是以宪法为中心的民主政治；即以宪法为前提，以民主政治为核心，以法治为基石，以保障人权为目的的政治形态或政治过程。由此观之，宪法的颁行是宪政实施的必要条件，没有宪法是无所谓宪政的。居正先生对于宪政的理解，在继承了西方一般宪政理念的同时，特别注意到了"宪政"在中国的特殊遭遇和使命。他在《宪政实施筹备刍议》一文中，列举自辛亥革命时起草《鄂州约法》时起，至1938年中国国民党临时全国代表大会制定《抗战建国纲领》止近三十年间的十四次与制宪有关的活动，痛省了中国宪政的艰难历程。"细按凡与宪法有关之经过，几乎一项一条命，一字一滴血"。[61]他特别提醒人们注意在一个专制

---

〔59〕　参见居正："中国法系之重新建立"，载《中华法学杂志》第三卷第一期，大东书局 1944 年 1 月 10 日出版。

〔60〕　肖太福："论居正的'重建中国法系'思想"，载韩延龙主编：《法律史论集》（第 5 卷），法律出版社 2004 年版，第 185 页。

〔61〕　居正："宪政实施筹备刍议"，载李翊民等编：《居觉生先生全集》（上册），台北1954 年印行，第 148～149 页。

传统极深的国度里建设民主宪政的艰辛和代价。他主张以"国父手订之《建国大纲》"为中国宪法和宪政的蓝本。与孙中山先生一样，他认为"宪法颁布之日，即为宪政告成之时，而全国国民则依宪法行全国大选举"，并认为这就是宪政的开始。不过，对宪政的实施前提条件问题，居正先生持非常审慎的态度。

他认为，宪政的实施需具备三个最起码的条件：第一，"国民心理之革新"，即国民具有健全的心理。[62] "因为人民如果没有健全的心理，则对于甲党乙党，举无所谓，操纵利用，可以随人；选举罢免，出之儿戏；创制复决，唯私是利，那还谈什么宪政？"只有国民心理健全了，才能有"国民责任之认识"，才能做到"知解宪法"、"遵守宪法"和"维护宪法"。第二，国民经济的发展。"国民经济如不能发展，人民不能保持相当水准的生活，则其对于宪政，将视为饥不可以为食，寒不可以为衣，漠然而无动于衷"[63]，从而缺乏实施宪政的物质条件。第三，国民教育的发展。一方面，教育关系到国民文化程度的提高，如果国民文化程度普遍偏低，对宪法的认知程度不够，宪法的实施必受阻碍。"如全国文盲，始终任其占百分之八十五以上，连最低限度的民众教育都不能展开，那么，最大多数的人民，就根本不知宪法为何物，更何论遵守宪法与拥护宪法？"[64]另一方面，教育还关系到国民民族意识的觉醒。三民主义是建国之本，"民族主义"是其重要组成部分，若国民缺乏民族意识，宪政同样无法实现。"吾党素主张建立民族的国家，凡在中华国族之种姓，应万众一心，实践宪法上之约束，以

---

〔62〕 居正："宪政实施筹备刍议"，载李翊民等编：《居觉生先生全集》（上册），台北1954年印行，第149页。

〔63〕 居正："宪法上之权与能"，载《中华法学杂志》第三卷第八期，大东书局1944年9月10日出版，第6页。

〔64〕 居正："宪法上之权与能"，载《中华法学杂志》第三卷第八期，大东书局1944年9月10日出版，第7页。

保我子孙黎民，永不受人侵略。"[65] 因此，倘若有人出卖民族利益，"当与众弃之"。

2. 对"宪法"的认识

居正先生对宪法在近代以来法律体系中的特殊地位有着当时极为超凡的认识。虽然"宪法"一词中国古代早已出现，如《尚书》"监于先王成宪，其永无愆"，《国语》"赏善罚奸，国之宪法"，等等，但作为近代意义的制度和理念，宪法完全是"舶来品"。他认为，"宪法是近代宪政国家的基本法律，它是依据一国的立国精神去规定政治形态的主要规律"[66]，将其推崇为"经天下之大经，立天下之大本，化育万物之洪范，变理阴阳之大乘"[67]。他认为宪法是"以树大信"的"国家根本大法"，"是法律的母法，在国内法中具有最高性"。制定国家法律时，"应遵循宪法的规定，奉行宪法的原则，法律不能与宪法抵触"[68]。居正认为，在中国，宪法应当坚持的基础原则就是"三民主义"；应以三民主义的原则厘定国家重大问题的典制。这些重大问题，"最主要的不外下列几种：（一）国家的领土与国都的位置问题；（二）人民的基本权利应该如何保障的问题；（三）人民的政权如何行使，即国民大会的问题；（四）政府的治权如何运用或五院政府相互间的分工合作问题"[69]。既然宪法规定的是国家的根本问题，因此其制定、实施应

[65] 居正："宪政实施筹备刍议"，载李朔民等编：《居觉生先生全集》（上册），台北1954年版，第150页。

[66] 居正："中国宪法上的几个问题"，载《中华法学杂志》第三卷第五期（宪政问题专号），大东书局1944年5月10日出版，第13页。

[67] 居正："中华民国宪法颂并序"，载《中华法学杂志》第五卷第九、十期合刊"制宪专号"（总第49、50号），大东书局1947年5月15日出版，第2页。

[68] 居正："对真理社记者谈修宪问题"，载陈三井、居蜜合编：《居正先生全集》（上册），台湾"中央研究院"近代史研究所1998年版，第409页。

[69] 居正："中国宪法上的几个问题"，载《中华法学杂志》第三卷第五期（宪政问题专号），大东书局1944年5月10日出版，第16页。

当极为慎重，以体现宪法的权威。宪法的权威及实施效果如何，取决于它能否与国情相适应。"以宪法本身而论，技术上固很完美，而将来施行时与国内一般情形是否适合？是否无障碍？尚是成了问题。"[70] 因此，居正对宪法的实施持极审慎的态度，主张"把宪法草案仍保留为草案"，"把宪法施行日期定得长一点"，以便有充足的时间对宪法是否符合中国国情作充分的考察，以免出现"全国不能一致遵守"、"宪法还是等于无用"等损害宪法权威的局面。

除以上两者之外，居正先生的宪政思想还涉及很多内容，如"废除专制政治，实行代议政治"[71]，以及对孙中山"以党治国"思想的继承等等，限于篇幅，此处不作进一步阐述。

（四）"司法党化"主张

1928 年国民党政府确立起自己的全国统治之后，一改北洋政府时期"司法不党"原则，倡行"司法党化"。徐谦是最初明确提出"司法党化"这一主张的呼吁者，他于 1926 年 9 月在《民国日报》发表《对改造司法之主张》一文，其中如此写道："现行司法制度乃非党的与不革命的，而现在在职之司法官尤多为反革命的，在此现状之下欲求司法改良，直不可能，果具改良决心，要非根本改造不可。而根本改造即非提倡党化的与革命化的司法不可……旧时司法观念，认为天经地义者，曰'司法独立'，曰'司法官不党'，此皆今日认为违反党义与革命精神之大端也"[72] 这一将司法党化与司法改良相联系的主张，后来得到王宠惠的赞同与响应。

---

[70] 居正："关于宪法草案与国民大会代表选举问题"，载李翊民等编：《居觉生先生全集》（上册），台北 1954 年印行，第 208 页。

[71] 春杨："居正的法律思想研究"，载韩延龙主编：《法律史论集》（第二卷），法律出版社 1999 年版；春杨："居正与中国近代法制变革"，载《法学家》2000 年第 4 期。

[72] 徐谦："对改造司法之主张"，载《民国日报》1926 年 9 月 20 日。

在 1929 年国民党三届三中全会上，司法部部长王宠惠代表司法院作了《关于司法改良计划事项十八年三全会大会之司法院工作报告》，提出了今后司法改良的方针。其中第一条就是"司法官要党化"[73]，"司法党化"的序幕亦由此拉开。[74] 居正担任司法院院长之后，对王宠惠的"司法党化"观作了进一步的阐发，形成了富有个人特色的"司法党化"思想，这一思想集中地体现在 1934 年发表的《司法党化问题》一文中。其司法党化思想，大致体现为以下几个方面的内容：

第一，司法党化的政治前提——"党国体制"。

"党国体制"并非国民党首创，而是"舶来品"。作为一种政体，"党国体制"大约萌芽于法国大革命时期，雅各宾党人专政大约是最早的党国体制。作为一种有别于君主制、贵族制和民主制的特殊政体，"它在理论上源于卢梭人民主权原理。为实现卢梭的'道德理想国'，诞生了一种自信掌握着人类社会发展的必然规律并试图以此改造社会的总体党，总体党按照一种理想模式创造了党国体制；在这种政体中国家权力归属于唯一的执政党，执政党按照权力统一于党的方式行使权力"。[75]

中华民国时期的党国体制源自孙中山的革命主张，是从兴中会、同盟会、中华革命党到国民党革命经验积累及"以俄为师"的结果。1913 年宋教仁被刺和"二次革命"失败，促使孙中山着手建立强有力的革命性政党。1914 年《中华革命党总章》宣称"自革命军起义之日，至宪法颁布之日，统称为革命时期。在此时期，一切军国庶政，悉归本党完全负责"。并规定"凡非党员，在

---

[73] 王宠惠："今后司法改良之方针一"，载《法律评论》第 6 卷第 21 号（总第 281 期），1929 年 3 月 3 日出版。

[74] 参见江照信："居正思想与司法实践：1932 ~ 1948"，香港中文大学 2008 届博士学位论文，第 3 章第 2 节"司法党人化：徐谦、王宠惠与司法革命化"。

[75] 付春杨：《民国时期政体研究（1925 ~ 1947）》，法律出版社 2007 年版，第 1 页。

革命时期之内，不得有公民资格。必待宪法颁布之后，始能从宪法而获得之"。[76] 孙中山依此建立了"以党治国"的革命党组织机构。1917 年俄国革命的成功，则为中国人民尤其是为以孙中山为代表的革命党人提供了一个"以党治国"的成功范例。孙中山的"以俄为师"，不是学习苏维埃制度，更不是学习共产主义，而是学习俄国人的一党专政，学习俄国人的党军制度。[77] 孙中山在中国国民党第一次全国代表大会上说：国民党的改组有两件大事，一是改组国民党，二是用政党的力量去改造国家。他认为苏俄十月革命的胜利是将政党放在国上，"即俄国完全是以党治国，比英美法之政党，握权更进一步。我们现在并无国可治，只可说以党建国。待国建好，再去治它"。[78] 在俄国人的帮助下，孙中山将中华革命党改组为国民党，并形成了以党总揽政权、党教育和训练民众和以党治国最终走向民主宪政为内容的成熟的党国体制理论。蒋介石掌权之后，将孙中山的党国体制理论付诸实践。1928 年 10 月 3 日，国民党中央执行委员会通过了《训政纲领》，规定国民党总揽国家权力，对国民实施训政，国民党一党专政的训政制度和五权分立的政权体制由此确立。既然以党统国、党国不分，国家权力必然完全为党所掌控，司法作为一种重要的国家权力，当然处在党的控制之下。所以居正说："以'以党治国'一个大原则统治着的国家，'司法党化'应该视作'家常便饭'。在那里，一切政治制度都应该党化。"[79]

---

〔76〕　孙中山："中华革命党总章"，载《孙中山全集》（第 3 卷），中华书局 1984 年版，第 97 页。

〔77〕　付春杨：《民国时期政体研究（1925～1947）》，法律出版社 2007 年版，第 64 页。

〔78〕　孙中山："关于改组国民政府案之说明"，载《孙中山全集》（第 9 卷），中华书局 1986 年版，第 103～104 页。

〔79〕　居正："司法党化问题"，载陈三井、居蜜合编：《居正先生全集》（上册），台湾"中央研究院"近代史研究所 1998 年版，第 241 页。

居正鼓吹"司法党化",还与他对"五权宪法"体制的看法有关。他认为,与西方三权分立的体制不同,立法、行政、司法、考试、监察五院之间是"分职"即"职务之分配"的关系,而不是分权关系。"五权虽然是由政府五个不同部分来掌管,然而他们并不是无所统属而绝对地对立的。""在过去及现在训政时期","司法院与政府其他部分通通隶属于国民党代表大会或中央执行委员会,而并非绝对的权力之对立。""司法独立在总理五权宪法学说中,并不是与其他政权成为权力的对立,而只是在同一政权支配下职务分配。"[80] 由此可见,居正没有强烈的"司法独立"观念,认为司法院只是国民党代表大会或中央执行委员会之下的一个掌管司法权力的机构,它必须与其他四院分工合作,才能完成法治赋予司法的责任。[81] 一个没有独立法律地位而又隶属于国民党中央执行委员会的机构,当然应该被"党化"了。

第二,司法党化的具体内涵。

居正认为,司法党化既不是简单地由党人来充任司法官,也不意味着取消法律仅凭党员司法官主观臆断。在他的心目中,司法党化包含着两个方面的内涵:一是"司法干部人员一律党化——主观方面",二是"适用法律之际必须注意于党义之运用——客观方面"[82]。

关于主观方面,即司法官党化问题,居正认为要害在于司法官认同党义即三民主义。此前王宠惠曾提出"司法官要党化",着重强调上层司法干部的党化。居正的观点与此有所不同,他认为司法党化应该突显"司法干部人员"即"各级法院之推检"的党化。

---

〔80〕 居正:"司法院在国宪上之地位",载陈三井、居蜜合编:《居正先生全集》(上册),台湾"中央研究院"近代史研究所 1998 年版,第 275 页。

〔81〕 居正:"法治前途之展望",载李翊民等编:《居觉生先生全集》(上册),台北1954 年印行,第 383 页。

〔82〕 居正:"司法党化问题",载陈三井、居蜜合编:《居正先生全集》(上册),台湾"中央研究院"近代史研究所 1998 年版,第 242 页。

易言之，即认为应当区分"司法长官党化"与"司法官党化"。他认为，上层的司法"大官"并不实际执行、适用法律，"虽然他们的行动和态度也可以影响于人民之利益与疾苦，但多是间接的，人民对于他们决不如司法官之亲切"[83]；而"各级法院之推检"是实际适用法律之人，"只有他们的行动与态度直接影响人民之利害与疾苦"，因此他们尤其应当被党化。可见，在居正看来，判断司法党化主体范围的标准，就是与"人民之利害与疾苦"的紧密程度，司法一线即直接办理审检案件的干部才是党化的紧迫对象；"大官"们以及虽在司法院或司法行政部任职，但不从事具体司法工作的司法行政人员们，则不是司法党化的重点。

居正强调，"司法干部人员一律党化"，并不是说与"人民之利害与疾苦"联系紧密的司法官岗位都由国民党党员来担任。在居正看来，一个持有国民党党证、但没有用三民主义武装自己头脑的人，还不如一个没有国民党党证、却笃行三民主义的人更能胜任党治之下的司法工作。由此，居正得出结论，司法党化之主观方面的内涵核心不是司法"党人化"，而是司法"党义化"，即由"从灵魂深处"信奉党义、具有强烈三民主义社会意识的人担任法院推检，使所有的司法官都能做到理解和信奉三民主义及其在法律适用中的作用。

居正如此强调司法官对三民主义的理解与信奉，原因在于他将司法看做是推行三民主义的手段，认为司法应力图做到"把三民主义迅速地深入民间，使三民主义的世界观、人生观迅速地成为全国人民共同一致之信仰"[84]。为达此目的，居正主张推行人民陪审

---

[83] 居正："司法党化问题"，载陈三井、居蜜合编：《居正先生全集》（上册），台湾"中央研究院"近代史研究所1998年版，第242页。

[84] 居正："司法党化问题"，载陈三井、居蜜合编：《居正先生全集》（上册），台湾"中央研究院"近代史研究所1998年版，第243页。

制度。他认为陪审制度可以沟通民间的正义观念与法律体现的国家正义观念；通过人民陪审，司法官可以结合具体案件由浅入深地对民众进行训练，使之在耳濡目染中了解和接受三民主义，使司法和民意最终"打成一片"。这样一来，既可以收到把人民"迅速地引导到纯正的三民主义的世界观"的效果，又能实现总理"中心悦而诚服"的王道文化，可谓一石二鸟。

关于客观方面，即司法中运用党义的问题，居正认为司法党化的要害是"适用法律之际必须注意于党义之运用"。对此问题，居正从批判自然法思想入手，运用"法律的时空性"理论来加以说明。

他认为，自然法学派所持"人类普遍共认的世界观才是公理之所在"的观点是"玄学鬼的作祟"，"宇宙间并没有客观的法理，只有主观的法理"。所谓的"客观的法理"，只是某一党一派的主观信仰、主观的正义概念把全社会感化了，将全社会的意识同化了的结果。法律是正义的体现，正义是一种社会意识，社会意识又取决于一定时间、一定空间下的生产形态和经济制度。于是，法律就与一定的时间空间内的各种因素紧密相联。同时，由于一国法律体系不是"拉杂集合"的东西，而是一个有机的联系体，因而必然具备一个起纲领作用的"基本法理"或"中心原则"。这个"中心原则"在中国就是三民主义，它是当时中国"法律系统的总纲领"。司法是适用法律的过程，当然要遵循"法律系统的总纲领"——三民主义。"一切法律、一切裁判都应该拿它做根据，才能与客观的环境相适应而合于人民生活之要求。"[85] 居正要求，司法官员在实践中必须贯彻国民党的党义，把自己的思维方法和论证依据建立在党义之上，使每个司法行为都与之相符。

一般认为，党国体制下的立法也在党的控制之下，所立之法就

---

〔85〕 居正："司法党化问题"，载陈三井、居蜜合编：《居正先生全集》（上册），台湾"中央研究院"近代史研究所1998年版，第247页。

是"党义"的条文化。"立法党化"之后，法律条文已经是党义的载体，司法的过程就是落实和实践党义的过程。这样一来，"司法党化"还有必要吗？居正认为这是一种误解。为了消除这一误解，居正采纳了纯粹法学派和现实主义法学派的某些观点。他认为，司法不是机械地适用法律、"演绎义理"的过程，它本身也是一种创造法律的过程。立法的精神——三民主义，可能会因为司法过程中司法官的"再创造"而被歪曲，难以得到体现。由于司法是将抽象的法律条文具体化于当事人及案件的过程，"关系于'民生'尤为切要"，因此若无党化司法，则立法中的党义可能在司法中完全落空。居正认为，不仅立法党化之后，司法党化仍有必要，甚至"'司法之党化'应该比较'立法之党化'更为重要"[86]。居正先生引用司法院司法解释案例论证了司法党化的重要性，认为司法解释贯彻党义，大大弥补了立法的不足。司法院拥有司法解释权，在民国司法制度发展过程中具有重要的作用。有学者指出："立法上的理性建构与司法上的解释相互配合，共同推进法律的发展，这是南京国民政府司法制度现代化过程中值得借鉴的历史经验。"[87]当时"司法上的解释"主要有两种形式：一是司法院大法官会议拥有的抽象法律解释权；二是司法院长召集的变更判例会议拥有的具体法律解释权。抽象法律解释权的存在，以及判例的运用，使司法官具有一定的"造法"功能，党义则是司法官"造法"的精神指南。

　　第三，司法党化的实现方式。

　　党义即三民主义作为民国"法律体系的总纲领"，亦即作为"基本法理"，"往往不见于成文法上"，一般抽象或间接体现于法

---

〔86〕 居正："司法党化问题"，载陈三井、居蜜合编：《居正先生全集》（上册），台湾"中央研究院"近代史研究所1998年版，第253页。

〔87〕 张晋藩主编：《中国司法制度史》，人民法院出版社2004年版，第559页。

律规范背后或法外。这样一来，司法官如何能在审判中贯彻这些抽象原则呢？居正就此提出了两个层次的具体要求。首先，司法官应当尽力搜集资料，努力研究三民主义法律哲学。应当"就国民党党纲、宣言，及各重要决议案、总理学说，及其他重要人物之言论中，把有关于国家生存诸根本法则都细绎出来，作为非制定法部分，与散见于各法典中诸根本原则，汇集而类比起来，然后用科学方法加以研究"。[88] 其次，在对三民主义法律哲学有了充分认识之后，司法官就可以拿党义运用到裁判上。具体运用时需注意四点："（一）法律所未规定之处，应当运用党义来补充它；（二）法律规定太抽象、空洞而不能解决实际的具体问题时，应当拿党义去充实它们的内容，在党义所明定的界限上，装置法律之具体形态；（三）法律已经僵化之处，应该拿党义把它活用起来；（四）法律与实际社会生活明显地表现矛盾，而又没有别的法律可据用时，可以根据一定之党义宣布该法律无效。"居正认为，党义应凌驾于法律之上，它是检验法律是否应当被运用的依据；法律只应当是党义的载体，司法过程就是落实党义的过程。这样，"以党治国"在司法上就可以得到充分的展现。

司法党化的主张，在民国时期进行了相当程度的实践。但这些实践的结果，总起来说，与王宠惠和居正等人的建议初衷大相径庭。

"司法党化"口号提出之后，越来越多的国民党党员充斥司法队伍。有些原无法官资格的人，因系国民党党员，有国民党要人援引，一跃而为高等法院院长。如吴贞缋只在湖南作过承审员，一跃而为河南高等法院院长；曾友豪未在法界任过职，却直升为安徽省高等法院院长。在此之前，法官、书记官加入国民党者毕竟是少数，在"司法党化"的政策之下，有些法院甚至为法官举行集体

---

〔88〕 居正："司法党化问题"，载陈三井、居蜜合编：《居正先生全集》（上册），台湾"中央研究院"近代史研究所 1998 年版，第 254～255 页。

入党。[89] "党义化" 没有进展，居正所反对的片面的司法 "党人化" 倒是实现了。司法 "党人化" 走向极端，便是依党派、政见划线，任人唯亲、任人唯忠。于是，大量无正规学历和专业背景但被认为能够效忠于党国的人员进入司法机关，司法的专业化、职业化建设开始倒退。

审判实践亦然。司法党化强调党义在适用法律时的指导作用，因而加深了党国不分、以党代国、以党代法的弊端。如法院只凭党部的一纸证明就可以定罪，党部参与司法审判，党部告发 "共党" 罪犯，党部对审判活动进行监督、对司法院及其所属法院下达命令等[90]。由于党义的抽象性和国民党政策的变化无常，党化司法必然走向唯国民党中央马首是瞻，司法丧失了应有的中立、公正与权威，成为国民党排斥异己、镇压共产党及其他人士的工具。同时，由于党义凌驾于法律之上，居正所设想的 "法律主治" 蜕变成国民党 "党义主治"，对法治建设具有极其深远的消极影响。

特种刑事法庭的出现，可以说是司法党化的最好注脚。特种刑事法庭（简称 "特刑庭"）始设于 1927 年秋，1936 年 "西安事变" 和平解决后撤销，抗战胜利后又普遍设立。

1948 年，依《特种刑事法庭审判条例》的规定，特刑庭成为常设审判机构，分为中央特刑庭和地方特刑庭，直到 1949 年李宗仁为代总统时才宣布取消。特刑庭主要管辖 "反革命" 案件，根据《暂行反革命治罪法》的规定，反对国民党就是反革命。司法院在一则案例解释中更明确宣布，"一切共产党案件均为反革命案件"。可见特刑庭设立之宗旨就是镇压共产党以维护国民党的统

---

[89] 胡绩："旧司法制度的一些回忆"，载《河南文史资料》（第 4 辑），河南人民出版社 1980 年版，第 151～152 页。

[90] 田湘波："训政前期司法党化问题之研究"，载《怀化学院学报》2005 年第 1 期，第 75～76 页。

治。从体制上看，特刑庭与一般法院不同，它受国民党同级党部的监督。国民党省党部对本省特刑庭的审判有异议时，可向中央特刑庭提出"非常上诉"。国民党中央党部和国民党政府亦有权直接插手中央特刑庭的审判。特刑庭案件的被告人无权延聘律师为自己辩护。特刑庭一经判决，即为终审，被告无权上诉。这种审判机构的出现及其运作，使得"反革命"案件的司法权被牢牢掌控在国民党党部的手里，"党化司法"在某种程度上变成了"党的司法"，变成了像明朝的东西厂、锦衣卫一样的特务司法。

（五）恤刑狱、轻讼累的主张

1. 主张废除死刑

居正先生接受了当时世界先进的刑罚思想，主张废除死刑。他曾著有《死刑存废论》一文，从"人类之精神"、刑罚制度的科学性以及死刑实施的效果等多个角度，阐述废除死刑的可能性和必要性。

首先，死刑不人道。他认为，"刑罚之效果，不在有威吓性，而在有持续性"。死刑虽是最严厉的刑罚，但带给罪犯的痛苦极为短暂。从人类心理承受能力来看，其威慑作用还不如"长时间的痛苦"更有效。尤其是政治犯，以殉身溅血为无上之光荣，死刑对其完全失去作用。[91] 相反，长期监禁"与世隔离，去死无几"，效果与死刑相当，却又不剥夺罪犯生命，更加符合人道主义精神。

其次，保留死刑不科学。原因如下：第一，死刑缺乏救济的余地。"刑罚不能保无过误，而一旦执行死刑，虽明知冤滥，无由救济。"人死不能复生，即使事后沉冤昭雪，也无法弥补给受刑人造成的损失。第二，死刑无法做到罚当其罪。"刑罚贵在伸缩，庶可适应罪状，而死刑无之。"第三，死刑无法实现刑罚的目的。"刑

〔91〕 居正："死刑存废论"，载陈三井、居蜜合编：《居正先生全集》（上册），台湾"中央研究院"近代史研究所1998年版，第278页。

罚贵在感化，而人死不可复生，绝无自新之路"，相反，"无期徒
刑则有赦免、假释之机会"。相比之下，监禁刑比死刑更能实现对
罪犯的感化。[92]

最后，死刑并不能有效地阻吓犯罪。从中外对比的角度来看，
"就事实论，死刑之行久矣，而可当死刑之重罪，方层出不穷，回
视实行废止死刑诸国，犯罪之数，未闻加多"[93]。可见，废除死刑
对犯罪行为"不足以昭儆戒"。

居正认为，贝卡利亚关于废除死刑的学说，"上合天理，下契
人心，故能振臂一呼，举世响应，其有功人类，良非浅鲜"，对其
赞誉之情，溢于言表。居正生活的年代，战乱频仍，时局动荡，依
我国法律传统，当属"用重典"的乱世。作为国民党的元老、国
民政府的高官，在此背景下提出废除死刑的观点，表明他对死刑制
度有着超乎常人的见解。

2. 大力提倡减刑

居正对减刑制度的看法，是建立在他对犯罪成因的分析之上。
居正汲取了近代新派刑法思想，立足于"感化主义"、"社会防卫
主义"、"主观主义"的观念。他强调人的意志是不自由的，受到
人的性格及社会环境的制约；否认犯罪是自由意志的行为，注意社
会与个人的调和。[94] 1936 年，居正在一次演讲中指出："自从世
界经济恐慌发生以来，普遍的社会之不景气，工业之衰弱，失业的
增加，益以近年我国水旱频仍，所以刑事案件特别增加。在这种情
势之下，人们的犯罪，实在就是整个社会之过失，整个社会之病

---

〔92〕 居正："死刑存废论"，载陈三井、居蜜合编：《居正先生全集》（上册），台湾
　　　 "中央研究院" 近代史研究所 1998 年版，第 278 页。

〔93〕 居正："死刑存废论"，载陈三井、居蜜合编：《居正先生全集》（上册），台湾
　　　 "中央研究院" 近代史研究所 1998 年版，第 278 页。

〔94〕 周振新："居正法律思想研究"，华中师范大学 2003 届硕士学位论文。

态，而不是个人之罪恶。"[95] 他将社会经济状况看作"犯罪增加之普遍原因"，同样的言论在其他著述中也常常出现。犯罪行为的实施往往是不得已而为之，社会对个体的犯罪行为有不可推卸的责任。在这种情况下，很多罪犯并非"以犯罪为常业，或因游荡或懒惰成习而犯罪者"，对他们应当采取感化的方式，促使其悔悟自新。居正认为，减刑作为一种感化的方式，一方面可以改造罪犯，另一方面又可以为抗战增加人力，应当大力提倡。

为了使减刑的感化效果最大化，居正提出了一系列的措施，包括以下五个方面的内容[96]：一是明之以法，动之以情；二是帮助减刑犯谋求工作；三是对于减刑的人犯名单、相片、指纹等造册；

---

[95] 居正："司法改造之三时期与最近司法之兴革"，载陈三井、居蜜合编：《居正先生全集》（上册），台湾"中央研究院"近代史研究所 1998 年版，第 360 页。

[96] 需要指出的是，尽管居正自认"倡导'党化司法'"是其志愿之一（另一志愿为"重建中国法系"，参见居正："中国法系之重新建立"，载《中华法学杂志》第三卷第一期，大东书局 1944 年 1 月 10 日出版），但依据学者的最新研究，居正对"司法党化"的态度前后有所微妙改变，例如居正在"1947 年 1 月初，与人论法官超出党派之外，'告以时局推移与个人行动趋向而定，恐司法行政当局无此勇气下令执行（法官脱离现有党籍）也'。6 月 15 日，在战后法学会南京分会会议上，谈到君子不党，'宪法上法官超出党派，是则法官不党，不党，我们法界人士皆为君子。美矣，未尽善也，必也群乎？则不党之君子必以合群为第一义。今日之会，合群之大会也，由此会树立之风声，法官、法家之群将为天下之善群也'"；"按居正 1947 年 11 月于全国司法行政检讨会议致闭幕词，大致可以看出居正此时已不在坚持司法党化的提法，但仍坚持司法党义化"；"当 1948 年 7 月居正从司法院卸职后，居正大致表达了党化真正的问题，并不在于党化是否能够影响司法改良进程或者其他法律问题，而是在于政党自身"，并赋有"政党诗"一首："权集一人日已深，谈何容易要更新。除非陆（？）判亲来到，换了头颅又换心。"参见江照信："居正思想与司法实践：1932～1948"，香港中文大学 2008 届博士学位论文，第三章第五节"小结"。但鉴于居正专门论述"司法党化"问题的文字目前仅见"司法党化问题"一文，故此处的介绍与分析仍以该文所写为主。

四是对财产犯罪的管理；五是对各种特殊减刑犯实行特别管理。[97]
这五个方面中，前两点特别注重从主观上使罪犯切实受到教育、感
化，从而使其心悦诚服地接受余刑的制裁或者主动避免再次犯罪，
具有一定的进步意义。

3. 注重改良狱政

自清末以来，改良狱政一直是中国法制变革的一项重要内容，
居正对此也不遗余力。归纳起来，居正主要有以下两个方面的主
张：第一，注重监狱（包括看守所）硬件的改善，锐意设置新式
监狱，积极改善囚犯的居住、饮食条件。居正亲自视察了长沙、萍
乡、南昌、杭州、上海等地的监狱，对"湫隘嚣尘，真是地狱"
的上海北浙江路看守所和法租界看守所，"令其拆除重建"，以改
善罪犯居住条件。为保障囚犯口粮，居正"规定囚粮补救办法四
项，通令遵照"，主要解决途径为"动支预备费"、"高院与省政府
洽商增拨"和增加预算等[98]。此外，居正还注意筹设新监，以便
于罪犯实行分类管理和感化，如试验监狱、少年监狱、普通监狱、
外役监、累犯监和肺病监等[99]。第二，注重"犯人之作业"和
"精神训练"，提高改造质量。居正认为，"监狱之目的，在养成罪
犯劳动之习惯，授以谋生之技术，使能自食其力，不致复陷于恶，
故作业之事，至为重要。"[100] 居正希望通过强迫罪犯劳动，"诱导
罪犯行为向善，思想悔改"，并"培养罪犯生产技能，以充实其谋

---

〔97〕 居正："关于减刑办法之研讨"，载陈三井、居蜜合编：《居正先生全集》（上
册），台湾"中央研究院"近代史研究所 1998 年版，第 328 ~ 330 页。

〔98〕 居正："抗战四年之司法"，载李翊民等编：《居觉生先生全集》（上册），台北
1954 年印行，第 378 页。

〔99〕 居正："抗战四年之司法"，载李翊民等编：《居觉生先生全集》（上册），台北
1954 年印行，第 379 页。

〔100〕 居正："十年来的中国司法界"，载中国文化建设会编：《十年来的中国》，商务印
书馆 1937 年版，第 83 页。

生能力".[101] 为了将罪犯的劳动改造与抗战建国相结合，居正还推动实行监犯调服军役和移垦计划[102]，以增加抗战人力和物力。此外，居正还注重从灵魂深处改造罪犯，对罪犯进行"精神训练"，"将奉颁国民精神总动员各项纲目转发各监狱，作为教诲材料，人犯出狱时，应先举行国民宣誓，以期此种精神，普及于人犯，增长其爱国之心".[103] 当然，在党国体制之下，这种"精神训练"，可能更侧重于培养"爱党之心"，对政治犯尤其如此。

4. 切实减轻讼累

居正认为："司法工作的最主要目标，即在如何求减轻人民受讼狱拖累的痛苦。"[104] 他将"讼累病民"视为司法体制的弊端之一。他认为，讼累病民原因有二："一由于制度本身未尽适合于国情；二由于推行方法未尽斟酌法理民情于至当".[105] 他主张有针对性地对制度和方法采取一些改进措施，以提高司法效率，切实减轻人民的讼累，如减少审级、推行简易程序、健全公证和不动产登记制度、在战区实行巡回审判、降低诉讼收费、提倡律师庭外调解等。

在强调司法效率的同时，居正没有忽视对公正的追求，他认识到"妥与速，皆为吾人应尽之职责"；如果一味追求效率从而"失之粗疏"，同样"枉民病民"。要达到这一目的，必须注重司法人

---

〔101〕 居正："家齐而后国治"，载陈三井、居蜜合编：《居正先生全集》（上册），台湾"中央研究院"近代史研究所 1998 年版，第 397 页。

〔102〕 居正："三年来司法概述"，载李翊民等编：《居觉生先生全集》（上册），台北 1954 年印行，第 369 页；居正："抗战四年来之司法"，同前书，第 378～379 页。

〔103〕 居正："三年来司法概述"，载李翊民等编：《居觉生先生全集》（上册），台北 1954 年印行，第 369 页。

〔104〕 居正："全国司法行政检讨会议致词"，载李翊民等编：《居觉生先生全集》（上册），台北 1954 年印行，第 468 页。

〔105〕 居正："告全国司法界同仁书"，载李翊民等编：《居觉生先生全集》（上册），台北 1954 年印行，第 362 页。

员道德水准和专业素质的提高。为此，居正率先垂范，严格约束自己，在司法院院长任上，"不滥用一人"、"不滥费一钱"；勉励属员"进德修业"，"要有向上之心，公余之暇，应该多读点书"，以提高自身法律素养；要以身作则，"带头守法"。[106]

居正担任司法院院长的十六年多时间里，国民党政权一直在"剿共"、抗日过程之中。司法机关在很大程度上从事着镇压职能，以维护国民党的统治秩序。按照专制统治的规律，"王者之政，莫急于盗贼"，司法应该以用"重典"惩处"盗贼"为务。但身为司法院院长的居正却重视废死刑、恤刑狱、轻讼累，尤其难能可贵。

（六）废除"治外法权"的主张

居正对治外法权（即领事裁判权）及其弊端有着深刻的认识，极力主张予以废除。1940～1942 年间，他曾先后发表多篇文章和讲话，总结中国法制的建设和实施情况，痛陈治外法权的弊害，为最终废除治外法权制造了强有力的舆论。

"所谓领事裁判权，系指外国人为民刑被告案件，应送由各该国领事裁判而言。"[107] 居正认为，治外法权为中国司法系统中"最畸形之物"[108]，因为它侵害了中国司法权乃至国家主权的独立与完整，使中国无法成为"自由独立之国家"[109]。在论文和演讲中，他总结了治外法权的十二条重大弊害，认为"除前四点系华

---

[106] 居正："在司法院勉励属员讲话"，载李翊民等编：《居觉生先生全集》（上册），台北 1954 年印行，第 406～409 页。

[107] 居正："十年来的中国司法界"，载中国文化建设会编：《十年来的中国》，商务印书馆 1937 年版，第 80 页。

[108] 居正："二十五年来司法之回顾与展望"，载陈三井、居蜜合编：《居正先生全集》（上册），台湾"中央研究院"近代史研究所 1998 年版，第 270 页。

[109] 居正："收回法权之切要"，载李翊民等编：《居觉生先生全集》（上册），台北 1954 年印行，第 393 页。

人片面受损外，其余各点，则系中外交受其害，甚至外人受害更深"[110]。既然中外均受治外法权之害，为"内外交困之弊制"，则应当尽早废除。他列出了三点理由，敦促尚未放弃治外法权的国家早日放弃之：其一，治外法权"侵害他国主权，为强国欺凌弱小之工具；在今日正义人道及国际地位平等之呼声下，实无存在之余地。"[111]其二，中国法制建设成效显著，"律例情形及其审断办法及一切相关事宜，皆臻妥善"，即与世界法制已经接轨，治外法权已失去其存在的基础。其三，放弃治外法权乃大势所趋，与其待弱国强大后被迫取消，不如主动放弃示惠于人。

居正认为，治外法权长期得不到废除，除必须信守国际条约外，国内财力的不足也是原因之一。司法的文明化是废除治外法权的前提之一，而这必然要求普设新式法院、新式监狱，并培养一批具有较高素质的司法人员，需要大量的经费投入。中国财政力量本来就不足，"九·一八"事变后更是无力筹备，列强的治外法权因而一直未得到废除。后来，直到1944年前后，在居正先生为代表的法律家们的长期不懈努力下，治外法权才得以彻底废除。

以上对居正法政思想的各个重要方面大致作了一个粗略的介绍。这些虽然是居正先生法政思想的主要内容，但并不是全部。其法政思想的其他方面，如提倡法学教育、注重法律普及等，未被提及。限于篇幅，暂不讨论。

四

居正先生有着丰富的法政思想，对民国时期的法学贡献颇大。

---

[110] 居正："收回法权之切要"，载李翊民等编：《居觉生先生全集》（上册），台北1954年印行，第394页。

[111] 居正："收回法权之切要"，载李翊民等编：《居觉生先生全集》（上册），台北1954年印行，第395页。

与此同时，他长期参与或领导立法和司法实践，对民国法制建设特别是中国司法近代化，也作出了突出的贡献。他的贡献集中体现在两个时期，一是辛亥革命前后，二是南京国民政府时期。

在辛亥革命前后，居正先生对法制建设的贡献主要体现在以下两个方面：第一，参与创立革命临时政府。武昌首义之后，居正先是参与创建湖北军政府，随即作为鄂军都督府的代表，赴上海参与组建临时中央政府的工作。居正亲自参加了议决建都地点和选举大总统的工作，并于 1911 年 12 月 31 日与宋教仁、吕志伊就《临时政府组织大纲》提出修正案，扩大了临时大总统的权限，并使组织大纲更为完备。居正为临时政府的组建往返奔波、不辞劳苦，是缔造民国的功臣，被誉为"党国元老"。第二，主持临时政府内务工作。南京临时政府成立后，居正被孙中山任命为内务部次长。由于临时政府采"总长取名，次长取实"的策略，加之总长程德全卧病租界，实际由居正负责部务。当时内务部的权限为管理警察、卫生、宗教、礼俗、户口、田土、水利工程，若举公益及行政事务，监督所辖官署及地方官[112]，关乎国计民生，繁琐而细致。居正大刀阔斧，除旧布新，积极地将孙中山的革命思想加以贯彻落实，大大推动了人们思想意识的更新和社会习俗的变化。为废旧历、行新历，采用公元纪年，居正主持编印新历"告各省遵照"。采取各种措施净化社会空气，培养国民的文明习惯，如除跪拜，改行三鞠躬礼，改革官民称呼，劝禁缠足，禁食鸦片，禁赌等，这些措施对后世产生了深远的影响。此外，为重视人民权益，禁止人口买卖、刑讯和体罚，在国民中倡导自由、平等的法律观念。居正善纳众言，有错即纠，雷厉风行，在他的领导下，内务部工作效率颇高，为南京临时政府时期国家法律秩序的建立与维护做出了重大

---

[112]　中国第二历史档案馆编：《中华民国史档案资料汇编》（第二辑），江苏古籍出版社 1991 年版，第 9 页。

贡献。

而在南京国民政府时期,居正利用长期(长达十六年半之久)担任司法院院长的便利条件,将自己的法政思想付诸实践,对中国法制建设和改革工作贡献颇多。这些贡献主要体现在以下几个方面:

(一) 大力推动中国的立法改革

作为司法院院长,居正虽未直接全面主持国家立法工作,但经常直接主持涉及司法工作的重要法案起草,对南京国民政府时期的立法工作作出了重要贡献。对于清末、南京临时政府和北洋政府时期不顾中国国情盲目"继受外国法系"的做法,居正持批判态度,表达了强烈的不满。他认为,那些立法"东抄西袭,缺乏中心思想"。对于南京国民政府初期制定的许多重要法律,居正则赞誉有加,称其"既不是因袭古代陈规,亦非继承外国法系,而是秉承国父遗教,苦心经营创造的。即偶有撷取各国之长,亦必详为折衷,期于尽善"[113]。就任司法院院长之后,居正立即着手推动新法典的制定,以"重建中国法系"。1932 年国民政府公布《法院组织法》和《行政诉讼法》,规定在全国各地普设法院,实施三级三审制度,并建立起行政诉讼制度。这不仅促进了法律体系的完善,还改进了司法程序、减轻了当事人的讼累。此后,国民政府有关司法制度方面的重要法律如《民事诉讼法》、《刑事诉讼法》、《行政诉讼法》等迭经修正,虽不能归功于居正一人,但其重要贡献是无法抹杀的。此外,居正还主持颁布了大量解释法令的文件,编辑了司法例规、判例等书,以此指导司法实践,以期减轻司法过程中舞

---

[113] 居正:"为什么要重建中国法系",载罗福惠等编:《居正文集》(下),华中师范大学出版社 1989 年版,第 490 页。

弄法条的弊病。[114]

（二）积极建立和完善近代司法体制

虽然主张"司法党化"而非"司法独立"，居正仍对民国时期司法体制的近代化作出了重要的贡献。他主张建立相对独立的司法系统，反对行政干预司法。1935 年 7 月，他开始主持法院体制改革，在全国各地普设法院，改司法事务地方管辖为司法系统垂直管辖。到 1936 年，全国新式法院数目较十年前增加了将近两倍（从139 所增至 398 所）。[115] 1936 年 4 月，国民政府公布《县司法处组织暂行条例》，规定在未设立新式法院的各县成立司法处，以行使司法权，县长不得兼理司法。当年就有 22% 的县成立司法处，县长兼理司法比例由 1933 年的 80% 降至 59%，广东、湖北、山东、甘肃四省更是彻底肃清"数千年行政司法混淆之宿弊"。[116] 虽然由于抗日战争的爆发，居正的"至二十六年十二月止，全国县长兼理司法制度即行废止"的设想未能实现，但毕竟推进了司法独立于行政的历史进程，在中国历史上有着划时代的意义。

在居正的推动下，近代式的司法经费体制也得以确立。起初，司法经费由各地方分别负担。由于各地财政困难，普设各级法院和新式监狱的工作进展缓慢。1935 年，在居正的主导之下，全国司法会议决定"司法经费改由中央负担，并以印花税及其他确定税收入作为专款"。这一决议，由司法院提交国民党"五届一中全会"，并被采纳。自 1941 年起，司法经费由中央统一拨付，司法改革受地方掣肘的现象终于告一段落。这是当时司法改革的又一重大

---

[114] 春杨："居正与中国近代法制变革"，载《法学家》2000 年第 4 期。

[115] 居正："二十五年来司法之回顾与展望"，载陈三井、居蜜合编：《居正先生全集》（上册），台湾"中央研究院"近代史研究所 1998 年版，第 264 页。

[116] 居正："二十五年来司法之回顾与展望"，载陈三井、居蜜合编：《居正先生全集》（上册），台湾"中央研究院"近代史研究所 1998 年版，第 265 页。

成就，这与居正的努力是分不开的。

同时，居正还致力于建立和完善与司法相关的一系列新制度。例如建立和推行公证和登记制度，通令各地法院设立公证处，保护人民私权，减少诉讼；主持制定《公设辩护人条例》，设立辩护人制度，以保护被告人的合法权益。1932 年创立中央公务员惩戒委员会，居正自兼该委员会主任。1933 年 6 月，主持建立行政法院，以配套完善司法系统。这些都是中国历史上未曾有过的创举，对于建立和完善近代司法体制，保障人民合法权益，减少当事人讼累，都起到了积极的促进作用。

此外，居正先生在"收回法权之运动"中也做出了较大的贡献。1932 年，居正在第一次全国司法会议上竭力推动大会作出了收回领事裁判权的决定。随后，他不断撰写文章或发表演讲，为废除列强在华治外法权奔走呼告，积极致力于恢复中国司法主权之完整。在他和当时一大批有识之士的大力推动下，1943 年 1 月 11 日中美《关于取消美国在华治外法权及处理有关问题之条约》在华盛顿签字，中英同名条约同日在重庆签字，完成了美英等国放弃在华治外法权的法律手续，使北洋政府时期即开始的废除治外法权的事业最后完成，一举解决了国人力图废除不平等条约的百年之痛[117]。在此过程中，居正先生的重要作用值得特别提及。

（三）加强司法队伍建设，提高法官素质

在普设各级法院的同时，居正也极其重视法官素质的提高。他指出："近代政治之常轨，厥为法治，惟'徒法不足以自行'，必有治人推行治法，法治之效乃彰。治人、治法两者相维系不可分离

---

[117] 为纪念中国司法主权完整的恢复，1945 年 4 月中国法学会在南京举行第三届年会，议决以每年 1 月 11 日为"国家司法节"。此后至今，国民党政权一直以此为国家重大节日。

之关系，惟于司法更为显然。"[118] 在长期主导司法的政治生涯中，居正"不滥用一人"，"不滥费一钱"，以身作则，为全国司法人员之表率和榜样，并力图建立一支廉洁、守法，推行"治法"的司法队伍。第一，他主张严格规范司法人员的任用、考试制度，主导制定颁布了"司法官任用标准"，强调法官的资格和质量，法官须通过考试择优录用。第二，他主张健全法官训练制度。在设立法官训练班加强在职法官培训和在司法系统内设法曹研究会的同时，居正更注重司法人员"无形之自我训练"，教导大家"进德修业"，勉励属员加强道德修养，增强守法意识，利用"公务之暇""多读点书"，以提高专业素质。

（四）重视法学教育、推动法学研究

居正认为法学在社会生活中占有很重要的地位，对法学教育和法学研究都极为重视。他积极致力于"三民主义"法治国家的建立，认为法治的实现离不开官吏以及普通国民对法律的认知、理解乃至信仰。由于古代中国长期实行"礼治"与"人治"，国民的法治精神极为欠缺，因此居正非常重视对国民进行法律教育。

为提高法律院校的办学质量，居正倡导对法律院校的国家管理制度建设。他主张建立对法律院校课程和考试进行国家监督的制度。他主张，"凡国立及公私立大学、独立学院法律科之课程编制及研究指导"，都应该"依司法院监督国立大学法律科规程之规定"，统由司法院"直接监督"；"各公私立大学或独立学院法律系学生举行毕业考试"，应由司法院"派员监试"。为鼓励法律院校办学的积极性和学子求学的积极性，居正还主张在司法院"工作计划内规定，凡造就司法人才之学校及其学生，其成绩优良者，得

---

[118] 居正："告全国司法界同仁书"，载李翊民等编：《居觉生先生全集》（上册），台北 1954 年印行，第 363 页。

酌给奖金以资鼓励",即建立对法律教育的国家奖励制度。此外,居正还亲自担任私立朝阳大学董事长多年,为朝阳大学的学生讲授法学课程,多次参加该校毕业典礼,并为学生题词留念,激励他们成为国家的栋梁之才,甚至亲自为朝大校歌撰写歌词[119]。对于朝阳大学的发展以及法律人才的培养,对于全国法学教育水平的提升,居正"实不辞劳瘁,煞费经营"。

居正还积极倡导和支持法学研究事业,推动法学会的建设是落实其昌明法学主张的重要举措之一。1936 年,居正兼任"中华民国法学会"理事长。此间,他以极大的决心和努力,组织国内法学学者和其他社会科学学者,借鉴西方司法制度并结合中国实际情况,深入地探讨和研究了许多法学理论(尤其是司法理论)问题,对促进当时法学研究的深入,培养国人的法律观念,推动法制变革,完善中国司法体制,均发挥了一定的积极作用。在他领导下,法学会内部设置诸多研究委员会,如三民主义法理研究委员会、战后国际法律关系研究委员会、战后法律问题研究会等,对国民政府面临的法律问题进行专项研究。在治官理政之余,居正先生撰写了大量的法学著述,如《法律哲学导论》、《关于减刑办法之研讨》、《宪法上之权与能》、《为什么要重建中国法系》、《司法党化问题》、《死刑存废论》等文章数十篇,除少数几篇难以寻获外,均已收入本书之中。这些著述注重西方法学理论与中国国情的结合,内容涉及法理学、法史学、宪法学、刑法学、诉讼法学等多个法学领域,对于中国法学研究事业的繁荣和发展起了一定的推动作用。

---

[119] 周振新:"居正法律思想研究",华中师范大学 2003 届硕士学位论文,第 37~38 页。

五

编辑本书的想法大约始于 1997 年。是年，范忠信、胡旭晟、王健三人发起编辑《二十世纪中华法学文丛》，第一批就列入了《居正法学文集》的编辑计划。当时，王健自告奋勇承担编选任务，主张将该书定名为《为什么要重建中国法系——居正法学文集》。此后过了七年，由于其它课题挤迫，王健一直未能正式开始此书的编辑工作。

2004 年，范忠信接手此书编辑任务，开始搜求居正法政著述及初拟本书选文目录，并率研究生李远华、姚永、刘蜀永、李永伟、钱付涛、程朝阳等在中南财经政法大学首义校区图书馆典藏部遍阅民国法学期刊，搜寻包括居正先生在内的民国法学名家论著目录。因学科建设工作拖累，范忠信于 2005 年秋将此书的编选工作委授给时在中南财经政法大学就读硕士学位的尤陈俊。而早在此前，尤陈俊于 2005 年 4 月至 6 月在台湾政治大学法学院研修之时，就注意过居正先生法政著述的信息。很快，尤陈俊以罗福惠先生等编辑的《居正文集》（华中师范大学出版社 1989 年版）为基础，加上范忠信过去已经搜获的部分文章线索，列出了居正法政文论目录。不过他发现，《居正文集》所收录的居正先生法政文论（含演讲）只有 13 篇左右，加上我们先前从部分民国学术期刊搜到的 10 篇左右文目，总共亦不过 20 余篇，只是居正先生一生法政著述和言论的一小部分，远不能概括或代表居正先生的法学成就和法制贡献，也不够编辑成一本书的规模。于是，尤陈俊开始了更大规模、更加细致的搜求访问工作。2006 年底，他委托时在北京大学攻读法律史博士学位的黄章一先生从台湾大学附近某旧书店买回了由李翊民等编辑的《居觉生先生全集》（上、下），[120] 后由时在台湾访学的中国政法大学张生教授带回中国大陆，从其中获得了此前有目无文的 10 余篇居正先生法政著述。随后，尤陈俊又根据此前查询所获的目录线索，在中南财经政法大学图书馆典藏部查到并拍照了居正先生的 16 篇法政论文。2006 年秋尤陈俊到北京大学攻读博士学位后，又在北京大学图书馆、国家图书馆继续搜寻居正先生法政论著，陆续发现了多篇。2006 年 3 月底，范忠信到台湾大学参加第六届东亚法哲学大会，又在台湾大学法学院研究生卓翊维同学的帮助下，进入台湾大学图书馆查阅了陈三井、居密等合编的《居正先生全集》（上、中、下），[121] 从其中复印得此前见目不见文的居正先生法政论文十余篇（皆系卓翊维同学垫资复印并坚辞受偿）。2008 年 11 月，尤陈俊结识不久前从香港中文大学获得博士学位的江照信先生。江照信先生的博士学位论文为《居正思想与司法实践：1932～1948》，管见所及，系迄今为止从法律史角度研究居正思想及其司法实践最为全面的上乘佳作，我们在增补本序言时从中获益良多。他不仅多次对本书的编辑工作提供诸多宝贵建议，告知相关搜寻线索，还惠赐自己所得的居正文章影印件 4 篇，其中包括我们先前只闻其名而遍寻不得的《最高法院厉行法律审之步骤》一文。2008 年 12 月，尤陈俊在国家图书馆、中国人民大学图书馆遍翻《居正日记书信未刊稿》（全八册，谢幼田整理，广西师范大学出版社 2004 年版）、《上海图书馆庋藏居正先生文献集录》（全九册，上海图书馆整理，广西师范大学出版社 2007 年

---

〔120〕 该书似未注明正式出版者和出版时间，据书中附录《居觉生先生哀思录》注明
　　　 "编辑及校印者"为李翊民、许师慎、狄膺、凌广兴、李自强，但不一定是全书
　　　 （全集）的编辑者；书中附录居正夫人钟明志女士的《哀思录附言》注明写作时
　　　 间为"四十三年十月"，可以推知正式印行时间应为 1954 年秋冬。
〔121〕 台湾"中央研究院"近代史研究所史料丛刊，第 40 种，1998 年、1999 年、2000
　　　 年出版。

版），从中发现多篇先前未见的法政文论（后已打印收入本书）。这就是本书所录 80 篇文论的搜访经过，其困难和艰辛大大超出我们事先的想象。

本书的编辑工作由我们三人共同完成，但也包含了其他人的贡献。范忠信作了初步的文献资料信息调查，并就编书计划作出了初步设计后，由尤陈俊完成主要的编辑工作，包括在多个图书馆搜寻文章、复印或拍照、请人打印录入、前后两次对全部文章进行细致校勘并添加编校者注。其间，时在中南财经政法大学就读的硕士生翟文喆承担了本书 16 篇拍照文章的打字录入工作，硕士生张锋、李兵也打字录入了其中几篇论文。此后，范忠信在近一年半时间里断断续续通读并校勘了全书，补充了部分校勘注释，纠正了一些排印错误，并就编排方式和顺序、排版格式、文章标题等作了技术性处理。2008 年初，范忠信将此书的第三次校勘稿交给博士生龚先砦，由他打字录入了拍照尤陈俊新获的居正先生文章两篇之外，又对全书进行再一次的全面通读校勘，补充个别校勘注释，并撰写了作为序言的"居正法政思想与民国法制及中国司法近代化"一文之初稿。最后，范忠信对全书再进行一次校读，并全面修改或扩写了前述序言初稿，并对各篇文章的背景情况作了一些查考，对文章标题再一次作了一些技术处理，并确定了文章的编排原则和顺序。末了，尤陈俊对序言再行扩充与增补（增加了近万字），以及重新改写了其中的部分内容，并对全书作最后检查后正式送交出版社，以《为什么要重建中国法系——居正法政文选》为名正式付梓印行。

关于本书选录文章情形，有一些情况不能不略加说明。

第一，有些文字虽与法律事宜有关，但因不具有学术研究性，也不具备表达法律事务观点的属性，我们一般没有收入。如署名为居正先生等著的《三年来之最高法院》一书（1934 年司法院印），实为司法工作报告及统计资料汇纂，我们只收入居正先生为该书所写的序言，及该书附录所收居正在总理纪念周的六则讲演录，而没有收入该书的其他内容。有些系居正先生执笔或领衔起草的决议、通电、宣言，虽然涉及法律事务，但如纯属工作性质者，不能反映先生法政思想者，也没有必要收入。先生对记者的一些谈话，如法律观点性不显著，也没有收入。

第二，有些法律著述，不少传记中多次提及，但我们在各大图书馆遍寻无着，故暂未能录入。如一些传记提到的居正先生著有《战争与司法》（1939 年由重庆独立出版社出版）一书，但北京大学图书馆、国家图书馆、上海图书馆、湖北省图书馆都没有收藏。也有传记提及居正先生有《宪政与训政之关系》、《司法腐化问题》等两篇文章，因未注明发表期刊，故至今无法找到。还有传记说居正先生著述有《县司法制度》等，但不知是专书还是文章，也没有查阅线索。日后倘能觅得，再行增补。

第三，有的文章虽然发表在不同地方，标题也略有不同，但经仔细检读发现实系一文两用者，只收录其中较为全面者。如"中国法系之重新建立"文（载《中华法学杂志》第三卷第一期，1944 年 1 月 10 日出版）与"为什么要重建中国法系"文（大东书局 1946 年 9 月版），二者内容大同小异，且后者更为详尽。故而我们只收录后者。又如"法治前进观"（原载《中华法学杂志》第五卷第八期，大东书局 1947 年 4 月版）与"法治前途观"（收入李翊民等编：《居觉生先生全集》（上册），台北 1954 年印行，上册，第 390～392 页）两文，文字内容大同小异，仅第一自然段几句开场白略有不同。本书既已收录前者，就没有必要收入后者。

第四，近年出版的《居正日记书信未刊稿》[122]与《上海图书

---

〔122〕　谢幼田整理，广西师范大学出版社 2004 年版，全八册，由居正最后 7 年日记、往来书信、狱中便条、诗稿与遗墨等部分组成，出版时均为首次刊行。

馆庋藏居正先生文献集录》[123]两套丛书，均影印收入居正在人生最后7年（1945～1951年）所写的日记原稿，是我们研究居正思想的原始资料，具有非常珍贵的历史价值，其中亦有不少言及法政诸事之文字。但考虑到日记所写虽不乏一针见血之论，然多是星星点点，间或及之，因此暂不择其相关者收录。诸君之中，倘有意深为研究者，可自行查之。

感谢黄章一先生、江照信博士、翟文喆同学、卓翊维同学、张锋同学、李兵同学等为本书的编辑工作提供的帮助。

清样排出后，尤陈俊、范忠信又先后各作了一次校审。即便如此，也许仍有错讹。世事殊难尽善尽美，唯有等待重版时再加修订。

范忠信　　尤陈俊　　龚先砦

2008 年 5 月 10 日初稿于武昌首义路

2008 年 9 月 16 日改定于武昌三族斋

2008 年 12 月 21 日增订于北大畅春新园

---

[123]　上海图书馆整理，广西师范大学出版社 2007 年版，全九册。该书系上海图书馆主要根据居正先生孙女、美国国会图书馆居蜜博士捐赠该馆的居正历史文献整理而成（另有居瀛初、秦孝仪两人捐赠的一批书信），共收录各类文献 560 种，分信函篇、文稿篇、诗词篇、狱中书篇、相关资料篇和日记篇等六大部分。

凡 例

一、本文丛系有选择地整理二十世纪的法学经典文献，不作任何有损原意的改动，仅作适当的技术性加工。

二、原书为竖排版者一律改为横排。原文"如左"、"如右"之类用语，相应改为"如下"、"如上"等。

三、原书繁体字一律改为简体。个别若作改动会有损原意之繁体字，则予以保留，另加注说明。

四、原书无标点符号或标点符号使用不规范者，一律代之以新式标点符号。

五、原书无段落划分者，适当划分段落。

六、原书所用专有名称、专门术语（特别是外国人名、地名、书名之译名及学科名称）今日有更通用统一提法者，酌加改动或注明。

七、原书引用之事实、数字、书目、名称（包括人名、地名）及其他材料确有错误者，酌加改动，并加注说明。

八、原书排字确有错误，当时未能校出者，酌加改正，并加注说明。

九、个别特别重要的著译，酌于书后附上新编之名词索引。

十、原书某些附录确无保留必要者，不再编入，但加注说明。

第一部分
学术论文或其他专题文章

这一部分收录了居正先生的二十七篇文论。其中有的属于法学学术论文，有的则是与法政事宜相关的专题撰文。

这一部分的文论编排，大致分为三部分：

第一篇至第十二篇，为法理学、法史学类的文章。

第十三篇至第十九篇，为宪法学、刑法学和其它部门法学的文章。

第二十篇至第二十七篇，为关于司法体制的文章。

在这三部分之内，分别按照文章发表时间先后顺序排列。

第二部分
演讲、致辞、报告、纲领

这一部分收录居正先生的二十八篇文论。这二十八篇文论，系先生起草的纲领或在各类会议上的演讲、报告、致辞之类的讲话记录整理。这类文字，凡与法律事宜有关并能反映先生的法政思想者，均收入本文集中。

本部分的二十八篇文论，亦按照发表时间先后为序编排。

第三部分
司法工作总结汇报

这一部分收录了居正先生的八篇文论，均为关于司法建设工作的总结报告或工作综述。因其个人创作色彩及个人观点成分较浓，故收入本书。

本部分的八篇文论，系按照时间先后顺序排列。

第四部分
信函、序言、题词、悼文

这一部分收录居正先生的十七篇文论。因均系与法政事宜相关的文字，并能反映先生法政思想主张，故收入本文集。

本部分所收录文论，亦按照发表时间先后顺序编排。

/目　录/

第一部分　学术论文或其他专题文章

第三部分　　司法工作总结汇报

第四部分　　信函、序言、题词、悼文

学术论文或其他专题文章

大家快起来行使民权

国家的政权，就是人民的政权，政权要人民来直接行使。《国民政府建国大纲》第九条载："一完全自治之县，其国民有直接选举官吏之权，有直接罢免官吏之权，有直接创制法律之权，有直接复决法律之权。"又第二十四条载："宪法颁布之后，中央统治权则归国民大会行使之，即国民大会对于中央政府官吏有选举权有罢免权，对于中央法律有创制权有复决权。"这四种政权都是由人民直接行使的，故直称之曰民权。然这四种民权，尤以选举一权最关重要，以其最能代表人民的本意。

我们都知道民主政治是指国家主权属于人民的一种政治，它的特点就在于一切政治设施本于民意。就国父中山先生的民权主义的目的来说，其本诸人民公意，由选举而产生民主政治之优点如下：

一、政府官吏向人民负责，国家权力和人民自由的界限，一本于法律的规定。

二、在民主政治下，政府负责者有一定的期限，政治上的争议，采取和平的方式，人民可以选举人员组织政府。

三、政府的更选，亦即政治领袖的进退，采用和平的方法，而不必诉诸武力或暴动。

四、政治的演进，均依一定的轨道，政府随时可以更换，但决不致动摇国家的基础。

这是由选举权所发挥出来的民权特征。如此说来，试问人类是否甘愿用暴力来代替理智呢？还是摒弃和平的选举，去随顺暴力的斗争呢？这是极容易分晓的。

政治的任务，在组织政府行使权力，以实现国家及人民的福利。一个政府由暴力独裁或由人民来自己决定，究竟何者为比较合乎理性？在今日民主世界局势之下，且已有定论。三十年前，国父中山先生提倡民权主义，曾经指出两点基本理由：第一是顺应世界之潮流；第二是缩短国内的战争。他说："现在的潮流已流到民权时代，将来无论怎样挫折，民权在世界上总可以维持长久的。"所以我国的民权制度，为世界上比较合理的一种政治方式；民主政治运用有成效的地方，可以使得每个人在灿烂的文化的和平空气里，尽量发挥他的精力。这种政治富有适合变动环境的弹性，可以容许在广大范围内作和平的政治的经济的试验。可是这种统治方式，便需要每个人民发挥更大的智慧与公正。即今日摆在我们面前的唯一的"选举"民权，正是证明我们以理性而不以暴力为基础的政治，有其长久存在的理由。同时国父中山先生认为："从来内争，都是由争皇帝，只有实行民权制度，用四万万人来做皇帝，才可永绝内争。"这正是以人民选举权的和平方式来更替政权的另一种说法。暴力独裁与君权专制，同样是造成内战的原因，我们要永绝内争，当然不能容许暴力政权的建立，而必须使得政权由全体人民所操持。这是要我们大家快起来行使民权的紧要关键。

四权的行使，在我国各地或偶有实行，而人民实行普选，今日尚是创举。选举权不单是一个口号，或是一种形式，而且法律的制定，关系一国或一地的人民权利甚大。如果放弃不问，一任代表机关妄行制定违背民意的法律，不必经人民明示或默示的批准，便可发生效力，则不但人民的福利无法获得，甚至或反受其害。际此选举开始，我们应当仁不让，大家快起来行使民权，以完成民主政治。

〔本文写作时间不详，大约在 1928～1936 年之间。选自李翊民等编：《居觉生先生全集》（上册），台北 1954 年印行，第 409～411 页〕

法律与人生
〔民国二十六年三月一日，纪念周〕

　　历来都认法律是一种专门的东西，特殊阶级所享受的所研究的，以束缚一般平民。[1] 因而厌恶法律，畏忌法律，不信任法律。这种错误的观念，实足以阻碍法治的推进，应当早日根除。所以今天特别来把法律与人生的关系，简单地和诸位谈谈。

　　我们先说明法律是什么？其主要使命何在？管子曰："法者天下之仪也，所以决疑而明是非也。"又曰："律者，所以定分止争也。"归纳起来，就是法律乃社会生活的行为规范，维持社会秩序、促进社会进化的工具。其主要使命在：一方面明是非，辨曲直，纳民于正轨；一方面适应社会，调节民生，致国于郅治。商鞅云："法令者，民之命也，为治之本也，所以备民也"，法学名言，未可以人废也。

　　法律既是治国利民的良器，社会生活的规范，当然含有时间性

---

〔1〕　原文如此。下句起始应紧接"平民"二字。——编校者注

和空间性，随时代环境的递变，而演成社会的反映物。社会生活既日趋复杂，法律亦因之由简而繁，因为在某时某地所制定的法律，只能适用于该时该地的社会生活，而某时某地的社会生活，又须遵守当时当地的法律，不能"居乎今之世而反古之道"。所以有人以法律能否适合于社会生活，为立法的良否之判断标准。

法律的对象，是人类日常生活，其所规律的，系社会实际的事实，即人类彼此间的相互关系，其抽象的原则，实为应用于实际而存在。具体地说，即为保护社会的共同生活之条件，而维持安宁，保护权利，实施正义。故可说法律是为人生而存在的。俄国硕儒亦曾说："在社会组织中，吾人能常不与自然科学及历史发生何种关系，但无人能完全不与法律问题发生关系。"

我国现行法系以三民主义为根本原则，而以保障民族精神、民权思想、民生福利为中心，即以畅遂全民族的生存为最高目的。其与人生的关系，可用横断的方法与纵观的方法说明之。

就横的方面而言，人类生活，有精神生活与物质生活之分，故其生存要素，亦有精神的与物质的两种，兹分述之。

第一，精神的要素。这种要素是每个健全国民生存所必不可缺者，约可分为四种：

（1）培植民德者。一般的说，道德是人类行为内在的规范，只有良心上的谴责，没有强力的制裁，与法律截然不同，且不相涉。实则，法律实以道德为依据，而将善良惯行以文字表现之。现行法对于培植国民道德的规定，殊属不少，如民法上的"法律行为有悖于公共秩序或善良风俗者无效"；"法律行为系乘他人之急迫、轻率，或无经验，使其为财产上之给付或给付之约定，依当时情形显失公平者，法院得因利害关系人之声请，撤销其法律行为或减轻其给付"；"权力之行使不得以损害他人为主要目的"；"行使债权，履行债务，应依诚实及信用方法"等规定是。而刑法上对于防卫他人权利之行为，与避免他人生命身体自由财产之紧急危难而出于不得已之行为，皆不加处罚，以及内乱罪、外患罪、渎职罪、妨害风化罪、诈欺背信及重利罪等罪行之规定，大都着重于固有道德的维护。

（2）充实民智者。欲改善人民生活，须增加生产，欲增加生产，须改进生产技能，欲改进生产技能，须充实民智。故民智的高低，实关系于国家的强弱，民族的盛衰。因此，约法对于国民教育，亦特设一章，详密规定，不仅确认男女教育之机会一律平等，并责令已达学龄的儿童，应一律受义务教育，其未受义务教育的人民，应一律受成年补习教育。而《小学法》又规定此种基本教育，以无给为原则，例外得视地方情形，酌收学费。此外，为促进学术计，更明定人民有发表言论及刊行著作之自由，非依法律不得停止或限制之。且制定著作权法、出版法等特别法以保护之。国家对于学术及技术之研究与发明，并应予以奖励及保护。各学校亦应设置免费及奖金学额，以奖进品学俱优、无力升学之学生。

（3）发展群育者。帝制时代，因畏人民以团体的力量反抗政府，故不许其有结社集会的自由，但现行法为适应社会经济政治的需要，则一反以往之抑压的态度，而积极地扶植群育的发展。在约法上既明定："人民有结社集会之自由，非依法律不得停止或限制之。"民法并认法人在法令限制内有享受权利、负担义务的能力，而民事诉讼法对于非法人的团体，只须设有代表人或管理人，亦认其有当事人能力，即有提起诉讼或承受诉讼的资格。同时对于农工商等团体，且制定有《农会法》、《工会法》、《商会法》等特别法以保护之。刑法更规定："以强暴胁迫或诈术阻止或扰乱合法之集会者，处二年以下有期徒刑。"

（4）保育体健者。我国国民的天性，喜逸恶劳，暮气沉沉，致蒙东亚病夫之讥。约法鉴于"宴安鸩毒"的古训，欲作育一般奋发有为的健全国民，遂规定"人民依法律有服兵役及工役之义务"，以养成其刻苦耐劳的习惯。民法为保护未成年人或禁治产人之身体财产，而设监护制度于亲属编，刑法为免害身体之自然发育，于妨害风化罪中，并有十四岁之同意年龄的规定。对于未满十六岁之男女施以凌虐或以他法致妨害其身体之自然发育者，则处五年以下有期徒刑、拘役或五百以下罚金。他如制造贩卖或意图贩卖而陈列妨害卫生之饮食物品或其它物品者，皆因其危害他人之健康，而科以罪行。至于投放毒物或混入妨害卫生物于供公众所饮之水源、水道或自来水池者，暴露有传染病之尸体或以他法散布病菌，致生公共危险者，则因其妨害公众卫生，而处以较重之刑罚。

第二，物质的要素。人类生活之物质的要素，原有多种，但依照总理之遗训，其最要者，为衣食住行，兹就斯说明之。

（1）关于衣食之裕足者。吾人衣食之资源，通常系赖于财产，故保护财产所有权之目的，在使人民能暖衣足食。所以约法明定："人民之财产，非依法律不得查封或没收"，及"人民财产所有权之行使，在不妨害公共利益之范围内，受法律之保障"。同时并规定：国家为发展国民生计，对于人民之生产事业，应予以种种的奖励及保护；且为发展农村经济，改善农民生活，增进佃农福利起见，应积极地致力于垦殖全国荒地，开发农田水利，设立农业金融机关，实施仓库制度，发展农村教育等事项。对于人民生活必需品之产销及价格，国家并得调整[2]或限制之。刑法亦因农工商业之盛衰，关系于国计民生社会经济者，至重且大，特设妨害农工商罪之一章，以资保护。此外为减少灾黎之冻馁之患，而规定："于灾害之际，关于与公务员或慈善团体缔结供给粮食或其它必需品之契约而不履行或不照契约履行，致生公共危险者，处五年以下有期徒刑，得并科三千元以下罚金"。

（2）关于居住之安乐者。住所乃个人生活的本据，居止作息的处所，其能否自由安乐影响人生甚大，故约法上既有人民之住所，

---

〔2〕 原文误为"调正"。——编校者注

非依法律不得侵入搜索或封锢的原则规定，而刑法更具体地就无故侵入他人住宅建筑物或附近[3]围绕之土地或船舰者，无故隐匿其内或受退去之要求而仍留滞者，不依法令搜索他人住宅建筑物者，分别定其罪刑。此外《土地法》为减少贫民之居住的痛苦，而规定："准备房屋额继续六个月不及房屋总数百分之一时"，应一方规定房屋标准租金及减免新建筑房屋之税款，以为间接的救济，一方建筑市民住宅，以实现总理之乐民居的遗训。

（3）关于行动之便利者。迁徙之自由，乃约法所明认，非依法律自不得停止或限制。《土地法》因可通运之水道及公共交通道路等与通行之便利有关，乃规定为绝对公有，不许人民据为私有，而有所妨碍。民法上更创设一种通行权，即土地所有人因土地与公路无适宜之联络，至不能为通常使用者，得择其周围地损害最少之处所及方法以通至公路；且于必要时得开设道路，惟对其所受之损害，[4]亦应支付偿金。刑法为谋公众往来之安全，并设有普通妨害交通罪及特种妨害交通罪的规定。就损坏或壅塞陆路、水路、桥梁或其它公众往来之设备或以他法致生往来之危险者，倾覆或破坏火车电车或其它供水陆公众运输之舟车、航空机者，以及损坏轨道、灯塔标识或以他法致生火车、电车或其它供水陆公众运输之舟车、航空机往来者，分别科以轻重不同之刑罚。

其次，就纵的方面说，则人自入胎以至死亡，没有一刻不受法律保护，现分四个阶段说明之。

（一）出生前

人在私法上之权利能力，实始于出生。未出生以前的胎儿尚未独立存在，原非权利主体，但法律因其为将来的国民，而认为保护

---

〔3〕 原文误为"附连"。——编校者注

〔4〕 疑应为"所造成之损害"。——编校者注

的目的物，对于以人为的方法加以戕害者，则构成堕胎罪，而处以刑罚。民法上关于保护胎儿之规定亦很多，如胎儿以将来非死产者为限，关于其个人利益之保护，视为既已出生；于其父母被他人不法致死者，亦有损害赔偿请求权；其继承遗产之法定权利，他人不得无故侵害，且其它继承人非将其应继分保留，不得分割遗产。而民事诉讼法更明定："胎儿于其可享受之利益，有当事人能力"，即可以自己之名义请求法院保护其权利。

（二）成年前

未满七岁之未成年人，民法因其年幼智陋，不能辨别是非利害，而认为完全无行为能力，使不负法律上的任何责任。至于满七岁以上之未成年人，[5] 则年事稍长，智识略增，当能比较利害、权衡得失，故认其为限制行为能力人，即使其所为之法律行为，应事先得法定代理人之允许或事后得法定代理人之承认，方能发生效力。刑法更因年龄之不同，而使刑事责任有轻重之差别，如未满十四岁人[6]之行为，不罚，十四岁以上未满十八岁人之行为，得减轻其刑。其第十六章之妨害风化罪，亦因被害人未满十四岁或十四岁以上未满十六岁，而科以不同之刑罚。

（三）成年后

凡满二十岁者，即为成年人，有完全行为能力，即可独立自主为一切有效法律行为。不过，民法上亦有结婚成年之规定，就是男满十八岁、女满十六岁经合法结婚后，便和成年人同样有完全行为能力。此外，刑法为矜恤老者计，而规定"满八十岁人之行为得减轻其刑"。

---

〔5〕 原文遗"人"字。——编校者注
〔6〕 原文遗"人"字。——编校者注

（四）死亡后

人之权利能力，虽终于死亡，但遗产继承与管理以及遗嘱执行等问题，皆因此发生，民法于此亦设有详密之规定。若夫刑法为尊敬死者、崇拜死者起见，不特对于公然侮辱或诽谤已死之人，科以刑罚，且于第十八章规定亵渎祀典及侵害坟尸体罪以保护之。

总之，现行法对于人生的保护，已属周密，惟"徒法不足以自行"，故欲其对于人生发生实效，不仅须有执法不阿的执行者，且须一般人民能了解法律，信仰法律，遵守法律。庶几法治日进于修明，而国家之自由平等，何莫由斯道也。

〔本文为居正先生为 1937 年"总理纪念周"所撰专文。原载《中华法学杂志》新编第一卷第七号，正中书局 1937 年 3 月出版〕

民族复兴与法律

　　人类生活，精神与物质两方面，交互影响，以组成整个生活。法律生活，以其具有强制力，故其影响尤深。是故有梭伦[1]立法则希腊氏制度为之肃清，有《拿破仑法典》之颁布然后确立欧洲资本制度之基础，有罗斯福之《统制法规》而后有美国之经济复兴。

　　年来国难严重，国人痛定思痛，群向复兴民族之途迈进。立法之趋势亦有可得而言者。

　　十七年，《刑法》规定"私擅与外国开战"之罪（第一百二十四条）。在开战而出于正当防卫者虽得免责，而战略上机宜，往往有非反攻不足以资守御者。此而认为有罪，其何以激发国民御侮之气概？而对于公务员委弃守地者反不认为有罪，虽军人之不尽职责得适用《陆海空军刑法》（第三十三条、第三十六条）以制裁之，然捍卫国土之责，人人有之，不独军人。"食君之禄，死君之事"

---

〔1〕　原文误为"梭编"。——编校者注

为我国数千年来之美德，岂公务员独可逃其责乎？夫名不正则言不顺，为欲确立民族主义之正义观念，而一新国民之耳目，故新《刑法》（二十四年）删去旧法一二四条之规定，而以现行法一二〇条（公务员不尽其应尽之责而委弃守地者处死刑、无期徒刑，或十年以上有期徒刑）代之。《语》[2]有之："民无信不立。"此其立信之本欤？

抑民族衰弱之原因，主要地在于农村破产。八十年来帝国主义资本之侵入，一方使我国数千年农村经济解体，他方复使都市工业化而把持之，于是使中国变成半殖民地。人民在资本主义铁蹄之下苟欲挣扎图存，即不得不仰帝国主义者之鼻息。苟欲求优美之生活，更不得不依附[3]帝国主义者而为其代理人，替他们加紧浚削劳苦大众。此买办阶级所以崛起，而昔时熟读《春秋》"尊王攘夷"的农村士绅，所以腼颜甘为虎伥，为帝国主义者以贱价搜括农村产物，输出于国际市场，复由国际市场，输入工业品以肃清手工业而图市利。至此而民族道德沦亡，斯文扫地以尽矣。

农村破产后之剩余人口，在外国本来造成工业预备军，而在工业落后的中国，则更造成"募兵之预备军"。兵士非为捍卫祖国而当兵，却为吃饭而当兵，为农村破产、为失业流离而当兵。士大夫既爱钱，惟欲食帝国主义之唾余，遂养成匍匐不抵抗之习惯。而士兵又怕死，但求一饱，不复有所牺牲。此东北四省所以弃如敝履。数千年礼义文化之邦，今日求如张睢阳[4]之慷慨就义、与城俱死，竟不可得矣。

---

〔2〕 指《论语》。——编校者注

〔3〕 原文误为"依俯"。——编校者注

〔4〕 张睢阳指唐代安禄山叛乱时固守睢阳城的张巡。据《旧唐书·张巡传》记载，安禄山叛乱时，唐睢阳守将张巡誓死守城，每战大呼，眦裂血流，齿牙皆碎。南宋文天祥撰《正气歌》，其中列举"时穷节乃见，一一垂丹青"的历代忠臣烈士时，有"为张睢阳齿"一句，即是讲张巡固守睢阳、以身殉义的浩然正气。

　　在此环境之下，欲求复兴民族之道，一方既消极地唤起反帝国主义意识，同时必更积极地充实其"自力"，此力应包括两方面，一为"经济之力"，一为"军备之力"。此即所谓足食足兵之道也。

　　足兵之道，首在健全士兵之因素。东北四省兵革非不坚利，委而去之，可见精神因素之重要，尤在物质因素之上。二十四年《兵役法》（二十五年三月一日施行）建立国民兵役与常备兵役（该法第二、第三、第四各条）之征兵制度，以代替现行之募兵制度，是即改革士兵原质之重要措置。依此规定，则当兵为每一国民之义务。当兵乃在捍卫自己的祖国与自己的生命财产，而非为糊口计也。自然对于处置农村剩余人口之办法，固当设法，一方振兴工业（国营与民营的）以吸收之，他方又谋复兴农村，以阻止农民离村之倾向（详下），使现在募兵预备队之份子一部归田，一部入于工厂，然后庶几可肃清军队内"吃饭主义"与"不抵抗主义"之成分，而利《兵役法》之施行。

　　与《兵役法》相辅而行的，有《禁烟治罪暂行条例》与《禁毒治罪暂行条例》（二十五年）。前者在改变兵士之精神，而后者在改变其体魄（虽然其效力不止在军队而实普遍及于全国社会层，然主要的效果，则在军队）。从前《禁烟法》虽对鸦片用较重之刑罚防禁，然不教而诛，终无实效。故新法令先用"勒令戒绝"之办法，戒绝后再犯或三犯即处死刑。而对吸用贩卖毒品等行为者自十六年起一律处死刑。此等规定，实为"民族主义"之至高表现。盖鸦片与毒品，遗害民族殆百年，积重难返，非用特殊重典，不足以收实效也。

　　足食之道，在实行民生主义。对于农村，以"平均地权"为主要方法，而以"节制资本"之方法辅之，务使农村皆有田可耕，特别保护自耕农而遏抑高利贷者。在都市则以"节制资本"之办法为主，而以"平均地权"之办法辅之，务使以家财力负经营大工业与独占工业之责任，而民营事业无背于公益则保护之，同时防其权利滥用之弊。

对于复兴农村之法律，最重要者为《土地法》（十九年公布，二十五年三月一日施行）。其重要规定有以下数点：

（一）私有土地得设定最高额之限制（第十四条），与额外土地之分划出卖（第十五条），及其他目的之土地重行分划（第十八条及第二百十一条以下）。

（二）承租人对于土地之优先承买权（第一七三条），及收回自耕地再出租时之优先承租权（第一八四条）。

（三）地租最高额之限制（不得过正产物收获总额千分之三七五，[5] 第一七七条第一项）。

（四）预收地租及收取押租之禁止（同条第二项）。

（五）不定期租用耕地契约终止之限制（第一八〇条）。

（六）对于耕作上必需之农具、牲畜、肥料及农产物留置权之排除（第一八五条）。

（七）征收地价税与土地增价税（第二八三条以下）。

（八）重征不在地主税（第三三一条至三三三条）及不在地主土地之征收（第一七五条）。

凡此皆以"平均地权"方法挽回农村之衰落，而补救民法一般规定之所不及者也。

又从"节制资本"方面挽救农村之衰落，一方消极的有新刑法"重利盘剥罪"之规定（第三四四及三四五条），他方积极的有农本局之设立。农本局之资本在六千万元以上（二十五年《农本局组织规程》第四条）。其主要业务为：（一）介绍或办理农产品抵押借款及再抵押借款；（二）信用放款；（三）农产品之运销或代理运销；（四）农产品仓库（规定第五条）；（五）发行农业债券（第十条）等。农本局法律之外，更有《农仓业法》（二十四年

[5] 原文为"三七五一"，"一"字显系衍出。——编校者注

公布）及《合作社法》（二十三年公布，二十四年九月一日施行，合作社于农业及工业两方俱有关系）。

对于促进工业之法律，有《工业奖励法》（二十三年），《奖励工业技术暂行条例》（二十一年），《兴办水利奖励条例》（二十四年）。关于发明工业品办法之专利权（奖技[6]第二条），及应用机器或改良手工业制造，或采用外国最新方法仿造，或应用自己发明方法制造者之专制权，或给予奖励金，或减低其出口或原料关税或运输费（工业奖励[7]第一及二条），皆经规定。此外有《民营铁道条例》（二十四年）、《民营公用事业监督条例》（二十二年）、《电气事业条例》（二十三年）、《渔业法》（二十一年）、《矿业法》（二十一年）、《破产法》（二十四年）、《公证暂行条例》（二十四年）等，均于推进工业、节制资本有直接间接的力量。

参用平均地权方法以为都市之推进与调节其无统制的发展之弊害者，为《土地法》第三编第二章与第三章之规定（第一四八条以下）。对于市地地主所有权之滥用，致妨碍工业之发展或都市平民之居住权利者皆有限制。

更有足为工业发展之障碍者，则如劳资纠纷与关税及金融制度之非法的破坏。关于后者，有《惩治偷漏关税暂行条例》（二十五年七月四日）、《妨害国币惩治暂行条例》、《兑换法币办法》、《银制品用银管理规则》（二十四年）等以为救济。关于前者，于旧有《工会法》及《劳资争议处理法》外，更制定《工厂法》（二十一年）、《工厂检查法》（二十四年）、《矿场法》（二十五年），以资防范。

统观现行经济法规，于救济农村方面，尚粗具规模，特别是农本局之设立。苟能发奋努力，未尝不可达到复兴农村之目的。然其

---

〔6〕 疑即前文之“《奖励工业技术暂行条例》”。——编校者注
〔7〕 疑即前文之“《工业奖励法》”。——编校者注

资本额之渺小，尚属可虑。幸该《规程》第四条规定，固定资金合放资金六千万元外，尚有"流通资金"一项，由各参加银行等组织农贷团以吸收资本。此项规定，必须充分活用，然后有济。

至于工业方面，虽有几种奖励与监督之法律，然如何储蓄大量的国家资本，及如何解决严重的失业问题，尚未有具体的规定。吾意依总理《实业计划》，利用国际资本以发展我国工业，殆为不可避免之途径。且由此点以促进国际的合作，亦为民族复兴之必要条件。

〔本文原载《东方杂志》第三十四卷第一号，1937年1月出版。选自陈三井、居密合编：《居正先生全集》（上册），台湾"中央研究院"近代史研究所1998年版，第279～282页〕

法治与建国

　　时光荏苒，匆匆已届二十九年国庆，回想当年革命一般先烈、无名英雄轰轰烈烈的行动，真使我们景仰崇拜，兴奋感念。他们牺牲一己之生命自由权利，挺身救国，才创造了民国的初基，如此光荣的史迹，真所许肤功迅奏[1]亘日月而长存，骏业弘施与乾坤而永寿，岂第为我们后死者的楷模而已吗？

　　民国肇起，障碍丛生，袁氏称帝，军阀割据，以致兵连祸结，扰攘不已，迨北伐成功，吾党复起而执政，国内始告统一。民国二十五年以后，环境日佳，建设事业有长足进步，敌人深恐我们国家日趋富强，于是迫不及待，发动了"七·七"事变，满想"不战而屈人之兵"，或一战而摧毁我主力，讵知他们种种措施，正犯了兵家大忌。兵法[2]云："夫未战而庙算胜者，得算多也。未战而庙算不胜者，得算少也。多算胜，少算不胜，而况于无算乎。"敌人

---

〔1〕 "肤功迅奏"意为迅速取得伟大功绩。——编校者注
〔2〕 指《孙子兵法》，此句出自该书首篇《计篇》。——编校者注

不但没有"庙算",而且根本"无算",以此欲屈人之兵,简直愚顽得可笑。相反地,在我们这方面,本来是应战而非求战,"敌国外患",时时在警惕我们。精诚团结,打破了敌人"以华制华"的诡计;全面抗战,更打击敌人"以战养战"的阴谋。所以我们相信,在"哀兵必胜"之下,最后胜利,一定属于我们。

抗战建国,必须同时并进,因为抗建是一件事情的两面,不是两件事情的一方面,所以不能划分彼此,互相轩轾。我们抗战,为的是建设一个民有、民治、民享的三民主义前进国家。这个前进的国家能实现,人民才能安居乐业,世界才有真正的和平。目前情况之下,我们要建设国家,首先须把外患排除,否则就没有实现的可能。同样,要保障抗战胜利,我们又必须集中全力,努力于建设国家的工作,因为建国事业完成,国力才可充实,同时不但促成了抗战的胜利,并完成了最高国防。至于抗战建国的最高指导原则,在《抗战建国纲领》总则内,规定得很明显,其第一条云:"确定三民主义暨总理遗教,为一般抗战行动及建国之最高准绳。"第二条云:"全国抗战力量,应在本党及蒋委员长领导之下,集中全力,奋励迈进。"秉此原则,战时一切设施,当然唯有秉承三民主义及总理遗教,作为行动的标准和指导的原理;国内一切力量,亦应该在本党总裁统率之下,集中全力,向一个目标——抗战建国努力迈进。司法是整个政治一部门,自不能脱出政治轨范以外,况且司法和人民有密切不可分离的关系,司法之良窳,影响于人民之生命财产甚巨。我国历代以来,均以讼狱平允与否,作为隆替兴亡的标准。我们在这个大时代中,自然更应该加倍努力,以冀刑期无刑,使得社会秩序安定,力量集中,以此全力,一致对外,然后我们抗战才可操胜算的左券。可是我们瞻顾古今,觉得我国的人民法治观念,终究还嫌薄弱。这固然由于历史原因居多,因为中国过去偏重礼治,忽视法治,相沿成习,以致变成特殊状态,"刑不上大夫",法律惟有小民才受束缚。递嬗至今,每况愈下,社会上一般有力份子，都不愿守法，以为法律治不了他，脱出了法律轨范，俨然以特殊阶级自居，上行下效，于是丕然成风。这种观念，如果不纠正，贻害于社会生活匪浅；这种心理，如果不积极改革，中国的政治，就没有方法上轨道。所以就司法本位说，抗战时期，社会各阶层的构成份子，都应该养成法治观念，人人以守法为荣。英谚云："法律之前，人人平等。"这就是说，法律的运用，应该是普遍的、平等的，无论何人，他[3]的日常行为以及生活状态，不得与法律相抵触。如果贸然尝试，必当执法以绳，决不让他逍遥法外。以上仅就消极方面说，如就积极方面说，一般国民教育，应薰陶以法律常识，养成普遍的法治观念。明法者，懔"君子怀刑"之戒，自动地尊重法律、遵守法律；尤其在官者，不能以法律之不便于己，而以越范之措施，规避于法以外。知礼者，习"有耻且格"之训，以礼治与法治为不可分，违礼即属违法，深知不道德行为，在社会上为人所不齿。受社会之制裁，即为奇耻大辱，人人知耻，即不期守法而自守法，庶几相习成风，蔚成法治极则，然后法治可期，三民主义前进的国家理想完全实现了。

综合言之，建国事业，经纬万端，非可一蹴而几，必须整个政治发展到最高度，然后建国的目的才能达到。司法为政治的一部门，要配着整个政治而运用，而法治主义，实为完成建设国家不可少的条件。今天值此佳节，我们回忆过去，企望将来，觉得这个问题太重要了，所以特地提出来就正于国内外人士，倘荷批评或建议，那是十分欢迎的。

〔本文原载于 1940 年 10 月 10 日某报。选自陈三井、居密合编：《居正先生全集》（上册），台湾"中央研究院"近代史研究所 1998 年版，第 318～319 页〕

---

〔3〕 原文误为"它"。——编校者注

法治前途之展望
〔民国三十一年元旦庆词〕

共和肇建，倏逾卅载。缅维国父缔造之艰难，同志成仁之壮烈，诚足令后之来者，倍增兴奋！值兹强寇压境，外侮侵陵，吾人绍承丕基，深懔遗大投艰之责任。岁序更新，昭苏在望，愿进一言，与国人共勉！

中华立国五千年，夙传世界文明古国，不仅宝藏丰盈，生齿繁殖；即典章文物，礼乐教化，亦已彪炳寰区，具有不可磨灭之优点。在昔专制时代，虽改朝易姓，时有纷更，但举国崇礼尚义、守廉明耻之精神，迄无变易，故屹立东亚，永为宗主国家。其间虽以变乱之故，偶为外族陵夷，然因优越之种性与光荣之题史，终能克复故物，还我河山。今者暴日倾其全力，侵略神州，吾人为争取民族之自由生存，维护人类之平等正义，起而抗战，时及五年。赖我伟大领袖之英明领导，及全国军民之忠勇奋发，竟能以粗疏之装备，遏方张之强寇。敌已再衰再竭，我则愈战愈强。最近福州、湘北以及郑州之役，均可为我强敌弱明证。兼以得道多助，声援日增；今英美等民主国家，一致大张挞伐，尤足制敌之死命。似此内外局势，日加好转，最后胜利，属我无疑；故抗战必胜，非夸词也。在此争取最后胜利之时，举国上下，固应以"军事第一，胜利第一"为共同奋斗之目标。但对于建国大业，亦应兼程并进，努力前趋。盖抗战与建国，同为立国之要图。非抗战胜利，不足以救亡图存；非建设成功，亦不能立国于天地。二者辅车相依，未可畸轻畸重也。领袖谆谆诰诫，每谓政治重于军事，后方重于前方，又谓一面抗战，一面建国。吾人对兹训示，共具信心，惟有以坚苦卓绝之精神，集中意志，集中力量以行之耳！

　　抗战必操胜算，前已言之。至建国之道，经纬万端，欲求庶政之推行，国民之振作，根本大计，舍法治莫由。国民革命之目的，原在建设有组织有秩序之国家，使民族独立，民权巩固，民生乐利，以渐进于世界大同。此即三民主义之法治国，亦即本党所欲建成之现代国家也。

　　国者人之积也，人类共同生活，必须有健全之组织，及适宜之轨范，然后外可御侮，内谋安宁。否则一盘散沙，何从团结？本党第五届二中全会宣言，谓："近代国家之组织，其精神尤在于力量之统一，与纪律之严明。世未有力量涣散而可以御侮者，亦未有纪律废弛而可以建国者。"此所谓统一，所谓纪律，均非有完备法制，不能形成。夫主权为立国要素，此为人所共喻。主权之有无，全视国民有无组织，而组织是否健全，又以法制是否完备为断，故惟法治完成之国，始有完整独立之主权。英国亚丹斯密[1]谓："主权者应有御侮、保民及维护公益之三种义务"。法国狄骥谓："国防、保安、裁判三者为政府之重要职务"。微言谠论，若合符节。百稔以前，义大利[2]法治不修，常被奥国侵略，奥相梅特涅竟称

---

〔1〕　今译"亚当·斯密"，18世纪苏格兰人，经济学的主要创立者。——编校者注

〔2〕　今译"意大利"，下同。——编校者注

义大利为地理上之名词，不足认为国家。满清末叶，外人亦讥我为睡狮，为病夫，为散沙者，亦由尔时法治不修之故。毖后惩前，止谤雪耻，自非厉行法治，不足以建设国家。

法律者，国家施政之信条，社会生活之秩序，个人行动之准则也。果国家施政无信条，社会生活无秩序，个人行动无准则，其纷乱扰攘之状，将至不堪设想。是平时自保尚不可能，更遑论抵御外侮？昔韩非子力主法治，谓法度为立国之大节，智能多失，万全之道，在于依法，"国无常强无常弱，奉法者强则国强，奉法者弱则国弱"，"治强生于法，弱乱生于阿"。又谓："矫上之失，诘下之邪，治乱决缪，绌羡齐非，一民之轨，莫如法；厉官威民，退淫殆，止诈伪，莫如刑。"此为我国法治主义之精髓。至欧西学者主张法治建国之说，更更仆难数。国父手订建国大纲，载明宪法公布，为建国之大功告成，足见今日应厉行法治，无可怀疑。至于所谓人治礼治，虽未可一概抹煞，惟只居于辅助地位，促法治之圆满完成而已。

厉行法治，平时既可增进人民福利，跻国家于富强，战时更可加强军事力量，促凯歌之早奏。例如今日推进兵役，铲除汉奸，统制物资，稳定金融，镇慑奸宄诸大端，在在均赖法律上之维持或制裁，其结果皆直接或间接有利于军事。故韩非子谓："明法亲民以报吴，则夫差为擒。"[3] 又谓："能去私行行公法者，则兵强而敌弱。"即此数语寻绎，应知法不贵能立，而贵能行；不仅能行，尤贵行之严明。国民政府成立以还，一切法规，灿然大备；但在国民方面，是否尽知尽信尽行？在政府方面，曾否就行法为严明之督责？颇足供吾人之检讨。抗战军兴，我国军事已长足之进步，惟整个政治建设，尚未达预期程度，此实无可讳言者。吾人思维往事，策励将来，诚如抗战建国纲领所示："欲求抗战必胜，建国必成，

---

〔3〕 原书误为"明法亲民，夫差以擒"，今据《韩非子·饰邪》改正。——编校者注

固有赖于本党同志之努力，尤须全国人民戮力同心，共同担负。因此本党有请求全国人民捐弃成见，破除畛域，集中意志，统一行动之必要。"兹本此旨，揭橥五事，以为吾人负责努力之标准。瞻望前途，方兴未艾。

一、遵行国父遗教。国父手创三民主义，博大精深，和平中正，实为流血救民救世之极轨。言其要义，即对外求中国之国际平等，对内求人民之政治经济平等。现吾人既奉三民主义为建国之基本原则，则一切政治经济之建设，均应以主义为依归。法制者，政治经济建设之基础也，匪惟不得悖乎主义，尤应发挥主义之精神。盖法制乃施政之具，其作用必有一定目标。例如君主专制国之法律，必以保护君权为重心；资本主义国之法律，又必以保护资产阶级为前提。因时因地，不容或爽。今吾人服膺三民主义，号召法治，自应冶二者于一炉，以收融会贯通之效。如法制不主义化，则缺乏一贯之中心思想，不能辅翼主义之推行；主义不法制化，则仅为少数人所信仰，而不具有强制力，为全体国民共守之准绳。故今后立法方面，应以三民主义为其创制之最高原则；在行政司法等方面，尤应本主义之启迪，为适宜运用，务使主义法制化，法治主义化。俾庄严灿烂之中华，成三民主义之法治国，此吾人所应共勉者一也。

二、严格执行法律。法贵能行，尤贵行之严明，已于前述矣。昔商鞅徙木赏金以立信，刑太子师傅以立威，皆其示"令欲必行，禁欲必止"。夫然后法律可取信见重于人民，而不至流为弁髦。如法立而不行，或行而不严，徒供黠者之舞弄，强者之摧毁，又乌在乎其有法哉？法字古文，从水、从廌、从去，原有持平去恶之意。苟违法乱纪，应不问其身分职位如何，一律依法裁制之；反之，守法奉公者，亦应依法奖进之。庶符三民主义平等之精神，而矫瞻顾徇袒之弊失。韩非子谓："法不阿贵，绳不挠曲。法之所加，智者弗能辞，勇者弗敢争。刑过不避大臣，赏善不遗匹夫。"又谓：

"能去私曲就公法者，民安而国治；能去私行行公法者，则兵强而敌弱。"前者言执法贵在严明，后者言执法严明足以强国而克敌，名言至理，矜式来兹。凡我司法同人，固应励行摘奸发伏，以期激浊扬清，对于叛国通敌之汉奸，犯科之乱党，妨害兵役之豪劣，垄断居奇之商贾，暨其他妨害抗战之罪犯，更应不畏强暴，尽法制裁，以彰法律之威信。即行政方面，亦复宜然，例如应征收之土地财物，虽豪势不得豁免；依法应服兵役之壮丁，纵亲贵不容规避。至监察考试各机关，亦须以不屈不挠之精神，仍法尽其纠弹考覆、选贤任能之能事。务使信赏必罚，纪律严明，此吾人所应共勉者二也。

三、注重合作精神。五权制度，旨在分工合作，凡一政令之发布，动关数单位之职权，必有密切联系，方能运用自如。国父谓整个政府，宛同全部机器，如一部失灵，他部即受其牵制。故欲完成法治，必须全面推行，决非畸形发展，尤非司法一部分之努力所可收效者也。世有望文生义，以为司法二字，即系法制之执行，法制如果一一执行，何忧不臻郅治？不知现行制度，司法二字系狭义解释，其主要任务，仅在对违法者事后之纠正或制裁耳。至于事先领导行法，则非职权以内之事。惟苏联《法院组织法》第二条曾规定："苏联司法，应促使苏联各机关法团公务员及公民一律切实遵行苏维埃法律。"其司法意义，虽较宽泛，但亦不过以制裁之手段，促法制之施行，仍未脱狭义司法之窠臼。以国喻人，刑罚犹医药，教化如卫生。与其病后医疗，曷若事前保卫？先哲谓："礼失而后法"，又曰："使民无讼"。以及近代刑事政策由报复威吓，进而为感化预防主义，均系此意。故知司法对于完成法治，虽应有重大之责任与贡献，但只赖狭义之司法，亦决不能使法治完成。必须各方面协力同心，密切合作，始能收众擎易举之效。岂可散漫龃龉，有违精诚团结之旨？此吾人所应共勉者三也。

四、养成守法习惯。吾国重视道义，素乏守法之风。疏狂之徒，竟谓："礼法岂为我辈而设？"又曰："法令滋彰，盗贼多有。"
种种訾论，深中人心，积久习非成是，竟形成以毁法为能、守法为
怯之谬误心理。若不立予革除，决难达法治之的。民国六年，国父
岭表宣言护法，而不言护国，即系对此作有效之针砭。今后凡属国
民，无论在党在位在野，均应养成守法之习惯，方不愧为共和之主
人。养成之道，政府久具决心，尤在行法者以管子"令欲必行，
禁欲必止"为信条，启发国民尊重法律之思想。其在教育方面，
尤应遵领袖所示，普及法律智识，以严格的规律生活，造成国民崇
法守纪之精神。夫然后整齐严肃，法治可期，此吾人所应共勉者
四也。

　　五、发扬固有道德。道德即礼教，吾国重礼轻法者久矣！视礼
为君子之检闲，法为小人之桎梏，故谓："礼失而后法"，"出于礼
即入于刑"。又谓："礼不下庶人，刑不上大夫。"现时崇尚法治，
仍赖礼教之辅翼，未可轻言唾弃。盖礼教为人民生活之高尚标准，
法律为人民行动之最低防闲，内垸外堤，同是[4]阻遏人欲横流之
具。违背礼教，有社会之制裁；侵犯法律，受国家之惩罚；相辅而
行，治理之具斯著。况法之立也有限，而事之变也无穷，欲以有限
之法律，御无穷之事变，自有百密一疏或挂一漏万之弊。浅识之
士，不谋根本救济，徒以颁行法令为治标之计，治丝益棼，庸有济
乎？故欲求建设国家，恢复秩序，实有发扬我国固有道德之必要。
国父与领袖对于八德四维之提倡，不遗余力，高瞻远瞩，超绝群
伦，吾人自当努力奉行。凡属海内贤豪，尤须以尽忠职守之心，怀
匹夫有责之义，尽力提倡，树之风声，藉道德之发皇，促法治进
步，此吾人所应共勉者五也。

　　以上荦荦诸端，似为完成法治之途径，陈义不求甚高，立言期
于共喻。所望举国同胞，均能认清自己之责任，发扬爱国之精神，

─────────────

〔4〕　原文误为"时"。——编校者注

以建国促成抗战胜利，以抗战奠定建国基础。庶三民主义法治国家，得以早日观成。兹敬举总裁之语录，以为本篇之结论：

> 吾国从来守法尊法之习惯，较为缺乏；民主与自由之意义常被误解。致受一盘散沙之讥，以贻国家危乱之祸。是则法治精神之培养，又为训政工作之要件，必使法律有效，而后国家乃可久安，建国方得实现。在积极方面：凡法律之规定其应为者，必须各尽其事，而不可放弃职责；在消极方面：凡法律所限制其不应为者，必须绝对遵守，而不可丝毫畔越。今后全国国民，以至政府之官吏与军人，必须皆知守法为立国立己立人之要则，不可再蹈放纵恣肆之错误，以陷国家于凌乱不安。无法律即无自由，皮之不存，毛将安附？此为吾全国同胞所应共勉。而在教育方面，亦应以严格的规律生活之培养，造成国民崇法守纪之精神，则民权主义，乃得以充分实现，而宪政亦克早见其完成。（节录总裁言论《努力完成训政之大业》）

〔选自李翊民等编：《居觉生先生全集》（上册），台北 1954 年印行，第 380~385 页〕

法治与法律教育

一

一国之政治目的，恒应时代之需要而确定；教育方针，则恒随政治之目的而转移。教育方针之政与治目的，如轮之与轨，矢之与鹄，必依一定之方向前进，而后有达到希望之一日。我国对内建设及对外之国际地位，在此时期，显有重大之转变，吾人继往开来，确定政治目的，以应时代之需要，一面确定教育方针，以期与政治目的相配合，实为当前急务，即亦本篇所欲试加探讨者也。

总裁手著《中国之命运》一书，于第五章昭示今后建国之重心，略谓"革命建国的工作，是由民族主义的完成，到民权主义民生主义的实现。在民权主义方面，以'地方自治开始实行法'所定的工作为基础，以至经过训政，完成宪政，并且我们对外要建设中国为坚强的国防体，不陷于所谓自由主义分散国家民族为一盘散沙之弊，对内要训练全国国民行使政权，不偏于一阶级，使中国的政治为全民政治，而不是阶级政治"。而第六章第三节复以"自由与法治观念之养成"著为革命建国的根本问题之一。是吾人应以"建设三民主义之法治国家"为政治目的，而以"促进法律教育"、"养成法治观念"为重要方针，殆已不容置疑。

顾吾人默察实际情形，关于法治及法律教育之重要性，似尚不为一般所了解。揆厥原因，不外数点：即狃于旧说者，仍以"礼治"或"人治"为重、"法治"为轻；而急于事功者，又过于醉心物质文明之论，偏重自然科学，而以社会科学之法律为可缓，甚或谓非常时期必须相机应变，不应高谈法律，对于法治观念，根本动摇是也。请分别论之。

"礼治"主义在我国政治及文化上原有数千年之灿烂历史，垂及今日，而"礼让为国"、"礼师民心"仍不失为我立国治身之重要规律。惟我国法治观念，萌芽于唐虞之际，及周而法制大备，已确立法治之基础。孔孟倡导仁政，犹以"刑罚不中"、"下无法守"引为执政者之大戒；荀卿为战国儒家大师，其所著《性恶》篇，曰"圣人积思虑，习伪故，以生礼义而起法度"，"圣人化性而起伪，伪起于性，而生礼义，礼义生而制法度"，亦以法从礼出，为生人所必要。盖往古民风淳朴，思想简单，虽刻木为吏，义不可对，画地为牢，义不可入，齐之以礼，无所不可。迨夫民智日开，良莠不齐，社会情事复日益错杂，非着以整齐划一之规，赋以强制遵循之力，则社会散漫，必陷于无组织之状态而后已。故法治所以济礼治之穷，而为社会进步之应有现象，礼治之穷，可变而为法治，法治之穷，不可复变而为礼治，势固然也。我国革新以还，寖臻完备，吾人以礼教之所长，补法治之不及，自属正当，若夫舍法治而专尚礼治，是犹返大辂于椎轮，夷宫室为茅茨，未见其宜。

"人治"之说，原亦为儒家所倡导，所谓"文武之政，布在方策，其人存则其政举，其人亡则其政息……故为政在人"，及所谓"有治人无治法"，均极重视"人治"。而法家者流，如《管子·任法》篇，"圣君任法而不任智"，《韩非子·用人》篇，"释法术而心治，尧不能正一国"，则率以任法贤于任人。于是儒法两家，各走极端，而呈"人治"与"法治"对峙之观。顾余尝考两家先正之书，殊不尽然，究以主张不可偏废者为多。孟子，儒家亚圣也，乃曰"离娄之明，公输子之巧，不以规矩，不能成方圆，师旷之聪，不以六律，不能正五音，尧舜之道，不以仁政，不能平治天下……故曰徒善不足以为政，徒法不能以自行"，非即以"法治"、"人治"相济为用乎。商鞅，法家巨子也，所著《画策》篇，曰"国之乱也，非其法乱也，非法不用也，国皆有法，而无使法必行之法，国皆有禁奸邪刑盗贼之法，而无使奸邪贼盗必得之法"，非即以"人治"济"法治"之穷乎。盖"治法"为"治人者"必循之轨道，"治人"则为推行"治法"必须之机纽，相得而后益彰。后世不察，漫为轩轾，乃以"治人"为本，"治法"为末，驯致操儒术者变本加厉，竟有"读书不读法律"之讥，儒术一道，日形陈腐，国家政治，亦日就窳败，实以此为重大关键。时至今日，自应培养法治之基本人才，以"人治"促成"法治"之实现，庶可折衷至当，尔无流弊；倘侈谈"人治"，而置"法治"于不问，非笃论也。

我国物质文明，远较世界先进各国为落后，工商事业以及国防设备，均须迎头赶上，积极迈进。近来提倡自然科学，以期实业计划、国防计划得以次第完成，自属切要之举；惟是建设计划，端赖政治力量以为推动，仍须民众有"重法"、"守法"之信念，俾基层组织健全无缺，而后政治力量得为充分之发挥。且任何建设事业，必须有严密之组织，适当之管理，在事人员，如不洞晓法规，善为运用，亦不克收预期之效果。即此两端，已未可视法律如敝屣。至于国家纪纲之整饬，社会秩序之维持，无论处何时代，均难忽视，则法律之作用，初不因此而有逊色，尤极显然。吾人号召科学救国，断难局限于自然科学之一途，法律科学，亦当然属其畴范。[1] 进而言之，科学救国之目的，能否达到，毋庸以法治与法律教育之程度如何，为其先决条件。总裁所著《中国之命运》第五章，列举实行实业计划最初十年内须用人才数目，关于需要文、法、商、经济等科毕业人才，为三一〇〇〇人。虽较工业、技术暨医科人才为少，但此项人数，系专就实行实业计划所估计，非举全国一切事业之所需，统算其中，不容因此误会。倘以侧重自然科学，遂将法律教育置诸缓图，恐犹耳食之谈。

论者或以抗战军兴，时属非常，一切权宜处置，未便过受法律束缚。殊不知法治国家之特质，始终一贯，初不因平时战时而异。战时之维持军纪，安定后方，均关重要，仍惟法律之是赖，纵遇异常事变，非通常法律所能肆应，势必量为变通，亦须有应变之法律，如戒严法之类，以为依据，非可漫无"法守"，得以任意为之也。昔子贡问政，子曰："足食足兵，民信之矣"，必不得已而去，则曰"去兵去食，自古皆有死，民无信不立"。古之"立信"，与今之"法守"，义无二致。此次世界战争，各国所定战时法规，虽不得其详，而第一次欧战，仅法兰西一国，自一九一四年至一九一八年制定之法规，竟辑成十二巨册，是战时立法及执行法律之重要，已可概见。我国自发动战争，先后颁布法律，类皆经过立法程序或国防部最高委员会决议，举凡动员人力，动员物资，与夫惩治奸宄，统制经济，莫不有详密规定，所以不辞繁琐，率依常轨者，亦在示民"以信"，期共恪守而已。余以为法治国家，必须战时不失法治之常态，然后"意志集中"、"力量集中"，均可藉法律之力，促其实现，军事前途，始益有胜算之可操，论者乃执以抹杀法治之作用，未免本末倒置，相去过远。

综上所述，已可确定法治之重要性，余再进而讨论法律教育。

---

[1] 今多称"范畴"。——编校者注

二

法律教育向为训练法律专门人才之名词，至灌输民众法律常识，则属于公民教育之范围，惟公民教育所训练者，率为公民应有之一切常识，法律一项，并不特别注重。余以为法治国家之公民，对于国家所颁法律，如布帛菽粟，不可一日或缺，必须就通常法律观念，具有相当认识，始可完成其公民资格，未可与其它常识等量齐观。故本篇举"专门人才之法律训练"及"公民之法律训练"，悉称为法律教育，并行研讨。兹先就关于公民训者，略抒所见于次。

近代国家采用军国民主义，一方提倡军事教育，培养专门之军事人才，一方对于民众，更施以普通之军事训练。我国仿行以来，已颇见成效矣。法治国家之人民，不仅应"重法"、"守法"，且有时负"执行法律"之职责，其应施以通常之法律训练，实与民众之应受军事训练相同。矧我国政治尚在训政时期，此项训练，尤觉有特殊之必要。其可得而言者，约有三端：

（一）本党所揭橥之民主政治，系遵奉国父遗教，以"全民政治"为鹄的。遗教中曾明白宣示，人民必须能直接实行选举权、罢免权、创制权、复决权，始能直接管理政府，始能谓之"全民政治"，并以四种民权之训练，属于本党训政之责任。此四种民权中，其属于选举权、罢免权者，为监督官吏之权，已非有法律常识，不克为正当之行使。至创制权为人民直接制造法律之权，复决权为人民直接修改或废止法律之权，行使权利之对象，即为国家法律，何去何从，尤不可漫无准则。纵令人民以其切身之利害，未必率尔从事，而法律关系牵涉甚多，影响亦复甚剧。设无法律素养，何能得精确之判断，为"达成全民政治之目的"起见，实施民众之法律训练，自不可少。

（二）地方自治为实行宪政之基础，亦即为推行一切政令之基层组织。《建国大纲》明定须全国有过半数省份之地方自治完全成立，始开国民大会，颁定宪法，为宪政告成之时期，用意即在于此。国民政府历年推进地方自治，不遗余力，迄今未能如期完成，症结所在，固不止一端，而人民欠缺自治能力，不克达预期之目的，不失为重要原因。夫法律知识与自治能力本属两事，有自治能力者，未必即系有法律知识；其无法律知识者，亦未必绝无自治能力。顾法律知识之是否普及，与其自治组织之健全与否，具有密切关系，为不可否认之事实。按《地方自治开始实行法》列举自治之初步工作，为（1）清户口，（2）立机关，（3）定地价，（4）修道路，（5）垦荒地，（6）设学校，并附以所应办之农业合作，工业合作，交易合作，银行合作，暨区外运输交易等项事业，或应执行国家之政令，或须由该自治团体自订规约而为执行，均不能脱离法律之范围。近年各县之乡长、保甲长等，在其自治区域内，办理兵役，时有罣误，甚或触犯刑章。核其情节，由于不明法令者十居六七，此项负有自治职责之公务员，法律知识尚不及最低水准，蚩蚩之氓，更何堪设想。最近十一中全会，已决议全国党政机关应加速完成地方自治及职业团体组织，确立宪政之基础，并以为复员建国之中心工作，国民政府应于战争结束后一年内，召集国民大会，制定宪法颁布。是完成地方自治，已为目前要政，苟欲其组织健全，克期成立，自非民众有相当之法律知能，不克有济，为"完成地方自治"、"促进宪政"起见，实施民众之法律训练，亦不容再缓。

（三）人民行使公权，应先有法律知识，已具如上述，即其私人权利之保障，亦何莫不然。我国周秦之际，已采用法治主义，征诸往籍，如《周官》所载"正月之吉始和，布刑于邦国都鄙，乃悬刑象之法[2]于象魏，使万民观刑象，挟日而敛之"，"士师之职，[3]掌国之五禁之法，以左右刑罚，一曰宫禁，二曰官禁，三曰国禁，四曰野禁，五曰军禁，[4]皆以木铎徇之于朝，书而悬于门间"。（疏引《尔雅》云，巷门谓之闾，即悬于各处巷门，咸使知之也。）《商君书·定分》篇亦曰："为法令，置官吏……以为天下正……诸官吏及民有问法令之所谓也[5]于主法令之官吏，皆……明告之。……故天下之吏民无不知法[6]者。吏明知民知法令也，故吏不敢以非法遇民，民[7]不敢犯法以干法官"，皆以使民知悉法令，为推行法治之先务，用意至为深远。现行民商土地各项法律，均与私人日常生活息息相关，考其内容，多取自外国法例，与我国历来之习惯风俗，未尽相符。当时立法，因改造社会适应潮流，原非得已之举，而改制有年，人民对于生活攸关之法律，仍茫然不知所谓，实于其私权之保障，异常危险。至于行政法规与人民之权利有关者，亦错综复杂，同有无所适从之感。国家法律至多，固难使民众完全了解，而通常之法律观念，为阅读各种法令之基本，自应尽量灌输，俾有途径之可寻，在司法可减少讼累，在行政亦可令出惟行，所裨匪浅，此为"保障人民权利"起见，实施民众之法律训练，尤感切要。

现行教育制度，对于小学、中学两级，均有"公民"或"常识"课程，法律常识已酌量编入，并非未加注视，而每月举行国民月会，讲解法令大纲，尤足补其不及。惟民众之法律常识，既与其它普通常识不同，按诸现情，尚有加强训练之必要。各中小学课

---

[2]　原文遗"之法"二字。——编校者注
[3]　原文遗"之职"二字。——编校者注
[4]　原文误为"事禁"。——编校者注
[5]　原文遗"之所谓也"四字。——编校者注
[6]　原文此处衍一"令"字。——编校者注
[7]　原文误为"亦"。——编校者注

程，似宜特设一科，如法制常识之类，予以较详明之讲解。其重视程度，断不宜下于数理英文，一面略效军事训练办法，寓训练于国民教育中，俾形成义务教育之一种。实施各项社会教育时，亦宜以通俗文字随时指导，藉以引起研究之兴趣，庶几数十年后，国无"文盲"，同时即无"法盲"。法治精神，必可获重大之成效。

三

法律专才之需要，非仅立法及司法两途，即中央暨地方各项行政，以及种种社会事业，均赖此项人才为其重要干部。当此军事期内，已感才不敷用，将来军事结束，积极建设，需才尤为殷切。近年陆续培养之法律人才，就余见闻所及，似"质""量"方面，均尚感其不足。百年树才，非咄嗟可办，亡羊补牢，固已嫌其稍晚，惟是治七年之病，求三年之艾，苟为不蓄，终不可得。倘再听其消沉，而不急起直追，诚恐不逾十稔，青黄不继，既乏可用之才，即觇可办之事，其为严重，益难言喻。

先就"量"的方面言之，我国自清季倡言维新，即设立京师法律学堂，其后各省相继兴办，沿及民元，法校林立，造就之法律人才，数量上颇有可观。近年来因侧重理工科，限制文法科设置及添招新生，各省法校渐次裁并，大学法学院之法律系学生，亦日形减少。据民国三十年以前之教育统计，民国十七年，全国专科以上学校学生，为二五一九八人，其中习文法教商者一八二八六人，约占百分之七十二以上。自二十一年限制文法科学校之设置，二十二年复限制文法科之招生，致属于文类学生之数，逐年递减。当二十年度时，实类学生数为一一二二七人，文类学生数为三二九四〇人；至二十八年度，实类学生数为二二九五五人，文类学生仅一九九九二人。二十九年度之统一招生，除上海各院校外，计共录取新生六五五二人，其中取入文法商科者为二二九六人，仅占百分之三十五，以视十七年之比例数，减少过半。至全国私立大学法律学系及学生之数额，当民国二十年，尚有三十二校，法学院学生为一六四八九人，以政治、经济、法律三系平均计算，属于法律系者，约五四六〇人。嗣因裁并结果，校数减至二十校，平均每校四班，每班按部定限制以三十人计算，仅只二四〇〇人而已。大学为人才渊薮，全国储备之数，不过如此，而任使之际，尚须甄汰，拔十得五，犹不可必，则其登用之才，尤属寥寥。试观近年司法官考试，每届录取人数，少则十余，多亦只三十左右，远不敷扩充法院之需，来源日荒，足为明证。按美国一九三一年之统计，全国法律学校为二百零五校，学生为四万零六百四十二人，现当不止此数。美国人口，只一万五千万人，法律学校及修业人士，竟达此庞大数字，其民主政治之健全，社会事业之发达，即此为其征兆。我国人口，三倍于美，一切建设，又正在进行之中，而法律人才之储备，判若霄汉，供不应求，自为必然之现象。

更就"质"的方面言之。我国自清季举办法律教育，垂四十年，蜚声各界之人才，固已彬彬辈出，惟是军事结束以后，一切建设，自必突飞猛进，法律专才之需要，非特数字增加，尤须具有优良之品质。其它姑不具论，即就立法及司法两方观察，我国社会组织暨经济状况，在军事时期，已生波动，一旦军事结束，必有重大之变迁。民权问题，民生问题，均将求一妥善之解决。法律为社会之产物，必须随社会组织及经济状况同其演进。战后立法，实为最艰巨之工作，担负此项任务，非有世界眼光、社会认识，并深知法律之渊源及其进化趋势，不足以资应付。至司法人员，虽仅执行法律，而对于战后社会情事，如何运用得当，仍非通常之法律学识所克负荷。且领事裁判权既行撤废，各国侨民，胥受治于我国法律之下，关于法律适用，非仅限于我国之现行法律，即外国法律，有时亦应适用，设非平日确有研究，亦难胜任愉快。我国修习法律人士，类多娴于本国法律，而缺乏各国比较之研究，或长于法律理论，而缺乏社会现状之鉴识，外国文字之根柢，似亦尚嫌不足，恐难适合上述之需要。其尤甚者，仅以修业期内，科目太多，年限太促，所习尚未及半，即出而问世，责以成效，尤不可得。夫研究法律学科，原有社会学派、历史法派、哲学法派、分析法学派、比较法学派之分，除社会学派注重社会对象，自应一般采用外，至其余学派之研究方法，各有所长，吾人修习法律，应就其择业之所向，兼予采用。如所向为立法方面，则历史法派、哲学法派、比较法学派之研究方法，均不可少；所向为司法方面，则分析法学派、比较法学派之研究方法，均不可少，不宜尽采一致之步骤。现在大学之法律系，修业期间，不过四年，同鑪共冶，其研究方法，不克因人而异，势难骤跻乎此，然仅粗解法文，而不更上一层，为精深之探讨，究无当于重任也。

然则补救之道奈何，姑亦就"质"、"量"两方面，略述一二。

关于"量"的方面之补救，一言蔽之，亦曰增广学额，奖诱入学而已。挽近各大学攻习法律之人士，日渐减少，一方固受政令限制之影响，一方则因研究情绪之减衰；补救方法，即应双方改进，以为釜底抽薪之举。就前者言，现在限制法律系招生原案，虽经取消，而据闻各大学招收新生，尚有相当限制，未予扩充。新近增设之司法组，录取名额，仍属无多，且公费生之待遇，远逊其它实科，应考诸生，因相形见绌，虑非国家所重，恐亦不免裹足。究宜如何策进，似均有待研考，至私立法科之设置，亟应优加奖励，未可再行制限，尤不待赘。就后者言，则在政治上、社会上，应先唤起研究法律之兴趣，发扬尊重法律之精神，以促动士子向学之心理，对于卒业人士，并宜确保其用途，提高其待遇，俾不致"学无所用"、"用非所学"，或有转移风气之希望。

关于"质"的方面之补救，较为繁复。盖此项病源所在，一为入学太宽，一为结业太速，而提高入学水准与夫延长修业年限，诚恐士子望而却步，转无以启宏奖之途故也。按美国大学，如哈佛等校，多以文科毕业得有文学士学位为入学资格，或至少须在大学修习二三年社会科学考试及格，始许入学。故对于法律的基本科学（如政治学、社会学、经济学、哲学、心理学、论理学之类）以及外国语言文字，均有相当根柢；考入法科，即可专力于法律学科，不必耗诸他途。其在修业期内，因参考书籍及一切设备较为充实，学生之基本程度亦高。如大陆派之大学制，多任学生自动研究，教授只以随机指导为已足，美国大学，虽注重上课出席，不如大陆制之放任，学生仍可为课外研讨，教授无逐细解说之烦，故修业期间，虽多属三年，而事半功倍，克举实效，且卒业后，尚有研究院博士班之类供其升学，更不患无深造之途径。反观我国，大学之法律系，固大率四年毕业，而以入学之程度较浅，致第一学年课程，纯属准备性质，其修习法律之期间，实际仍只三年。军兴以还，各大学图书纷散，设备不完，研究学科，多凭讲授，穷日力于口耳之间，教授则疲于解说，而学生则沾溉无多，责以贯通，自匪易易，重以卒业后之完善研究机构，尚付缺如，苟非负笈海外，即不故步自封，亦无以期其深造。法律人才之缺少，实非偶然，近日而言改进，以余所见，只有将此项教育划分下列两级。

第一级为"普通法律学识之训练"，即由现时大学之法律系任之。入学资格，修业年限，均暂仍旧贯；课程分配，与其博而不精，毋宁约而得用。除二三基本科目外，宜就主要法律之基本理论与实用，根据本国法律，提要钩玄，务以全部授毕足供普通应用为合格，一面须注重英德等国文字，俾有阅读外国法律书籍之能力，为日后进修之准备，其卒业人士，如不为第二级之升学，仍须经过其它法定考试，始予任用。

第二级为"高深法律学识之训练"。略做美国哈佛、耶鲁、及法国巴黎等之法学研究院制，由国家特设伟大之法律研究院，以经过第一级之毕业生，考试入学。院内课程，或就各国法系之立法，或就各种学派之研究方法，甚或就法律之一二重要部门，分别门类，许就学之士，各依性之所近，以及将来择业之所向，自动选择，切实研讨。一面妙选师资，广罗图籍，以备切磋之所需；优给饩廪，供其赡用，以免心思之分散。俟经相当时期，提出论著，考验合格，即授以较崇学位。国家需用重要之法律专才，可迳就此遴用，不必另经试验。

似此分途并进，在大学课程，既不致为学年所限，有顾此失彼之虞，而俊秀士子，亦不致因浅尝辄止，兴中道而废之叹。为两全计，似无善于此者，详细方案则仍有待于专家之从长计议也。

四

总之，"法治"主义为世界潮流之所趋，我国承积弊之后，对症下药，亟应励行"法治"，不待烦言，培养法律专才为推进法治之工具，固属要举。同时吾人应切记我国民主政治为"全民政治"，一般民众，已从"被治者"地位进于"自治者"之地位，更从"受法律支配者"地位，进于"创造法律者"及"执行法律者"之地位，训练民众之法律常识，其意义尤为重大。无论政治方面、社会方面，对于此点，均应以深切认识，尽最大之努力，始可达到"法治"之圆满目的。

〔原载《中华法学杂志》第三卷第二期，大东书局 1944 年 2 月出版〕

战时法律研究之重要

法律为环境之产物，有如何之环境，即须有如何之法律，战时国家之政策，及社会之动向，均与平时有异。欲以平时之法律，适用于此特殊之环境，实属有所不能，势必另有战时法律，方足应付裕如。虽然，在战争期中，关于战时法律之需要，固为尽人所知，惟对于战时法律学理上之研究，反为一般学者所忽视，则较为遗憾。考战时法律学理上之研究，其重要性有如下列各点：

一、可充实战时法律之内容。战时法律规定之事项，甚属复杂，欲详为规定，事殊困难，但如能于制定法律之前，在原理上先作精密之研究，则其制定必较完善，故为充实战时法律之内容计，应先从事于战时法律原理上之研究。

二、可补充平时法律之不足。平时法律虽不足以应战时之需要，但有若干平时法律，如能善为解释，亦未始不可适用于战时。惟欲达到此目的，则非作学理上之研究不为功。盖法律上之解释，以学理解释最占重要。

三、可促使法律之进步。战争虽为一时之现象，然若干战时法律未必因战争之终止而失其效用，因一部分之战时法律，即不发生战争，亦必随时代之进化而产生，不过战争促使其早日实现耳。故研究此类战时法律，如再能发扬光大，而推及其将来之演变，则促使法律之进步，其功甚伟。

四、可促使司法行政之改革。依平时法律之规定，对于司法行政之推行，其程序每嫌迂缓繁复，而以之适用于战时，更觉有所不妥。盖战时推行任何事件，当以敏捷简单为原则。然敏捷简单，又易流于草率，故关于改革司法行政之战时法律，至今尚无一整个计划，其原因即在于此。如何使于敏捷简单之中，而免草率之弊，俾改革司法行政整个计划之战时法律，得以早日实现，其有赖于专门精细之研究者实多。

五、可加强军事之设施。军事与法律，骤视之，似不相连，然深考之，实具有密切之关系，因军事上之各种设施，均有法律以为依据，故欲使军事上之一切设施，更臻完善，关于军事法律之研究，亦具有重大之意义。

六、可促进法治之推行。研究战时法律之结果，自可产生各种战时法律之原理原则，由此得制定众多之战时法律，而使战时之一切处置，均能纳诸法律之范围，是不啻于实施战时一切处置之中，而积极促进法治之推行，其有益抗战建国，良非浅鲜。

七、可解决法律上之困难。因战争而发生法律上之困难者颇多，专就民法而言，如情势变迁、不可抗力延偿债务等，至今尚无整个解决办法，学者如能对此先作学理上之缜密研究，则关于此项问题战时法律之制定，实较易易。

八、可增加战时法律之实行力。战时法律，为使政府集中人力物力之故，常加重人民之义务，一般人民固深明大义，而乐于遵守此类法律之规定，但亦不无误会者，如有研究此项战时法律之舆论为后盾，则其施行力当可增加不少。

九、可严密取缔抗战之障碍。关于抗战之障碍，政府固已尽量制定法律，予以[1]取缔，但未加取缔者，在所难免。一般学者，如能本其所见所学，提出讨论，而将其结果贡献于政府，则此项抗战障碍，或可祛除净尽。

以上所述，仅就偶意所及，已可窥得战时法律研究之重要，尚企全国学者，今后注意及之。

〔本文原载《中华法学杂志》第三卷第一期"战时法规"专号，1944 年出版。选自陈三井、居密合编：《居正先生全集》（上册），台湾"中央研究院"近代史研究所 1998 年出版，第 322 ~ 323 页〕

[1] 原文误为"予可"。——编校者注

为什么要重建中国法系*

目　录

---

　*　居正先生另有《中国法系之重新建立》一文，刊于《中华法学杂志》第三卷第
　　一期，1944 年 1 月 10 日出版。该文除引言部分外，与本文内容基本相同。故收
　　入本文之后，就不再收入该文。——编校者注

一、引言

或谓我等生斯世也，为斯世也，似应该与世推移，善斯可矣，何必是古非今？效康成入何休之室，操何休之戈，铖膏肓，起废疾，以自绝于时髦，而为现实派所訾为落伍呢？予曰，唯唯否否，我们须知人类生存于天演时代，个个是要赛跑的，赛跑必须接力，以作其盾；必有啦啦队，以鼓其气，才可以勇往直前。又自科学发明以后，在在是要斗宝的，斗宝一定要拿出真实宝贝，才可以夺获锦标，争取最后胜利；否则非之无举，刺之无利，同乎流俗，合乎污世，是乡原之自暴自弃，亦终必为奴而已矣。国父说得好："一面要迎头赶上，一面要从根救起。"试广其意，迎头赶上，必须从根救起，亦必从根救起，始能迎头赶上。我们生于斯，长于斯，聚国族于斯，数典而忘其祖，怀宝而迷其邦，是殆不仁不智之甚，其能免于今之世吗？所以我不自揣，在中华法学会年会当中，要揭橥重建中国法系。既非复古，亦非违时，是要为我中华民国立国于此一世界，本国父遗嘱所说，其目的在求中国之自由平等，以蕲完成己立立人、己达达人斯已矣。

我们要知道法学者，是一种形而上的学问，包括宇宙间自然科学，社会科学，进而通于宗教哲学。何以故？大凡世界上探研各种学科学问，必须穷原竟委，有一定的准绳法则。这一定的准绳法则，是由前人因事推理，准情合数，而逐渐发明。不是一蹴而几，更不是凭空捏造。我国《大学》有云："物有本末，事有始终"，若不揣其本而齐其末，方寸之木，可使高于岑楼，哪有什么理解可说呢？抑知作始也简，将毕也钜，始谋之不臧，始基之不立，而期其有终济美，殆如缘木求鱼，只求收获，不问耕耘，决无是事。因此我们研究法学及探讨任何一国法律，可以分作三个步骤，先考察它"过去如何"，"现在如何"，再进而观察它"应当如何"。明乎此，我们今日要讨论"为什么要重建中国法系"这一问题，就得先将中国法系发展的过程及现状，约略作一个全盘的剖视，然后进而研讨其未来应当如何，比较容易得着正确结论。

二、殷周及其前期法律萌芽情形的检讨

考我国法律起源悠远，观《易经》所示刑法之象，即其明证。按《噬嗑》章云："噬（啮也）嗑（合也）亨，利用狱。"程颐解释谓："口中有物，则隔其上下不得嗑，必啮之则得嗑，故为噬嗑。圣人以卦之象，推之于天下之事，在口则为物隔而不得合，在天下则为有强梗或谗邪间隔于其间，故天下之事不得合也，当用刑法，小则惩戒，大则诛戮，以除去之，然后天下之治得成矣。噬嗑者，治天下之大用也，去天下之间在任刑罚。"又谓："天下之事所以不得亨者，以有间也，噬而嗑之，则亨通矣。利用狱，噬而嗑之之道，宜用刑狱也，天下之间，非刑狱何以去之？不云利用刑，而云利用狱，卦有明照之象，利于察狱也。狱者，所以究治情伪，得其情则知为间之道，然后可以设防而致刑也。"

《彖》云："颐中有物曰噬嗑，噬嗑而亨，刚柔分动而明，雷电合而章，柔得中而上刑，虽不当位，利用狱也。"程颐解释谓："刚爻与柔爻相间，刚柔分而不相杂，为明辨之象。明辨，察狱之本也，动而明，下震上离其动而明也。雷电合而章，雷震而电耀，相须并见，合而章也，照与威并行，用狱之道也，能照则无所隐情，有威则莫敢不畏。六五……以柔居五为不当，而利于用狱者，治狱之道，全刚则伤于严暴，过柔则失于宽纵，五为用狱之主，以柔处刚而得中，得用狱之宜也。"

《象》云："雷电噬嗑，先王以明法敕罚。"程颐解释谓："电明而雷威，先王观电雷之象，法其明与威，以明其与威，以明其刑罚，敕其法令，法者明事理，而为之防者也。"[1]

---

〔1〕 原文引用有误，已补正。——编校者注

《贲》之《象》云："山下有火，君子以明庶政，无敢折狱。"程颐解释谓："君子观山下有火，明照之象，以修明其庶政，成文明之治，而无果敢于折狱也。"（无果敢，不操切之意。）

《旅》之《象》云："山上有火，君子以明慎用刑而不留狱。"程颐解释谓："火之在高，明无不照，君子观明照之象，则以明慎用刑。明不可恃，故戒于慎，明而正，亦慎象，观火行不处之象，则不留狱。狱者不得已而设，民有罪而入，岂可留滞淹久也。"

《中孚》之《象》云："泽上有风，中孚，君子以议狱缓死。"程颐解释谓："水体虚，故风能入之；人心虚，故物能感之。风之动乎泽，犹物之感于中，故为中孚之象。君子观其象，以议狱缓死。君子之于议狱，尽其忠而已，于决死，极其恻而已，故诚意常求于缓。缓，宽也。于天下之事，无所不尽其忠，而议狱缓死最其大者也。"

《蒙·初六》云："发蒙利用刑人，用说桎梏，以往吝。"程颐解释谓："发下民之蒙，当明刑禁以示之，使之知畏，然后从而教导之。"

《坎·上六》云："系用徽（索三股）纆（索两股），置于丛棘，三岁不得凶。"程颐解释谓："上六以阴柔而居险之极，其陷之深者也。以其陷之深，取牢狱为喻，如系缚之以徽纆，囚置于丛棘之中，阴柔而陷之深，其不能出矣。"

《噬嗑·初九》云："履校灭趾，无咎。"程颐解释谓："九居初，最在下无位者也，下民之象，为受刑之人。当用刑之始，罪小而刑轻。校，木械也，其过小，故履之于足，以灭伤其趾。人有小过，校而灭其趾，则当惩惧，不敢进于恶矣。"

《上九》云："何校灭耳，凶。"程颐解释谓："系辞所谓恶积而不可掩，罪大而不可解者也，故何校而灭其耳，凶可知矣。何，负也，谓在颈也。"

《讼》之《象》曰："讼上刚下险，险而健讼，讼有孚，窒，惕中，吉，刚来而得中也。终凶，讼不可成也，利见大人，尚中正也。"

按八卦相传为伏羲所画，《易》则为文王所演，就以上所举，可知吾国法律萌芽之早，远在数千年以前。《路史·后纪》云："太昊伏羲氏……龗龙时瑞，因以龙纪官，百师服皆以龙名……六佐职而天地位，阴阳得……乃明刑政，修兵杖以威怀。"《通鉴前编·外纪》云："太昊时，有龙马负图出于河之瑞，因而名官，始以龙纪号，曰龙师，又命五官，秋官为白龙氏。"由此以观，则在伏羲时刑狱之制、法官之设，俱已有之。自此以后，黄帝、唐虞以及三代，册籍所载，随在多有。

关于黄帝者，如《管子·任法》篇云："黄帝治天下，民不引而来，不推而往，不使而成，不禁而止。黄帝置法而不变，使民安其法者也"。《立政》篇"藏于官则为法，施于国则成俗。"《商君书·画策》篇："神农既没，以强胜弱，以众暴寡，故黄帝作为君臣上下之义，父子兄弟之礼、夫妇匹配之合，内行刀锯，外用甲兵。"《汉书·胡建传》："黄帝李法曰，'壁垒已定，穿窬不由路，是谓奸人，奸人者杀。'"苏林注云："'李法'，狱官名也，《天文志》左角李，右角将。"颜师古注云："李者法官之号也，总主征伐刑戮之事也，故称其书曰《李法》，苏说近之。"《史记·五帝本纪》云："诸侯咸尊轩辕为天子，是为黄帝，官名皆以云命为云师。"

关于唐虞者，如《舜典》："象以典刑，流宥五刑，鞭作官刑，扑作教刑，金作赎刑，眚灾肆赦，怙终贼刑，钦哉钦哉，唯刑之恤哉"。是当时的刑名，已经有"象刑"、"五刑"、"五流"、"鞭"、"扑"、"赎刑"、"赦"等分别；而"眚灾肆赦，怙终贼刑"，则是后世刑法上所谓"屡犯加重"、"过失减轻"的原则，在当时也已见其端倪了。"钦哉钦哉，唯刑之恤哉"两句话，尤见恤刑慎狱，叮咛告诫的深意！考帝舜即位为西历纪元前二千二百五十年，距今四千二百二十年，《罗马十二铜表法》之公布，相传为公元前四百五十二年，欧洲最古之《摩西法典》，其出世约为纪元前一千四百年，吾国在四千二百余年前即有如此详晰的法律概念记载，当然弥足珍视。

我们再看《大禹谟》："帝曰皋陶，唯兹臣庶，罔或干予正，汝作士。（《传》："士，理官也。"《正义》云："士即《周礼》司寇之属。"）明于五刑，以弼五教，期于予治，刑期于无刑，民协于中，时乃功，懋哉！"皋陶曰："帝德罔愆，临下以简，御众以宽，罚弗及嗣，赏延于世，宥过无大，刑故无小，罪疑唯轻，功疑唯重，与其杀不辜，宁失不经，好生之德，洽于民心，兹用不犯于有司。"帝曰："俾予从欲以治，四方风动，唯乃之休！"这一段君臣相对的谈话，就可知道用刑的旨趣，乃是在"期于无期"，而"罪疑唯轻，功疑唯重，与其杀不辜，宁失不经"，尤见刑赏忠厚之至！

又《后汉书·张敏传》："建中初上疏曰：'孔子垂经典，皋陶造法律，原其本意，皆欲禁民为非'。"《国语·鲁语》："展禽曰，'尧能单均刑法以仪民'"（注：单，尽也。均，平也。仪，善也）。《春秋·元命苞》："尧得皋陶，聘为大理，舜时为士师。"《路史·少昊》记："大业取少典氏女曰华，生繇，虞帝求繇以为士师，繇一振褐而不仁者远，乃立犴狱，造科律听狱中为虞之氏，而天下无冤，封之于皋，是曰皋陶。"《竹书纪年》："帝舜三年命皋陶作刑。"

关于夏代者，如《左传》昭十四年："《夏书》曰昏墨贼杀，皋陶之刑也"。《尚书·大传》："夏刑三千条。"《隋书·艺文志》："夏后氏肉刑有五，科条三千。"扬子《法言》："夏后氏肉辟三千。"《路史·后纪》："夏后氏罪疑唯轻，死得千馔，中罪五百，罚有罪而民不轻，罚轻而贫者不致于散，故不杀不刑，罚弗及强而天下治"（注云：《大传·甫刑传》云："禹之君民也，罚不及强而天下治，一馔六两。"）。《左传》昭六年："夏有乱政，而作禹刑。"夏时军法，则有《甘誓》、《胤征》可考；其法官则《尚书大传·夏书·郑玄注》云："所谓六卿者：后稷、司徒、秩宗、司马、作士、共工也。"夏时的刑名，见《隋书·艺文志·刑法》，肉刑见扬子《法言》。又《汉书·刑法志》云："禹承尧舜之后，自以德衰，始制肉刑。"以上所引述的，为夏代以前的法制情形。

自殷以后，因有殷墟史料可证，国人治史，遂多以殷代为中国史的开始，治法制史者亦然。这种注重证据，信则传信、疑则传疑的精神，固然可佩；但因此就否认殷以前的史实，也不能谓无过。按史载黄帝曾与蚩尤战于涿鹿之野，那一战是奠定汉族生存的战争，试想，如果没有军法来部勒战士，怎能够作那样大规模的战争？由这一战开疆拓土之后，如果没有相当的法律来管理，又如何能够控制那样的广土众民？所以我们如说殷代以前的法制未必如史册所载的那样详尽则可，若果根本否认殷代以前曾有萌芽的法律制度，而认为一切都是自殷代才开始，那么，殷代何以能够忽然凭空进入这一个阶段呢？我们岂不是连进化的轨则都否认了么？

关于殷代者，《尚书·伊训》曰："制官箴，儆于有位"。又曰："臣下不匡，其刑墨。"《盘庚》曰："非汝有咎，比于罚。"又曰："乃有不吉不迪，颠越不恭，暂遇奸宄，我乃劓，殄灭之。"近据《殷墟文字汇编》考释，其中如徒刑，身体刑、生命刑等，俱可寻绎而得。

关于周代刑法的内容，有《尚书·吕刑》篇可供研究。其中属于身体刑的，有墨辟、劓辟、剕辟、宫辟；属于死刑的，有大辟。更有关于墨辟、劓辟、剕辟、宫辟、大辟疑赦赎罪的规定。此外如《康诰》、《酒诰》、《柴诰》等，则对于饮酒、不孝不友、及诈欺窃盗等罪的处罚，也有所述。按《吕刑》一篇，今古文《尚书》均有，自可认为信史。

又《周礼》一书，记载有周一代的法制，颇为详尽。如关于法律之公布者，《秋官·小司寇》云："正岁帅其属而[2]观刑象，令以木铎曰：'不用法者，国有常刑'"。《大司寇》云："正月之吉，始和布刑于邦国都鄙，乃悬刑象之法于象魏，使万民观刑象，挟日而敛之。"《秋官·小司寇》云："正岁帅其属而观刑象……宣布于四方宪刑禁，乃命其属入会，乃致事。"《秋官·士师》云："书而悬于门闾……宪用诸都鄙……正岁帅其属而宪禁令于国及[3]郊野。"其专司布宪之官吏，则如《序官》所载云："布宪中士二人，下士四人，府二人，史二人，胥四人，徒四十人"。此专司布宪之中士、下士、及府、史、胥、徒，其任务则如《布宪》所云："布宪掌邦之刑禁，正月之吉，执旌节以宣布于四方，而宪邦之刑禁，以诘四方邦国，及其都鄙，达于四海"。是当时对于法令的公布，有一定的规定，有专司的官吏，其郑重可见一斑。

迨至春秋战国之际，王室寝衰，各国有其自订之刑法。如周景王九年，郑铸刑书。敬王七年，晋铸刑鼎，均见经传。关于用典的轻重，则《秋官·大司寇》有云："大司寇之职，掌建邦之三典，以佐王刑邦国，诘四方。一曰刑新国用轻典，二曰刑平国用中典，三曰刑乱国用重典"。关于刑事责任的减免者，《秋官·司刺》有云："一宥曰不识，再宥曰过失，在宥曰遗忘。一赦曰幼弱，再赦曰老耄，三赦曰愚蠢"。郑众注云："不识谓愚民无所识，则宥之；过失若今律过失杀人不坐死。"又云："幼弱老耄，若今律令，年未满八岁，八十以上，非手杀人，他皆不坐。"此与《罗马法》上的所谓重过失、轻过失及最轻过失之观念固有类似，即与现代一般法律上责任之减免亦多吻合之处。

关于正当防卫者，《周礼·秋官·朝士》云："盗贼军乡邑及

家人，杀之无罪"。郑注云："谓盗贼群辈若军，共攻盗[4]乡邑及家人者，杀之无罪，若今时故入人室宅庐舍，上人车船，牵引人欲犯法者，其时格杀之无罪。"《左传》于此复记有一事例："郑游贩夺人之妻，其夫攻杀之，而以其妻行，子产复之，令游氏弗怨。"

关于证据法则者，《周礼·地官·小司徒》云："凡民讼以地比正之"。《疏》云："民讼，六乡之民有争讼之事，是非难辨，故以地之比邻知其是非者，共正断其讼。"又《周礼·秋官·朝士》云："凡属责者，以其他传而听其辞。"李嘉会释云："地传者，当土之人，当时为传别者，若今牙保也。属责于人有地传为之证，则听其辞而理之。"此为人证之例。关于书证者，如《周礼·地官·小司徒》云："地证以图证之"。《注》谓："地讼争疆界，图谓邦国本图。"《疏》谓："言地讼争疆界者，谓民于疆之上横相侵削者也。图谓邦国本图者，凡量地以制邑，初封量之时，即有地图在于官府，于后民有讼者，则以本图证之。"又如《周礼·秋官·士师》云："凡以财狱讼者，正之以傅别约剂。"郑锷释云："因争财而有狱讼，必以傅别约剂正之，小宰八成所谓听称责与卖买者也"，"称责之财，则傅之以约束，别而为两，人执其一，卖买之财，则立为限，约而有剂，传与身执，故以财致讼者，操此以为决"。前者为调取官署档卷为证据之例，后者为以诉讼标的契约为证据之例。

关于审判心理与自由心证者，《吕刑》有云："简孚有众，唯貌有稽"。《周礼·秋官·大司寇》云："以五声听狱[5]讼求民情，一曰辞听，二曰色听，三曰气听，四曰耳听，五曰目听。"关于一造审理与两造审理者，《吕刑》有云："明清于单辞"，又云："两造具备，师听五辞"。

---

〔4〕 原文遗"盗"字。——编校者注
〔5〕 原文遗"狱"字。——编校者注

关于诉讼代理、辩护及辅佐人者，《周礼·秋官·司寇》云："凡命夫命妇，不躬坐狱讼"。《疏》云："古者取囚要辞皆对坐，治狱之吏，皆有严威，恐狱吏亵，故不使命夫命妇亲坐。若取辞之时，不得不坐，当使其属或子弟代坐也。"此虽不免含有封建意味，要为诉讼可由他人代理之证，其例如《春秋》僖公二十八年，《左传》载"卫侯与元咺讼，宁武子为辅，臧庄子为坐"。《疏》云："宁武子为辅庄子也，以宁子位高，故先言之。"又《春秋》楚王叔与伯舆讼一案，《左传》襄公十年："楚王叔陈生与伯舆争政，王右伯舆，王叔陈生怒而出奔。及河，王复之，杀史俊以说焉，不入，遂处之。晋侯使士匄平室，王叔与伯舆讼焉。王叔之宰，与伯舆之大夫瑕禽坐狱于庭，士匄听之。王叔之宰曰：'筚门闺窦之人而皆陵于其上，其难为上矣！'瑕禽曰：'昔平王东迁，吾七姓从王，牲用备具，王赖之，而赐之骍旄之盟，曰世世无失职。若筚门闺窦，其能来东底乎？且王何赖焉？今自王叔之相也，政以贿成，而刑放于宠，官之师旅，不胜其富，吾能无筚窦乎？唯大国图之，下而无直，则何谓正矣'？"其彼此论辩，可谓能尽攻击防御之能事。

关于陪审制度者，《周礼》司刺其职为："掌三刺三宥三赦[6]之法以赞司寇听狱讼。一刺曰讯群臣，再刺曰讯群吏，三刺曰讯万民"。关于并合论罪者，《吕刑》云："下刑适重，上服"。贾疏云："下刑适重者，谓一人之身轻重二罪俱发，则以重罪而从上服，令之服上罪。"又云："或轻或重，诸所罪罚者有权宜当临时斟酌，不得雷同加罪。"《吕刑》又曰："狱成而孚，输而孚，其刑上备，有并两刑。"关于审判上之加减者，《周礼·秋官·小司寇》有云："听民之所刺，以施上服下服之刑"。三刺复有云："以此三法者，求民情，断民中，而施上服下服之罪。"

---

〔6〕 原文此处为"三刺宥"，有遗字，今补上。——编校者注

关于法院编制者，《秋官·司寇》有乡士、遂士、县士、方士、讶士种种。乡士之职掌为"掌国中，各掌其乡之民数而纠戒之，听其狱讼。"郑注谓："其地则距王城百里内也。言掌国中，此主国中狱也，六乡之狱在国中。"遂士之职掌为"掌四郊，各掌其遂之民数而纠其戒令，听其狱讼。"郑注谓："其地距王城百里以外至二百里。言掌四郊者，此主四郊狱也，六遂之狱在四郊。"县士之职掌为"掌野，各掌其县之民数，纠其戒令而听其狱讼。"郑注谓："距王城二百里以外至三百里曰野，三百里以外至四百里曰县，四百里以外至五百里曰都。都、县、野之地，其邑非王子弟公卿大夫之采地，则皆公邑也，谓之县，县士掌其狱焉。言掌野者，郊外曰野，大总言之也。"方士之职掌为"掌都家，听其狱讼之辞。"郑注谓："都，王子及公卿之采地；家，大夫之采地。大都在疆地，小都在县地，家邑在稍地。不言掌其民数，民不纯属王。"讶士之职掌为"掌四方之狱论。"郑注谓："四方诸侯之狱讼，谕罪刑于邦国，凡四方之有治于士者造焉（注谓：讞疑辩士先采诣，乃通之于士也。士，谓士师也，如今郡国亦时遣主者吏诣廷尉者）。四方有乱狱，则往而成之（注云：乱狱谓若君臣宣淫，上下相虐者也。往而成之，犹吕步舒使治淮南狱）"。条分缕析，显然各有一定管辖。各条之下，复有"司寇听之"或"司寇听其成于朝"之记载。又《周礼·王制》云："成狱辞，史以狱成告于正，正听之；正以狱成告于大司寇，大司寇听之棘木之下；大司寇以狱之成告于王，王命三公参听之；三公以狱之成告于王，王三又，[7] 然后制刑。"审判制度，亦可略见。

关于越级上诉者，《周礼·秋官·大司寇》有言："以肺石达于穷民，凡远近茕独老幼之欲有复于上，而其长弗达者，立于肺石。三日，士听其辞，以告于上而罪其长"。

---

〔7〕 原引文误为"王又三"，今据《礼记》原文改正。——编校者注

关于监狱者，《周礼·大司寇》云："以圜土聚教罢民（注云："圜土，狱城也，聚罢民其中，困苦以教之为善也，民不愍作劳，有似于罢"）。凡害人者，置之圜土而施职事焉"。又云："以嘉石平罢民（注云："嘉石，文石也，树之外朝门左。平，成也，成之使善"）。凡万民之有罪而未丽于法、而害于州里者，桎梏而坐诸嘉石，役诸司空。重罪……期役，其次……九月役，其次……七月役，其次……五月役，下罪……三月役。"既谓役诸司空，则所役者为何事？按司空掌邦事，为冬官，其所督导者，为百工之事。《周礼·冬官·考工记》云："凡攻木之工七，攻金之工六，攻皮之工五，设色之工五，刮摩之工五，抟埴之工二。攻木之工：轮、舆、弓、庐、匠、车、梓。攻金之工：筑、冶、凫、栗、段、桃。攻皮之工：函、鲍、䩞、韦、裘。设色之工：画、缋、钟、筐、巾荒。刮摩之工：玉、榔雕、矢、磬。抟埴之工：陶、瓬。"又云"轮人为轮"、"轮人为盖"、"舆人为车"、"辀人为辀"、"冶氏为杀矢"、"桃氏为剑"、"凫氏为钟"、"栗氏为量"、"函人为甲"、"䩞人为皋陶"、"巾荒氏涑丝"、"玉人之事镇圭……命圭……桓圭……信圭……"、"磬氏为磬"、"矢人为矢"、"陶人为甒"、"瓬人为簋"、"梓人为筍虡"、"梓人为饮器"、"梓人为侯"、"庐人为庐器"、"匠人为沟洫"、"车人为耒"、"弓人为弓"。是则木工、金工、皮工、染工、陶工、玉工，无一不备，所造之器物，则舟车兵器之属以至宗庙祭祀及一般用具，均应有尽有。斯其惩役作业范围之广，殆非今日之监狱作业所可比拟。而感化政策，亦被采取。其后秦汉时代之城旦、鬼薪、白粲，亦均为惩役劳作。即刑余之人，亦俱有一定劳作。如《周礼·秋官·掌戮》云："墨者使守门，劓者使守关，宫者使守内，髡者使守积"。关于监狱之给养，《周礼·秋官·司圜》有云："凡圜土之刑人也不亏体"。又《礼记·月令》："挺重囚，益其食。"是对于监狱的给养卫生，亦未尝不加注意。

唯以上所引述，非谓现代之一切制度，在我国古代均已无所不备，但可证明在当时已有相当的概念和类似的创制，亦可见吾国法律方面发达的悠远了。

又当时关于法官的选择及其责任，亦已非常重视。如《尚书·立政》篇周公垂诫成王云："庶狱庶慎，惟有司之牧夫，是训用违。庶狱庶慎，文王罔敢知于兹。"《吕刑》一篇对于法官人选再三致意，一则曰："非尔唯天作牧，今尔何监？"再则曰："天齐于民，俾我一日。"又谓"尔尚敬逆天[8]命，以奉我一人。"又谓"无简不听，具严天威。"又谓："在今尔安百姓，何择非人？何敬非刑？何度非及？"孙星衍疏云："在今而安百姓，女何择？言人何敬不刑？何度不及？能择人而敬为刑，尧舜禹汤文武之道可及也。"

又《潜夫论·本政》篇引此经而说之云："将致太平者，先调阴阳；调阴阳者，先顺天心；顺天心者，先安其人；安其人者，先审择其人。故国家存亡之本，治乱之机，在明选而已矣。"至选择法官之标准如何？则曰"哲人唯刑"，又曰"非佞折狱，唯良折狱"。盖唯哲人乃能"哀敬折狱"，乃能"如得其情，则哀矜而无喜"，若夫佞人则虽有辩给之口才，而不能期其公正不偏。其训勉法官须操持廉正，则曰："五过之疵，唯官（谓挟威势）、唯反（谓报恩怨）、唯内（谓从中制）、唯货（谓行贿赂）、唯来（谓谒请，马融以来作求，有求请，赇也。唯作来亦通）"。且明白昭示五刑之疑有赦，五罚之疑有赦，而对于五过之疑则独无赦（郑康成曰："不言五过之嫌疑有赦者，过不赦也"）。《礼记》曰："凡执敬以齐众者，不赦过。"此与现行刑法渎职罪加重，及公务员假借职务上权力机会及方法犯罪加重处刑之用意，正属相同。又曰："典狱非讫于威，唯讫于当。"又曰："无或私家干狱之两辞，狱货

非宝，唯府辜功，以报庶狱。"均见垂诫之深。

又以司法乃公道的源泉，法官的内心生活，必须随时随事能守"敬"执"中"，故又反复叮咛，申述其义。其言"敬"则曰："唯敬五刑，以成三德。"又曰："何敬非刑。"又曰："哀敬折狱。"又曰："朕敬于刑，有德唯刑。"而言"中"则曰："士制百姓于刑之中。"又曰："故乃明于刑之中。"又曰："罔择吉人观于五刑之中。"又曰："唯良折狱，罔非在中。"又曰："明启刑书胥占，咸庶中正。"又曰："民之乱罔不中。"又曰："无强之辞，属于五极，咸中有庆。"据此可知其对于法官之选择及训勉，其郑重为何如？

于此，复有须特别补充之点，即吾国法律固在早期即已发达，但其发展却比较的偏于刑法方面，非如《罗马法》之在民法方面有其特别发展。此其故，一则由于地理的关系，中华民族过去与他族少所接触，一切思想生活行为，完全为一单一的整体的发展，个人主义向不发达，非若欧洲之种族繁多，彼此接触频繁，权利观念自始即甚着重。因之民事法律之发展乃比较暗淡。再则因受过去政治制度的影响，国家对于个人行为不免常采干涉主义，刑法范畴，因此遂致扩大，此为研究吾国过去法律随时所能发现者。

三、法律思想蓬勃的一个时期

我国过去法律思想最蓬勃的时期，当然要数到战国的一个阶段。其时"法治"不但见之于理想，而且先后施之于实际。管仲在春秋的时候，以之治齐而齐治；商鞅在战国的时候，以之治秦而秦强。其后秦之所以能够并吞六国，浑一寰宇，也就是由于商鞅秉政的二十年中，为秦国奠下了富强的基础。他的功绩是不可磨灭的。

但在战国以前的春秋时代，如子产的治郑，也早已转向于法治。按《左传》昭公六年三月，郑铸刑书，晋叔向因为与子产相契，当时就贻书于子产，表示反对，谓："民知争端矣，将弃礼而征于书，锥刀之末，将尽争之"。子产很斩截地答复说："侨不才，不能及子孙，吾以救世也。"到了定公九年，《传》称"驷颛杀邓析，而用其竹刑"（注：邓析造刑法书于竹简）。这时距子产铸刑书不过三十余年，即已由笨重的刑鼎而演为可以传写流通的刑书，不能不说是很快的进步。其后襄公九年，《传》称："宋使乐遄庀刑器"（注：刑书疏载于器物）。昭公二十九年冬，晋赵鞅、荀寅赋晋国一鼓铁以铸刑鼎，"遂著范宣子所为刑书焉"。可见事实需迫，法律更完全公开化了。

这些刑鼎刑书，现在都无可考，因之学者间多认战国时替魏国著《法经》的李悝，为我国成文法典的创始者。他这部《法经》的内容，据《唐律疏义》卷一云："魏文侯师李悝，集诸国刑典，造《法经》六篇：一、盗法，二、贼法，三、囚法，四、捕法，五、杂法，六、具法"。《晋书·刑法志》、《唐六典》[9]（卷六）、《通典》（卷一百六十三）所言大略同。这书久已遗佚，黄奭《汉学堂丛书》辑得佚文六篇。孙星衍《李子法经序》云："李悝《法经》六编，存唐律中，即《汉书·艺文志》之《李子》三十二篇。在法家者。后人援其书入律令，故隋以后志经籍诸家不载……按悝书以盗法在前者，罪举其重；以具法在末者，古人撰述，率皆以序录附本书后，是其例……法家之学自周穆王作《吕刑》后，有春秋时刑书竹刑，及诸国刑典，未见传书，唯此经为最古……虽此六篇内有'天尊'、'佛像'、'道士'、'女冠''僧尼'诸文，为后世加增，如《神农本经》之有郡县名。其篇数经累代分合，亦不能复循《汉志》三十二篇之旧。然信三代古书，未火于秦，足资经证，不可诬也"云云。一般所以认李悝为我国成文法典的创始者，便是因为有这《法经》可据。按这部《法经》的真实性，仍不无疑问，我国成文法的创始，实际当更在李悝《法经》之前，

---

[9] 原文误为"唐会典。"——编校者注

唯史称这部《法经》，商鞅受之以相秦，萧何更据以扩充之而为《汉律》九章。它与秦汉以后的法律，颇有相当的渊源和关系。

在这一个时期，法律思想也是特别发达。例如《管子·禁藏》篇："夫不法，法则治。法者，天下之仪也，所以决疑而明是非也，百姓之所悬命也。"《七法》篇："不明于法而欲治民一众，犹左书而右息之。"《法法》篇："虽有巧目利手，不如拙规矩之正方圆也。故巧者能生规矩，不能废规矩而正方圆。虽圣人能生法，不能舍法而治国。"这是发挥法治的必要的。《管子·七臣七主》篇："明王见必然之政，立必胜之罚。故民知所必就，而知所必去，推则往，召则来，如坠重于高，如渎水于地。故法不繁而吏不劳，民无犯禁，故百姓无怨于上。"《禁藏》篇："以有刑至无刑者，其法易而民全；以无刑至有刑者，其刑繁而多奸。夫先易者后难，先难者后易，万物尽然。明主知其然，故必诛而不赦，必赏而不迁者，非喜予而乐其杀也，所以为人致利除害也。"这是主张实行法治是要法立令行，不惩赏功，不乱赦罪的。

《商君书·定分》篇："诸官吏及民间有问'法令之所谓也'于主法之吏，皆各以其'故所欲问之法令'明告之……故天下之吏民无不知法者，吏明知民知法令也，故吏不敢以非法遇民。"《韩非子·定法》篇："法者，宪令著于官府，刑罚必于民心，赏存乎慎法，[10] 而罚加乎奸令者也。"又曰："法者，编著之图籍，设之于官府而布之于[11]百姓者也。"这是阐发法律必须公开、不可任令法吏操纵把持、因缘为非的。

《尹文子·大道》篇："法行于世，则贫贱者不敢怨富贵，富贵者不敢陵[12] 贫贱；愚弱者不敢冀智勇，智勇者不敢鄙愚弱。"

---

〔10〕 原文误为"慎罚"。——编校者注
〔11〕 原文误为"存之于"。——编校者注
〔12〕 原文误为"怨"。——编校者注

《商君书·刑赏》篇："所谓壹刑者，刑无等级，自卿相将军以至大夫庶人，有不从王令、犯国禁、乱上制者，罪死不赦。"《韩非子·有度》篇："法不阿贵，绳不挠曲。法之所加，智者弗能辞，勇者弗能争。"这是说法律应该不分贵贱，一律平等的。

《尸子》："天下之可治，分成也；是非之可辨，名定也。明王之治民也……言寡而令行，正名也。君人者苟能正名，愚智尽情，执一以静，令名自正，赏罚随名，民莫不敬。"《韩非子·主道》篇："言者，百事之枕也。圣王正言于朝，而四方治矣。是故曰，正名去伪，事成若化，以实核名，百事皆成……正名核实，不罚而威。审一之经，百事乃成；审一之纪，百事乃理。名实判为两，分为一。是非随名实，赏罚随是非。"这是说法律必须综核名实，才能够收为治的效验。

《慎子·君人》篇："有权衡者，不可欺以轻重；有尺度者，不可差以长短；有法度者，不可巧以诈伪。"《商君·壹言》篇："不法古，不修今，因世而为之治，度俗而为之法。故法不察[13]民之情而立之，则不成，治不宜于时而行之，则不干。"《韩非子·用人》篇："释法术而心治，尧不能正一国；去规矩而妄意度，奚仲不能成一轮。"这是说立法行法，都是要以客观为标准，而不能闭门造车、逐情直行的。

《管子·任法》篇："圣君任法而不任智，故身佚而天下治。"《明法》篇："使法择人，不自举也；使法量功，不自度也。"《慎子·君人》篇："大君任法而弗躬，则事断于法。"这是说一切唯断于法，便可无为而治的。

《商君为·更法》篇："法者，所以爱民也；礼者，所以便事也。是以圣人苟可以强国，不法其故；苟可以利民，不循其礼……三代不同礼而王，五霸不同法而霸。故智者作法而愚者制焉，贤者

---

[13] 原文此处衍出一"其"字。——编校者注

更礼而不肖者拘焉。""前世不同教，何古之法？帝王不相复，[14]
何礼之循？……治世不一道，便国不必法古。汤武之王也，不修古
而兴；殷夏之灭也，不易礼而亡。然则反古者未必可非，循礼者未
足多是[15]也。"《开塞》篇："圣人不法古，不修今。法古则后于
时，修今则塞于势。周不法商，夏不法虞，三代异势，而皆可以
王。"《韩非子·心度[16]》篇："法与时转则治，治与世宜则有
功。"《八说》篇："处多事之时，用寡事之器，非智者之备也；当
大争之世，而循揖让之轨，非圣人之治也。"这是说法律应有进化
性，不可与时代背道而驰的。

上面所略举的，不过是当时法家中比较重要的一些法律思想。
象这一类诠释法理、昌言法治的议论，就与欧美第一流的法学家
言，对照参详，也可相互发明，并提媲美，何况这是两千多年以前
的学说！我们很可引以自豪，难道说不应该发扬光大吗？

四、儒家学说对于历代法律的影响

春秋战国之际，本来是儒墨道法诸家并峙的时代，那一个时
代，思想言论特别活泼。孔子、孟子虽先后都曾周游列国，和当时
各国的君主贵族讨论过有关政治和社会的问题，但都没有得着行道
的机会。较后的荀子，亦复如此。那时候各国的政治当局，往往以
他们主张为过于迂远，不切实际。同时各家的学说好象博古证今，
泛应曲当。所以各国的政治，并没有完全为儒家思想所支配。有的
国家且推行和儒家理想根本相反的法治。象管子的治齐和商君治
秦，是显著的例子。

到了西汉，高祖初入关时，以民间苦秦苛法已久，仅约法三

---

〔14〕 原文误为"不相符"。——编校者注
〔15〕 原文漏"是"字。——编校者注
〔16〕 原文误为"心虔"。——编校者注

章："杀人者死，伤人及盗抵罪"。其后以三章之法不足御奸，乃由萧何捃摭秦法，作《律》九章。萧何原是一个有心人，按《汉书·萧何传》云："沛公至咸阳，诸将皆争走金帛财物之府，分之。何独先入，收秦丞相御史律令图书藏之"。所以由他来"捃摭秦法"，取其宜于时的，制为法律，这对于他是很适宜的任务。

但汉初如文帝、窦太后等，颇倾向于黄老的无为之治（汉文帝在立法方面，有一值得注意的措施，即肉刑的废除。肉刑本起源于苗族之劓、刖、椓、黥，加杀刑合为五刑。夏改刖为膑，周时复改为刖。汉文帝十三年，依太仓令淳于公之少女缇萦之哀求，乃废肉刑，嗣又依丞相张苍等之奏议，修正刑制，改黥[17]为髡钳城旦舂，改劓为笞三百，改斩左趾为笞五百，斩右趾为死刑。至景帝时，复有所减损，仅余宫刑。至隋始全行废除。肉刑经汉文帝废除以后，其后赞成回复及反对论者均各有其人。如后汉献帝时，崔实、郑康成、陈纪等均主张复肉刑，孔融反对之，卒未改。魏武又欲复肉刑，陈群等深陈其便，钟繇亦赞成之，王循不同其意，遂未行。齐王芳正始中，李胜主复肉刑，夏侯太初反对之，丁谧亦持反对之论。晋武帝廷尉刘颂又倡复肉刑之议。又东晋元帝廷尉展复上言复肉刑，尚书刁协等赞之，尚书令周顗等非之，王敦亦非之。安帝时，桓元又议复之，蔡廓赞之，孔琳反对之。故肉刑自汉文帝废除后，虽多有欲回复其制者，均因有反对论者，卒未果复。唯后世鞭、杖、笞之属，则直至清末变法，始行废除）。直到武帝，乃定儒学为国教，罢黜百家，表章六经。据《汉书·董仲舒传》："自武帝初立，魏其武安侯为相，而隆儒矣。及仲舒对策，推明孔氏，抑黜百家。"《武帝纪》："建元元年冬月，诏丞相御史列侯中二千石一千石诸侯相，举贤良方正直言极谏之士，丞相卫绾奏：'所举贤良，或治申商韩非苏秦张仪之言，乱国政，请皆奏罢。'可。"

---

[17] 原文漏"黥"字。——编校者注

从此思想定于一尊，学者都专门以研究《诗》、《书》、《礼》、《乐》、《易》、《春秋》为唯一重要的大事，于是两千年来中国的法律思想，完全是儒家的法律思想。

儒家的政治理想，是以德治、礼治、人治为主，而以法治为辅的。如《论语·为政》篇："为政以德，譬如北辰，居其所而众星拱之。""道之以政，齐之以刑，民免而无耻；道之以德，齐之以礼，有耻且格。"《里仁》篇："能以礼让为国乎，何有不能？以礼让为国，如礼何？"《子路》篇："礼乐不兴，则刑罚不中；刑罚不中，则民无所措手足。""听讼吾犹[18]人也，必也使无讼乎！"《中庸》："文武之政，布在方策。其人存，则其政举；其人亡，则其政息。人道敏政，地道敏树。夫政也者，蒲庐也。故为政在人。"《礼记·礼运》篇："礼义以为纪，……示民有常。"《孝经》："安上治民，莫善于礼。"可见孔子理想的极致，乃是要达到德治、礼治的最高境地，到了那一个境地，法律的作用简直无足重轻了。

孟子以性善说为出发点，其言曰："以德行仁者王……以德服人者，中心悦而诚服也"，"人皆有不忍人之心。先王有不忍人之心，斯有不忍人之政矣。以不忍人之心，行不忍人之政，治天下可运诸掌上"。又曰："徒善不足以为政，徒法不能以自行……是以唯仁者宜在高位，不仁而在高位，是播其恶于众也。"又曰："无恒产而有恒心者，惟士为能。若民则无恒产，因无恒心，放辟邪侈，无不为已，及陷于罪，然后从而刑之，是罔民也。焉有仁人在位，罔民而可为也？"

荀子以性恶说为出发点，其言曰："礼起于何也？人生而有欲，欲而不得，则不能无求；求而无度量分界，则不能无争。争则乱，乱则穷。先王恶其乱也，故制礼义以分之，以养人之欲，给人之求"。又曰："圣人化性而起伪，伪起于性，而生礼义，礼义生

---

〔18〕　原文误为"由"。——编校者注

而制法度。然则礼义法度者，圣人之所生也。"又《君道》篇："有治人，无治法……法不能独立……得其人则存，失其人则亡……君子者，法之原也。故有君子，则法虽省足以遍[19]矣；无君子，则法虽具，失先后之施，不能应世之变，足以乱矣。"

孔孟等这种推崇德治礼治、而以法治居于辅助地位的主张，当时虽然曾经大声疾呼，并没有发生什么影响。到了汉代，贾谊在高帝时，就有重德轻刑的建议。贾谊、董仲舒、路温舒等，和其后的一般儒者，又继续主张鼓吹，不遗余力。贾谊的《陈政事疏》、董仲舒的《贤良对策》、路温舒的《尚德缓刑书》，都是极力阐扬任德而不任刑、重礼而轻刑的理论。他们的主张，则在政治方面有过实际的影响。我们但看两汉有好些诏令，都是宣扬德治，便可知道。

又如桓宽《盐铁论》《刑德》篇、《后刑》篇、《疾贪》篇、《申韩》篇、《周秦》篇、《大论》篇、《盛德》篇，刘向《说苑·政理》篇，班固的《白虎通德论》，荀悦所著《申鉴》、《汉纪》、《崇德》、《正论》，[20] 仲长统《昌言》等书，大都不外以德治、礼治为主，而以法治为辅。《史记·酷吏列传》[21] 赞序说，"法令者，治之具，而非制治清浊之源也。"《刑法志》也极力阐扬感化主义的刑罚，这些都是德主刑辅说得势的有力佐证。

董仲舒是汉朝的一代大儒，他首先以阴阳五行、天人交感及禁忌等说数，阐释法理。他的《贤良对策》及《春秋繁露》一书，很多这一类的议论，桓宽的《盐铁论》也有相似的论调。自此以后，阴阳五行之说，简直成了社会上普通流行的思想，几乎任何事物，都可附会为与五行有关。《古今图书集成·五行类》："子复仇

---

[19] 原文误为"编"。——编校者注

[20] 原文误为《汉纪崇德正论》。——编校者注

[21] 原文误为《汉书·酷吏传》。——编校者注

何法？土胜水，水胜火也。子顺父，臣顺君，妻顺夫，何法？法地顺天也。男不离父母何法？火不离木也。女离母何法？水流去金也。娶妻亲迎何法？法日入阳下阴也。"这样的说法，真有些想入非非。

其实，象董仲舒这类儒者，原意不一定出于迷信，大概是要王者法天、法自然，以主德行仁而慎刑罚，也就是节制"君权滥用"的意思。不期末流所至，阴阳五行禁忌之说，竟深入人心，而成为社会上牢不可破的一种流行见解。嗣后这一类理论渐渐纳入了法律的领域。

又因为《礼记·月令》篇说："仲春之月……安萌芽，养幼少，存诸孤，命有司省囹圄，去桎梏，毋肆掠，止狱讼。"所以认为阳和之时，是应该轻念悯恤、施行仁政的。"孟夏之月……断薄刑，决小罪，出轻系。"后世的"热审"，就是以此为发凡。"仲夏之月……挺重囚，益其食。""是月也……百官静事无刑，以定晏阴之所成。"在这时候，刑罚之事是应该静止不行的。"孟秋之月……命有司修法制，缮囹圄，具桎梏，禁止奸，慎罪邪，务搏执。命理（治狱之官）瞻伤（损皮肤）、察创（与疮同）、视折[22]（损筋骨）、审断（骨肉皆绝），决狱讼，必端平，戮有罪，严断刑。天地始肃，不可以赢（赢有宽缓之意）。""仲秋之月……乃命有司申严百刑，斩杀必当，毋或枉挠。枉挠不当，乃受其殃。""季秋之月……乃趣狱刑，毋留有罪。""孟冬之月……是察阿党，无所掩蔽。"这又是后世"秋审"和"秋冬始能行刑"的根据。[23]

董仲舒对于法律，还有一件使我们值得注意的事，便是他的引经折狱。史称他的援附经谶折狱，至二百三十二事之多，这事对于

---

[22] 原文误为"拆"。——编校者注
[23] 原文此段的句读及对《礼记·月令》的引用有误，今已改正。——编校者注

后世也很有影响。虽律无正条者，亦尽可以《春秋》之例，断狱治罪，当时传为美谈，厥后牵强附会，深文周纳，流弊甚大。

要之，从汉时起，儒家的法律思想，已经在政治上、社会上占有绝对的优势，几乎法律内容的全体都受其支配。经过了两汉三四百年的时间，就愈加根深蒂固，非其他的势力所能动摇。继起的儒者，对于德礼和刑罚的见解，也大都大同小异，所以不但历三国、魏、晋、南北朝历代，虽各有法律的制定，而没有什么根本的变更，就是由隋、唐、五代，以至宋、元、明、清，也始终是一脉相承，保持这一个传统的精神。

我们现在无须更繁征博引，只要举几个重要的关键就够了。按《隋书·刑法志》谓："《记》曰教之以德……而始乎劝善，终于禁暴，以此志人，必兼刑罚。"《酷吏传》赞序谓："御之良者不在于烦策，政之善者无取于严刑。"又史称唐时天下初定，"太宗尝与群臣语及教化，帝曰：'今承大乱之后，恐斯民未易化也。'魏征对曰：'不然，久安之民骄佚，骄佚则难教；经乱之民愁苦，愁苦则易化。譬由饥者易为食，渴者易为饮也'"。当时封德彝颇有相反的见解，但帝卒从征议。又如长孙无忌等《唐律疏义》谓："夫三才肇位，万象[24]斯分，禀气含灵，人为称首。莫不凭黎元而树司宰，[25]因政教而施刑法。……德礼为政教之本，刑罚为政教之用。犹昏晓阳秋，相须而成者也。"

《唐律》的内容，很多沿袭《汉律》的地方。沈家本《汉律摭遗》曾经列举其条文作为比较的研究。其《汉律摭遗·自序》有云："历代之律存于今者，唯唐律。而古今律之得其中者亦为唐律，谓其尚得三代先王之遗意也。唐律之承用汉律者，不可枚举，有轻重略相等者，有轻重不尽同者。试取相较，而得失之数可以证

---

〔24〕 原文误为"万众"。——编校者
〔25〕 原文误为"同宰"。——编校者

厥是非。是则求唐律之根源，更不可不研究夫汉律矣。"

　　至于《唐律》对于后世的影响，则南丰刘孚京的沈刻《唐律义疏·序》曾说："下及宋元，承用不废。明太祖始更为《明律》，而本于《唐律》者甚多……故唐之有律，岂唯当时之制而已哉？三代之后，管理之法式未有逾此者也。吏不欲明法则已，将有精习律令、通知作法之意，以廷决庶狱，无使差舛，唯《唐律》为易明……盖余自释褐备官刑部，寻绎律意，四十年于兹。至于意有所不了，文有所不明，考之群书，遍及故牍，犹未晓彻，及求诸《唐律》，而后因革之迹，变通之意，昭昭明矣。大抵明以来所变革，虽因世为轻重，要其经常一当以唐律为断"。就沈、刘两氏所说以观，《唐律》的渊源所自，和其对于后代的影响，可以大概了然。

　　若就《唐律》各卷内容稍加检阅，即可发现所有规定大都与"礼"有关，就是纯粹的民事关系，违礼者也各有罚，可以说是"一准于礼，以为出入"，和"出乎礼者入乎刑"了。唐时除律而外，还有令、格、式三种。律从汉代以后，历代多为编纂，其有所违，及人之为恶而入罪戾者，皆断以律，盖即规定犯罪者所科刑罚之法典。令亦自汉代以后为历朝所有，为关于尊卑贵贱之等数及国家之制度，盖即各种行法令的法典。格始东魏之《麟趾格》，为关于百官有司有所常行之事，盖采就官司所执行之惯行法的法典。式则前后或称故事，或称科，自汉之品式以降，西魏有《大统式》，隋有《大业式》皆是，乃关于所常守之法以补缺拾遗为主，盖即规定官司所守式法的法典。这些工具，同样的是推行礼治。

　　再者，历代的所谓律，我们不可误认其范围为如今之刑法，例如《唐律》卷一名例，不仅为关于刑法之总则，同时亦为关于一般法律的适用法；卫禁、职制、厩库、擅兴，则属于行政法规；户婚属于民事法规；贼盗、斗讼、诈伪、杂律，乃可谓实质刑法；捕亡、断狱，则属于诉讼法规、监狱法规，及关于法官违法失职之惩戒法规。又如杂律之中，有属于行政性质者，如关于河防的规定是；有属于民事性质者，如关于钱债的规定是；有属于商事性质者，如关于市廛的规定是。可见所谓律者，乃包罗甚备之一种成文法典。而公私行为之有背于律者，又均各附有刑罚的制裁。

《宋刑统》完全是沿袭《唐律》而定的，除了令、格、式以外，往后又有敕、编敕、条例、法、法度、断例、条贯、仪式、条约、条式、德音等名目，种类虽多，为治之道，仍然一贯是礼治化。元朝代宋而兴，法律仍受儒家思想的支配，字术鲁翀《大元通制序》："唯圣人之治天下，其为道也，动与天准；其为法也，粲若列星。使民畏罪迁善，而吏不敢舞智御人，鞭笞斧钺、礼乐教化相为表里。及其主也，民协于中，刑措不用，二帝三王之盛，尽于此矣。虽刑罚世轻世重，而士制百姓于刑[26]之中，以教祗德，古之制也。"

明代洪武三十年更定的《大明律》，形式体裁，颇有进步。那一部更定的《大明律》，一共有三十卷。《明史·刑法志》载称："呈览的时候，太孙请更定五条以上，太祖览而善之。太孙又请曰，'明刑所以弼教，凡与五伦相涉者，宜皆屈法以伸情。'乃命改定七十三条……"入清以后，清乾隆时所编的《大清律例》，也大体是模仿明律而定的。所以说从两汉起，一直到满清末年为止，中国法律的内容，完全受儒家思想所支配，这是确切有据的。

中国的法律，不但在时间上绵延了两三千年，都有它一贯的体系，同时在空间上也有巨大的影响。日本学者仁井田陞著《唐令拾遗》一书，序说中谓："中国法律之影响，东至日本、朝鲜，南至安南，西至西域，北至契丹、蒙古"。桑原骘藏在其所讲《中国之古代法律》演讲词内亦谓："自奈良朝至平安朝，吾国王朝时代之法律，无论在形式上与精神上，皆根据《唐律》。"鸠山和夫、

---

[26] 原文遗"刑"字。——编校者注

板本三郎合撰的《日本法制一斑》文内，分日本法律发达的阶段为四个时代，第二期就是"模仿唐朝代，或谓《大宝律令》宣行的时代"，包括自日本文武天皇至后堀河天皇，西历七百一十年（唐睿宗景云元年）至一千二百三十一年（宋仁宗嘉定十四年）。[27] 原文有谓："第四十二世文武天皇制定《大宝律令》，是为日本制法之始。《大宝律令》关于刑罚者曰'律'，其关于制度者曰'令'，大宝令多准于唐之永徽令。"

富井政章《法制史》略谓："自神武纪元一千二百年代之末，至明治维新之时，凡一千二百五十年，为继受支那法之时代。其间所有成文法，多折衷于支那之法制而编成。"又谓："神武纪元一千二百六十四年（西历六百四十年、唐太宗贞观十四年），厩户皇子取儒佛二教之旨，斟酌隋朝之法制，定宪章十七条，此为成文法之滥觞。当时支那文化之发畅已显著，故日本上流之士竞研究大陆之学，而图国家制度之改良。既知儒佛二教，绍受隋唐之法制，自是历世渐改旧时之不文法，而编定公私诸法。第三十六世孝德天皇之'延喜格式'起，其后以第四十二世文武天皇之朝所撰定《大宝律令》之法律为最整备，后世守之。"由于以上的引述，中国法律对于东亚诸国的影响，也就可以概见了。"岂曰小补之哉"吗？

五、重建中国法系的趣向

我国法律的"过去如何？"大致已如上述。还有应该补充说明的，就是满清末年以至国民政府奠都南京以前这一时期中法律递嬗的情形。本来，从清代中叶起，中国法系就已呈现动摇倾覆的预

---

[27] 罗福惠等编《居正文集》原校勘注：此处所谈时间多误。西历七百一十年为唐睿宗景云二年，日本为元明天皇和铜四年，其时文武天皇已去位四年。而西历一千二百三十一年非为北宋仁宗嘉定十四年，应为南宋理宗绍定四年，日本后堀河天皇宽喜三年。——编校者注

兆。这是因为我们与现代的列强相遇，通商范围日渐扩大，我国人民与各国人民间的来往周旋既多，纠纷当然也随之而起；又因为彼此法律内容的各异，就引起不少龃龉，于是各国多不愿其在华的侨民受到中国法律之支配。那时满清政府也有一种"以夷治夷"的谬见，一八五八年缔结之《中英天津条约》，便有"英国人民有犯事者皆由英国惩办"之规定，自是各国相率在我国内取得领事裁判权。迨义和团事件以后，清廷乃有改革法律的动机，光绪二十八年派沈家本、伍廷芳为修订法律大臣，至三十四年告竣，是为《大清现行刑律》。这一部刑律虽有不鲜的改革，但大体仍系沿袭《大清律》。又经冈田朝太郎所起草之新刑律、松冈义正等所起草之民律第一次草案、及入民国后之第一次刑法修正案、第二次刑法修正案、民律亲属编第二次草案、第三次草案、总则编第二次草案、债编第二次草案、物权编第二次草案、继承编第二次草案暨其他民、刑特别法草案，或则仍旧因袭前此的礼治，或则完全继受他国的法律，东抄西袭，缺乏中心思想。这与当时北京政府的政治情形和统治者本身，当然很有关系。

　　现在我们可进而讨论"中国法系重新建立"的趣向，也就是中国法系今后"应当如何？"的问题了。但是重建中国法系这一工作，并不是说从今以后才应开始，实际早已开始在十余年前了。自从国民政府奠都南京，立法院成立，经胡、孙两院长的领导和先后立法委员的努力，在十余年的短期间内，已经完成了许多重要的法典。而且这些法典的内容，既不是因袭古代陈规，亦非继承外国法系，而是秉承国父遗教，苦心经营创造的。即偶有撷取各国之长，亦必详为折衷，期于尽善。这与以前好些草案盲目地继受外国法系，截然不同。

　　现在又因为我们在总裁领导之下，抗战八年有余，把日人侵略我国的迷梦完全击碎。我民族站在打倒侵略的最前线上，始终不屈不挠，使百余万日军陷于中国境内不克自拔，因而我同盟国家能腾出力量和时间，从容协力打倒东西两帝国主义者。我们的国际地位因此增高，百年来的不平等条约，乃能一旦废除，司法方面引为奇耻大辱的领事裁判权，也随之废弃。

在抗战期中，我们为适应事实的需要，曾制定若干特别法规。三十四年的开始，我们知道胜利行将来临，对于复员及战后法规之修订，不能不预作打算。司法院尝[28]经呈准设立一讨论战后法规委员会，于司法院及所属最高法院、行政法院、中央公务员惩戒委员会，并由司法行政部指派高级职员若干人为委员组成之，就民、刑法规作一通盘检讨。历时一年，先后完成《复员时期民事诉讼补充条例》、[29]《刑事诉讼补充条例》及《办理台湾民刑诉讼补充条例》各草案，又民法《总则》、《债编》、《物权》、《亲属》、《继承》，《刑法》总、分则及民刑诉讼法亦草成修正案，送由立法机关制定公布。关于民刑程序法的修正案，主旨在简化手续，便利人民；关于民刑实体法的修正案，主旨则在斟酌删补，使之更为合理化、完整化。其主要的用意，乃在归纳司法方面运用法律的经验，以供立法机关的参考。

至于论起重建中国法系的伟业，却不仅是从事立法或司法工作的一部分人的任务，而是全国学者、公教人员，甚至全国国民，都应该共同不断地努力的。何以言之呢？因为立法者固然要向着重建中国法系一个理想鹄的来从事立法，司法人员无论在解释法律、制作判例、运用法律或执行法律的时候，也应该时刻不忘这一个鹄的，才能无忝于其职责；但是，法律是经纬万端，现在的社会，人和事又是非常繁赜，关于宪法、行政法、民刑法和民刑特别法，及财政经济、会计、审计、教育、劳工等等各种立法，全国的学人，就不应该贡献其才智、以助成这一个鹄的么？又全国各部门及各级

---

〔28〕 原文误为"当"。——编校者注
〔29〕 应为《复员后办理民事诉讼补充条例》。——编校者注

公务员以及市县办理自治的基层人员，又哪一个不是要遵照法律来执行公务和自治事务呢？就是全体国民，又谁不是生息于法律规范之内而须受到法律的保护和约束呢？这样切身的问题，我们岂容漠不关心？

复次须要郑重声明的"重建中国法系"一语的含义，决不可误会为"提倡复古"，而正是要以革命的立法，进取创造，为中国法系争取一个新的生命，开辟一个新的纪元。过去一般人每每认为，法律是有守旧性的，应该跟着社会已经发生和存在的事实，亦步亦趋，不应该站在社会和时代的前面去，使法律与事实相去太远。这种说法，当然含有一部分真理，但是不免过中历史法学派学说之弊，非所以语于我们这一革命建国的时代。因为，法律也是应该有进化性的，不宜使之停滞不前，而不寻求光明的途径，致使人民整个的社会生活也因之而受到不良的影响。

美国法律学者霍金氏，在他所著的《法律哲学现状》一书序文里曾说："尤其是在现时的极速的社会进步中，法律除了顾到历史和先例，更须顾到'现实的'，更须顾到'可能的'和'正常的'"。霍金又说："我们不能不顾历史，但也不能完全靠历史。"德国法律学者斯丹姆勒[30]也说："法律实质是为社会生活的法律规范，和适合人类社会的需要，及发挥人类的本能，不啻是社会革命的方法。"柯勒[31]也认为，在变易中的任何已开化民族所有生活的每一时期，都具有他的"理想倾向"。我们现在是在革命建国过程中，我们对于未来的法律的"应当如何"，当然也有我们的"理想倾向"。我们的"理想倾向"是什么？提供四端如下：

（一）由过去的礼治进入现代的法治。

---

[30] 今译"施塔姆勒"（Rudoif Stammler），德国法学家，新康德主义法学派首创人。——编校者注

[31] 柯勒（Josef Kohler），新黑格尔主义法学派首创人。——编校者注

（二）由农业社会国家进而为农工业社会国家。

（三）由家族生活本位进而为民族生活本位。

（四）以三民主义为最高指导原则。

（一）由礼治进入法治

过去我国法律中礼治的成分，几乎占百分之百，而且所谓礼治的内涵，又非常广泛，几乎全部的道德观念，都可纳诸其中。所以说"出礼则入刑"。结果所至，公法和私法的界限，完全混淆不清。这样的情形，继续了两千多年之久，朝代虽有更换，而这一个根本主义却没有什么变动，直到清末欧美法系侵入以后，才渐渐有所改变。礼治束缚过甚，这是中国法系近数十年最受人攻击的地方。从民国十七年以后，新法典陆续公布，人民的生活，才算摆脱与时代相违的种种束缚，转向一个新的途径方面发展。国内有些知识分子，痛定思痛，憎恶过去的礼治，还常常猛烈地抨击，以为是不开化的象征；更有荡检逾闲的分子，以为吃人礼教，非绝对打倒不可。这些偏激的言论，我们不去理他，平心静气，切实体察，对于过去的礼治作一客观的、公道的研究和评判。

我们须知，礼治在过去曾经完成它在历史上的使命，我们不能够凭二十世纪的眼光来抨击它的不合理。但是如果到现在还以为礼治与法治应该合而为一，甚至以法律为表示礼治之用，那却断断不可。何以言之？因为我们论断一件事，或是一个制度，不能过重主观，而完全忘却它的时代性和空间性。我们要是纯粹用现在的眼光来看，那么，无论哪一个国家过去的政治、法律、社会和其它一切制度，都有不少不合理的成分，而且有很多难于索解的地方。

单以法律而论，世界上所谓五大法系，印度法系和回回法系就含有很浓厚的宗教色彩，前者还有极严厉的阶级制度。罗马法系，是大家所认为最能分别权利、义务的观念的，但罗马法上关于人的规定，却有自由人与奴隶之分，奴隶在法律上的地位非常不堪，奴隶无家属、无财产、无个别之姓名，不能与自由人有同样之衣冠、不得为诉讼行为，可以说是等于自由人的"物"或"财产"。英美法系至今仍以判例法为基础，许多问题没有整齐划一的法典可据，而须求之于判例，至有"法院造法"之称，这在一般人看来，又何尝不是一大的缺点呢？

我们中国法系成文法典的成立，远在罗马《十二铜表法》公布之前，身分的规定，虽然也有过差别，但从没有象印度法系和罗马法系那样地严厉，至于宗教的色彩，更可说是绝无。虽有许多禁制的规定，都是出之于礼的观点，这是因为儒家的思想，一向就认为"天道远，人道迩"。全部的哲理，都是人生哲理和政治哲理。我们中华民族过去受这一法系的陶熔涵泳，绵延数千年而成为一个四万万五千万人口之众的民族，到今天还能够自力更生，创造新的生命，足见过去以礼治为内涵的中国法系，并没有辜负我们。虽然现在看去有很多不合理的地方，但一如柯勒所见：历史并不是一种逻辑过程，它正含有很多的不合理和过失之处，无理和野蛮，永远伴着智慧和驯良。因一个时代有一个时代所认为的正义与合理，我们现在所认为"正义"或"合理"的，在以前的时代看来，也许正是"违反正义"或"不合理"。例如清末的新刑律，以我们现在的眼光观察，还不能算是很彻底的改革，但在当时已引起张之洞、劳乃宣等一般人猛烈攻击，结果，礼教论者终于获胜，原案不能不重加修正。过去那样地维护"礼治"，当然也有它的正当的估价。所以说"礼治"曾经完成了它的历史的使命，就是这个道理。

我们早已步入了革命建国的新时代，当然要以革命的立法，克服历史中不合理部分，建立一个法治的国家；但是我们对于所谓"礼"者，是否必须排除于社会规范之列呢？这一问题，便又很有讨论的余地。从前有好多读书人，一提到"礼"，便联想到《礼记》、《仪礼》及群经中之所谓"礼"。试稍一想，群经中所涉及关于"礼"的问题，何止千百条？不但在现在的社会不能适用，就是在过去又何尝——见之实行？现在有很多人，又持一种恰恰相反的态度，一说到"礼"，便觉得迂阔，甚至以为这是封建和专制时代的遗迹，根本与现在的时代相反。殊不思所谓"礼"，并不是中国社会所独有，各个国家都各有其固有之"礼"。不过我国的所谓"礼"的范围，特别广泛，过去又将礼治纳入法律的领域，这是和其他各国所不同的。现在既实行法治，自然与以前异趣，所以私人间的行为，凡是与善良风俗、公共秩序相背的，只发生法律上"无效"和"撤销"的效力，而不是——都受到法律的制裁了。按民法上所谓"善良风俗"、"公共秩序"，若以从前的字样来诠释，也就恰等于"礼"，所以"礼"就在现在也仍不失为社会规范之一，不过不一定附有法律的强制力罢了。

社会规范除了具有强制力的法律以外，还有道德、宗教、习俗和传统的生活方式等等。任何国家，决不能够单靠法律来治理，欧美各国的科学，发达到现在的地步，他们对于宗教，仍旧异常珍视。美国这次宣战之初，故罗斯福总统曾经一再宣称是为维护正义和平、民主制度、宗教自由和他所谓"吾人"之生活方式。美国政府当局，也有过同样的表示。

或者有人要问，何以维护宗教也是他们宣战主旨之一呢？我们要晓得，宗教在过去对于人类的智力发展、文明进步，固然有过许多阻碍，同时也有很大的成绩。欧洲在中世纪黑暗时期，暴君、贵族及教会支配了一切，到了文艺复兴以降，渐渐地改良进步。欧美人士，差不多个个人都受过宗教的洗礼，从宗教教义里面，养成了忠勇、诚实、博爱、服务等等许多良好信条，再配合上公民教育方面的一些训条，这两部分信条，就成为法律以外的社会规范之一部。这对于欧美人民的社会生活，确实是有很大的帮助的，所以科学尽管发达，宗教仍旧不废。

我们中国一向没有特别有势力、象欧美天主教基督教那样的宗教，可是宗教自由，释道并存，而儒家学说巍然为人民生活思想之中心，彼此不相妨斗，甚至相容相成，这又是欧美人士所难以想象的。至于我们人民生活的信条，最大部分都是从儒家学说而来。"礼"之一字，广义言之，可概括很多的生活条件；狭义言之，则合"义"、"廉"、"耻"三者，而总谓之四维，还有许多社会生活的信条，散见于群经之中，国父曾经归纳为忠、孝、仁、爱、信、义、和、平八德。这四维八德，经过无数先圣先贤的阐扬，对于数千年来中国民族生活上所发生的影响与力量，无可比拟。有许多讲说，直到现在还与时代毫不相背，例如"孝"之一字，《礼记·祭义》篇云："居处不庄，非孝也；事君不忠，非孝也；莅官不敬，非孝也；朋友不信，非孝也；战阵无勇，非孝也"。除了忠君一项，应该易为忠于国家、忠于民族、忠于职守而外，哪一项到现在不适用的？过去八年多的抗战，以至现在继续建国，我们不是要求全国从事公教各职的人员、文武将士及全国国民，为国家尽全忠、为民族尽大孝么？我们的战时军律、陆海空军刑法、《非常时期惩治贪污暂行条例》、刑法渎职罪章、公务员服务法以及其他惩戒法规的制定，其目的何一非蕲求各级文武人员忠于职守、所作所为都能合于礼义廉耻呢？其余如仁爱、信义、和平，又何一不是我民族固有的美德？

国父在《民族主义》第六讲里面诏示我们说："大凡一个国家所以能够强盛的缘故，起初的时候，都是由于武力征服，继之以种种文化的发扬，便能成功。但是要维持民族和国家的长久的地位，还有道德问题。有了很好的道德，国家才能长治久安……我们现在要恢复民族的地位，除了大家联合起来，有了固有的道德，然后固有的民族地位才可以图恢复……讲到中国固有的道德，中国人至今不能忘记的，首是忠孝，次是仁爱，其次是信义，其次是和平。这些旧道德，中国至今还是常讲的，但是现在受外来民族的压迫，侵入了新文化，那些新文化的势力，此刻横行中国，一般醉心新文化的人便排斥旧道德，以为有了新文化，便可以不要旧道德。不知道我们固有的东西，如果是好的，当然要保存，不好的才可以放弃。"

总裁在《中国之命运》一书第一章，也指示我们说："中国国民道德的教条，是忠孝、仁爱、信义、和平，而中国立国的纲维，为礼义廉耻。在这'八德'和'四维'薰陶之下，中华民族，立己则尽分而不渝，爱人则推己而不争。义之所在，则当仁不让；利之所在，则纤芥无私。不畏强梁，不欺弱小。积五千年的治乱兴亡，以成就我民族明廉知耻、忍辱负重的德性。唯其明廉，故能循分；唯其知耻，故能自强。"

我们现在施行法治，但这些为我民族生活信条的"四维八德"，我们不唯应该保持，还要发扬光大。所以这"四维八德"，当然为我们社会规范之一部。不过凡是不为法律所禁止的行为，虽然不尽受到法律的制裁，却须受到良心和社会舆论的制裁。同时如果各人都能确守这些纲维，那么，人我分际之间，以及接物处世，违反法律的事实，自然也就很少了。这样相互为用，才能辅弼成郅治。

于此，吾人还有一个希望，就"礼"之一字，不宜乎象从前那样的广泛无垠，无所不包，而应该确定它的新的内容。再则从前在专制政体时期，每更换一个朝代，常常要制礼作乐，我们现在实行民主政治，也应该有合乎这一个时代性和社会性的典礼习俗。国府奠都南京以来，历十余年，内忧外患，相继而来，这一项要政，至今还没有多大的成就。总裁业已注意及此，并经谕令主管机关，着手筹备。这一项工作，当然非常艰巨，匆遽之间，不一定就能臻于完善，不过我们很希望在相当时间内，能够逐步实现，俾全体国民有所遵守。

（二）由农业社会国家进于农工业社会国家

我国农业萌芽很早，《周易·系辞下传》第二章载称："包牺氏没，神农氏作，斫木为耜，揉木为耒，耒耨之利，以教天下"。还有一篇《击壤歌》，相传是唐尧时代的，不唯证明那时已有农耕的事实，还表现出一个自由的农业社会。《尚书·禹贡》篇更将冀、兖、青、徐、扬、荆、豫、梁、雍九州的土质、田的等级和贡赋[32]的种类，记载得非常的详细。《诗经》上也有好些歌谣，涉及到当时农业社会的情形和农产物品名。

因为数千年来都是以农立国，所以经济的演变与法制的维系，不离乎农业范围。《洪范》所谓农用八政，即谓一曰食；二曰货。《论语》孔子与子贡论政，也以足食为先，并且很早就注意到生产的增加和分配问题。如《大学》传云："生财有大道，生之者众，食之者寡，为之者疾，用之者舒，则财恒足矣。"《论语·季氏》篇云："不患寡而患不均。"以后历代，对于农业都非常注重，表示于行政和法令方面的，随在可见。一向虽偏于农业经济生活，大体颇为安定。直到近百年来，海禁大开，各国挟其工商业势力，先后侵入，藉着不平等条约的护符，实施政治的及经济的压迫，国民经济乃发生了剧烈的变动，驯至次殖民地地位。现在不平等条约已获撤废，今后国民经济生活发展的趣向，自非农业与工业同时并进不可。

国父手订的国民政府《建国大纲》第二条明白规定："建国之首要在民生。对于人民之食衣住行四大需要，政府当与人民协力共谋农业之发展，以足民食；共谋织造之发展，以裕民衣；建筑大计划之各式房舍，以乐民居；修治道路运河，以利民行。"同时，遗留给我们一个有系统的实业计划。这一个伟大的物质建设计划，无所不包，我们只要遵照着做去，自然可以造成一个富强康乐的国家。

但是国父所诏示的，只是一个远大的理想和计划纲要，如何使

---

〔32〕 原文误为"贡筐"。——编校者注

这理想和计划成为事实，就有待于我们持续不断的努力。说到发展农业经济，便有一个"平均地权"的问题要解决；说到发展近代工业，便又有一个"节制资本"的先决问题。这两个问题，我们姑且暂时不谈，留到下面再讨论。先就次要的事项说起：发展农业经济，就得着手整理耕地，促进农民合作事业，以次调剂农村金融及粮食产销、振兴水利、改良种籽、垦荒造林等种种要政，都须举办。还有如何设法救济荒灾及防止荒灾之发生？如何增进农民知识技能及精神上之修养？诸如此类的问题，不胜枚举。论到发展工业和工业经济，也同样有许多特殊问题，而非仅有详密的工业计划或原则所可收效。例如一切企业，何者应归国营，何者应留民营，国营者如何使之发展，民营者如何加以扶助，以及一般技工及专门技术人才，如何使之人尽其才、才尽其用、用尽其长，乃至一切生产分配，如何使之臻于合理化，如何能使彼此分工合作，地尽其利，货畅其流。这些问题，表面看来似甚平凡，实际解决却不简单。

　　再则时代是前进的，且不许我们有落后的趋势。就这里可以看出几点：（一）从前政府对于人民的经济生活，大都采取消极的放任态度，不加干涉；现在我们国民政府，既是"管理众人之事"的一个总机构，就必须积极地培养与扶助人民的经济生活，使之获得充分发展。（二）从前关于农工福利问题，各国政府大都漠视，自从社会主义发生以后，乃开始改弦更张，我们是实行三民主义的国家，当然对于农工的福利特别注意。（三）从前一般认为纯粹属于私法的事件，现在要使之与公共利益相合。例如，财产权以前被认为绝对权，现在则因直接或间接为公共役使而加于财产上的限制，已经变革其性质，并严限其绝对性，以便于公益。于是财产权利渐成为公法上的制度，不单是私法上的制度了。（四）从前法律大都偏重私人的利益，而忽略了团体的利益和社会的利益；现在则认为团体的利益，无论何处，应在私人利益之上。因此，我们的农业立法与工业立法，都必须特别置重于农业、工业的公共利益。

我们早已制订了一部《土地法》，不过关于推行地政，尚在着手准备的阶段；我们的《工厂法》、《劳资争议处理法》、《团体协约法》，也已先后公布。但为谋农业与工业之真正的发展，决不能以此为已足，仍须迈步向前，期其贯彻。再者，关于促进农、工业经济的发展，就算已有了完备的法令，倘然没有忠心努力、廉洁诚实的多数干部来肩起责任，切实推行，还是不能希望有很好的成绩。因为凡是有关经济事业的法令，人皆视为利薮，推行的时候，最易发生弊端，所以也最难收效。宋代变法失败的往事，便是一个很好的证明。王安石也算是一个卓越的政治家兼法律家，他所创的青苗、保甲、保马、均输、水利、免役、市易等新法，把农业、商业、治安、国防等都联系起来，非不法良意美，只为当时一般保守派人士都不和他合作，于是引用吕惠卿、章惇等一般小人，最后的结果，就不免于失败。我们现在要发展农、工业经济，规模之大，远非昔比，条理繁复，千头万绪，就是一个基层人员，也须有丰富的常识和服务热忱，才能胜任愉快。由此也可见，建立一个崭新的"中国法系"，决不止是一部分立法者的责任。

（三）由家族生活本位进入民族生活本位

我国社会组织，一向轻个人而重家族。《易·家人》系辞："正家而天下定。"《大学》："欲治其国者，先齐其家。"《孟子》："天下之本在国，国之本在家。"家之所以占社会组织中之重要地位，一是渊源于古代的宗法，一是由于从来都是以农业经济立国。

家族本位既为我国社会特色之一，因之表现于法律者，随在可见。属于民事方面的，如婚姻制度、丧服制度、媵妾制度、宗祧制度及连带债务责任、禁止别籍异财等制度。属于刑事方面的，如复仇行为制度、亲属相容隐制度、族诛连坐制度、违反伦常加重处刑及因亲老废疾须负扶养义务而得减免刑之执行等制度。属于行政法方面的，如《周礼》所云之"五家为比、五比为邻"的乡遂制度；

《管子》所云之"五家为轨、十家为伍"的征兵制度；《荀子》所云之"五甲首而隶五家"的纠发制度；《周礼·小司徒》根据土田分配而分家为上中下三等的制度；他如后世的户口、保甲、赋役等制度，往往以家为本位。

以上所举种种制度，若以现代眼光来观察，合理的固然不能说绝对没有，而不合理的就太多了。例如媵妾制度，有背男女平等原则；族诛连坐制度，因一家之内有一个人有罪，而连累很多的无辜，也太严苛。其余问题，无待深论。而且因为家族观念过重，所以只知有"家"，不知有"国"；只知有"家族"，不知有"民族"。流弊所及，社会国家反蒙其害。

欧美各国的法律，恰恰与此相反，极端注重个人主义，予个人以最大最可能的自由。《拿破仑法典》是集十八世纪个人自由思想的一个结晶品。这一个法典，迅速地影响到各国的法律，流风所播，仿佛个人乃是最终的目的，社会简直是为个人而存在，只知道有个人的利益，而不知道有社会的利益。这种偏重个人主义的弊害，近年来也为大家所注意，而有了改革的趋势。例如契约自由，从前认为是一个无上信念，现在为谋劳动者与资本主义间的真正平等计，便代之以团体协约；财产权从前被认为具有绝对性质，现在则认为应使之社会化了。

由于上述的我国法系历来家族本位主义，与欧美法系个人本位主义的相互对照，我们可以得着一个认识，就是我国今后的法律，既不能够再因袭过去的家族本位，也决不可再去摹仿欧美的个人本位，而应该别谋所以创造中国法系之新生命。我个人觉得，就是欧美法律学者近年所创造的社会本位，都还似乎不很适宜，因为所谓"社会本位"范围究竟如何确定？如果指一省一市或一县而言，仍不过囿于一域。而且我们一向是一个统一的国家，凡是重要的法律，决不容许象美国那样的联邦国家一样，州与州之间，彼此有所歧异。再者依照《建国大纲》所定：一完全自治之县，虽有直接创制法律及复决法律之权，但其着眼之点决不能一以其本县的利益为依归。甚至属于地方性质的法规，亦决不可为本县的利益而妨碍邻县或他县的利益。另一方面，我们如果以"社会本位"为指全世界而言，那么，我们现在又还没有进入世界大同的境地，即如关于经济的立法，我们是一个产业落后的国家，便须酌量采取保护政策，而不能侈言自由贸易。因此，以所谓"社会本位"为扩充到全世界，衡之事理，也无所当。

然则应如何呢？我以为应该遵照遗教，创建民族生活本位的法律。质言之，即是一切法律，应以促进民族公共利益、发展民族生活为依归。国父在《民族主义》第一讲里诏示我们说："我们鉴于古今民族生存的道理，要救中国，想中国民族永远存在，必要提倡民族主义……但是中国的人，只有家族和宗族的团体，没有民族的精神。所以虽有四万万人结合成一个中国，实在是一片散沙，弄到今日是世界上最贫弱的国家，处国际中最低下的地位，'人为刀俎，我为鱼肉'，我国的地位此时最为危险。如果再不留心提倡民族主义，结合四万万人成一个坚固的民族，中国便有亡国灭种之忧。我们要挽救这种危亡，便要提倡民族主义，用民族精神来救国。"《民族主义》第三讲又说："民族主义这个东西，是国家图发达和种族生存的宝贝。"《民权主义》第二讲又说："个人不可太过自由，国家要完全自由。"

国父的诏示，非常剀切明了。就是说，我们一方面不能象一盘散沙地自由，另一方面也不可以只知有家族而不知有国族。可是一直到现在，还有不少的人憧憬着欧美的"个人自由"。殊不思就在欧美各国，都已转变了方向，难道我们还去蹈人覆辙？总裁在《中国之命运》第六章内对此也有很精详的指示："更就个人与个人的关系说，自由与法治是不可分的。我们中国是四万万五千万国民共同组织的国家。我们的国家要求四万万五千万个国民之中，每一个国民都有'自由'，所以必须规定每一个人'自由'的界限，不许他为了他一个人的'自由'，而去侵犯别人的自由。这种自由，才是真正的自由。这种自由观念，我们建国时代，必须积极的养成，才可使我们每一个国民，都能享受他自由的权利。所以'自由'必须在法定的界限之内，方是自由。若出了法定界限之外，便是放纵恣肆。人人如可以放纵恣肆，必至于强凌弱，众暴寡；人人谨守法定的界限，始可以达到人人都有自由的境域。要人人都有自由的国家，才可以说是法治的国家。"又说，"不以个人的利益，妨害国家的公益；不以个人的自由，侵犯别人的自由。"

我们如果人人了解了这"自由"的真谛，当然不会只知有自私自利；明白了家族团体只是国族团体中的一个小团体，当然也不会只知有家族而不知有国族，或为家族的利益而牺牲民族的利益了。另一方面，家族在法律上还是有它的地位。例如，我们《民法·亲属编》关于"家"和"亲属会议"，均各设有专章，不过不象从前那样采取家族本位罢了。

关于个人自由问题，我还得加以申说的是：我们虽然摒弃欧美的极端个人自由，但是在不违背民族公共自由和民族公共利益原则之下，每一个人，法律上还是容许其有最大的自由，并使之获得最大的发展。举一个譬喻来说，这好象奏乐一样，各种乐器的声响，翕然并作，高下抑扬，动中音律，相和而不相犯，相协而不相乱。个人在社会上的活动，也是如此，只要在法律范畴之内，每一个都能够发展其最善的自我，而无碍于社会的和谐协调。不特如此，而且正因为无数小我各别的最善发展，乃能完成理想的至善的大我。同时，法律的制定，则以民族公共自由和民族全体利益为其准则。必须做到这样，法律才算尽到了它应尽的职能。

说到这里，因此我们联想到国父的两个遗训：一是要我们"恢复固有的智能"；一是"人生应以服务为目的"，"要立志做大事，不要做大官"。我们同胞的资质聪明，决不亚于各国人民，只是因为科学本来不发达，过去百年来，又丧失了民族自信力，所以智能便渐渐地衰减，尤其在自然科学方面，比起欧美各国来，简直望尘莫及。我们现在要建设一个新国家，必须恢复固有的智能，并且人人都要能贡献其能力于国家。单说初步实行实业计划，《中国之命运》一书，就经指出需要专门人才二百四十余万人，这还只是就物质建设一部分打算，其他公私事业所需要的人才，一时还无法估计。

从前我们读书的人，都只有向"仕途"方面发展，否则便感有才无处用，就是圣贤，也是如此。孔子栖栖遑遑，始终没有得着"行道"的机会。孟子也说："穷则独善其身，达则兼善天下"，可见得不"达"就无法拯救斯民。范文正说："不为良相，便为良医"，算是另外看出一济世途径。我们生于现在这一个时代，知识的领域，比从前不知扩大了多少倍，我们现在又是一个三民主义的民主国家，法律给予我们以种种自由，从前专制时代所有的种种桎梏束缚，都完全解除了。只要能立志做大事，无往而没有不可以发展的康庄坦途，无往而没有不能为国家民族服务的机会。或者不向"仕途"方面发展，成就还可更大，比如牛顿、瓦特、巴斯德、爱迪生，这一些大发明家所给予人类的幸福，何等伟大！若以之与称霸一时的拿破仑相比，这些人都是建设的英雄，拿氏至多只能算是历史上一个破坏的英雄。象这次欲奴役人类、发动侵略战争并已自取灭亡的希特勒、东条之流，那就简直是人类的蟊贼了！

所以我们国人应该遵照国父遗教："人人应该以服务为目的，不当以夺取为目的。聪明才力愈大的人，当尽其能力而服千万人之务，造千万人之福；聪明才力略小的人，当尽其能力以服十百人之务……至于全无聪明才力之人，也应该尽一己之能力，以服一人之务，造 一人之福。"我们以民族生活为本位的法律，就必须针对着这一个大前提去做。一方面须培养与扶助全体国民智能的发展，另一方面须启导国民为社会服务之精神，并给予其机会。

（四）以三民主义为最高指导原则

前次世界大战时候的美国总统威尔逊氏，在他的名著《国家论》里面曾说："凡法律非能通万国而使同一，各国皆有其固有的法律，与其国民的性质同时发达，而反映一国人民生存状态，并包孕人民政治的和社会的判断。"这一段话，有好几层意义：（一）一个国家有它的特有的历史风俗，法律必须与之吻合；（二）一国的法律，必为其人民生活状态的反映；（三）一国的法律，必蕴合其人民对于政治的和社会的判断。足见一国的法律，决不能以摹仿他国为能事，何况我们现在要重建中国法系呢？

我们是一个三民主义的民主国，三民主义是国父集古今中外的学说之大成，并就古今中外的政治法律等制度而发明的一个伟大崇高的主义。继往开来，承先启后。纵的方面，继承尧舜禹汤文武以来先圣先贤一脉相传的道统；横的方面，博采世界群哲的学说，更从而折衷斟酌之。例如民主制度，便可溯源于我们尧舜时代的公天下。孟子是一个热烈民权论者，在他那一个时候，便发出"民为贵，社稷次之，君为轻"的呼声。民族主义，是从我们历代的王道主义寻绎而出。民生更是人类历史的重心，不过从来没有为人所发现。国父天纵英哲，困心衡虑，归纳而为完备而有系统之三民主义。三民主义是我们中华民族今后建国的大宝典。我们重建中国法系，必须奉为最高指导原则。

关于民族主义，在"进入民族生活本位"一节里，已经有所论及，现在只就民权主义、民生主义两部分略加申说。

讲到民权主义，大家都记得国父所诏示的一个重要原则："权和能要分开"。政府要有"能"，人民要有"权"。因此，中央政府的组织，是要五权分立。但是国父在那时候曾经和一个中国在美国留学的法学博士及另外一个日本法律博士谈到五权宪法，他们竟都不懂。国父曾经感慨地说："现在虽然没有人懂得，年深月久，数百年或数千年以后，将来总有实行的时候。"

现在我们经遵照遗教，实行五权分治。监察、考试两权，是国父所新创制而为我国民政府所特有的，成立十余年来，已有不少的成就。关于监察权行使方面，早已制定了《弹劾法》，后来又厘订了《非常时期监察权行使暂行办法》，前者注重弹劾，后者注重纠举，各监察区也先后成立了，还有监察权重要部门审计制度，也已完全确立。考试院近年推行考铨制度不遗余力，关于考试和铨叙法规，陆续公布的很多，过去举行过若干次各种性质、各种种类的考试，甄拔的人才，已有相当的数额。到了实施宪政，考试的范围将及于一般公民。这两个制度明试以功，可以说是确立了。这两个制度的试验成功，也可以说是五权宪法已经事实屹立于世界各国的三权宪法之中（因为实际上我们现在尚在实行训政时期约法，宪法尚未公布）。

关于人民方面的选举、罢免、创制、复决四权，约法虽已有相当规定，但尚未开始实行。推行这四个权，不知道还需要厘订多少法规和详细办法，而且也不是单有法规和办法就够了的，必须人民能够充分运用和行使这四个权，然后民主制度才算确实确立。我国教育尚未普及，智识显有差等，真正行使四权，是一件很不容易的事。

因此，我们很希望凡是研究法律、懂得法律或是担任各级公职、推行法令的人，以及全国知识分子，都应该自动地肩荷对于民众的法律教育的责任。因为人民的知识程度既有不足，遇到行使选举权、罢免权的时候，固然很容易被人操纵利用；而创制、复决两权之行使，则尤成问题。须知创制权是人民要做一种事业，要有公意可以创订一种法律，或者是立法院立了一种法律，人民觉得不方便，也要有公意可以废除；复决权是立法院若是立了好法律，在立法院中通不过，人民可以用公意赞成来通过。试问这样创法、废法的大权都交给了人民，人民如果没有相当的法律知识，也不了解三民主义的真谛，对于社会的静和动的现象，也没有相当的认识与远见，如何能够运用和行使这创法、废法的大权呢？所以说重建中国法系，决不是少数人的责任，而是我民族共同的责任。

其次，我们要就民生主义方面的平均地权、节制资本两大方案，稍一申述。这两个方案是民生主义中的骨干，民生主义又是三民主义整个体系中的骨干。过去因为内忧外患接踵而至，我们未及实施这两个重要方案，以致抗战期间，粮价及一般物价相继上涨，形成战时经济上巨大的波动，影响人民生活至巨，甚至抗战胜利后的今天，情形依然如故。欲谋根本解决，必须切实实行遗教，着手于平均地权及节制资本两大政策实施。

以言平均地权，自是一个极端重要的问题，也是我国两三千年来欲解决而未能解决的问题。井田制度，早已没有详细的考证，土地私有，豪强兼并，地主坐享其成，真正的农民终岁劳动不得温饱。汉代董仲舒便有"限民名田"之议，王莽也曾试行"王田"之法，西晋曾有"占田"之制，北魏、北齐、北周及隋、唐，又因袭之而有"均田"、"私田"、"班田"等制度，结果都没有什么成绩。宋代以后，认为井田制度卒不可复，限制政策遂根本放弃了。象宋时的"方田"制、金元的"区田"制及"经理法"，不过着眼于税收之增加；至于明、清的"垦田"制度，及历代的"官田"制度，那更实行公开侵占，绝非谋地权之平均和农民生活的解决。平均地权既是历来没有解决的一个最重要问题，国父所诏示的平均地权具体方案，又是历来从未考虑到的最完善办法，我们以实行三民主义为职志的革命政府，必须尽速厘订法律，切实推行，无论遭遇到何种的困难与障碍，都要毅然予以排除，以期贯彻。

至于节制资本，那就没有象平均地权这样的困难了。因为我国本来没有大富阶级，只有大贫与小贫之分，但这一政策的实行，仍不容稍缓。因为有不少奸商，利用过去抗战机会，囤积物质，操纵金融，已经渐渐地拥有较多的资本，一跃而为富翁，至今掌握游资，到处作祟。现在战事既已结束，今后各种产业的发展，自是必然的趋势。若是事先不谋所以节制之法，等到资本制度形成了，再来实行节制，就不免事倍功半。

再者，节制资本，并不止于抑止私人资本的过度发展，同时还须发展国家资本。发展国家资本，就须由兴办国营事业及公营事业入手。我们现在国营及公营事业的范围，规模还不很大，但就一般情形观察，每每不能获得预期的成效。其所以致此，或者是由于法令尚有欠周密，或者是执行的干部还有欠健全。我们要遵行遗教，大规模地兴办国营及公营事业，以发展国家的资本，一方面展开对于人民福利的工作，如《建国大纲》第十一条所定："土地之岁收、地价之增益、公地之生产、山林川泽之息、矿产水力之利，皆为地方政府之所有，而用以经营地方人民之事业，及育幼、养老、济贫、救灾、医病与夫种种公共之需"。再如第十二条所定："各县之天然富源以及大规模之工商事业，本县之资力不能发展[33]与兴办，而须外资乃能经营者，当由中央政府为之协助。获之纯利，中央与地方政府各占其半。"关于这类的事业，真不知道需要若干的努力，来缜密地厘定法规，来分门别类执行这些计划和法令。

六、结论

总之，我们前提要重建中国法系，今后一切法制、法规、法令、法例，凡可以形成法律者，无论在创法方面，或执行方面，或读法方面，或解释法方面，不仅以贯彻三民主义为要旨，且必须以三民主义为最高指导原则。

所以诸何？三民主义为国父所首倡，是本诸我国先圣先贤传授心法、种族哲学、政治哲学、经济哲学，融贯而成的法律哲学。考

---

[33] 原文在"发展"之间衍出"而所"二字。——编校者注

诸三王而不谬，亘诸天地而不悖，质诸鬼神而无疑，百世以俟圣人而不惑。推而放之东海而准，推而放之西海而准，推而放之南海而准，推而放在北海而准，此非我辈私言，天下自有公论在。

试观最近事实。二次大战以后，世界有识之士，深慨夫国与国间之冲突日烈，几无些许安全可言。只此可见三民主义，如日月经天，江河纬地，其精深博大，自有如遗训所昭示"三民主义，吾党所宗，以建民国，以进大同"之实现日期在。

《记》曰："作者之谓圣，述者之谓明。"我们要重建中国法系，亦述而不作之意。愿我法界有志之士，共同奋斗，继续努力，使中国法系弘扬于世界，中华民国永蒙无疆之庥。[34]

〔原载《为什么要重建中国法系》，大东书局 1946 年 9 月初版〕

---

〔34〕 原文误为"休"。——编校者注。

法治前进观[*]

我们试想，今日中国法治在前进途中，是明是暗？是盲目地前进，抑或是有步骤地前进？这实在是值得我们深切考虑的一个问题。

"前进"，不能说不是好现象，但亦须瞻前顾后，披荆斩棘，以达其预期的行程与目的。不要一旦遇着窒塞不通，到了行不得的时候，来呼哥哥，那时反而迷离倘恍于"人治"途中，这使刚踏上步伐的中国法治，欲进不得，欲退不能。

我非大胆标奇，危言耸听，实在有这种果报，涓涓一滴，浸成江河，事有必至，理有固然，无足怪也。所以我常感觉到要修明法治，必先厉行法治，厉行法治，必先澄清法治。

----

* 李翊民等编《居觉生先生全集》（上册）所载之《法治前途观》一文与本文大同小异，故未选入本书。

何以言之？法治不澄清，将有无所适从之感。譬如有一个理，教许多人究解，你说你有理，他说他有理，我说我有理，个个胶执己见，而无一定量判断，不能去非存是，一定得不到真的理解。又如一类事，委许多人去办，你有你的办法，他有他的办法，我有我的办法，人人抱着专欲，逐情直行，到了发现过失，问起责任，你推他，他推我，我推你，找不出责任谁属？结果恰如古人所说："然后从而刑之，是罔民也，焉有仁人在位，罔民而可为也？"故必须将一切法令规章，认真清理，删繁存简，纳轨归宗，叩两端而用中，衡折衷于至当，庶几法治可以澄清，然后才能厉行法治。

厉行法治之谓何？如古时所谓一条鞭法，就在澄清法治之后，将这一条鞭来鞭策入里，使玩法、弄法、觚法者，有所畏惧，有所制裁，使知法、守法、执法者，有所保障，有所奖勉，法治厉行，然后才能修明法治。

讲到修明法治，应是当前异口同声，责无旁贷。若谓自今日始讲修明法治，则过去法治之不修明可知，是又不然。我国自施行法治，尤其是国民政府以来，全国上下，时时刻刻，无不以修明法治为念，无一不为修明法治努力，而仍复障碍丛生，弊端百出，此何以故？人治之污染，未尽扫除，礼治之轨范，破坏殆尽。在此情形之下，而又政出多门，朝令夕改，是以不能达到一般的希望，与预期的绩效。

当务之急，修明法治，不是补苴罅漏，张皇幽眇[1]所能为力，是要从根救起，涤瑕荡秽，拔本塞源，认真参究修明的要点，痛下对治工夫，勇猛精进，前途才有光明大道。

参究修明的要点，不是从字面上舞文弄墨，更不是从口头上炙毂谈天，是要从本心本体上，切己体察，着紧用力，由四法界行布，圆融到一真法界，试略述如下：

---

〔1〕 原文为"渺"。——编校者注

一、事法界。国父有言："政治是管理众人之事。"法治何莫不然。不过范围有广狭，方面有积极与消极而已。我们就事论事，有系属于人者，或起于感触，或起于口舌，或起于妄念，或起于欲望，或起于忿怒，或起于诱惑，或起于残贼，或起于穷滥，或起于淫恶。凡事之不善者，皆由人心之所生。法治欲瘅恶彰善，应如何使诸恶莫作，众善奉行。有系属于物者，或起于豪夺，或起于劫掠，或起于窃盗，或起于诈取，或起于侵占，或起于斗狠，或起于破败，或起于毁灭，或起于负累。大凡物不得其平则鸣，法治欲鉴空衡平，应如何使各尽所能，各取所需，物交物而不为物所引。若夫属于地者，大兵之后，山河易色，陵谷变迁，田庐荡析，经界混淆，其纷难殆不可究诘。法治为排难解纷，应如何使土返其泽，水归其壑，安居而不思迁，此皆急须修明之事。

二、理法界。由天而建立者曰天理，由地而建立者曰地理，由物而建立者曰物理。天地万物各自有其理则，散之则为万殊，合之则为一致。人受天地之中以生，为万物之灵。古德有言："天地与我同根，万物与我一体"，即此理也。我们欲穷此理，须知此理由天所命，天命之谓性，即是性理。性由心发，喜怒哀乐爱恶欲，虽属情理，亦是心理。所以欲明此理，必先明心。心明则安，安则理得，理得则能见自性，自性则能生万法。理得则能尽人情，人情即是正义。以是而施诸法治，则无情者不得尽其辞。大畏民志，穷理尽性，以至于命，使人人心悦而诚服。否则不能安心，即不能见性，不能见性，即不能尽情，又安能仰观俯察以安人呢？此理必须修明者，殆如饥食渴饮，得之则生，弗得则死。

三、事理无碍法界。宇宙万有，是无始地无限地持续着，社会浪进，生存竞争，事不一事，理不一理，泥于事则事障，泥于理则理障。执事而不合理，与拘理而不谐事，其障更甚。例如人身，有忿嚏障，有恐惧障，有忧患障，有好恶障，乃至于有生老病死障。人心有烦恼障，有知见障，有执有障，有着空障，乃至于有人我憎爱障。诸障不排除则碍。碍者何？滞塞不通之谓。若哽在喉，其碍可知。故必至无碍，而后事理俱融。好像一颗光明珠，晶莹澄澈，宛转自如，无论它在任何时间、任何空间，应于物而不为物蔽，示于人而不为人疵，感而遂通，容光等照，这就是大事的因缘，是出世间的真理，亦即是自然的大法。我们欲修明法治，是不是应该如是呢？如或不然，则对于事理，彼执一是非，此执一是非，是非不明，公道弗彰，何贵乎有此法界呢？此事理无碍，我法界不能不深切以求修明者。

四、事事无碍法界。我国法律哲学："听讼必使'无'讼"，"刑期于'无'刑。"此等无上的主义，亦即是人类馨香所祈祷的最大幸福。法界须知，古昔贤圣皆以无为法而有差别。孔子无意、无必、无固、无我。庄子言至人无己，圣人无名，神人无功。释迦言无人无我，无憎无爱。三家同建立一"无"，其究竟，不是排除一切有，执着一切空，更不是教人堕入虚玄，不名其妙。试思万有悉依宇宙，而宇宙又何所依呢？如说宇宙是有的，任何科学发明，而能测出宇宙实相么？如说宇宙是空的，而万有又何以明明存在呢？这个宇宙，是不是建立在"无"呢？《易经》云："易有太极，是生两仪，两仪生四象，四象生八卦，八卦生吉凶，吉凶生大业"，这个太极，能拟议其形象否？能测量其体系否？若形象不能拟议，体系不可测量，则太极之建立何在？可直答曰："无极而太极，太极即无极也。"从可知我们法界，欲达到"无讼"、"无刑"的止于至善的境界，必须修明到事事无碍，"本来无一物，何处惹尘埃"，盖以观于"无"，则碍自不生，即生亦不碍，浩浩乎如凭虚御风，飘飘乎如遗世独立，何忧于驩兜，何患乎有苗，何畏乎巧言令色孔壬。可见事事无碍，大无不包，细无不入，至高无上，自在流行，为法界最终之修明，切不可功亏一篑。

如上所述，四法界既修明，则一真法界，自然呈露，无始之恶识不生，无明之惑业悉断。无量之光明不灭，无上之大道完成。平等一如，自由任运。不用法而法行，不求治而自治。法治前进，在在都是坦途，愿我法界共勉之。

〔原载《中华法学杂志》第五卷第八期，大东书局 1947 年 4 月出版〕

无法状态

当前国家社会正面对着空前的乱局，满目攘扰紊乱，一切变态反常。做官的不贪污舞弊视为难能可贵，经商的不操纵居奇无异奇迹。社会上人与人之间，交织着情面关系与势利，法律的效力若有若无，大家都在法律圈外便宜行事，若果人多势大，更可横行无所忌惮，近来各地报馆接二连三被打，以至报上经常刊登的大小纠纷，无一不说明社会失却重心，法律纲纪荡然无存。

中国人不重法，原不自今日始，儒家垄断了中国的学术几千年，满口仁义道德，相信有治人无治法，推崇人治礼治，但社会上究竟坏人多而好人少，空洞的理想未见实现，只给后世养成一种虚伪的风向。法家理论固甚精密，但与我们今天所说的法治迥然有殊，且历史上真正以法治国的例子不多，主张法治者，如商鞅、李斯之流，又多不得善终，益使以后做官的人谈法寒心。事实上几千年来的政治都是君主专制，君主的一张嘴便是法律的泉源，什么法律顶多也不过是为了少数人统治的便利而订立，没有顾到一般人民的福利，也无法引起人民尊重爱护法律之心。西方法治的思想传入中国后，司法制度改变了，各种法律也披上一件新衣了，但行来行去，距离法治之境依然遥远。抗战之后接着大打内战，全国兵荒马乱，到处破坏，经济生活水平愈降愈低，整个社会不但不能复常，反在轨外愈走愈远。有力者玩法毁法，无力者畏法避法。法律与人们的活动总连接不起来。最可怪者，人人以守法为不体面，能够以人情关系破坏法律才算风光，在心理上几乎一致认定法律是为束缚无权无勇的小百姓而设。所以，任何美意的法律，无论订得怎样缜密，有办法的仍然可以走旁门左道，但对于哀哀无告的小百姓，法律也者确予人以天罗地网之感。影响所及，集体的力量便发生作用，人马众多，声威雄壮，呼啸而来，动手便打，法纪秩序全可不管。这样下去，国家社会真不知成何怪样！

我们现在谈民主，但现代民主主义的基础在法治，没有真正的法治，什么民主都是空话。民主主义的真谛在于尊重人与人间的平等地位，承认人人都有自由。当我享受着自由时不侵犯你的自由，彼此尊重，互相容让，同受法律的保障，所以享受自由与尊重法律是一而二、二而一的。政府行使权力，不得侵犯人民的自由，两者之间有法律的限制，这限制就是宪政的根本。必须政府、人民皆依法而行，宪政才能成功；而法的订制是基于人民的意思，针对人民的利益，然后人民才会尊重它，爱护它，使它不致失败。宪政的道理不过如此。今天我们讲民主宪政，首先要培养法治精神。（一）今后立法机关必须真正代表民意，一切法律都要反映人民的需要。（二）言论自由应该大大发挥，对于违法犯法毁法玩法的官吏，予以有力的舆论制裁。（三）今日社会上专制封建的余毒未除，官权高于一切，长官的手令和名片的效力大过法律。自己高高在上，不把国家主人翁放在眼里，说几句话叫做"训词"，官儿不干称曰"倦勤"，早已忘却本身公仆的地位，其不知法纪，可见一斑。此种官僚恶风不载，法治无由谈起。（四）司法制度脆弱可怜，司法人员待遇菲薄，人选不精，在在有待改进。凡此各端，皆系实行法治的要件。

更重要的一点是：要人人守法，法律本身首先要使人真正可守。现行的法律草拟者普通不外两种人，若非看见树看不见林的专家，就是舞弊弄墨的科秘人员。前者往往与现实脱节，后者更是公文滥调。加以政府机关事权不一，政出多门，法令多如牛毛，互相抵触，窒碍难行，比比皆是。结果法令滋彰，政府的威信扫地以尽。例如最近公布的《国府组织法》，政体所关何等重要，事先审议欠周，等到公布后遭遇反对，再加修改。前些时实行《进出口管理办法》，法令宣布未久，《经济紧急措施方案》接踵把它废除。反复无常，不可捉摸。现行进口货物的配额，其中不合理不方便的地方，市上商人均能道之。公务员出差费以至运送军粮征雇夫马车驮租力，都与实在的生活水平相去遥远。最近政府抚恤战时殉职新闻记者，每名给与三万元，不知他们的家属拿来购买几根油条。政府对于平抑物价，自身就未有很大的信心，以法令把生活指数冻结，事后来个差额补助，现在物价有涨，据说又决定解冻了。有些法规早已不适合实情，可是未见当局宣布废止。《电气事业取缔规则》规定，折旧率的变更如超过规定的，须呈建设委会的特许。建设委会已经撤销了，法规依然存在。前"振济委会"在二十一年颁布的"助振章程"及"补充办法"等，现在是否适用，连主管机关都弄不清楚。诸如此类的例子，举不胜举。事实上现行的法律这么繁琐，纵使条条可行，也叫老百姓摸不着头脑。请看法规名称，有法、有条例、有规程、有章程、有通则、有要则、有细则、有简则、有准则、有原则、有大纲、有纲要、有要领、有标准、有办法、有补充办法、有须知、有程序、有注意事项、有注意要点、有……五花八门，令人头昏目眩。据说光是公务员眷属还都补助一事，所有补助经费支给标准、支给办法等等就有二十余种之多。若非人人家里设个法规资料室，其能不违背法律者几希！有人说过，各县县长的新旧交替，如果严格依照法规办理，恐怕没有一个县长交代得了。

想叫人人守法，这些法规需要大刀阔斧整理一番了。万民之所悬命的法律，决不能如此繁琐空洞。任何法令必须实事求是，它不是标语口号或高悬鹄的叫人逐步去实现的东西，而是切切实实，说得到就做得到的。高官大吏不要凭一己方便，随便颁布法令，或喜怒无常，朝令夕改。有什么样的社会便应该有什么样的法律，法律专家不必太好高骛远，硬把太高远的理想变成白纸黑字，任何法令在讨论草拟时期，应邀有关方面的人民团体代表参加，旁咨博采，以期法令能针对实际情况。立法机关应尽快把现行法令详细检讨一遍，凡是重复抵触不合实际的都要废止，握简驱繁，弄清眉目。在立法机关内应有一个固定的机构，随时注意于时过境迁，把法规整理，务使法律扼要简明、近情中理、切实能行。否则，法令纷然杂陈，而人不能守，大家在法律圈外与法律罅隙间活动，相习玩法避法，中国还有民主法治的希望吗？

〔原载重庆版《大公报》1947 年 5 月 7 日，选自上海图书馆编：《上海图书馆庋藏居正先生文献集》（第三册），广西师范大学出版社 2007 年版，第 158 ~ 160 页〕

法律哲学导论

目　录

第一章　概　说

一、哲学因求知真理而发生

　　人为万物之灵，其所追求者，自应为充满正义、自由、和平之社会及世界。然而古往今来，万国并峙。人类相争相研，时而和平，时而战争，时而讴歌盛世，时而兴叹季衰。兴亡陈迹，更仆难数，岂非宇宙无私，人生有惑，法哲思想，未臻普遍健全欤。欧洲自文艺复兴，宗教改革以还，人类思潮，已有丕变，继之工业革命，科学昌盛，人生观点，复异昔时，风声所播，弥漫全球。解决人生之惑，穷物致知之理，此固哲学之一般使命，然导人类于康衢，使规范人类最重要工具之一之法律，日趋光明灿烂，则舍法律哲学，奚将焉属。盖哲学二字，其语源本含有爱求真理之意，实吾人求知不已之总称，故哲学为形而上学，乃钻研探求确乎不动之真理，而超越经验实在之学也。夫人之心灵，罔不有知，天下之事，莫不有理，若于理有未穷，即吾知之有未尽也，致吾之知，穷事之理，且更就已知之理而益穷之，以求至乎其极，使表里精粗靡有遗，豁然贯通而无间，此之谓知之至也，亦即哲学之任务也。

二、中国古代之法哲学思想与欧洲之法哲思想

我国古代法哲思想，导源自古，自唐虞三代以至周末，自伏羲、文王、周公、孔子，以及老、庄、杨、墨，荀子、孟子等学说，何莫非探讨维系人群生活法则之思想人物。例如荀子云，凡事行（正利而为谓之事，正义而为谓之行），有益于理者为之，无益于理者废之，夫是谓之中事。凡知说有益于理者为之，无益于理者舍之，夫是谓之中说。天地之道非君子所顾问，以其无益治乱也。比中而行，一事一说，必求有利于人群，使去乱而从治。荀子之说，实为人群之需要而求治，固已情见乎词矣。惟自儒家学说昌盛以后，法哲思想，遂归纳于道德意义的宇宙，又以宇宙的秩序与人俱存。故云天生烝民，有物有责。大学八目，前五目是求个人生活合于道德秩序，后三目是求社会生活合于道德秩序。故其所云之修齐治平，无非求个人生活、社会生活合于道德秩序而以天下归仁为极则，此种以实现道德目的之法哲思想，数千年以来，遂孕育成为中华民族所崇信之最高价值。厥维道德价值，彼之本体为至善，证以"大学之道，在明明德，在新民，在止于至善"，以及"人心危微，道心危微，[1] 惟精惟一，允执厥中"之薪传，何莫非由此观点出发，虽其论衡方式不同，但亦自成一贯之体系。且儒家之所谓仁义，与欧洲法哲学家所谓正义，用语虽殊，究其内涵，则又有殊途同归之意味也。

欧洲自希腊哲人倡始哲学以还，治法律哲学者接踵相望，派别之繁，议论之多，令人迷离摸索，不胜枚举。骤观之，俱有所是，细审之，则各得一体，正如释迦牟尼佛与盲人论象之故事相同。其间能把握人类之心灵，揭发宇宙之秘密，示人类思考之正轨者，固

---

[1] 《古文尚书·大禹谟》原文为"人心惟危，道心惟微"，此处引用有误。——编校者注

不乏人，但过于偏执，失于诡辩之蹊径者，所在多有；披沙拣金，继往开来，斯固后起学者之责也。然而无论为何种派别之法律哲学，自然法哲派与历史法哲派，实践法哲派与理论法哲派，比较法哲派与批评法哲派，立论基础，虽各有特异之点，但其钻研之对象，在就规范人类法律之本质及其真实价值，而求其极则，则无不同。例如欧洲最早之法律哲学家妥马斯，[2] 即曾谓法律乃为满足人的功用及人的欲望而存在。又如罗马法学家乌耳彭，[3] 亦谓法律乃令人尽自己义务之一种常恒不断处分。此皆表示法律具有道德力，且为道德的价值，德学者怀克氏更谓法律为道德之产品。是则中西法哲思想，固亦无重大悬殊。

三、法律哲学在指示现在或未来法律应寻之途辙

夫如是则法哲之内涵可得言矣，即法律哲学，正以过去或现在之一切法律，未能尽合于人类所应追求之理想，吾人为追求理想之实现，故不断予以思维，多面探求。故法律哲学之内涵，并非准备对于成定法之承认，而系就历史上昭示之事实，指示人类对于现代或未来法律方面应寻之途辙。法哲学之思想家，即瞻顾此类事实，深考其奥窍，而为激浊扬清，阐明真理，俾人类之法律秩序更加进步。例如柏卡里阿[4] 提倡人道主义而有刑法之改正，胡戈格罗邱斯[5] 为使国际关系在平时及战时有一定规范可寻，而有平时及战时国际法之确立，即其显著之事例也。惟是吾人之所谓法律，毕竟为人类之产物，即法律为人类而存在，亦为社会而存在，因人之生活不能脱离社会，故欧洲古代成语有"有社会即有法"，此语乃强

---

〔2〕 今译"托马斯"，即中世纪天主教思想家圣托马斯·阿奎那。——编校者注
〔3〕 今译"乌尔比安"。——编校者注
〔4〕 今译"贝卡利亚"。——编校者注
〔5〕 今译"雨果·格老秀斯"（Hugo Grotius）。——编校者注

调法与社会之关系。吾人亦可言，有法即有社会，更可言，无社会即无法，而社会之构成，以及国家之组织，乃至国际关系之确立，则又纯为利己与利他之结合。故利己的自利心与伦理的爱他心，实为构成社会组织国家、确立国际关系之动力；利己利他间之调节平衡，又为维系社会国家国际生活之枢纽，此枢纽为何，即法是也。法律与人类社会，既不可须臾离，且无论其人类为文明或野蛮，亦不问其为何种肤色人种，咸均有其赖以维持生活秩序之法则，故如文化低落之爱斯基摩人亦有其社会组织之法度，此项法度在彼等之社会，亦无异于法律也。然而古往今来，过去与现代之法律，不特因时代之不同而异，且更因历史背景而有殊，环宇之类，各国各种之法律多矣，兹欲于千差万别之中，就性质悬殊之法律，求其最终之极则，获一正确之基本观念，使之放乎四海而悉中，准诸万法而不违，衡于百事而悉当（即所谓普遍妥当），此又法律哲学之使命也。盖法律之本质，法律之目的，法律之方法，亦理论法律哲学之基本问题也。

四、法律哲学与其他学问之牵联

世间一切学问与认识，均有不可分之关系。所谓认识，不特与心理学发生牵联，且与社会学、经济学及政治学等，亦莫不有密切之关系也。譬如关于哲学上思维[6]之体系，心理学的理论与法律学的理论之间，常有并行之关联情事，而正邪之识别，亦仅能于吾人心理方面始得其论据。至于法律哲学与社会学之关系，则更深切，盖社会学[7]乃讨论社会诸般现象之学问，而法律哲学则又系研讨现象理论之学问，换言之，乃研究法律之论理概念，及决定法律理想之学问也。然欲达此鹄的，不仅与社会学发生关系，即为已

---

〔6〕 原文误为"思惟"。——编校者注
〔7〕 原文遗"学"字。——编校者注

足，且更与政治学、经济学方面，亦发生同样之联系。因经济上之形态常影响及于法律之形态，且法律之形态更可决定经济上之形态，而法律哲学对此两者间之形态，实具有指导及促进之作用也。至政治上之立法、司法、行政诸种活动，以及我国于一般政[8]治学上之三权活动以外，国父孙中山先生创导之五权并行活动，亦莫不与法律哲学有关。诚以无论为三权或五权之政治组织，若欲使之运用不失其均衡原理，合理地保持其制衡作用，俾其相互间连接运用，发挥整个国权活动之功能，如日月经天，众星运轨，不失其序，亦必有赖于法律哲学之指导。再如过去之《国际联盟规约》，以及现在《联合国宪章》中之原则及目标，无非希望在国际关系上建立国际伦理规律的基本形式（杜鲁门语），此种国际伦理，微法律哲学作之指针，亦难期畅顺无阻也。盖社会学、政治学、经济学以及《联合国宪章》充其极不过认识经验的真理，而法律哲学则在认识合理之真理。经验之真理，常引起吾人之怀疑；合理之真理，则增强吾人之信赖。从可知法律哲学在其最进步之意义上，并非墨守陈规，局促一隅，在其牵联关系上，实与整个人类文化史、宇宙观、人生观上均有微妙之连带作用也。

第二章　　法律哲学之概念及其思辨

一、法律哲学之概念

法律哲学之概念，乃指示一种对象，藉以探求法律之理想，及其真实价值，并从此以求法律之一般妥当性。

法律哲学之对象，既为阐明法律理想，法律之真实价值，故法律哲学非如一般法学，就既存之法律而为探讨，而系就理想可能方

---

〔8〕　原文遗"政"字。——编校者注

面考察法律之绝对价值。试以哲学的价值与经验的价值二者间之观察方法，迥不相同。经验价值论者，乃以经验之实在，为唯一的实在，从而仅认可经验的法律实在而已；反之哲学则由实在的绝对价值内容而观察实在，而非由于经验的事实内容而观察经验，换言之，并非对于已存在者而为探讨，乃对于可存在而为探讨也。故法律哲学乃穷究法律之绝对意义，于现行法外探究法律价值与其它众多之价值关系为目的，藉使法律之价值愈加显著，法律之理想，愈益崇高，法律之普遍妥当性、正确性，愈增显明。

原来理想及经验系两回事，而事实上，或运用上，常发生交流作用，即经验可产生理想，而理想亦可指导经验也。

基于上述概念，可知法律哲学与普通之法律学，其研究对象，截然不同：即一般法律学，乃仅就各种现行法律分门别类为钻研之对象；而法律哲学，则以认识法律本质、法律理想为对象。盖法之认识基础中，含有多种之问题，即法之本质及目的、方法若何，设昧于此等认识，则难了然于现行法律，亦不过于白纸黑字之法条有部分理论认识而已，究未认识法律为何物也。由此等不加哲学思考而相成法律理论，非仅有冥行摘埴、盲人瞎马之讥，且贻害于人群亦复不浅。设若吾人思考透过法律现象以追求其泉源，运用哲学上的思考，组成完备之理论，庶能指导规范人类之法律于康衢，法律哲学亦即因此而存在也。不特此耳，任何种类之现行法律，其形成势必受其国民文化之影响，若仅以文化现象知识而认识法律，则其认识为不充分，故必须就法律之评价、法律之理想为总括之认识。庶此种认识，乃能于将来法律之进步，具有最高之指导力量也。

所谓法律之理想，当然有别于玄想，故法律哲学所讨论者，非乌托邦，而系人世可能实现之理论也。惟所谓法律，古往今来，议论多矣，古代自然法哲学派误认天壤间别有完全无疵之理性法存在，且信由抽象的价值体系可产生亘古不变之法，不特忽视历史及时代之关系，而且忽视法律之拘束性，更不知法律实渊源潜伏于人类团体之权威也。故自然法哲派之说，不能认为中鹄，在欧洲法哲思想中，其见解较近实际者，厥惟柯勒氏[9]之说。彼认为"法律即秩序，故其步趋须与文化潮流配合，法律又如文化，因时间空间有差异，而且必须因应时代文化之要求，夫如是法律方能促进文化而不阻碍文化，故世间亦无永久不变之法"（参照柯勒氏著《法律哲学》第二版第十一页以下）。据此以论，则法律之理想可得而言矣，即（一）一国之法律必须与其国历史风俗配合，（二）须可反应其国人民之生活状态，（三）须适合其国人民政治上社会上之要求。（参照拙著《为什么要重建中国法系》一书八八页。）

我国为三民主义民有、民治、民享之民主国，载在宪典，国人服膺。而三民主义纵的方面，继承尧舜禹汤文武以来先圣先贤一脉相传的道统，横的方面，博采世界群哲的学说；是则在我国今日之情形下，自应以三民主义为法哲思想之最高理想，实亦无疑之事。缘其内涵，中正和平，精深博大，且网罗人类生存幸福之泉源也。或谓以立国主义，羼入法哲思想，殊觉不伦者，殆亦未明法律理想之涵义也。诚以理想之意义，不外人类活动趋赴之目标，三民主义，孕育我国固有文化，兼蓄西方良模，既为国人所崇信，亦即为国人所共趋赴之鹄的，以之作为法哲学之最高理想，讵复足异。不特此也，欧洲法哲学家，常以正义为法哲之理想，所谓正义依亚里士多德之说，乃道德中之理念；正义本身，更区别为分配正义与回复正义，且为之定义云"正义即中庸，故任何人不得要求多于与自己相当者，亦不得少于自己相当者"。此正义之观念，又与我儒家仁义之涵义无殊，且亦不出孙中山先生遗教之范围，兹以其主义为法哲思想，有何不可。抑有进者，人类同此圆颅方趾，此心同，此理同，其求正义自由和平繁荣之愿望，亦无不同。三民主义之内

---

[9] 柯勒（Kohler），德国新黑格尔主义法学的创始者，著有《法律哲学》等著作。——编校者注

容，实含有正义、自由、和平、繁荣之各种条件，与《大西洋宪章》所宣示者，亦相契合，是此主义不仅为我国人所景崇而应以之为法哲之理想，世界其它民族，若了然此主义之真谛，亦当共认之为法哲学之理想也。近代科学进步之结果，及原子说之成功，自然科学已登峰造极。然而科学究竟不能解决一切，柏格森分本能与智慧为善恶之直觉主义，及重行轻知、反抗理性之哲学，以及培根所创知识即权力之说，究无补于现代及未来人类之困厄，必赖此中正和平三民主义之法哲理想，始能导人类于康衢，而不致趋于极端，否则尼采之权利哲学，将抬头于今世也。

二、法律为文化之一环

惟是法律乃文化之一环，而所谓文化，就极简单之意义言，乃人类向正确方面一切活动之总称。而文化本身，又可分为物质文化与精神文化两类。前者乃人类由自然界吸收生活资料，发掘天壤间之环宝加以技术使之成为物质文化，藉以满足人类之需要并促进其繁荣；后者乃使人类之活动，共同一致互相调节成为组织化，规律化，此即所谓规范。法律即系规范人类外表之行为者也。惟法律并非有形体之表现，可谓视之无形，听之无声，乃一纯粹人类意思方面产生之规律，而与物质文化完全殊异，故以之属于精神文化。但吾人不可认此二者绝对毫无关系，须知物质文化之消长，有时影响及于精神文化；而精神文化之兴衰，更可测验物质文化之充沛与疲惫，因吾人所谓法律关系，逻辑上多含有生产关系也。是以衡量文化之高低，物质文化，固属重要，精神文化更系测量之正确尺度，法律亦系此工具之一。

三、唯物史观之缺陷[10]

惟于兹特应论列者，即马克斯[11]及其他唯物史观之说，有一种共同思想，即认为人类生活为物质的，社会一切活动，均与经济有关，社会经济组织，无异社会生活之法律准绳。此说演变之结果，遂形成今世上之共产主义。不知此等唯物史观之见解，在历史上并无充分根据，且不能网罗人类之一切活动。譬如十字军东征，固亦人类之活动，但其动机纯为宗教原因，实与经济问题毫无关系，可知马克斯及其它唯物史观学者之主张，仅系窥见人类生活之局部动态，并未认识人类生活之全部情形，更未认识精神文化为何物也。即就其关于经济社会化之主张，虽可认为正确，且为一般国家所采行，但究不如孙中山先生所主张之节制资本、平均地权，具有网罗万象、握要扼枢之作用也。

不特此耳，马克斯之唯物史观，对于资本主义之生产方法特别有所描写，藉此以充实其立论根据，并就其倡导之价值说，对于私人所有权以及生产方法，劳资契约，交易行为所批评论列。究其实际，此种现象，充其极亦不过人类文化之一部分，设认此为人类整个文化之中心，则谬误实甚。盖由哲学上之眼光观之，所谓马克斯之价值说，忽略现象方面，而系条件的认识之状态也。夫人类之社会生活，并不能以政治性之经济眼光笼罩一切，马克斯之价值学说，特重此点，故遗害实深也。

四、规范之效用

人类为营共同生活，发展方向不一其揆，如婚姻、父子、亲

---

[10] 本节系居正先生对马克思唯物史观的看法，反映了居正先生的思想局限。为保持史料完整，予以保留，希读者批判地阅读。——编校者注

[11] 今译"马克思"，下同。——编校者注

属、种族等项之血统关系，自生产消费之经济关系，与夫国家生活乃至国际生活之维系关系，虽经纬万端，莫可究诘，但握要扼枢，胥赖规范维系此共同生活，更赖规范指导调节统制人类之行动。人类为达成自由和平之共同生活起见，势须遵行此规范，因此规范乃人类意思结合之结果，其作用乃示个人及团体行动之一定方向，必如是人类生活乃能组织化，规律化。于是法律秩序、习惯、礼仪、宗教戒律、道德正义等遂成为人类之义务，其违背此义务者，或则发生法律上之制裁，或则招致社会上之非难，或则引起国际间之谴责。故规范之效用，实具有相应之拘束力，而此拘束力之发生，一方面固为达成共同生活目的之牺牲及礼让，另一方面，亦为尊重他人之行为或人类公认之行为。至何故有如是现象，要亦不外乎人类理性美德之表现，共同生活思想之爱护，藉以达成文化上之最高水准，故使人于其行为或不行为之时，知有受承认或否认、受制裁或褒奖之感觉，庶平衡正义乃可得期也。

五、实在现象与价值判断

人类生活之一切活动，均为实在的，食渴饮无论矣，即发展经济，崇尚道德，信仰宗教，遵守法规以及各种各类之文化活动，形形色色，不胜枚举。再如灾难饥馑，斗争战祸，贪婪诈伪，违法背理以及其它各种各式之恶行，亦莫非人类社会之产物。美与媸、正与邪之实在现象，循环交织，积年累月之结果，遂成历史上社会上之实在世界。基是以论，人类各种之实在状态，因其影响于人类社会生活甚巨，人类对之势不得不特殊关心。故人类之行为或不行为之结果，人类不断予以评价，其评价之出发点，或根据经济立场，或根据道德观点，或根据政治见解，或根据宗教信条，以及其它各种各类之感觉，对于实际现象评论其得失，判断其是非。诚以人类毕[12]竟为万物之灵，虽有不知不觉之人与后知后觉之人，但亦有先知先觉之人，基于人类灵感，对各种实际现象自然予以评价，凡福利于人群者，维持之或创设之，其有害于人群者，消灭之或禁止之。人类文化，即藉此价值判断之功能而继长增高，人类生活亦蒙其庥焉。不特此也，人类对于生活上各种之实在现象，不仅予以价值判断为已足，且更进而为理论之认识，无论为实际之观察或理论之认识，其以人之意识或行动为对象则一也。法律哲学之对象，虽在阐明法律之理想及法律之真价值，使之具有普遍妥当正确性，但因其所探求者既与人类社会有关，自亦仍不失为人类哲学之性质也。

六、法律规范之价值衡量

社会状态或人类行动，可分别为有利人群者与不利[13]人群者。其利于人群者，人类保持之遂演变而为各种之规范。此种规范固常因情势变迁或时代递嬗而变更，但无论如何，规范与人类生存有不可须臾离之意义，则古今中外，理无或殊也。规范一方面普遍维持人类之秩序，另一方面更与国家的权力相结合而形成时，即成为法律；设更超国家的权力而相结合时，即成为国际法，或近时之《联合国宪章》。若然则法律与人类生活，可以二语概括尽之，即法律为人类而生，人类亦赖法律而存。是以吾人在公私生活方面，或团体生活方面，微法则无从生存。诚以人类积极建设之活动，需要安宁之秩序，设无维持秩序之法律，则经济、艺术、宗教、道德以及各种文化，均无从发展也。不特此耳，人类之生活，不仅墨守成法而已，为使表示人类有价值意思客观规定之法律完全正确实现起见，故对于任何法律，于其实施之过程中，均不断加以衡量，考

---

〔12〕 原文误为"必竟"。——编校者注
〔13〕 原文此处衍一"之"字。——编校者注

察其得失，就其罅漏之点，予以改正，若背于时代潮流，或与人类之愿望不相符时，则予以废止或创制合于时代之新法。总之，法律原非一成不变之具，其因政治制度、经济组织而异其形态之事，古今中外，不胜枚举。然而无论如何演变，其根本动机仍无非使法律发展其本身之价值，而法律本身所具之价值，除为明是非、辨善恶、促经济发展、维社会安全外，更进而有判别法律本身当否之使命。故吾人对于现在已有之法律，常加思维，予以评价而考虑其应有之法律，追本溯源，求其至高无上、普遍妥当之原理，使法律根本价值、最终准绳得以确立，此即法律哲学之任务也。

七、法律规范非自然法则

法律规范非自然法则，故非表示存在，亦非表示存在之因果关系，乃表示与自然法则不同之关系。法律规范既非表示原因结果关系之自然法则，故法律上制约或制约之结合关系与自然法则制约及制约之结果关系，完全不同。譬诸水力冲动之结果，可利用以发电，此自然法则也；窃盗应受处罚，此法律规范之事也。然窃盗窃取他人财物之结果，若未就逮或因其他原因，无从处罚之时，法律固仍存在也；反之自然法则若无结果之时，则自然法则即不存在矣。从可知自然法则，乃说明存在之事物，确定现存之关系，而法律规范乃创造新之事物，使人为一定行为或不行为为任务也。惟为此创造时，则须思考其过程，以求其"真"，就人类之性情行动方面以求其"善"，就创作之目标调和方面以求其"美"，庶几法律理想之目的乃可实现也。

八、法律哲学上之思维法则

观察宇宙间人世变化之各种现象，更进而透视法律现象，自有赖于人类之思想力，故人类之思想力，实为万法之源，禽兽无思想力，故亦无所谓法。夫如是则法哲学上之思维法则，关系重矣。思维形式之最普遍者，莫若有与应有意义之辨别，亦即存在与当为之区分也。有者存在之谓，应有者当为之谓，如对某事物主张为有，同时对于该事物亦可云应有，此二种意义则迥不相同。纵有不能即谓为应有，有而实非应有之情形，世间不乏其例；而应有亦不能即谓之为有，故应有而非有之情形，世间亦复不少；尽许应有，但可云过去不曾有，现在亦无有。此种思维法则，恰如昔佛门尊者舍利佛至释迦牟尼前白言"我于世尊，有如是信，若沙门，若婆罗门中，犹较世尊，更为大知，谓如正觉者，昔未曾有，今亦无有"之情形相同。法哲之思维法则，乃在明了法律本质，于现有法律之外，思维应有之法律。有与应有，乃对立之思维形式，法律哲学所探求者，系在应有一方面，亦即前述之法律理想及其真实价值。其所希冀者，乃现在应有，将来亦应有，换言之，亦即现在当为，将来亦当为者也。

第三章　生存观念与自由，和平，正义

一、生存观念之发生

人类在追求自由与生存发展中，经验错综复杂，往往历一坎坷，增一智慧，遭一患难，增一聪明，渐渐由矛盾中求得调协，从纷乱中获得方寸，由此灵性之启示，明了生命的泉源，遂有生存观念之发生。关于灵性，吾人不可不特为辨识者，即栋梁之材，其始成于秧苗，故栋梁之木实由秧苗而形成；灵性之于躯体则异是，诚以灵性固无形体之表现也。哲学上所云生存之观念，乃包括躯体及灵性二者而言，亦必由此二者之结合，然后生存观念乃始得而想象；人类为求充实并保此生存观念，遂有自由、和平、正义之追求。因此数者，不仅在人类生活上，发生调节和谐美善等作用，而

且为人类所迫切[14]需要且不断努力以求实现者也。

二、自由之内涵

所谓自由当然与意思有关，欲得其证实，应从物理及心理上说明。譬如吾人对于九鼎之物，则知其重，是由于吾人之意思衡量及于物也，设无此衡量之意思，则九鼎虽重，固与吾人之意思无关。自由之于意思亦复如是，意思而无自由，殆成为空洞之名词，故自由仅能视为意思真实主体，始能完成真正之自由。或问意思与思想又何以区别乎，一言以蔽之，思想乃灵性之所寄。人类之所以异于禽兽，在于思想之有无，但吾人不可误解为人类一方面有思想，一方面有意思，而将此二者划若鸿沟也。诚以意思也，思想也，均为精神上之感应作用，其分别仅在理论上或事实上予以判别。详言之，思想在某种情况之下，亦可称为意思，且在人类生活上，亦可视作愿望也。总之，意思为吾人内心决定，即吾人所欲者而以之为对象，希冀其实现者也。禽兽纯为冲动刺激所支配，彼虽亦有内心之决定，但无所谓思想，因禽兽不能想象，何者为其所应为，何者不应为也。

意思之自由，能从许多经验及心理方面，就各种情事而为表现。譬如忏悔、自责，以及宗教家对于其意思自为限制，与夫吾人在团体生活中，对于规律之绝对遵守，自己就意思而自为约束。此种情形，惟有从自由意思始可以说明。要之，自由意思，就实际观察，纯系精神上之状态，而其中又包括有自觉之意义也。

单就意思而言，其内容又可分为绝对的自由意思与相对的自由意思，在人类的生活方面，均包括此两种。但无论为绝对的自由意思或相对的自由意思，惟有人类始可以语此，禽兽则不然。譬如人类为贯彻其自由意思，往往不惜牺牲一切以求之，甚而牺牲其生

---

[14]　原文为"切迫"。——编校者注

命，又人类于忏悔绝望之余，常有自杀情形，禽兽则无自杀之事也。

人类之自由意思，其内涵具有自约性、向上性、利己性、利他性。而利己性极度发挥之结果，必至为害人群生活，人类自有史以来，相争相斫，强凌弱，众暴寡，以致社会发生混乱引起战争，何莫非利己之自由意思，发挥极度有以致之。然而人类毕竟[15]为万物之灵，其性灵中富有利他性及自约性等，故能从原始社会，进展而为文明社会。我国孟子性善、荀子性恶之说，王阳明致良知之论，及基督教谓人性本恶之说，那观察点虽各有不同，但就主观之自由意思而为判断，且积极谋所以充实补救之道，籍使此自由意思向人群有利方面发展则一也。

要之人类利己性之克服，与利他性之并存，实为人类社会进步之基础。然而此种状态之存在，必须赖国家权力之支持，始克持久。又利己、利他之自由意思，亦可适用于国家之间，凡一国家与民族，充分发挥利己自由之结果，必有害于其它国家其它民族之生存。欲避免此种状态，自必有类于国家民族自约性及利他性之补救，故国际法及近来《联合国宪章》亦为由此意义而发生也。

三、和平之真谛

和平为生物界现象界所必需，和平之反面为暴力或战争。和平可充实并满足人类生存愿望，暴力或战争能毁灭生物界现象界，使人类生存愿望根本摧折。寰宇之内，含齿戴发之伦，其内心终极政求，均为和平，法律规范之终极目的，亦为和平。然而和平非可侥幸[16]而致也，国父孙中山先生临终有和平奋斗之语，此一代哲人，深知和平非易而必继之以奋斗，始克有济。诚以和平之后盾须有权

---

〔15〕 原文误为"必竟"。——编校者注
〔16〕 原文误为"幸侥"。——编校者注

力之支持，始能维持于不敝，昔俾斯麦克[17]为维持其国家民族之生存，曾有名言曰："普鲁[18]军队必须强大，并随时准备，因现代重要问题之解决，并非由于谈判或议决，而系由于铁与血"。其言虽不免过激，但亦有其至理，因人类之共同生活，其思想并非完全一致，尤其依近代契约法则之结果，人类立于国权之下（如取得国籍、丧失国籍）或国家立于国际之林，接受一定约束，均系基于自由意思，设其自由意思有所转变时，即解除其相应之限制。但法律规范所要求者，则与此相反，即人类或国际生活之自行检束并无任何空间、时间之限制。设人类之行为或国家之行动逾越一定范围，则视其情形之轻重、危害之广狭，由国家之权力或国际间之结合权力予以排除，有时即系俾斯麦克氏所云铁与血之解决也。此种国家之权力或国际间结合之权力，乃系法律之力。故权力与法律实系彼此相互为用，即权力无法律不能存在，法律无权力亦无法实施，故和平之支持者为法，而法之支持者又为权力也。

夫和平之真谛，系于人类法律的意欲之结合，即人类大多数均有和平之共同愿望，和平始有可能。而所谓和平之共同愿望，又必以人类所希冀之目的及其所择手段不相悬殊始能实现。设若一部分人希冀之目的与其它部分人类所希冀者，迥不相侔，并以暴力手段以求逞之时，则无和平可言。譬如马克斯、恩格耳斯所主张之国家机构破坏与无产阶级专政，甚而主张国家无用，以及不承认文化生命等类之谬说，为×××所奉行者，凡有国家民族思想之人类，均一致予以否认，或不惜诉诸武力以排除之，藉求国家民族之安全、人类文化之完整。[19]从可知人类欲赢得永久和平，自须先求人类

---

〔17〕 今译"俾斯麦"，下同。——编校者注
〔18〕 今译"普鲁士"。——编校者注
〔19〕 本节反映了居正先生对马克思恩格斯学说的误解和偏见，读者应予批判阅读！——编校者注

法律的意欲结合；而结合之前提，则又在否认有害人类之邪说，摧毁人类之暴力手段，始能维系和平之永久也。

四、正义之辨解

正义与聪明常处于对敌状态，欲使之调和无间，并连结而为一，殆不可能。正义之反面为肆行，包括放僻邪逸、丧天害理之各种恶行，在普通社会，视为不法，在国际团体，则视为侵略。谚言所谓"天不生，地不载"，均所以表示对于背于正义之行径深恶痛绝者也。

关于正义，远在纪元前一百五十五年，希腊之使者至罗马不断为正义宣传，有名卡朗德士者，曾有关系正义之演讲，考其内容胎源于百拉图氏[20]最高道德，包括人类之三种美德即（一）明辩；（二）勇敢；（三）睿智。此为百拉图理想国家最幸福之泉源。亚里斯多德[21]更就正义而为分配，此项分配正义，系就人类财富与政治权利就各种价值予与适当之调节。此种思想，对于当时武功甚盛之罗马人自亦有意义，即在罗马当时，亦受此说之影响不少。其后卡朗德士更就正义为深切之说明，其意谓正义虽为人类所欢迎，但是否完满实现，则殊不敢必。大而言之，国家之行动是否合于正义，小而言之，法院之判决，能否依照正义，吾人均不能为之确切担保。诚以真实与虚伪，有时混淆不清，而明确之界限，亦不易区别。譬如国家颁行法律，仅就于国家立场方面有利者为之，究竟是否合于正义之目的，亦有问题。寰宇之内国家多矣，各国颁行之法律亦多矣，时代之变迁，人类愿望之转变，从古迄今并无任何国家任何民族，保有自始至[22]终之法律者，足证法律并非绝对合于正

---

〔20〕 今译"柏拉图"，下同。——编校者注
〔21〕 今译"亚里士多德"。——编校者注
〔22〕 原文误作"自"。——编校者注

义。设若法律真能合于正义，自不致今是而昨非，或昨是而今非也。强大之民族如当时之罗马人，其所以强盛者，或正由其行动违背正义而成，因为人类由于合于正义之行动而不利，反不若背正义之行动而有利也。此种关于正义之辩论，在罗马当时，虽曾遭受有力之反对，但迄今研究哲学者，尚喜引证其言。吾国古代《商君书》"更法篇"亦云"圣人苟可以强国，不法其故，苟可以利民，不循其礼。三代不同礼而王，五霸不同法而霸。故智者作法而愚者制焉，贤者更礼而不肖拘焉。"又云"前世不同教，何古之法，帝王不相复，何礼之循。治世不一道，便国不法古。汤武之王也，不修古而兴，殷夏之灭也，不易礼而亡。然则反古者未必可非，循礼者未足多是也。"[23] 此与希腊人卡朗德士之说正复东西遥遥相应，斯二人者，用语虽殊，而其内涵则无不同，可见古代法律哲学家对于争议之见解，实无确定不移之论衡也。降至近代，更有塞巴丁卜朗特对于正义有较切近之解说曰："有正义在握者，其权力恒久"。此亦与孟子以仁义王天下之说，颇相接近。其后康德氏亦云"若正义灭亡，则人生于世界亦无价值"，则又强调正义与人类生存，更有不可分之关系矣。

　　要之，正义之为物，仍不能不于法律中求之，盖正义之保护仍有赖于法律也。法律无论为良法或恶法，对于正义罔不予以维持，虽其维持之限度，有精密或粗疏之分，但与正义极端背驰者，古今中外，固不能谓为绝无，但衡量之，此究少于彼也。抑更有进者，正义之为用，不特含有中庸性，而且含有绝对性。无论个人或国家，若无视此正义，则必遭致不测之恶果，固无论矣；即强盛之国，或有权威之君，亦必立于此正义之下，始足以表现正义也。德谚有云："正义我所要，毒物枪炮我不晓，贫穷富贵我不见，帝王

---

[23]　此处两段引文，原文在引用时有所省略，且有个别字遗漏，今已补正。——编校者注

奶油等量好。"此种谚语,实亦有其深切之意味。

惟是正义一语,吾人若更彻底思考,除如上述应于法律中求之外,尚有法律的意欲与人类意欲相结合凝成为一之情形,必此二者诉合无间之结果,正义之力始更伟大。设或多数人类所意愿者超过法律规定时,必致法律之规定,失其作用。诚以凡人均有所欲,欲则不能无求,其求而为众人之所欲,其中即含有正义源流。孟子所谓民之所好好之,民之所恶恶之,亦即指此情况而言。惟于兹有一问题,即人欲多矣,人类众矣,既无人敢言一人之欲即众人之欲,故少数人之所欲不能视为众人之所欲,并以之为判别正义尺度之标准也。准是以论,则哲学上所谓正义云者,乃人类社会或国际团体生活意欲所向往之正确方向,藉以达到人类共同繁荣生存之理想者也。从而更可了然正义之思想,实为人类正确的意欲之结合表现,此种表现,不仅为人类社会或国际团体之现在生存繁荣,更且为后代人类及国际团体未来生活上实具有更深刻之重大影响也。世界人类史实,正义之黯淡消灭或光辉存在,不仅有关国内之治乱,且亦系国际之和平与战争也。

法律哲学所探求者法律之真正价值,此价值为何,即正义是也。然而如何可使此正义发挥光大,照耀人寰,则又有赖于吾人思想之进步,如是则吾人不应仅认识过去有关正义之史实即为满足,更应就现时或将来可发生之问题,鞭辟近里,彻底地本于哲学上之思考予以指导,庶几正义不致为邪恶者所劫夺也。

〔原载《中华法学杂志》第七卷第五期(总第 65 号),大东书局 1948 年 5 月出版〕

法律哲学意义之商讨

法律哲学这门学科，究竟是哲学的一部门，还是法学的一部门，各家学说并不一致。不过，无论如何说法，总离不开哲学的范围。我们纵不能说它是哲学的一种，至少可以说它是以哲学的方法研究法律的一种学科。所以在讲座本题时，应先研究哲学是什么，以及它的特征何在。

哲学是研究终极问题的学科，其目的在探求普遍性的原理或现象。所以，它的特征便是研究内容的普遍性。有些学者尝把哲学解为"第一原理"的探究，也就因为它有普遍性的特征。惟所谓"第一原理"，其范畴并不限于"存在"与"意识"，而且和"行为"亦有关系。因此，哲学遂被分为理论的与实践的两个部分。理论哲学，以研究存在及认识之第一原理为对象；而其本身则分为本能论或形而上学（包括宗教哲学及历史哲学）、知识论或认识论、论理学，以及美学等。实践哲学，以研究行为之第一原理为对象，可分为道德哲学、法律哲学、伦理学。不过伦理学为通常所用的名称，可注意的是此一名称含有广狭二义，广义方面与实践哲学同一意义。有人认为，在这种情形下可包括法律哲学在内。若在狭义方面，则与道德哲学是一是二，这时，法律哲学即当除外了。

在法律哲学的体系中，法与哲学可发生多方面的接触。因此，哲学上的问题，也大都见之于法律哲学。本文限于篇幅，只好择其重要者略加说明。法律哲学与普通法学究竟有无区别，乃是一个值得研究的问题。我觉得二者之间应有区别，而其区别的标准，便是普遍性之有无。前者所研究者乃有关法的普遍性的问题，后者则偏于特殊性的问题。

无论某一个时代或国民的情形如何，其法的现实体系——即强制的规律或国民生活习惯制度的总体——皆因其国民与时代的不同，而具有不同的内容。普通法学便以此不同体系为研究对象，按着时代与国民的需要，予以特殊化而观察其体系，例如罗马法、意大利法、德国法等等，或公法、私法，宪法、行政法、刑法、诉讼法、财政法、国际法、教会法、民法、商法等等。在法律哲学的普遍性下，法的定义并不限于特殊法系的范围。康德说得好，个别的法理学，对 Quid jus（何谓法）的问题，不予以答案，而仅对 Quid juris（一定体系之法内容如何）之问题，予以答案而已。但如果要在论理的方面把握法时，即要明了何者为共通于一切法体系的本质和要因时，我们须超越这体系的特殊性，去努力把握那普遍性下的法概念。这概念的决定，包含若干个别问题在内，例如道德与法的关系，法的各种观点及形成原因（主观的法或客观的法）等。同时更须阐明若干贯通或包涵于法的概念中的意念，例如强制可能性、法主体、法关系等等，这些问题，属于法律哲学，应一并网罗在内而研究之。

除上述论理方面的问题外，还有法哲学本身所具备的现象学问题。彻底地说起来，法不是基于特殊原因的事象，而是共通于各时代一切国民的现象，换言之，即本于人类的本性之必然事象。这就是说，除了决定个别规范时所有之特殊的根据外，还有共通于一切规范之普遍的根据存在。故要作彻底地研究，非把握住其中普遍的人类的现象不可。因为这都是从狭义方面研究法学。这一类学问，只认定它的特殊领域（效力范围），作为法的研究对象，未免狭隘了。至于普遍的共通的研究，是不为任何特殊领域的权能所拘束的，因为要认识法在静与动的状态中而表现为全体的现象时，必须为总括的研究，即对于全人类的法律史及法的理想为在可能范围内作综合的研究。

在全世界国民的法的体系间，有许多类似及一致之点。我们可以由此看出人类的本性，有着根本的同一性。但这不过是研究法律哲学的另一个领域，具有全体形态和历史过程性格的领域，这可以称之为"史而上学"（Metahistorie）的范围，为超越各个国民的特殊历史，故为从事研究国民法学范围以外的事。

法律哲学的第一、第二两个问题说明了尚有第三个问题，即价值论的问题。此问题颇属重要。格罗修士（Grotius）[1]是研究此一问题前驱之一人，他说："在一般法学上，除了原理的本体以外，无有不依据法规而处理的。盖就契约或其他事项而言，可以单纯依据法规为之，但法规的产生，不外本于道德原理，或立法者的权威，人人须凭其良心和行动，负有服从的义务，不得反抗，所以要说明法规所具备的性质，应是：在法的根本原理中，表示其本身的存在有一切法规的共通根原，及一切法规的共通前提。"

有人认为法律学，只限于说明现行法的体系，并不考究现行法体系的一切根据。倍根（Bacon）[2]曾这样地说："法律家的思考，未免有些受束缚。"法律家即在其职务上，似乎仅考察现存的事物，至于其他比较优良的规范是否可供采用，是不问的，他们仅能在理解或解释规定方面作工夫，对于探究人类"应有之法"，则

---

〔1〕 今译为"格老秀斯"。——编校者注
〔2〕 今译为"培根"。——编校者注

不加注意。这种看法是否合理，姑置不论，不过有一点是不可否认的，即法律哲学对于法律的评价及理想法的问题是特别注意的。

法哲学既包含如许问题——论理的、现象的、价值论的——于是可以得一定义，即：法哲学者乃根据论理的普遍性，研究法的历史的发展及其特性，且由纯理的所导出之法律理想，予以评价的一种学问。

阿稜斯（Ahrens）[3] 对于法律哲学曾下定义曰："法律哲学或自然法者，系由人类和社会的本质与使命，导发出法的最高原理或理念，向一切私法及公法的共通领域，求得法的原理的体系的一种学问"（Ahrens, Naturrechtliche Philosophie des Rechts und des States, 6. Aufl. Wien 1870 Bd. I. S. I.）。

统属于法律哲学里的三个问题，固然各自有其不同之点，但亦有其相互关联之处。第一，论理的问题，乃以决定研究的对象为目的，即对于凡具有法的性质的东西，须加以综合的研究。至第二、第三问题，即现象的与价值论的问题亦应相互研究。如法的历史发展，不断的接近正义理想时，即代表二者间之密切关系，法律哲学叙述法的起源和发展及其演变过程时，可在各个阶段，以思辨的、演绎的方法，导发出某种正义或某种理想的实现性。如此，在历史的事实与理想之间，即发生综合的倾向。这本不足为奇，原不过将法引用在历史里面，以其永不变易的面貌，来反复作思维的观察而已。所以，法律哲学因以综合的方法观察历史，以思辨的方法把住理想，成为两者之间的媒介人，而促成"法"的进步。

由于这一地位，便产生出法律哲学的实践任务。何以故？法律哲学既备有理想实证的认识，使理想的要求，接近于历史的证明，则法哲学处在任何时代，都已担起此项任务，故伟大的法律哲学者

---

[3]　即阿瑞斯（Heinrich Ahrens），19世纪德国法哲学家，著有 Naturrechtliche Philosophie des Rechts und des States（《自然法或法律和国家哲学》）一书。——编校者注

的著作，与任何伟大的政治进步有其关联。试举数例：一六八八年的英国革命，当时以确立公法上的若干根本原理，为指示方针；一七七四年至七六年的美国革命及一七八九年的法国革命，均从法哲学者的著作中，先定步骤，而受其导引。此外如国际法的发达，所有之影响，亦系周知之事实，柏卡里亚（Beecaria）[4] 以及人本主义哲学者，对于刑法进步的贡献亦然。其他的实例尚多，不胜枚举。

所以法律哲学，不是徒劳无益空费精神的学科。在往昔，即已有不少关于法律哲学的研究，尤其价值论的研究。对于现行法的形式是否正当，权威者之命令是否合于理性等等一类问题，在古代思想家中，已可以找得出许多意见。法律哲学之发端，可谓由于理想法或自然法与制定法两者的对立。这种对立的问题由来虽久，并非一时可以解决的，并且事实上也永远没有可以圆满解决的可能。法律哲学虽是一种普遍性的学科，可是它所寻求到的"理想法"并非完全绝对性的。所以，研究法律哲学的人，应该继续不断地努力寻求每个时代与环境所需要的理想法。

〔原载《新法学》第一卷第一期（创刊号），新法学社 1948 年 7 月出版〕

---

[4] 今译为"贝卡利亚"。——编校者注

新货币政策中法律各点之说明
〔二十四年十一月十一日在中央纪念周讲〕

此次财政部长因时势之需要，采取通货管理政策，颁行六项办法，已经六中全会于本月五日大会决议追认，并交国民政府通令施行了。

此项政策施行以后，结果甚为良好，公债库券市价即日上涨四元，各地物价及钱市，于第一二日虽略有变动，然自政府晓谕之后，物价钱市遂即渐次回复安定状态。同时各友邦亦均深表谅解与赞同，如汇丰、正金等银行，均一致遵从此项法令，输送现金，兑换法币，遂使政策得以施行无碍。此固可见民族团结之力，爱国之诚，与友邦之敦于睦谊，尊重信约，同时亦可见此种政策之合理。大抵"有效"与"合理"常相一致，Hegel〔1〕说得好："凡理想之能实现者必合理，合理者亦必实现"。

此项政策之经济的理由，已经孔副院长在五日大会报告，及其

---

〔1〕 即"黑格尔"。——编校者注

宣言与谈话再三说明，毋庸再赘。现在兄弟所要补充的，是这个法令关于法律方面一些说明。

按孔财长四日布告中有两点尚应加以法律的说明者：第一，是关于违反法令之刑事的制裁问题，这是属于本法令主要部分；第二，是修正不动产抵押法令问题，这是本法令之附属说明部分。

财政部布告中第一项有云："所有完粮纳税及一切公私款项之收付，概以法币为限，不得行使现金，违者照数没收，以防白银之偷漏；如有故存陷匿，意图偷漏者，应准照《危害民国紧急治罪法》处治。"本来通货管理关系社会安危与国家存亡，所以文明各国施行此项政策之时，对于违犯法令破坏金融者，皆处以严厉[2]的刑事制裁。所以，我们这次对违犯此项法令者，准照《危害民国紧急治罪法》处治，这是保障国家安宁所必要的。但是《危害民国紧急治罪法》，本来是为对付×××危害国家之犯罪行为而设的，准用于破坏币制之犯罪，适用时或者会感到不足，而需要补充之处。因为该法对于未遂犯应否处罪，没有明文规定，而依照刑法规定："未遂犯之处罚以有特别规定者为限"（参考刑法第二十五条第二项），故从来对于危害民国之犯罪行为，其未遂者只有比照刑法分则相当条文处断，如刑法各该条亦无处罚之规定者，即不予处罚（参考司法行政部指字第一三八号及第四四〇号）。惟查刑法关于内乱罪（第一百条、第一百零一条等）、公共危害罪（第一百七十三条、第一百七十四条及第一百八十一条至第一百八十三条）若干条之规定，一般违犯《危害民国紧急治罪法》之未遂行为虽可援用，然在违犯通货管理法令时，以其行为之要素不同，尚难援用。然则对于此种未遂犯，岂不是要"不予处罚"么？可是观于近世各国立法例之倾向，尤其是我国现行法精神，对于危害国家安全之犯罪，不特应处罚其行为，并应处罚其犯意，此是"正本清

---

〔2〕 原文误为"严历"。——编校者注

源"之道。然而依照《危害民国紧急治罪法》条文，则对于此点应用上尚有未能圆满之处，为补救法律上缺憾，将来或者应由立法院制定补充条文，或由司法院就现行法律加以扩充解释，实有必要。或者依外国立法先例，另行制定"违犯通货管理治罪法"，亦未尝不可。

至于外人方面，其无领事裁判权国人民不待言，只对于有领事裁判权国，尚须研究。

此法令对犯法者之制裁，计分两点：（一）为没收所行使之现金；（二）为刑事制裁。前者可以认为行政处分。依照条例及向例，对于外国人民偷运及贩运违禁品物，中国政府本有"没收"之权。（参考一八五八年中英条约第三十九款、第四十款、第四十八款、第四十九款；同年中法条约第二十八款；同年中美条约第十四款；一八八七年中葡条约第三十六款、第三十七款、第四十四款；一八九四年中日条约第十八款。）而依中日条约，该款所载"中日通商各口官员，凡有严防偷漏之法，任凭相度机宜，设法办理"云云，规定尤为明显。又一九〇二年中英续约第二款，及一九〇三年中日续约第六款，均规定中国将来设立全国统一之国币时，缔约国人民即当遵用，"毫无窒碍"等语。依照条约精神，对于我国所采取"没收"之处分，友邦当无异言。

惟关于刑罚一层，依领事裁判权之结果，其人民犯法令者，不得不由该国领事依照该国法令处治。现在英国贾德干大使，已于本月四日发出通告，制定条例（名为《一九三五年禁付现银条例》），规定以现银偿还全部或一部之债务者，处三个月以下有期徒刑，或五十磅以下罚金，或并科之，这总算是对外人犯罪有一部分之解决。至其他各友邦之有领事裁判权者，应如何制定具体办法，自应由外交部为适当圆满的处置，才能使本法令收到圆满的实效。以上是本法令主要部分。

此外，该法令结论又云："并将增设不动产抵押放贷银行，修正不动产抵押法令，谋地产之活泼。"我国现在只有二十年三月二十日公布之《银行法》，此法只规定一般商业银行之活动，对于不动产抵押，《银行法》并未有规定。当九一八〔3〕以前，我国各地方之不动产买卖，尚形活跃，自世界经济恐慌蔓延而后，不动产之市况，日见衰微，苟无相当保护之法令，则市面将益见沉滞。因为中国是农业国家，土地之移转困难，影响于国民经济者甚大，故对于不动产抵押法令，实有修正或补充之必要。

查我国关于此项法令，其成文法只有民法物权〔4〕编抵押权一章，依该法第八百七十三条第一项之规定："抵押权人于债权已届清偿期而未有清偿者，得声请法院拍卖抵押物，就其卖得价金而受清偿。"依此规定，本甚简单，而利于金融之流通。惟因同法第七百五十八条规定："不动产物权依法律行为而取得设定、丧失及变更者，非经登记不生效力。"又民法物权编施行法第三条第一项规定："民法物权编所规定之登记，另以法律定之。"此项登记法迄今未见制定。从前司法院为慎重适用法律起见，于二十年四月三日曾有如下之解释："抵押权人欲实行其抵押权，非先诉请法院判决确定，不得执行拍卖抵押物。"而最高法院也先后有同一意义之判例（参考该院判例十九年上字第九四五号，及二十年抗字第七七二号），因为有此等解释例及判例，于是恶意之债务人，往往利用诉讼手续以妨碍其执行，而使抵押权失其保障。年来地产贸易之沉滞，虽系于世界经济变动，原因甚多，而我国法律之不完备，亦未能辞其责。所以，在今年司法会议中，此问题遂成为热烈争论之点。有些人主张颁布都市不动产抵押法，然其实在，乡村亦何当不见需要？讨论结果，已决议将原案送司法院及司法行政部参考，现正在督促院部内同志们急切研究具体的有效办法，最好由立法院从

---

〔3〕 指 1931 年爆发的"九·一八"事变。——编校者注
〔4〕 原文遗"权"字。——编校者注

速制定此项民法物权[5]编，所谓不动产登记法，在未制定之前，司法方面或者有变更判例之必要，以为临时救济之一手段。

以上是兄弟对于财政部四日紧急法令上之一点法律意见，还望各位同志共同研究，共同努力，去奠定此危急存亡、千钧一发之国家。

〔选自李翊民等编：《居觉生先生全集》（上册），台北1954年印行，第423~426页〕

---

[5] 原文遗"权"字。——编校者注

死刑存废论

死刑之起，盖基于原人嗜杀之性，由来甚古。吾国唐虞三代，皆有大辟之刑，埃及、希腊古世亦有断头、车裂、火燔之制。历世以降，虽宽严损益，屡有嬗变，而大要沿用不改。至一七六四年，意大利学者倍加利[1]始首倡废止死刑之议，一时名流如卢骚[2]孟德斯鸠辈，皆著论反对，而卒赖时代之进化，人道之昌明，倍氏之议逐渐为各国立法所采用，由学说而形成事实。考今日各国刑法，已实行废止死刑者，在欧洲有奥大利、[3]葡萄牙、罗马尼亚、瑞士、荷兰、挪威、瑞典、塞尔维亚、立陶宛、捷克、丹麦，在北美有合众国之八州，在中美有哥斯脱利加[4]危地马拉、尼加拉

---

〔1〕 今译"贝卡利亚"，下同。1764 年，贝卡利亚在其成名作《论犯罪与刑罚》中明确提倡废除死刑。——编校者注
〔2〕 今译"卢梭"。——编校者注
〔3〕 今译"奥地利"。——编校者注
〔4〕 今译"哥斯达黎加"。——编校者注

圭,[5] 宏都拉斯,[6] 在南美有委内瑞拉、巴西、乌拉圭、古巴、阿根廷、哥伦比亚,其余诸国,虽未完全废止,而适用范围,已大殊往昔。如英国在百年以前,每岁平均处死刑者约八十人,今日则只三十人,其半数且被赦免。法国一九○六年之刑法草案,已一度为废止死刑之拟议。比利时曾将死刑废止案四次提交议会,虽卒未通过,而事实上罕见被处死刑者,芬兰亦然。意大利为倍加利之祖国,受倍氏之影响最大。自十八世纪下半期以来,对于死刑屡废屡复,最近一九二一年之斐丽氏刑草未定死刑,而一九二七年之洛恪氏草案则又规定之。盖其时适有暗杀首相慕沙里尼[7]之密谋发见,为维持非常时期之秩序计,乃有此极刑之恢复也。德国刑草,尝数度为废止死刑之努力,迄未成功,但若普鲁士、汉堡诸邦,实际上已刑措不用。日本刑法专科死刑者不过四条。吾国刑法,周时大辟二百,汉武帝时增至四百九条,唐贞观中渐减至九十三条,至清末复增至八百四十余条。民国以来大事削减,现行刑法专科唯一之死刑者,仅存四条,以今视昔,盖不可同日语矣。

上述情形,虽为时势所造成,而倍加利之倡议,上合天理,下契人心,故能振臂一呼,举世响应,其有功人类,良非浅鲜。今上溯倍氏著书之时,将二百年而一般学者于死刑存废问题,犹复论辩不休,是亦不思之甚矣。彼为死刑张目者,无非谓罪大恶极之徒,非此不足以昭儆戒耳。殊不知刑罚之效果,不在有威吓性,而在有持续性。人类之精神,往往对于一时之痛苦颇能忍受,而卒不能忍受长时间之痛苦,故以儆戒论,死刑实不及自由刑也。至以政治犯而罹死罪者,或且以殉身溅血为无上之光荣,死刑于此,尤完全失其作用,或又以为长期监禁,与世隔离,去死无几,从人道论,有

---

[5] 今译"尼加拉瓜"。——编校者注
[6] 今译"洪都拉斯"。——编校者注
[7] 今译"墨索里尼"。——编校者注

何分别？此则所谓差之毫厘，谬以千里，死刑绝无昭雪回复之余地，而无期徒刑，则有赦免、假释之机会，岂可相提并论，且死刑不但以人杀人，助长暴戾之气，有伤人道之和已也。刑罚贵有伸缩，庶可适应罪状，而死刑无之，刑罚贵在感化，而人死不可复生，绝无自新之路，刑罚不能保无过误，而一旦执行死刑，虽明知冤滥，无由救济，语其流弊，更仆难数。即就事实论，死刑之行久矣，而可当死刑之重罪，方层出不穷，回视实行废止死刑诸国，犯罪之数，未闻加多，孰得孰失，岂不彰彰乎。善乎老子之言曰："民不畏死，奈何以死惧之。"老子者，申韩之所由出，世之明法者，其三复斯言。

〔本文原载《中华法学杂志》新编第一卷第四号，1936 年 12 月出版。选自陈三井、居蜜合编：《居正先生全集》（上册），台湾"中央研究院"近代史研究所 1998 年出版，第 277～278 页〕

我国法律中关于保护童婴的规定

〔三十二年四月十二日〕

　　童婴为一国生命的源泉，平时就应当注意保育，以培植国本，充实国力；况在长期抗战之时，伤亡枕藉，若不急图补救，此后人才人力必成严重问题。现在数百万青年驰驱疆场，不遑顾及家室之乐，而后方人民以生计艰难，亦势必走上节育一途。我们对于生存童婴，自弥觉其可贵。际此生活高涨，物质短少，定有不少婴孩或因营养不足，或因医药缺乏，因而夭折者。按之今日童婴之死亡率远较战前为高，实属不幸之事。我们的盟邦英国，作战不过四年，即感觉人口减少的危机，政府已为有效的保护童婴。其措施如托儿所、保婴堂之设置，已达二百余所之多，且正在日益增加中，不但幼有所养，便是做母亲的也可以省了一椿家事，可把心力贡献于军火之生产及其他战事工作。我国人力原较充裕，但我们的建国工作也较繁重，需要人才人力特巨，人口实在不厌其多。

　　保护童婴的意义，不专指护养生存之童婴，使长为健全的国民；并指保护未出生之胎儿，使人口得以繁殖。现行各法，站在人道立场，已有关于保护童婴之规定，于今足以为社会从事保护童婴之一助。兹就其规定，析述如次：

一、旧时律例关于子女有嫡子、庶子及奸生子之区别，庶子与奸生子向为社会卑视，法律所歧视；庶子尚有继承宗祧之机会，奸生子则为礼制所摈弃，复为社会所不容。但庶子与奸生子本身并无咎责，其遭受如此不平等待遇，殊属有违人道。现行民法以庶子与奸生子之名称含义甚恶，废止不用，统称非婚生子女，期以新名改变旧时观念。此外，复提高其法律上地位，使与婚生子女享有平等的继承权，许其得父子之承认（即请求其父认领），请求扶养。际此兵荒马乱，社会纷纭，此类子女实较平时为多，现既受法律上优良待遇，复得在社会上自由发展，不得谓非合乎国家实施保护童婴之政策。

二、抗战七年，又不知增添了多少孤苦婴儿，这些都是日后有大用之人；若一一须由政府收养保育，在政府固职责攸归，但事实上以限于财力人力，究难尽最大之努力。民法规定私人收养之制，实系社会协助政府最适宜办法之一。我国古代已曾奖励恤孤，《管子·入国》篇曰："人养一孤者一子无征，养二孤者二子无征，养三孤者尽家无征"。所以，代国家尽恤孤之劳者，其儿子得以免于兵役。随后收养之制，功效渐变，辄为延续宗嗣、藉慰晚景之用，而以收养者之私利为重了。民法关于收养之规定，重在社会政策之推行，于养子女之利益，保护较周，养子女之地位，几与婚生子女同，显见以收养为对于被收养者（即童婴）之一种施惠。这正合乎今日推行保护童婴运动之本旨。昔欧战之后，少壮阵亡，孤幼陡增，各国鼓励收养，乃立法以利便之。法国在一九二三年，英国在一九二六年，各颁行关于收养子女的法律，最后常闻美人收养英人之子女，乃纯出于恻隐之心，人道观念。然则国人对于本国童婴岂可不多尽爱护之责？收养童婴，间接便是保护民族之正气，培植国家本源，非可以等闲视之。

三、刑法以堕胎悬为厉禁，盖胎儿虽未出生，已有生命，若令随意毁灭，究属忍人。此外复定溺婴与遗弃为犯行，此时对于上列行为，尤宜切实禁绝。目前生计艰难，堕胎等事原非得已，但若能厉行保护生存之童婴，堕胎必然减少，溺婴遗弃，亦可绝迹。

以上所述，可见政府对于保护童婴在战前已有切实规定，现以感觉人才人力问题的严重，故更为积极有效的措施。但保护童婴不仅是政府的责任，也是众人应尽的义务。希望一般人士深明保护童婴对于国家民族生存发展关系之大，切实协助政府，并分担政府一部分艰巨的工作。抑更有进者：我们从保护战时童婴，而连带想到节约运动。我们尤其希望社会一般人士了解"有钱出钱，有力出力"的意义：能出力的医师，能自动到保育院去为那班需要救助的婴孩们服务；能出钱的，节省不必要的浪费，尽量捐助医药品。此为抗战时期保护童婴最为人称道的一种义举，而且可以补法律规定之不足。我想这必为一般人士乐为的。

〔选自李翊民等编：《居觉生先生全集》（上册），台北1954年印行，第404～406页〕

宪政实施筹备刍议
〔民国三十二年〕

民国肇建，忽忽三十二年。值兹国庆纪念之辰，缅怀国父缔造之艰难，瞻念完成革命、建立世界和平前途责任之重大，我全国同胞同志，应各努力决心，整齐步伐，趋赴事功，驱逐倭寇，克复河山，使三民主义、五权宪法，施行于全国，宏扬于世界，以竟国父未完之志愿，而慰先烈在天之灵。

日者地中海云屯，意大利瓦解，盗跖夥徒，如鼎折足，胜利在望，衡困益增。我党总裁于十一中全会昭示同志，以实施宪政为今后唯一之中心工作，复于国民参政会以宪政实施筹备相期许，谆谆恳恳，期在必成，凡属国民，同深感奋。回忆辛亥革命以来，推翻专制，建立共和，举国欣欣然即以为踏上宪政坦途而迈进。革命识者，以为不揣其本而齐其末，方寸可高于岑楼，燕巢实危于垒卵。不然者，清季唱君主立宪者有人，何以吾党皆誓死反对，不惜冒锋刃、掷头颅以争之者，岂有他哉！盖以宪政之实施，必有主义以贯彻之，必有力量以保障之。三民主义，宪政之基石也。国民革命，宪政之力量也。非国民革命，不足以贯彻三民主义之实现，不足以奠定宪政之宏基。事有必至，理有固然，不容宽假，无可疑议。兹证以关于宪政如下之经过：

一、辛亥初期，鄂军都督府起草《鄂州约法》。

二、鄂军政府召集各省代表，一部分集会汉口，起草《临时政府组织大纲》。嗣经南京代表会同修正公布之，选举临时大总统。

三、南京临时参议院，制定《临时约法》而公布之，并议决《国会组织法》、《选举法》等。

四、民国二年，国会开会，参众两院组织宪法起草委员会，以天坛为会场，名曰《天坛宪法草案》。

五、袁世凯取消国民党，毁灭国会，破坏约法，另召集参政院，成立《袁氏约法》。

六、袁死黎继，恢复《临时约法》，国会重开。

七、督军团造反，张勋复辟，解散国会。

八、国父孙公护法，召集国会非常会议于广州。

九、民国八年，在广州补足国会两院人数，重开宪法会议，是为民八继续制宪。

十、民国十三年，中国国民党代表大会宣布国父手订之《建国大纲》。

十一、民国十七年，国民政府宣布《训政时期纲领》。

十二、民国二十年，召集国民会议，制定现行约法。

十三、民国二十五年，立法院通过《五五宪法草案》。

十四、民国二十七年，中国国民党临时全国代表大会制定《抗战建国纲领》，决议执行，经国民参政会第一届大会接受通过。

以上所列，有先天之宪法，有后起之宪法，有属于宪法一部分之雏形，有属于宪法全部之沿革。依宪论宪，由后溯前，滥觞星宿，由前较后，肤寸风云。若细按凡与宪法有关之经过，几乎一项一条命，一字一滴血。其中演变最烈者，莫如《临时约法》。南京创之，北京毁之，广州护之，直至曹氏贿选成，而后乃完全失效。因此之故，谈宪政史者，率以中华民国第一届国会相诟病。其实第一届国会议员，全国优秀分子之集合体也。所以演成此现象，而为人所不满者，国会议员，以个人对国家论，固应负责。须知当日议员，手无寸铁，并无后盾。全国选举人，对于本身选出之议员，几如秦人视越人之肥瘠。初任袁氏之威胁利诱，继任军阀之朝四暮三。犹能于国会中，针对时政，主持正义。护法军兴，议员之南下者过半数，曹锟贿选，卖身者不及三分之一。中华民国经几许黑暗时期，而其名犹屹立于大地者，国会之清议，亦支持力之一也。吾非为议员辩护，过去对于宪政之努力，使军阀有所忌惮，不敢逐情直行者，事实固昭昭在人耳目也。前车之覆，后车之鉴，惩前毖[1]后，往者不可谏，来者犹可追，登高必自卑，欲速则不达，宪政之不可一蹴而几也，盖亦有道矣。今者国民政府，经不断之努力，亦越十有八年。国民革命军牺牲无数之生命，全国国民创巨痛深。我党总裁以元首之尊，恳切期成，参政会同人，殷殷奋勉。主义行矣，力量充矣，实施宪政，吾知其必有济也。虽然，国父手订之《建国大纲》，规定不可逾越之程序，愿实施筹备者之有以善导也。

其一，国民心理之革新。现在一般心理对于宪政观念粗为下之分析：

一、不识不知顺帝之则者，以为宪政宪政，何有于我哉。

二、不满现状者，以为宪政实施可打破现状。

三、怀才不遇者，以为宪政实施可弹冠相庆。

四、恶劣者企图颠覆政府，称兵犯阙，力有未逮，故假宪政还政于民之口实，使现政府解体，因以夺取政权。

---

[1] "毖"字原文误排为"比必"二字。——编校者注

由此观之，多数不关心，少数有作用，不能不谓是国民心理上之一种病态。必使此种病态完全消失，而后乃为健全之国民。国民全体健全，而后宪法上规定中华民国主权属于国民全体，乃得有完全保障。

再次，国民责任之认识。天下兴亡，匹夫有责，人人能言之，人人不能力行。是以治日常少，而乱日常多。宪法成败，何莫不然。故凡国民对于宪政实施，应有如下之责任：

一、知解宪法：外国公民，必能读得几条宪法，而始有选举权。我国文盲未尽扫除，求其普遍对于宪法上之知解，一时或不可能。然必仍使中学生或中级人士视宪法为日用饮食之必需，家喻而户晓之，而后宪法乃不等于虚文。

二、遵守宪法：宪法上规定有人民之权利，有人民之义务，权利义务，即责任也。若只知享权利而不尽义务，固不可；即只尽义务，而不能享权利，亦不可也。权义平等，责任分明，宪法上之精髓也。故宪法须全国上下共同遵守，勿使稍有违误，而后法治修明，老者安之，少者怀之，朋友信之。

三、维护宪法：三民主义共和国，宪法上之开宗明义也。凡违反三民主义者，即违反宪法，违宪即国家之大罪人，国人皆曰可杀也。苟于此而玩忽之，或启野心者侵犯，或令狡黠者僭窃，皆使宪法之神圣尊严有所毁损，全国国民应起而维护之。尤应爱护诞生民国之保母，丝毫不受人欺侮。而诞生民国之保母，亦应尽国民之责任，如保赤子，心诚求之，庶几互相维系，互相尊重。而后宪法根基，日臻巩固，放之四海而皆准，行之万世而不敝。

再次，民族意识与教育生活程度之提高，皆为宪政实施之必要条件。吾党素主张建立民族的国家，凡在中华国族之种姓，应万众一心，实践宪法上之约束，以保我子孙黎民，永不受人侵略。如有不顾我民族之利益，甚至牺牲我民族，数典而忘其祖者，则当与众弃之。若夫教育程度、生活程度，应与世界各立宪国家人民，在同一水平线上，是则有待于全国一致，继续努力，提早完成者也。

谨为诵《建国大纲》之最后三章，以为宪政实施筹备者之祝词云耳：

    廿三、全国有过半数省份[2]，达至宪政开始时期，即全省之地方自治完全成立时期，则开国民大会决定宪法而颁布之。

    廿四、宪法颁布之后，中央统治权则归于国民大会行之。即国民大会对于中央政府官员，有选举权，有罢免权，对于中央法律，有创制权，有复决权。

    廿五、宪法颁布之日，即为宪政告成之时，而全国国民则依宪法行全国大选举。国民政府，则于选举完毕之后三个月辞职，而授政于民选之政府，是为建国之大功告成。

    〔选自李翊民等编：《居觉生先生全集》（上册），台北 1954 年出版，第 147～151 页〕

---

〔2〕 原文为"省分"。——编校者注

宪法上之权与能

目 录

一、引言

国父曰："唤起民众，共同奋斗，继续努力，以求贯彻。"我们对于国家每一创作有关事件，应该拳拳服膺这句话，尤其外人訾我人只有三分钟热度，更应该不断地切切思思，以雪此耻。然而我们往往不知不觉，蹈着闭门造车、浅尝辄止的毛病，说不上共同奋斗，继续努力。比如本年"五·五"以前，大家轰轰烈烈，关于研究宪政宪法问题，座谈著论风起云涌，很像唤起民众，共同奋斗。"五·五"以后，渐渐冷静下来，其冷静的原因，我们摸不着头脑，姑勿深论，总觉得继续努力，以求贯彻，尚未到底。所以，我不自揣，又从近于冷落时间，提出一个宪法上之权与能的问题，略加论述，促成大家注意，并愿接受批评。

二、权能之分划

在专制政体下，一切政权治权均操之于君主，盖其观念既以为"朕即国家"，则权与能自无分划之可言。即在近代一般民主政治国家，也注意到"权"的问题，而未尝措意于政府的"能"的方面。我们若将各国宪政的沿革稍稍回溯，便可窥出这一个显著的事实。例如以宪政发达最早的英国而言，自一二一五年英王约翰颁布的《大宪章》（Magna Charta），至一六二八年查理士第一承认的《权利请愿书》（Petition of Rights），及一六八九年威廉王承认的《权利宣言》（Bill of Rights），其内容都不外减少政府对于人民的压力，也就是逐渐削减政府所有的"权"，而非着重于建立一有能之政府。其后法国对于一七八九年八月二十六日所发布的《人权宣言》，及美国革命时代所发布的《权利宣言》，大抵均偏重于人民自由平等诸权利的保障。这一类个人自由平等理论的根据，近之系由于十八世纪个人主义思想的抬头，及由是而产生之自然权利说、社会契约说，以及最大多数的最大福利的功利主义说，为之先导。凡此诸说，可以洛克、卢梭及康德三氏为代表。溯其滥觞，则由于十七世纪密尔登[1]所创导之个人主义思想，及渊源于希腊之自然法思想，与罗马之自然法的法治观念。要之，均不外在使个人自由得到法律的保障，并获得充分的发展。易言之，也就是只着重在人民的"权"方面。至于政府方面三权分立的政治原则，虽确立于美宪，实则不无因袭英国宪政成例之处。英国这种成例的由

―――――――

〔1〕 今译"密尔"，亦有译"穆勒"者。——编校者注

来，大都由于逐渐形成的形态，初非全部有意为之。英国之治政治史之学者尝谓英国政治制度演进至于目前之情状，乃由于"智慧"与"偶然"之结合。所谓"智慧"，自系指殚思竭虑的设计而言；所谓"偶然"，则系指因政治及社会情势的变迁，为应付环境而逐渐形成的制度而已。迨经学者间指陈英国之政制为立法、行政、司法三者界限分明，其后各民治国家乃均特意模仿而参酌之，以为政府权力制衡之原则，实际却都仅注意到人民方面的"权"，而忽视了政府方面应有的"能"。甚至怕政府方面过于有"能"，因而伤害到人民的"权"，所以一方面希望有一个万能的政府，完全归人民使用，为人民谋幸福，同时又怕得到了一个万能的政府，而没有方法去节制它。

国父高瞻远瞩，看出近代民治国家民权在表面上虽然很发达，事实上人民大都只有一个选举权，其政治组织虽然标榜三权分立的原则，也绝不算是最完美的制度，认为"权"与"能"二者应该明确的分划。《民权主义》第六讲曾指出："欧美现在实行民权，人民所持的态度总是反抗政府，根本原因就是权和能没有分开。中国不蹈欧美的覆辙，应该要照吾所发明的学理，要把权和能划分清楚。人民分开了权与能，才不致反对政府，政府才可以望发展。"又因学者间对于政权、治权等之观念每多模糊不清，尤足使一般人不易了解，于是于《民权主义》第六讲予以极浅近明白之界说，说明："政是众人之事，集合众人之事的大力量，便叫作政权，政权就可以说是民权。治是管理众人之事，集合管理众人之事的大力量，便叫作治权，治权就可以说是政府权。"于此可见国家政治组织的唯一原则，乃是要使人民有权，政府有能。惟其有能，才能够肩起责任，替人民做事，替人民谋幸福；惟其有权，才能够监制政府，使其不能为恶，使其不敢违法失职。欧美各民治国家对于权能调和的办法即未达到理想的境地，我们现在建国，就不应一意模仿欧美，而应遵照国父遗教，使权、能二者均能保持平衡。

三、有权无能与有能无权之弊害

我们盱衡往古，环观近代，凡是一个时代，权能能够调和得最适当，其政治辄能发生积极的作用，发挥最大的力量。专制时代，政权、治权集于君主一身，如果遇到一个有为的君主，能够在"选贤与能"方面认真注意，往往能开创一个新的局面，称为治世。吾国儒家政治理想特重人治，也就是深深认识治国的责任是应该由有能的人来肩负。过去政治事务简单，犹且如此注意政府的"能"的条件，则在今日之需要专家政治，需要给予充分之权力与机会，使操治权者得以发挥其能力而为众人服务，自属当然之要求了。

事势的要求虽如此，但一查各国之政治组织，非偏于有权无能，即偏于有能无权，究其弊害，殆属相等。例如战败前之法国，政治腐败，人民骄奢淫逸，战事已临国门，犹斤斤于八小时工作制之不可更改，谓增加工作时间，即系剥夺人民的权利；更因其政治组织向欠稳定，小党林立，内阁素称短命，往往一年之间，数有更迭，所以执政的人大都只能因循敷衍，勉强应付，放手做事竟不可能。如欲大刀阔斧，采行某一政策，则甲党以为是者，乙党或以为非；乙党以为然者，他党或又从而反对。在这种情况下面，纵有伟大的人物，也不克展其所能，以为国家服务，结果竟是人为地造成政府的无能，政治效能因此也就自然而然地减低了。自从第一次大战以后，法国对于国防设施，除了建设消极性的马其诺防线而外，很少积极性的作为。战端既起，一切措手莫及，直至最后关头，政党尚在角逐政权。贝当等籍隶王党，一握政柄，即谋屈服，于是此赋性活泼、爱好自由之法兰西民族，竟被压于纳粹铁蹄之下，而丧失其所宝贵之自由平等。论者有谓法国此次战败，仅由于其政治腐败，与其政治制度，绝无关系，此种持论，殊不尽然。盖因法兰西民族只知注意到个人自由和权利，根本就没有注意建设一个有能的政府，所以一遇到惊涛骇浪，便不免于覆舟灭顶之祸。其实不但法国如此，其他民治国家的政制，也有类似法国的偏于有权无能的。这样自由太过，竟是等于无政府。正因有这样的情形，有些国家的政治就走向刚刚相反的倾向，纳粹德国就是一个绝好的例子[2]。希特勒秉政之初，便由人民总投票，将议会的权力暂时停止，经那一次总投票以后，德国的人民简直将民有的政权完全放弃了。希特勒大权在手，为所欲为，对内则以高压手段实行专制，对外则撕毁盟约，实施侵略政策。从重整军备起到掀动大战的初期，纳粹始终握着侵略的主动，英法等国处处落后，连应付都来不及。六个星期的战斗，摧毁了强大的法国，一个短时期内，欧洲十个国家都被灭亡，真是喑呜叱咤，踌躇满志。若论纳粹政府的能力，可以说是发挥到了顶点，但因人民已经没有政权，无法节制和监督政府的治权，纳粹政府妄用其能，以对内专制，对外侵略，终于不免要将德意志民族引入坟墓，这又是有能无权的一个实例。这两个相反的形势——有权无能与有能无权——所可引起的弊害，国父看得最清楚，诚如五权宪法讲演中之所昭示："政治里面有两个力量，一个是自由的力量，一个是维持秩序的力量。政治中有着两个力量，正如物理学里头有离心力和向心力一样，离心力是要把物体里头的分[3]子吸收向内[4]的。如果离心力过大，物体便到处飞散，没有归宿，向心力过大，物体便愈缩愈小，拥挤不堪，总要两力平衡，物体才能够保持平常的状态。政治里头的自由太过，便成了无政府，束缚太过，便成了专制。……兄弟所讲自由同专制这两个力量，是主张双方平衡，不要各走极端，像物体的离心力和向心力互相保持平衡一样"。我们感念到遗教的伟大深切，和以上信手拈来

---

〔2〕　原文遗"子"字。——编校者注
〔3〕　原文为"份"。——编校者注
〔4〕　疑应为"向外"。——编校者注

的两个有权无能、有能无权的实例，更应该认识到我们今后建国应该采取如何的方式，以谋权能二者之调和，而不再蹈人家的覆辙了。

四、权与能之合法运用

权能不平衡的弊害，已如前述。然则我们应如何以求其平衡呢？此一问题，仍应分为两方面来讨论：一为如何使政府有能，一为如何使人民有权。说到如何使政府有能，我以为我们在制度上及运用上，须注意于下列三点之实现。

第一，五种治权之行使，必须能切实分工合作。查《国民政府组织法》第八条原规定"国民政府以五院独立行使行政、立法、司法、考试、监察五种治权"。三十二年九月十五日修正公布之条文，则将"独立"二字易为"分别"。无论为独立、为分别，要皆置重于治权之分工。《五五宪草》虽无同样明文，然第五十五条规定"行政院为中央政府行使行政权之最高机关"，第六十三条、第七十六条、第八十三条、第八十七条规定立法、司法、考试、监察各院为中央政府行使立法权、司法权、考试权、监察权之机关。是其立法精神，与现行国府组织法之注意"治权分工"之原则，可谓并无二致。在以前君主时代，君主总揽万机，一切治权不肯假手于人，以为必须如此，乃能致其君权于巩固的地位。史称秦始皇之治官书，"至以衡石量书，日夜有呈，不中呈，不得休息"。当时秦始皇虽然并吞六国，统一天下，但当时政治事务，远不及近代之繁琐，以秦始皇政治才具的卓越，尚不免如此竭蹶，若在现代，就是再聪明睿智的人，也不能一手包办如许政治事务，且亦不能容许以一人而总揽一切治权。若其如此，则只是法西斯蒂的一权政治，实无异于专制。同时五权政治的原则，亦非如欧美三权政治之着重于互相牵制，互相制衡，乃在使中央政府的五个治权机构，各于法律所赋予之职权内，充分发挥其政治效能，以达成管理众人之事的大目的，以建设一富强康乐之国家。质言之，也就是将经济学上"分工"、"合作"两大原则，运用到政治方面，以造成一个具有伟大政治力量的政府，推动一切物质上和文化上的建设事业，为全体的人民谋幸福。我们在训政时期，曾厘定一个治权行使之规律案，主旨即在促进五院间之分工合作。惟自国府成立以还，内忧外患，相寻而至，又遇到一个史所未有的侵略暴敌，直到现在犹未能完全脱离军事行动时期，因之事实上不能不有一些因时制宜、适应环境的措施，但俱以极审慎之态度出之，期无背于治权分立与合作的原则。抑十余年来训政时期之政治经验，可供将来宪政时期借鉴之处甚多，其间何者应加创建，何者应加修正，庶五种治权能达真正分工合作的境地，胥有待于切实的检讨。

第二，遂行计划政治与专家政治。计划政治和专家政治，已经成为现代政治上普遍的需要，其实不但现在的国家需要实行计划政治和执行政务的专门人才，即在过去，何尝没有同样的需要？就计划政治而论，例如一部《周礼》就是周代政府一部完备的组织法规。当时设官分职的缜密，可以概见。这部书虽然有人疑为伪书，但可以断定绝非出于凭空臆造，与当时的制度，要不能谓为绝无关系。又如封建制度固然是一种过去的遗迹，但当时由王畿以至于侯服、甸服、要服、荒服，地域的划分，幅员的广狭，以及财赋兵制等等，俱有致密的规定。这些封建诸侯，并各负有外捍夷狄、内屏王室的义务。我们也可以说这种封建制度，也就是当时的一种伟大的计划政治及国防建设。周室对于这一制度建立得非常完备，所以能够历年八百，虽衰而不即亡。又如就专家政治而论，古代亦未尝无此概念。孟子谓："劳心者治人，劳力者治于人。"近年断章取义的人们，对于此语，每肆讥评。其实，孟子是两千多年前最了解分工合作原理的先觉者。计划政治和专家政治，过去犹如此重要，则在现代国家需要之迫切，自更毋庸赘言。苏联之所以能够抗拒纳粹侵略者，并能最后制胜，也就由于其政治建设、经济建设、及国防建设的成功。而这类建设的成功，则由于自始就是有计划的建设，而不是头痛医头、脚痛医脚、枝枝节节的建设。自一九一七年十月革命以后，历时三年，削平内乱，一九二一年新经济政策实施，开始走上经济恢复的大道，一面从事于工业最基本之建设，一面大量培养经济人才。第一五年计划于一九二八年开始，于一九三二年完成，时间较预定提前一年，接着实行第二五年计划，第三五年计划。这三个五年计划的完成，不仅使苏联完成工业化，经济基础趋于巩固，同时也是政治建设与国防建设整个的完成。苏联在革命建国开始的时候，其工业基础比起欧美各先进国家，落后五十年或一百年。史达林[5]号召其国人说："我们应当在十年以内跑完这个距离。"苏联真在短时期内跑完这个距离了。我们现在抗战建国过程中，国父遗留给我们以建国的三民主义、五权宪法、建国大纲、建国方略等伟大计划和方案，我们应当遵照国父"迎头赶上"的遗训，以磅礴坚强的毅力，完成这些建国的计划。总裁也早经注意及此，在《中国之命运》中所提示之五项建设，尤其是我们未来计划政治之指导计划。总裁又经指出实行实业计划之最初十年中，即需要专家二百四十余万人，连同中央政府的各部门，以及各级地方政府，真不知道需要多少具有专门知识和技术的人们来相助为理。像我们这样一个地大物博、尚未完全开发的国家，一旦由一个有能的政府遂行伟大的计划政治，才智之士真不患无用武之地；而且以四万万五千万人的共同协力来建设一个现代的国家，我们这个国家，将是一个怎样光明灿烂的前途！

第三，政权治权之机构必须界限分明。我们既需要建设一个有能的政府，我们的设计，就应该使掌握治权的政府机构，有足以负担其应负使命的权能，不可于五种治权机构外，任意创设其他治权机构。而政权机构与治权机构之间，尤须界限分明，各别执行其应

[5] 今译"斯大林"。——编校者注

有之职权，前者不得钳制后者之政权，后者亦不得侵越前者的治权。例如国民大会原为一政权机构，按照《五五宪草》第三十三条之规定，国民大会有如下之职权：（一）选举总统、副总统，立法院院长、副院长，监察院院长、副院长，立法委员，监察委员；（二）罢免总统、副总统，立法、司法、考试、监察各院院长、副院长，立法委员，监察委员；（三）创制法律；（四）复决法律；（五）修正宪法；（六）宪法赋予之其他职权。而第四十六条、第六十三条、第八十七条、第七十七条第二项、第八十四条第二项，又分别规定总统、立法院、监察院、司法院院长、考试院院长均对国民大会负其责任。国民大会具有如此的大权，总统、副总统、立法院长、副院长、监察院长、副院长、立法委员、监察委员之产生及去职，均操之于国民大会，司法院长、考试院长虽由总统任命，而国民大会仍可予以罢免。同时，国民大会复有创制法律及复决法律之权。在这种情形下面，还怕政府所做的事，不随着人民的志愿么？还怕政府的动作，不随时依照人民的指挥么？有些人却还主张于国民大会设置常设机关，俾于大会闭会期间，行使政权，或将立法、监察两院划为政权机关，而于国民大会设置立法、监察两委员会，于大会闭会时，分掌立法及监察职权。这种见解，实不免囿于欧美代议制度及三权政治的成例，所以始终跳不出那一个圈子。且其目光所注，仅在造成一个极小力量的政府，深恐政府权力过大，故必设为种种牵制以掣其肘。实际乃对于五权宪法的精义与权能平衡的道理，未能彻底了解与接受的缘故。我们认为《宪草》第三十一条，国民大会每三年召集一次的规定，固不妨更为斟酌，但若以为会期距离过久，而即于五种治权机构之外，创设其他类似治权的机构，或将治权机构的职权移之于政权机构，则断断不可。

其次，要论到如何使人民有权的一个问题。我以前曾经提出实施宪政，人民必须有健全的心理，且须注意国民经济与国民教育的发展，颇有人以为我作此主张，无异于延宕宪政之实行。我认为我这主张，只是卑之无甚高论的一种平凡真理，无可更易。因为人民如果没有健全的心理，则对于甲党乙党，举无所谓，操纵利用，可以随人，选举罢免，出之儿戏，创制复决，唯私是利，那还谈什么宪政？次之，国民经济如不能发展，人民不能保持相当水准的生活，则其对于宪政，将视为饥不可以为食，寒不可以为衣，漠然而无动于衷。〔6〕又如全国文盲，始终任其占百分之八十五以上，连最低限度的民众教育都不能展开，那么，最大多数的人民，就根本不知宪法为何物，更何论遵守宪法与拥护宪法？结果岂不是人民自人民，宪法自宪法，两者终不能发生密切的关系，宪政基础，如何能期其牢固？所以我认以上三点，是实施宪政必备的条件，也是全国上下应以最大的决心，来努力共赴的。再则我们将来在宪政时期，运用宪法上所赋予的四种民权，必须以庄严审慎之态度出之，而不宜掉以轻心。因为四种民权的完全行使，乃是欧美各民主国的人民大都至今仍未获得的。依照《五五宪草》第三章的规定，国民大会既对于总统、副总统、立法院院长、副院长、监察院院长、副院长、立法委员、监察委员有选举权及罢免权，又对于司法院院长、副院长、考试院院长、副院长有罢免权，复有创制法律及复决法律之权，是其对于中央政府监制官吏及监制法律之权，均可谓完备无缺。同《宪草》第一〇五条规定："县民关于县自治事项，依法律行使创制、复决之权，对于县长及其他县自治人员，依法律行使选举、罢免之权"。第一一一条〔7〕之规定："市之自治……准用关于县之规定。"可知县民大会及市民大会对于县市政府，也和国民大会对于中央政府一样，有监制官吏与监制法律的大权。这四种民权完全赋予人民，我们的民权制度，便是"后来居上"，驾欧美而上之。国父曾经说过："五权宪法好像是一架大机器，直接民权

〔6〕 原文误为"无动于中"。——编校者注
〔7〕 原文遗"条"字。——编校者注

便是这架大机器中的掣扣。"又谓："那末，在人民和政府的两方面，彼此要有一个什么的大权，才可以彼此平衡呢？……用人民的四个政权，来管理政府的五个治权，那才算是一个完全的民权机关，有了这样的政治机关，人民和政府的力量，才可以彼此平衡。"所以，这四个民权一旦完全行使起来，那就好比唐僧的紧箍咒，哪怕孙行者的本领再大，他却不能不听唐僧的命令。不过，这紧箍咒却要妥善地运用。比如选举权与罢免权的行使而说吧，与其频繁地或任意地行使罢免权，就不如在行使选举权的时候，加以审慎。上自总统、副总统、立法院院长、副院长、监察院院长、副院长、立法委员、监察委员，下至市县长官以及行使政权的国民大会代表，省参议会参议员，市县议会议员，都应选举适当而能胜任其事的人物。又如关于法律的创制和复决，不应仅就某一阶层、某一职业、某一地区或某一部分人的利益是图，而应着眼于整个国家及民族的利益。我们是一个后进的宪政国家，尤须人民能妥善运用政权，政府能妥善运用治权，彼此协力，造成良好的宪政风范，宪政前途才有光明之望。因为宪政本是长成而不是造成的，宪政条文是一回事，人民能否善为运用宪政，又是一回事。英国是世界最先进的宪政国家，其数百年之宪典及宪政习惯，实较其成文宪草尤占重要成份。此类宪典和宪政习惯，就是英国人民和政府历来运用宪政的结晶，举国上下都是恪切遵守。英国的宪政基础，因此也就特别巩固。举一个近十年的事例来说，爱德华八世的去位，只是因为欲与一个已离婚而又出于普通门阀的美国妇人结婚，这在一个一向注重贵族血统并拘于守旧礼貌的皇室，是一件稀有的事例。富于保守性和绅士风格的英国社会，对于爱德华八世这一举动，都表示着惊异和注视。当时英国保守党领袖鲍尔温氏适任首相，以爱德华八世此举，与英国皇室婚例不合，极力反对。结果爱德华八世不得不逊去王位，而鲍尔温亦于数月后自动辞去首相的职务及保守党的党魁。这两个人的风度，都是史乘上的佳话。又如美国因为第一任总统华盛顿任满后，坚辞不肯继任第二届总统，华盛顿的用意，是要永垂一个良好的民主模范。自此以后，百余年来，未有连任总统至三届者，但是到了一九四〇年的大选，正是世界侵略与反侵略战的重大时机，美国人民深知需要贤明的罗斯福的领导，终于毅然打破向例，选举罗斯福续任三届总统。美国人民以前能恪守向例和一九四〇年之毅然打破向例，都可以证明其能妥善运用民权。英美这两个国家之能妥善运用宪政，以及遵守宪法、维护宪法的精神，真足为我们将来运用宪政的借鉴咧。

〔原载《中华法学杂志》第三卷第八期，大东书局 1944 年 9 月出版〕

关于减刑办法之研讨

新近国防最高委员会一三七次常务会议决议，通过《减刑办法》五条，送由国民政府公布施行。此项减刑，举凡司法犯、军事犯，不问已决未决，均一律适用，范围广泛，影响甚巨，实为抗战以来，实施刑事政策之一重大表现。吾人从事司法工作，就其颁布之意义，加以阐扬，更进而研讨实施之步骤，应如何特别注意，发抒所见，以期合于减刑之目的与希望，或有助国家政策之推行，非徒劳之举也。

按《中华民国训政时期约法》第六十八条，及《国民政府组织法》第六条，均明定国民政府行大赦、特赦及减刑、复权。而特赦、减刑、复权，应由司法院院长，提请国民政府主席署名行之；《国民政府组织法》第三十五条第二项，亦著有明文。顾四者之作用不同，特赦、复权系对于特定罪犯行之，大赦系对一般罪犯行之，而减刑则有对特定罪犯行之者，亦有对一般罪犯行之者。其对特定罪犯之减刑，须裁判确定后，具有特殊原因时，由司法院长，依《国民政府组织法》第三十五条第二项之程序办理。至对于一般罪犯减刑，其适用范围，不以已决犯为限，即未决人犯，苟其犯罪行为在一定时日以前者，亦同邀宽典。故此项普遍之减刑，无论为已决犯与否，必须经审判机关，依据法律以裁判行之，不属于司法院提请减刑之范围。论其作用，毋宁谓与大赦相近似，惟大赦有消灭罪行之力量，使刑事法上之效果完全灭失，而所谓减刑云者，仅减免其刑之一部而已。国民政府颁布之《减刑办法》，先经国防最高委员会之决议通过，俾与法律有同等效力，以资裁判上之依据，其用意即在于此。

大赦、特赦、减刑、复权，均为排除具体的刑罚权行使之一种方法，匪特近世各国宪法，类多设此规定，即我国古代法制，亦发达最早，沿袭最久，且其运用当否，与一代政治之隆污，具有莫大之关系。稽诸往籍，如《舜典》之"眚灾肆赦"，《吕刑》之"五刑不简，正于五罚，五罚不服，正于五过"（谓五刑之辞与刑参差不应而可疑，则质于五等之罚，而许其赎，辞与罚又不应而可疑，则质于五过而宥之），"五刑之疑有赦，五罚之疑有赦"，以及《周官》之三宥（一宥曰不识，再宥曰过失，三宥曰遗忘），三赦（一赦曰幼弱，再赦曰老耄，三赦曰蠢愚），均为特赦减刑之嚆[1]矢。大抵以情或可矜，事或可疑，对于特定人行之，极为严慎。光武令天下罪囚，殊死以下及徒，各减本罪一等，其余赎罪轮作有差，则为普遍减刑所滥觞。至复权制度，史籍所载，虽不详备，但历代刑制有"籍门"、"除名"、"夺爵"诸名义，大都施诸犯罪之官吏及其眷属，事后追复，往往有之。律以现行之复权，内容虽不尽合，要其意在回复公法上之固有地位，固无殊也。

惟是《尚书》、《周官》所称之赦，仅专指特赦而言。考之史籍，秦二世元年，始有大赦天下，使章邯免骊山徒人奴产子，悉发以击楚军之记载。学者遂以大赦之制，断自秦始。然《春秋》庄

---

[1] 原文误为"矫"。——编校者注

公二十三年载"春王正月肆大眚",《史记》载陶朱公事,亦云
"每王且赦,常封三钱之府","楚王令论杀朱公子,明日遂下赦
令",其非就特定人,施以赦免,极为明显,是颁行大赦,其昉于
春秋战国乎?后世帝王资为粉饰太平之具,滥施恩赦,几于史不绝
书。至宋而有"常赦"、"郊赦"、"曲赦"、"德音"诸称,假藉名
义,号为令典,致流弊益不堪言。如致堂胡氏所云:"始受命则
赦,改年号则赦,获珍禽奇兽则赦,河水清则赦,刻章玺则赦,立
皇后则赦,建太子则赦,生皇孙则赦,平叛乱则赦,开境土则赦,
遇灾异则赦,有疾病则赦,郊祀天地则赦,行大典礼则赦,或三年
一赦,或比岁一赦,或一岁再赦三赦"是也。故我国往昔贤哲,
对于大赦之举,訾议特多,此次普遍减刑,既近似大赦作用,大赦
之利弊,亦即足窥减刑利弊之一斑,究其得失如何,请先胪陈前
说,再详论之。

从来我国非难大赦者,或为明法之士,或为一代之巨儒名臣,
其所持论议,类皆洞中时弊,有确乎不拔之观。特以时代背景不
同,其立论之出发点,亦各有异,兹择其最著者,条举于下:

(一)基于刑罚的目的,而非难之者。《管子》曰:"赦出则民
不敬,惠行则过日益,赦过遗善,则民不励,有过不赦,有善不
遗,励民之道,于此乎用之矣。""赦者,先易而后难,久而不胜
其祸;法者,先难而后易,久而不胜其福。夫盗贼不胜,则良人
危,法禁不立,则奸邪烦,故赦者,奔马之委辔也。"马端临曰:
"大赦之法,不问情之浅深,罪之轻重,凡所犯在赦前,杀人者不
死,伤人者不刑,盗贼及作奸犯科者不诘,于是遂为偏枯之物,长
奸之门。"

(二)感于赦令烦数,而非难之者。王符《述赦篇》曰:"今
日贼良民之甚者,莫大于数赦赎。赦赎数,则恶人昌而善人伤矣,
何以明之哉!夫谨赦之人,身不蹈非,又有为吏正直,不避强御,
而奸猾之党,横加诬言者,皆知赦之不久故也!"蜀汉大司农孟光

责大将军祎曰："夫赦者，偏枯之物，非明世所宜有也。衰敝穷极，必不得已，然后乃可权而行之耳。今主上仁贤，百僚称职，何旦夕之急，而数施非常之恩，以惠奸宄[2]之恶?"丘濬曰："赦之初发，为眚灾也，后世相承，不能复古。然旷荡之恩，如雷雨之施，不时而作，使人莫可测知可也。宋人为之常制，而有定时，则人可揣摩以需其期，非独刑法不足以致人惧，而赦令亦不足以致人感也。"

（三）鉴于赦后流弊，而非难之者。汉元帝时匡衡上疏曰："窃见大赦之后，奸邪不为衰止，今日大赦，明日犯法，相随入狱，此殆导之未得其务也。盖保民者，陈之以德义，示之以好恶，观其失而制其宜，冀动之而和，绥之而安。今天下之俗，贪财贱义，好生色，上侈靡，廉耻之节薄，淫僻之意纵，纲纪失序，疏者逾内，亲戚之恩薄，婚姻之党隆，苟合侥幸，以身设利，不改其原，虽岁赦之刑，犹难使措而不用也。"

君主专制时代之大赦，仅为粉饰太平，初无何种政策作用，而赦后复无适当处置，其有害无益，诚如二三两说所非难。至我国古代刑法理论，大抵以"有罪必罚"、"刑当其罪"为基本思想，与旧派刑法学家之"应报主义"、"镇压主义"、"客观主义"相表里，则第一说根本反对大赦，亦自有相当之价值。顾近世新派刑法思想，已趋向于"感化主义"、"社会防卫主义"、"主观主义"，而以社会与个人之调和为重要鹄的，如所谓"缓起诉"、"刑之缓宣告"、"不定期刑制"、"缓刑"、"假释"、"常业犯习惯犯之保安处分"，渐为近代刑法所采用，均足使"有罪必罚"、"刑当其罪"之基本观念，彻底动摇。第一说所持理论，囿于旧派思想，已无可维持，矧刑事之有罪裁判，不过确定国家刑罚权之存在及其范围，纯属法律之适用问题，而颁行赦典，则属刑事政策之运用，入于国

[2] 原文误为"奸究"。——编校者注

家政治之范畴。特定罪犯具有特殊原因时，不妨特赦或减免其刑，既为通说所不否认，则一般犯罪，具有同一原因时，颁行大赦，在理论上即属无可非议。假使运用得当，不数不滥，斟酌时代之需要，实施感化之策略，而于赦免人犯，善为之断，不令其重蹈法网，则二三两说，所顾虑各端，事实上当亦无从发生，其不能因噎废食，自不待烦言而决也。

国民政府自民国十六年统一告成以来，仅颁布赦典两次：一为民国二十年一月一日之《政治犯大赦条例》，一为民国二十一年六月二十四日之《大赦条例》。前者限于十九年十二月三十一日以前之政治犯，予以赦免，仅属特种犯罪之赦令；后者以赦免与减刑并列，凡二十一年三月五日以前之犯罪，除明定不予减刑者外，依其所犯罪最重本刑之轻重，为赦免或减刑标准，所谓就一般罪犯之大赦，只此而已。此次国府公布《减刑办法》，系规定三十三年六月一日以前之犯罪，除所犯为唯一死刑之罪外，均减轻其刑。其减刑范围，虽较《大赦条例》为宽，而原有罪刑，并不赦免，则又显不相同。此项办法之颁行意义，可得而言者，似有下列数点：

国家对于人民施行刑罚，原为万不得已之举，而"刑者，侀也。侀者，成也，一成而不可变"（《礼记·王制》），苟有犯罪行为，即不得不依律处罚。一经裁判确定，即不得不照判执行，原则上初无伸缩余地。然《易》称："雷雨作解，君子以赦过宥罪"（《易·解卦》），取象雷雨，以解阴蛰之气，而养天地之和，赦典之终不可废，盖即所以尊重法律，而济裁判之穷也。国家颁布《大赦条例》，迄今已十有二年，比岁疲于兵革，民亦劳止，政府救亡恤灾，莫不惟力是视，即人民偶罹刑网，罪有应得，亦同在轸念之中，及此广沛宽典，除所犯殊死以外，概予减刑，虽与大赦殊其涂辙，而荡涤瑕垢，励其自新，藉以培养元气，以副刑赏忠厚之旨，实具有同一期望，此其一。

人民犯罪，出于天性者，究属极少，其大多数之原因，均由社会环境所酿成，已为社会刑法学派所公认。军兴以还，接近战区之民众，荡析离居，其在后方者，亦感受经济压迫，均使其经常生活，发生剧烈变化，而诱至犯罪之因素，复较平时为多。此项特殊环境，几为犯罪增加之普遍原因，审判机关，援律论科，既难施以法外之仁，只可由政府普遍减刑，以济情法之平。至战前犯罪，固与军事无关，惟旧案已属无多，自不妨概予矜全，以彰盛典，此其二。

抗战期内，以集中力量为第一要义，生产事业，国防建设，以及杀敌致果，在在需用人力。顾此人力之需求，全由普通良民担负，而待罪之人，转得置身度外，非特事理不当，抑亦减少来源。最近司法及军事押犯人数，虽不得其详，但截至三十二年十二月底止，就各省已报之人犯统计，普通犯，已决者六二一七人，未决者九七一七人；特别犯，已决者六零四二人，未决者一一零九五人；军事犯，已决者二四四六人，未决者三九六一人；其他已、未决不能分别者一零六九人；共计四九六四七人（未据具报之省份，尚不在内）。则其数字之庞大可惊，已可概见。近年司法当局，利用监犯人力，先后颁定监犯调服军役，或保外服役，及移垦办法，其在监执行者，亦大都令其作业，固不致完全坐食，然罪犯工作，因管理上有相当限制，究不克充分发展。减刑实施后，则刑期缩短，提前开释，回复其固有能力，俾得用以自效，于增加抗战力量，必有裨益，此其三。

至于疏通监所，减少羁押，俾国家财力稍纾，即或遭遇空袭，管理便利，亦可避免无谓之牺牲，虽为实施减刑所应有之效果，要非国家采用减刑办法之主要目的，姑不具论。

顾议者以为政府颁行宽典，既有重大意义，何不径予赦免，较为彻底，且近年特别刑事法令，陆续公布，均趋向重刑之一途，乃于法定刑罚外，重施轻减，亦得无减损法律之效力乎？此固当前应有之疑问也！按大赦系非常举动，非有重大事故，不宜轻予颁行，原为古今不易之定则。现在是否其时，姑不具论，即如军事紧急期内，后方治安，极为重要，倘骤颁赦典，则数万押犯，同时释放，是否适宜，在国策上亦至堪考虑。况大赦有消灭罪刑之效力，匪仅赦前罪行，不应重究，即赦后再又犯罪，亦不构成累犯，不得加重其刑（刑法第四十七条关于赦免后再犯之规定，依现行判例，不包括大赦在内），转不如减而不赦，俾罪犯知所儆戒，或于防止累犯，收效更宏。至特别刑事法令，采用重典，本与政府之普遍减刑，各有取义，平时刑法，对于一切犯罪，非无制裁，既不能执此而废大赦，则特别法令虽加重刑罚，亦不能因此而排斥减刑，极为明显，且本办法明定唯一死刑之重罪，仍不减刑，显已顾及此点，尤属无可疑虑已。

　　试更就减刑办法不予减刑之规定，进而讨论之。我国历来法制，逆恶不在恩宥之列，已成通例。隋开皇律，犯十恶及故杀人，狱成者，虽会赦犹除名，唐律因之，后代虽有损益，而颁布赦令，类有不赦之条。惟宋之赦令最滥，凡大赦及天下，释杂犯死罪以下，如十恶、杀人、受赃、强盗之罪，为常赦所不原者，皆除之，颇为论者所诟病。民国初元，颁行赦令，特申明真正人命及强盗两项除外，并由司法部拟订不准除免条款，将合于真正人命及强盗之情节，共四十四条，详细定明，呈准施行。国民政府所颁之《大赦条例》，第二条亦列举十款罪名，不在减刑之列。此次公布之《减刑办法》第一条，则明定犯唯一死刑之罪者，不予减刑。立法精神，先后一辙。但前两种法例，均以犯罪情节或所犯罪名，为限制标准，而《减刑办法》则一以法定本刑为断。盖刑事法令，就各种不同犯罪，科以同一刑罚，必已审酌其犯罪结果，与夫犯人恶性，视为相等，则其应受制裁，即不宜为歧异之待遇，始与法意相符。且现行特别刑事法令，所定唯一死刑之罪，远较普遍刑法为多，一一列举，转易阙漏，本办法予以概括规定，尤不能谓非适当之措施也。

政府之实施减刑，并非减轻罪犯之刑事责任，尚有重大意义存乎其间。既如上述，执法人员，如仅以减轻其刑，了解案件，即谓职责已尽，则减刑结果，势必与前代之大赦同其价值，故办理减刑，仍具有重要任务，无可诿卸。鄙见所及，以为最低限度，必应注意下列数事：

一、《减刑办法》第四条规定："依本办法应减刑之案件，未经裁判者，于裁判时行之，已经裁判确定者，由最后审理事实之法院，或其他相当官署，以裁定行之。"是此项减刑，因原案已否裁判，及裁判已否确定，应为不同之处置，虽无疑问，要其减刑结果，必须彼此一致，始不致有失公平。未经裁判之案件，适用本办法减刑，原为国家特颁之宽典，即与通常之法定减刑，裁量减刑，渺不相关。裁判人员，对于某种罪犯，原拟科处何刑，仍宜先依自由裁量，酌定限度，再依本办法减轻，而为刑之宣告。如《刑法》第五十九条之宥减，及其它"得减本刑"之规定，原可为减轻根据者，断不能以本办法应予减轻，遂觉其情罪已符，不复再行援用，庶与已决犯之减刑，系专就宣告刑减轻者，得其权衡。至裁判确定案件，既须先经减刑裁定，俟执行完毕，予以释放，如果刑期较短，必须提前赶办，否则裁定以前，刑期已满，或已执行泰半，致人犯早应开释者，因此多受羁押，殊非正当。若夫陈年旧案，程序上易滋纠纷，往往该案已否确定，应否减刑，或是否须经非常上诉，先予纠正，动辄发生问题，尤须彻底清查，迅速处理，庶无滞延之弊，而得受减刑之实益。

二、国家之减刑目的，首在感化罪犯，悔悟自新。执法人员，宣示裁判或提释押犯时，即应剀切晓示，俾可了然于中，以启其迁善之机。至受减刑之执行后，再度犯罪，如合于《刑法》第四十七条所定情形，仍应依照累犯加重。此种规定，每为罪犯所不了解，尤应同时切实诰诫，藉知儆惧，否则罪犯莫明所以，徒见重罪轻拟，或刑期未满，即可释放，转以促其玩法之心，殊非国家矜慎之本意也。

三、举行减刑后，必有多数押犯，同时释放，苟无相当职业，妥为安置，流离失所，其弊必甚于不释，所谓纵虎兕于山林，鲜不为患也。现在国家及社会方面，需要人力，固较平时为殷，但罪犯骤入社会，或因介绍困难，或因信用隳失，觅取职业，远非平民可比。且罪犯类多贫乏，长系以后，家人生产，尤往往濒于绝境，必须有救济机关，居中设法，始有生计之可寻。此则地方政府，及自制团体、慈善机关，均应负责规划；监所人员，亦应与其保持联系，随时商洽进行，庶克有济。

四、保安处分与减刑之执行，两不相妨，按之刑事政策，且有相互利用之必要。《刑法》第八十六条规定："因未满十八岁而减轻其刑者，得于刑之执行完毕或赦免后，令入感化教育处所，施以感化教育，期间为三年以下"。第八十七条规定："因精神耗弱或瘖哑而减轻其刑者，得于刑之执行完毕或赦免后，令入相当处所，施以监护，期间为三年以下"。第八十九条规定："因酗酒而犯罪者，得于刑之执行完毕或赦免后，令入相当处所，施以禁戒，期间为三个月以下"。第九十条规定："有犯罪之习惯，或以犯罪为常业，或因游荡或懒惰成习而犯罪者，得于刑之执行完毕或赦免后，令入劳动场所，强制工作，期间为三年以下"。以上各处分，依同法第九十二条规定，按其情形，得以保护管束代之，期间为三年以下，其不能收效者，得随时撤销之，仍执行原处分。而保护管束规则，前经内政及司法行政两部制定，于民国二十四年十一月九日公布施行，对于保护管束事项，规定綦详，减刑人犯，如有应受保安处分之情形，亟宜照办。此项人犯中，如系习惯犯、常业犯，或有游惰成习，而犯罪情事，则其危险性，最为重大，尤宜执行保安处分，以资感化。

五、大赦之弊，厥维再犯。前者颁布《大赦条例》，曾由司法行政部拟订《再犯预防条例》，呈准施行，对于赦免人犯之再行犯罪，科以较重之制裁。此次《减刑办法》，仅予减刑，如有《刑法》第四十七条之再犯情事，原可加重科刑，自无另订预防办法之必要。惟是再犯之囚，类多狡黠，其讳言旧案，或改易姓名，以图避免，均为通常所习见。开释人犯时，纵不能摄取相片，而取其指纹，及编制身分簿册，断不可少，嗣后遇有新犯，即应切实考验，以为裁判之依据。如属累犯，其科刑加重，固宜依法厉行，不再宽贷；即或不合累犯条件（如罚金、拘役之犯罪），但犯人之品行，依《刑法》第五十七条第六款，既为科刑轻重之标准，则其曾经减刑，重又犯罪，即属品行不良，亦是供量刑之参考。

六、自《非常时期监犯调服军役条例》施行以来，各省具报调服军役及编入感化队之监犯，截至三十三年三月止，已达四万零六百九十四人，保外服役者，亦达九千六百六十六人（见司法行政部二十七年至三十三年三月各省监所疏通人犯一览表）。近年因刑期届满，或特赦、减刑、解除劳役者，虽不乏人，但继续服役之人犯，尚居多数。逆料减刑以后，当可删汰过半，弃已成之事业，而就毫无把握之工作，公私两方，均感损失。窃意此项人犯，在调役期内，既服有一定劳务，复著有相当成绩，纵令减刑结果，刑期已满，本应听其自由，如果该犯仍愿继续服务，即亦无强令归休之必要，自可按照普通军民之例，优予待遇，一面为鼓励起见，尤不妨订定奖励办法，俾得充分利用。

七、刑事人犯虽因减刑开释，但关于财产上犯罪，其民事赔偿责任，仍属存在。如有执行名义，经债权人声请强制执行者，固应依法执行，即使债权人尚未声请，而人犯一经开释，往往避匿无踪，将来无法查追。此在开释之初，即应密切注意，先为适当之处置，其应追缴公有财物之案件（参照《惩治贪污条例》第七条），应仍予以追缴，不宜稍事疏略，尤不待言。

八、司法院执掌之提请特赦减刑，既与本办法所定减刑系属两事，是人犯前已提请减刑者，此次应仍递减其刑，固属当然；即其他依本办法减刑人犯，如具有特殊原因，亦仍应呈请司法院，转请特赦，或再予减刑，不能因其已沐宽典，即予漠视。惟特赦、减刑，均属免其刑之执行，如依本办法减刑后，刑期即将届满，则有无呈请之实益，自有考量之必要。

以上所陈，不过就一时感想，粗具梗概，细针密缕，尚有待于实务家之运用，非兹篇所能详。盖法律目的之能否达到，与其责诸法律本身，毋宁责诸用法之人。善用法者，不仅以用法无误为能事，必须体察法意，探求其如何运用，以期切合实际需要，法律目的，始有达到之一日。管子"不严于法之内，不宽于法之外"，非善之善者也；《大禹谟》"刑期于无刑"，善之善者也；子路"片言折狱"，非善之善者也；孔子"必也使无讼乎"，善之善者也。执法人员，苟能深明减刑意义，运用恰当，使一般囚犯，咸知悔悟自新，致力国家，更进而以政府视民如伤之意，昭示宇内，翕然从风，纵不能刑措勿用，亦庶几讼狱日稀，弼成郅治，始不负非常时期刑事政策之一重大表现。

〔原载《中华法学杂志》第三卷第七期，大东书局 1944 年 8 月出版〕

三十四年展望：法律的权威

中华民国诞生，忽忽三十有四岁了，在三十四年维新更始之际，应有祝福与希望。然回愿国家社会，一般的生活的状态，非惟不能达到于水平线上，而且憔悴呻吟，岌岌有不可终日之势。原因固不止一端，但是法学会同人自我检讨，在三十三年当中，法治之说，似有阐扬，而法律上权威，尚未建立。意吾法学会同仁所当引为己责，猛着先鞭，唤起学术理论上之权威，以为法律权威之先导。

我国革命的目的，是要实现国父孙先生的三民主义，外求独立、自由、平等，内求民有、民治、民享，使中国成为一富强康乐的新国家。其所以达成之者，表面上虽属经纬万端，然揆其根本，则不外为一法律的统治而已。法律的统治，在现代民主国家，早经有显著的成效，也就因为法律本身的意义，已经不是神权时代里的"天赐二剑以与世人，一与教皇以拥护神国，一与皇帝以拥护人国"之说，更不能是强者支配弱者的护符，或富者剥削贫者的工具了，现在应该是为保障人类自由和平的生存事实了。所以，我们可以称为法律的统治。

法律的统治有两项目的：一是功用，一是效能。实现功用与效能，然后法律本身乃有权威之可言，要法律发生了权威，法律的统治一词，方可以名实相副。以此之故，我们暂不言统治，而单究其权威。

一种权威的发生，同时有两个绝对相反的形势对峙着，即"私行"与"公力"。两者都可能发生权威，不过前者是不足以语于正确的，是假借法例律令为主权者，对人民加以命令，便利其统治的地位的。这种权威，是中古时代的"神意法说"，近古时代的"命令法说"，唯物论者的"强者法说"，独裁者的"自我法说"的片面权威，是一种畸形思想，无正义观感，已不合时代潮流了。只有后者是备具正义人道，用法律以保障人民自由和平的生存，藉公力以施行一种社会生活的规范，因而得到人民的共同爱戴，而加以接受的一种法律权威。这种权威，即是三民主义下法律统治的无上权威。

如此说来，法律权威的发生，是由于人民的共同爱戴而加以接受的。那末法律的功用和行使的效能，是不能有丝毫缺欠的，有一不备，则所谓法律的权威，适成其为一种夸诞之词，没有着落。然则法律的功用与效能究竟安在？请先言功用，次明效能。

我们尝想，人类自由和平的生存，原本不是一种容易得到的境界。荀子说："人生有欲，欲则求，求则争，争则乱，乱则穷。"到了穷达极点的时会，自然会生出变则通的道理来。因为人类求生存的方式，从历史上看来，总是向着公平齐一的路上走的，只要掌理治权的人，把法律的功用认识正确，怀着纳民轨物的思想，而施以平直齐一的法律，使之各就其范，那末一种自由和平的生存境界，并非不能达到的。

试考"法"字。古文写作"灋"，从水，从廌，从去。水取其平，廌是古代一种异兽，他的性情喜直而恶曲，"所以触不直者去之"，这是法的字源，亦即是法的本义。律字本来就是齐一的意义，《虞书》说："乃曰律度量衡，所以齐远近，立民信也。"又《说文》："律，均布也。"段注："所以范天下之不一而归于一，故曰均布。"可见法的功用，贵在齐一，以立社会关系的定制，规定制立，使各个人都可依照一定的规制，以作生活关系的准绳，而促进人类生存的繁荣，和向上的发展，这才是法律的无上功用，有此功用，于是法律的初步权威乃生。

次明施行的效能。法律的规定，既具备良善的功用，但是施行效能的表现，则在执行者方面之能否贯彻以为定。假使有法而不能彻底执行，是有法与无法等，而且其流弊更甚于无法。我们须知，法律之所要求的，必期其实现，法律之所禁止的，必期其消灭；法律之所赏者，必如分以赏，法律之所罚者，必如分以罚。这四项要义，务必件件做到，而后可以说得上贯彻执行，所谓行之信如四时，执之坚如金石。宋时杨万里的《刑法论》说："有法而不用，则民知其法之不可忌，有法而民不忌，是故布之号令，不曰号令，而曰'空言'，垂之简书，不曰简书，而曰'具文'，是无法贤于有法也。古之法，始乎必用而终乎无所用，今之法，始乎不用而终乎不胜用矣。"这是说法令不能贯彻之弊，执行者不能贯彻法令，法律的效能如何得见，效能不见，我们所谓法律的权威，仍然只成其为"空言"、"具文"一类的名称。因此，我们不言法律的权威则已，要言法律权威，则惟在执行者具有丰富的学识经验，并认识国家的政策，明了立法的精义，能讲求执行的方法而持之以毅力，始终贯彻施行，这是最根本之点。除了注意执行者的人选以外，实在别无其他途径可以取巧，孟子所谓："徒善不足以为政，徒法不能以自行"，正是此意。

我们明白了权威的发生，由于功用的正确和执行的贯彻，然而回顾上文所指出的"公力"一词，尤不可不加之注意。上面说过，法律是规范社会生活的，换句话说，法律既是基于社会的共同意思而发生，无疑的是成于社会的共同力量而收效。假如一法之立，被社会人民认为不妥，则法律本身且将失去存在的理由，更何能望其发生权威。反之，一法之行，社会亦许有少数"私行"者害公阻法，或是不明了自由和平的真义，亦足以为法律施行的障碍，故"私行"必为"公力"之敌，这一层也是要明白的。因此，我们不但说法律的权威是由于保障和施行，而且说是藉"公力"来维护而增长。诚能如是，则树立法律权威，以完成革命建国，又岂独国家幸甚，即世界将来和平，亦利赖之矣。

〔原载《中华法学杂志》第四卷第一期（总第 31 号），大东书局 1945 年 1 月出版〕

司法党化问题

一

"司法党化"一个新名词出世以后，有些人便色然喜像是得到了奇货一般，有些人却又蹙然忧像是危险世界将要到来，露出不可终日的样子。其实都是大惊小怪。

在"以党治国"一个大原则统治着的国家，"司法党化"应该视作"家常便饭"。在那里一切政治制度都应该党化。特别是在训政时期，新社会思想尚待扶植，而旧思想却反动堪虞，如果不把一切政治制度都党化了，便无异自己解除武装任敌人袭击。何况司法是国家生存之保障、社会秩序之前卫，如果不把他党化了，换言之，如果尚容许旧社会意识偷藏潜伏于自己司法系统当中，那就无异容许敌方遣派的奸细参加入自己卫队的营幕里。这是何等一个自杀政策！

"司法党化"是不成问题的。所成为问题的就是——如何才叫做"司法党化"。

把几个司法系统的高级长官都给党人做了。这可以算是"司法党化"么？

或者把一切司法官限制都取消了，凡党员都可以做司法官；把一切法律都取消了，任党员的司法官拿自己的意思武断一切。这可以算是"司法党化"么？

现在一般人所以听到"司法党化"四个字便会生出忧喜之情的，恐怕不免由于以上的误解罢。

如果照后一种办法算是"司法党化"，那末试观苏联，一个司法党化的典型国家，在一九二二年以前曾经这样干过了。为什么一九二二年"司法改革"以后，要制定许多严密的法律，要规定民众法院中固定法官之必要的资格，而对人民陪审官也加紧特别夜课之训练呢？

如果前一种办法算是司法党化，那末封建余孽正中下怀。他们把大官让你们做，自己却躲在下层干部里面借尸还魂，自不难把一切封建意识复活于种种裁判之上。这样不是我们革封建社会之命，却是封建残余革我们之命了。

依我们的见解，司法党化必须包含以下两个意义：

（一）司法干部人员一律党化——主观方面。

（二）适用法律之际必须注意于党义之运用——客观方面。

现在把这两个原则说明一下。

二

所谓司法干部人员就是指各级法院之推检而言。因为只有他们是实际适用法律之人，只有他们是真正的法律实务家（在政府方面），只有他们的行动与态度直接影响人民之利害与疾苦。其他司法院与司法行政部的人员及不兼推事之法院院长，他们与法律实务或法律适用都离开很远。虽然他们的行动与态度也可以影响于人民之利益与疾苦，但多是间接的，人民对于他们的认识决不如司法官之亲切。不过他们在物质的待遇上往往比较司法官优得多，而司法官事务却比他们所任繁剧。如果党人只把那些事闲俸厚的肥差给自己拣了，把这些事繁俸薄的苦差——推检——让与别人，那就不免"买椟还珠"之诮了。如果这样要说是司法党化，实是南辕北辙，愈走愈远。所以说，司法党化必须注重司法官党化。至于司法行政人员及司法系统机关长官之党化，还属次要问题。

所谓司法干部人员一律党化，并不是说一切司法官非党人做不可。反之，把所有司法官位置全分配了给持有党证之人，如果他们对于党义——特别是拿党义应用到法律适用方面去——没有充分的了解时，也不能算是司法党化。司法党化应该是把一切司法官都从那明了而且笃行党义的人民中选任出来。不一定要他们都有国民党的党证，却要他们都有三民主义的社会意识。质言之，司法党化并不是司法"党人化"，乃是司法"党义化"。

这有一层，从主观方面实行司法党化，必须采用人民陪审制度。人民陪审骤观之似乎与党化不相干。然为贯彻民权主义起见，只有行陪审制度，而后可以使司法与民意打成一片，使民间的正义观念直接构成国家之正义观念。否则，人民认为是，而国家反认为非，人民以为无罪，而国家反认为有罪。国家意识与人民意识竟成反对。还成什么民权主义呢？像二十一年郑继成刺杀张宗昌一案，全山东省人民[1]皆称郑忠孝为国锄奸大快人心，而济南地方法院却判处有期徒刑七年、褫夺公权七年。这是在采用陪审制度国家不会发生的现象。意大利近施行法西斯之司法制度，极力集中权力于政府，还继续采用陪审制度不废。司法部长 Rocco 且为之解说，以

---

[1] 当时通电请赦者，有山东、江西、天津等省市党部及山东各县党部、各民众团体，及历城县全县民众代表杨铭曾等。

为审理重罪案件不能够先按照法理判断，必须观察民众对于本案反应之心理而权衡处置。[2]别的厉行民权主义的国家更不消说了。

再从别的一方面看，我们如果想把三民主义迅速地深入民间，使三民主义的世界观、人生观迅速地成为全国人民共同一致之信仰，更应该采用陪审制度作为一个最好训练方法。因为法律适用就是正义的宣布。[3]如果法律成为一种职业的秘密，像向来的情形，则法院所主持之正义与由此正义所构成的世界观与人生观，将为人民所不解。人民拿这种法院所主持而他们自己所不了解的正义与世界观，同他们自己积渐形成的正义观念与世界观比对起来，一定要发生疑问。如果这法院号称代表三民主义的国家时候，那就更危险了。他们一定因此而疑惑三民主义与他们的生活内容不能适合。像刚才所举郑继成案之例，人民的世界观是——"忠孝之行为不能认为有罪"，法院之世界观是——"豫谋杀人应该处罚"。人民之世界观是——"张宗昌罪恶盈贯人人得而诛之"，[4]法院之世界观是"张宗昌之生命也是国民政府法律保证下之法益"。两个世界观针锋相对。如果不加深究，就恍惚三民主义之正义观念，与人民之正义观念正在厮杀冲突似的。那岂不危险之至！假如采行陪审制度使人民得参与审判，人民得与深明党义的法官共同为正义之推敲，一方法官固得藉人民心理反映之刺激留心党义之运用，他方亦得藉党义之运用矫正人民之错误心理，而把他们迅速地引导到纯正

---

〔2〕 Rocco：La nuova Cotte d'Assise.

〔3〕 罗马法圣人 Ulyianus 说过："法律学是正义与不正的学问。"后来的人讲及法律也总不能与正义 justice 分离。Stammler 主张"正法" das richtige Recht 为法学之最高目的。

〔4〕 历城县全县民众代表杨铭曾等通电云："郑继成之杀张宗昌，为国锄恶，替叔报仇，于国为忠，于私为孝……张之死于郑也，亦乃恶贯满盈，罪无可绾……况张宗昌通缉之令未撤，则人人得而株之耶！"

的三民主义的世界观去。[5] 使党的世界观经由这个途径而成为人民普通[6]不疑的世界观，这实在是奠安党国最重要的一着。"以力服人者霸；以德行仁者王"。总理是主张行王道之文化的。所以我们与其以刑罚强人民服从党义，不如以陪审制度诱导人民心悦诚服地信仰三民主义。近来德国国社党盛倡"法入民间"之谕，要打破法律之职业的秘密倾向，要把人民与法律重新撮合于一处。[7]这是很值得我们注意的。依我看来，陪审制度实在是"法入民间"之终南捷径，是重新撮合人民与法律之最好媒介。

不过陪审员之选定要十分注意。像欧美一般通行的陪审制度似乎我国不能完全适用。本党第一次全国代表大会宣言说过："民国之民权，唯民国之国民乃能享之：必不轻授此权于反对民国之人，使得破坏民国。"如果陪审员资格漫无限制，很容易使司法权流入反动分子之手。意大利现制，陪审员须由司法部长推荐、经国王加以任命，则又未免官僚化，不宜采用。愚意陪审员名单，可由各职业团体选出候补人，由各地方法院经各地党部之同意指定之。如职业团体不满意于各地党部之选择时，得诉之于上级党部而请其决定。至陪审员之名额与权责，亦应有相当的限制与防止，务使名实相副，有利无弊。这在陪审制度着手制定之时，自须加以特别注意。

三

以上从主观方面即人的方面说明司法党化，现在更要从客观方

---

〔5〕 我们应如何用党义以解决郑继成案中人民与法院正义观念之矛盾，下文还有说明。
〔6〕 似应为"普遍"。——编校者注
〔7〕 Bayern 司法部长 Frank 之言。

面即物的方面说明司法党化。所谓物的方面之司法党化，就是指司法官审判时，（一）应该拿一个什么思维方法来做论证之基础，（二）这一步言，拿一个什么世界观来做思维方法与论证之动向。特别是我们采用"自由心证主义"的裁判制度，这些论证方法的基础问题更属重要。前揭两个问题本来都与司法党化问题有关，不过现在因限于篇幅，暂且把前一个问题思想形式问题放下，单就后一个问题思想实质问题、世界观问题——一个比较重要的问题——来说明。

我们说到应用世界观于司法上，或许有人这样提出反对。他们以为审判论证之基础与动向，应该凭着"客观的"法理，不应凭什么"主观的"世界观。他们或许以为民法第一条所规定的法理，系有一个静的形态，系有亘古不变、四海从同之性质。他们或许以为"法理"就是陆象山所谓"东海有圣人出，此心同此理同，西海有圣人出，此心同此理同，南海北海有圣人出，此心同此理同"一段哲学中所指义理。他们或许以为法理要是与世界观配合的话，这世界观应该视为人类普遍共认的世界观，断断不能视为一党一派的世界观，因为一党一派的世界观是偏私的，只有人类普遍共认的世界观才是公理之所在。这种见解，显然是受了十八世纪自然法论之余毒。

依我们的见解，人类普遍共认的世界观只是玄学鬼的作祟罢了。宇宙间并没有客观的法理，只有主观的法理。只有某一党一派的主观信仰、主观的正义概念——因为能与某社会生活相适应，能客观地代表某社会某时代意识之故——把全社会感化了，把全社会的意识同化了，在这个时候，他的主观的法理就变为客观的法理。

我们认定法律是社会之上属建筑，他并不是空中楼阁，他必与社会结构之下层基础相适应。质言之，就是与[8]经济制度相适

应。由各个社会、各个时代之具体的生产形态与经济制度，反映出人民精神生活之各方面要求，因而形成种种社会意识。由多方面的社会意识有机的结合而成为一个世界观。所以，每一个社会、每一个民族、每一个时代都有一个特殊的世界观。世界观实在是充满着时间性与空间性的东西。这世界观向人们现实生活四面放射，因而形成种种精神生活。法律就是由整个世界观所包涵"正义"意识部分所反映而成的东西。法律与其母本的世界观，系属于一种有机的联系。形成法律之意识的因素必与整个世界观之任何因素相适应，而且与同一世界观属下之其他任何精神生活（如政治、道德、宗教、艺术等生活）之构成因素相适应。质言之，法律因素必要与其母本世界观之时间性、空间性完全适合，而且与其姊妹生活（道德、宗教等生活）之时间性与空间性也完全适合。这样以同一时间性、同一空间性为主要因素之联系，就叫做"有机的联系"。那所谓亘古不变、四海从同之客观的法理，是与法律之时间性、空间性观念不能相容，也与社会生活之有机的联系原则不能相容。如果人类普遍之法理能够存在的话是真的，除非人类各种争端都消灭了，一切国家都死灭了，人类全体只有共同向征服自然一个大目标进发，此外更无其他相反的利害关系存在的时候，所谓世界大同、天下为公的时候。

在现在中国社会里，一方对封建残余尚未肃清，他方帝国主义者猛烈进攻的时候，如果有人提出客观的文理来对抗司法党化的话，无疑地他是借着自然法论做护符，暗地里为封建残余或帝国主义者张目，而实行其进攻三民主义国家之计划罢了。自然法论，从罗马时代以来，从 Cicero、Aquinas 到[9]Hobbes、Kohler，[10]时常

---

[9] 原文此处衍出一"至"字。——编校者注

[10] Cicero 今译"西塞罗"；Aquinas 今译"阿奎那"；Hobbes 今译"霍布斯"；Kohler 今译"柯勒"。——编校者注

都是给反动学者所利用，作为进攻革命势力之烟幕弹。而没有锐利的社会哲学眼光，人们往往被他欺瞒过去了。

由上述关于社会之有机的联系的说明，可知一个国家全部法律，并非拉杂集合的东西，而系基于一定的统一的正义观念演绎而成之系统。这一定的统一的正义观念便形成一国法律之"基本法理"或"中心原则"。它就是这特定的国家民族的世界观之部分的体现。它是这国家民族生存之础石，所以又叫它做"立国根本原则"，或"社会根本原理"。譬如美国之《独立宣言》，法国之《人权宣言》，苏联之《劳动及被剥削人民权利宣言》等便是。这些中心原则，有时在宪法里写着，如一七九一年法国宪法，一九一九年德国宪法（第二编），一九二四年土耳其宪法（第五章），一九一八年苏俄宪法（第一编）。有时在其他法典如民法典里写着，如拿破仑民法典第五四四条规定所有权为对物绝对使用收益处分之权利，如苏联民法第一条规定行使权利与社会经济政策抵触时不受保护。更有时不收入宪法或法典里而任其在人民宣言或学说中存在的，前者如美国之《独立宣言》不编入联邦宪法内，《人权宣言》不编入一八七五年法国宪法内，中国国民党第一次全国代表大会宣言若干部分未编入训政时期约法内，后者如古代之所谓"春秋大义"，总理之三民主义讲演若干部分，德国 Kerrl 等所著《国社党之刑法》（National Sozialistische Strafrecht, Denkschrift des Preussischen Jutizministers）等。[11] 特别是这些中心原则没有编列在成文法内的时候，很容易为人忽略。而短视的法律家往往因而误认这个国家的全部法律不是根据某一个主观的中心原则造成，而是由于客观的普遍的法理造成。如果这个国家是一个后进的国家，他的法律许

---

〔11〕 如该书所载刑法基本观念是："国社党刑法应责令个人于行为时对国家生存及公共福利之维持加一必要之考虑。"

多是由模仿或折衷外国法律而成的，那更是酿成[12]法律家短视之因缘。

一个国家立法之中心原则，自然是跟着时代为转移，而与某时代支配该社会之世界观相适应。所以，在奴隶社会就有罗马视债权为 Imperium（命令权、强制权），视债务人为变相的奴隶的观念。在封建社会就有"春秋大义"，有英国土地所有权不可侵之原则。在资本社会就有"天赋人权"之理论。在共产社会就有"不劳动者不得食"，[13] 消灭人对人之剥削关系[14]诸原则；在法西斯社会就有"公利先于私益"之立法原则。[15]

今日中国之国家，既不是前清或北洋军阀时代封建国家之遗留，也不是欧美资本国家或苏联共产国家之移植，而是系总理四十余年致力革命所创造之国家。他是帝国主义时代殖民地革命所必然地产生之新机构。他需要特殊的正义观念，特殊的基本法理，特殊的建国中心原则。"革命民权"、[16] "国家自由"、[17] "平均地权"，"节制资本"等等理论，就是适合于殖民地革命客观的环境而由国民党扶植生长之主观的法理。

一国家一民族某时代之中心法理，既系该国家民族生存之础石，法律全部系统之总纲领，自然他们的一切法律、一切裁判都应该拿它做根据，才能与客观的环境相适应而合于人民生活之要求。若法官或立法家忽略了这一点，贸然一味去寻求所谓客观的法理来做立法或裁判之根据，结果必至与人民生活枘凿不相容，像郑继成案就是一个实例。

---

〔12〕 原文误为"让成"。——编校者注
〔13〕 见苏联宪法第十八条。
〔14〕 见同上第九条。
〔15〕 "Gemeinnutz vor Eigennutz"德国国社党一九二〇年党纲第二十四条。
〔16〕 见国民党第一次全国代表大会宣言。
〔17〕 见《民权主义》第二讲及民十三年十一月三月总理对黄埔军官学校告别词。

苏联革命之际，因为旧法完全推翻，新法草创不完，司法上往往感到乱杂无序，于是苏维埃政府颁布一个法令，说司法官如果觉到无法文可以适用时，应该本于社会主义之精神以为裁判。后来并且把这原则编入诉讼法内。这真是客观法理论者之当头一棒。

由以上推论，我们便可以归纳到以下一个原则，作为司法党化物的方面之标准——"适用法律之际必须注意党义之运用"。

四

从三权绝对区分旧学说来观察，自然不免会有人这样怀疑：司法上所应用义理，一切已包含于法律或法典之中。只要在立法程序中能注意党义之运用，则裁判上自不会有违背党义之事例发生。"司法党义化"不免是赘疣的口号了。这种论断，实在是忽略了现代法理学上两个惊人的伟大的新收获，就是：

（A）废除立法与司法性质上之区分，认定法律与裁判有同一意义与价值——奥国派 Kelsen[18] 等。[19]

（B）否认立法机关制定者为法律，而认定法院判例（或判决）及解释例（或解释）才是法律——美国派 Gray、Frank[20] 等。[21]

试说明之：

（A）说以为立法与司法之性质，绝不是像向来那样解说。它们一样是"法律创造"，也一样是"法律适用"，性质上并没有什么不同，只是属于制法程序中两个不同的阶段罢了。法规对裁判言，法规是造法，而裁判是法律适用。法规对宪法言，则法规变为

---

〔18〕 即奥地利法学家、纯粹法学派的创始人凯尔森。——编校者注

〔19〕 见 Kelsen, Allgemeine Staatslehre, S. 233 ff.

〔20〕 指美国现实主义法学代表人物格雷与弗兰克。——编校者注

〔21〕 见 Modern Theory of Law（Oxford）中所载 some American Interpretation of Law 一篇。

法律适用，而宪法却是造法。同一理由，以裁判对于执行言，裁判又变为造法，而执行才是法律适用。所以立法就是司法，司法也就是立法。立法与司法，只是量的区分，而非质的区分。法规把一个法律前提（Rechtsbedingung）和一个法律（Rechtsfolge）结论联系起来。[22] 判决也同样地把一个法律前提和一个法律结论联系起来。[23] 不过前者用于较广泛的范围，而后者用于较特定的范围罢了。

"法规的联系功用，决不能取消判决的联系功用。"相反地，法规的联系功用倒还要赖判决的联系功用充实其内容。"如果没有判决，抽象的法律就无从取得具体的形态。"[24] 所以，与人民实际生活有关系的，不是法律，而是判决，不是立法，而是司法。譬如没有咸饼、甜饼等等实在的饼到肚子里，只有饼的一个圆形、一个象征放在眼前，那就是"画饼充饥"。譬如远远望见了许多青梅、黄梅、大梅、小梅等等实在的梅，而不得到口，只是思想上存着一个梅的概念，那么，就是"望梅止渴"。判决才是实在的梅，实在的饼；法律只是"画饼"，立法只是"望梅"罢了。

（A）说把法律分为一般的与个别的，或抽象的与具体的，以法规为一般的或抽象的法律，而裁判为个别的或具体的法律，换言之，就是"观念的法律"与"实在的法律"。观念的法律必要待实在的法律补充它，才可以有"具体的形态"。质言之，总可以达于"现实"。一个抽象的法律，如果永无裁判去适用它，它便锈废了。这种说明，已是把司法看得极重，而把立法看得较轻，大变从来习尚了。

---

[22]　例如法典说："犯杀人出于预谋者（法律前提）处死刑（法律结论）。"

[23]　例如法院判决说："郑继成预谋杀人（法律前提）减处有期徒刑七年、褫夺公权七年（法律结论）。"

[24]　见 Kelsen 前揭书二三三页。

（B）说则更变本加厉，根本否认制定法是法律，至多承认它是法律之渊源，而把从来法律之地位给裁判法取而代之。如 Gray 下法律之定义便这样说："法律乃是法院为决定权利义务所发布的规则。"这是以判例及解释例为法律。其意以为人事变化至为复维，一个抽象的一般的法律，决不能预料将来事件发生情形之变化而包举无遗，所以，法律必要靠裁判官立法以变化之，然后可以适应新环境，否则法律不过废纸而已，毫无用处。这按之美国移植与应用不列颠普通法情形最为恰当。Frank 则更进一步，以为裁判官法（即判例及解释例）也不是法律。所谓法律应以每个具体案件的判决为限，该案件判决后，这判决的效力也随而消灭。这是以各个判决及解释为法律，连"例"也不承认。其意以为宇宙间决没有两个内容完全相同的事件发生，每一个事件都有它的特定内容。科学家在试验室中，可以先假定一个原则，每次试验照同一原则所规定内容如法炮制，所以每一次试验都是同一假定原则之演绎。法律家之裁判则不然，法官不能照着从前法例如法炮制案件，案情都是自然地个别地发生，完全超乎法官意识的统制。案情一有出入，法官也必须超脱前例，自创新律以为判断，才得公平。所以，判决绝不是演绎旧法而是创造新法。

依以上说明，可知从前以为司法不过是取原有法律之义理而演绎之，这个观念是根本错误了。微特照美国学派所说，判例或判决才是法律，司法不是演绎旧法而是创造新法，其理甚明。即照奥国派所说，法律也不能包举裁判，法律之功用也不能取消裁判之功用。试就"白马非马"之论证之，益为明显。吾人从"马"之一个概念中，决无从抽绎出一个"白"的义理，同样我们决不能从抽象的法律中寻求裁判所含法律之具体形态。换言之，即不能从观念的法律中演绎出实在的法律所含之特殊义理。公孙龙子说得好："白者所以定色也。马者所以定形也。定色者非定形也。故曰'白马非马'"。由"马"到"白马"的思想过程，其间至少有"白"

之因素部分——定色的部分——是创造的，不是演绎的。同样从任何一个抽象的法规到一个实在的判决或解释，其思想过程至少也有一部分义理是创造的，非演绎的。我们不妨再举些实例来证明一下。

例一

譬如我国刑法第七十七条规定："犯罪之情形可悯恕者得酌减本刑"。

抽象的法律只规定"酌减"二字。究竟得减为三分之一？抑二分之一？抑毫无限制？抑准用"减轻本刑"之规定，认为至少减轻二分之一，而至多则无限制？在法律实毫无决定，而留给法官一个很广大的自由裁量余地。十七年最高法院解字二〇四解释便给它如下一个决定："同法第七十七条所谓酌减本刑，与减轻本刑异：至多仅能减本刑二分之一"。

由这个解释例所发生之结果，其影响于民众实际生活颇为重要。譬如有出于爱国之动机而犯一九七条第二项前半段之罪者，依民族主义之意识，不应处罚。然按之法例，则至多仅能减处有期徒刑七年。假如没有这个解释例，则减处徒刑二月同时宣告缓刑亦无不可。近来俄、意等国新立法例，对于特种情形之犯罪，往往得减轻本刑至三分之二，也有减轻不设限制而一任法官之自由裁量的。

又如最近有一个强盗案件。贫民某甲，结伙用强盗手段抢劫了一个轮船六吨煤，卖了五十七元钱。但这某甲只是附从的，主谋者另有别人。后来查出赃证又出于某甲之供述与引导。似乎此人并没有多大恶性。特别可注意的，是第一审判词内载："甲以年关难度，……惟念因贫而犯，且系偶发（指未曾犯罪受刑之宣告言），犯罪情状堪以悯恕。"又第二审调查笔录载："法官问：轮船何以不追回失去的煤炭？某证人答：船上是外国人作主。船上煤多，少了五六吨煤亦不在乎；所以没有去要。"由以上记载看来，一方受害者存煤甚多，失了五六吨并不在乎，所以查出赃物仍不起回——由此可以推测受害者并不感追究之必要，而出力追究者乃系希图赏钱得功、惯于与风作浪之包探——他方犯罪者为生活所迫，铤而走险，这罪责本业应该由社会制度来担负，而不能仅仅责备个人。假如没有解字二〇四号解释例，则法院未尝不可以衡情酌理减处徒刑二年至二个月同时宣告缓刑。可是在目前法例之下，各审虽极力宽减，也无法减至徒刑三年又六个月以下。这某甲显然又是解字二〇四号解例之牺牲品了。

由以上说明，可知刑法第七十七条之酌减原无限制，而"至多减二分之一"这个内容，显然是出于解字二〇四号解例之创造，对于七十七条原文，直无演绎之可言。而且刑法"得酌减"三字，一个毫无具体形态之规定，于人民生活并不会发生什么深切的影响。依这样空洞的规定，出于爱国热诚而倾覆舟车致人死者，原可以处死刑，也可以处徒刑二月宣告缓刑。因年关难度而行强盗之某甲，原可以处十五年徒刑，也可以处徒刑二月宣告缓刑。然而有了解释例，把一个具体的形态给那抽象的法律装上之后，他们大可悯恕的犯罪，也决不能作缓刑宣告之梦想了。

例二

譬如刑法第二五七条第三项规定："移送被诱人出民国领域外者，处七年以上有期徒刑"。

这里所谓被诱人，是否把已满二十岁之男女包括在内，法文并没有明白说出。依文理解释，此条文系承上第一第二项来，似乎是指未满二十岁之男女，已满二十岁者不在此例。又以论理解释言，第三一四条对于意图营利以诈术使人（指已满二十岁人并包括男子）出民国领域外者，不过处五年以下有期徒刑，则单纯和诱已满二十岁之男子出民国领域外者，断无反加重处罚之理，则第二五七条第三项所谓被诱人，自应如其文义，以未满二十岁男女为限。

而最高法院十七年解字二一四号却加以扩充解释："但移送被和诱人出民国领域外者，无论已未满二十岁，仍应依第二百五十七条第三项论科。"

虽有苏张之辩、祝佗之佞，恐不能说明这个解释是仅仅从刑法条文而演绎其义理罢。由移送被和诱人（一般和诱罪系以对未成年人行为为其要件）出国，转到移送已满二十岁男子出国，这当中毋疑地含有创造法律、变更法律之意味。就此例言之，我们即用Frank 之说，指其代替原法律条文而取得法律性质，不为过论。而新刑法第二百四十二条于被诱人上增加"前二条之"四字，显然系对于该解例之造法性之一个反响。

例三

刑法第二九七条规定："当场激于义愤而伤害人者处三年以下有期徒刑"。

因伤害而致人死的怎办？刑法并没有明文规定。十八年发生黄培余案，就是这样情形。第一审法院以无明文可据，乃援用刑法第二九六条处断。最高法院检察长谓为违法，提起非常上诉。法院采纳其上诉意旨，而为如下之判决：

> "刑法第二百九十七条所谓当场激于义愤而伤害人者，系包括同法第二百九十三条至二百九十六条所列举轻伤、重伤及伤人致死各种之情形而言。此观于法文规定之顺序，就论理解释，已可了然。"——十九年非字第一五三号

伤害罪本来系结果犯，其处罚之累重，纯以结果之轻重为标准。这是伤害罪论刑一个重要原则。依论理解释，则对于激于义愤之伤害罪论刑，是否当然放弃这个原则，很值得我们考虑。试参观

新刑法第二七九条但书之规定，它却告诉我们，对此问题应该作否定之答案了。如果这个原则没有被我们忽视，则黄培余案第一审法院之论旨，并非毫无理由。不过它对于动机完全抹煞，这是大错。然而第一审法院之忽视于动机，与最高法院之略于结果，依论理言之，同是有所简略。激于义愤伤害人致死之罪刑，依严格逻辑，只可谓现行刑法并无规定。法律既无明文规定，依刑法第一条所含义理推之，对于"致死"之结果，自当不予论究，而单论其伤害之行为。所以，十九年非字第一五三号判决之合法性，与其谓就伤害罪规定之论理解释而得之，不如谓为"法无明文不为罪"一个原则之当然结论。如果判例照此立论，自可谓为纯粹演绎。然而判例所陈法理，却舍此而有用彼。在一个"伤害罪视结果而论刑"的大原则笼罩之下，对于刑法第二九七条一个疏漏而简略的规定，勇敢地给他一个具体型态之补充，一个反乎上述原则的具体规定之添附，这样手段，如果定要说是论理解释，那末这种论理至少是一个辩证法的论理，而不是形式的演绎论理。对于现行法所采用一般原则，而就某种场合设定例外，这无疑是一种创造法律，而不是仅仅演绎义理。

由以上说明，可知司法作用比较立法作用，其关系于"民生"尤为切要。无论从美国派之裁判法法律说，抑或从奥国派之具体形态的法律创造说讲来，都显见得"司法之党化"应该比较"立法之党化"更为重要。

以上系就立法与司法从纯学理比较来说而断其对"民生"关系之轻重。若再就中国特别国情言之，就其历史上倾向与习惯言之，判例势力之伟大，实无可争辩。请观以下几个事实。

（一）中国立法虽多仿大陆法系，然其实中国向来是判例法国家，甚似英美法系制度。在民国前，虽有大清律，而例却多于律，致使司法成为幕僚职业之秘密。民国后，在十八年民法未颁布以前，除一二部分外，支配人民法律生活的，几于全赖判例。而判例所依据的，在北洋政府时代，除极小部分沿用大清律外，大部分均系依据条理。国民政府成立以后，大清律与北洋时代判例一律推翻，法官裁判所依据的，除条理与学说外，更无他物，可知中国之司法，向来已经取得创造法律之权威。即在近来民刑各法制定以后，法律虽较前大备，而《破产法》尚未制定，《土地法》亦未施行，其他虽有法典而因制定程序匆促多有草率而不完备之处，百孔千疮，除依赖司法官之立法外，决不能使法律生活得到圆满。

（二）礼俗在中国人民生活上的重要，亦为判例有力之根据。即如现行法所定禁令，大抵皆系以一定的制裁。每条的里面必包含一个"应为"或"不应为"的伦理的或道德的规范。此伦理或道德的规范，多见于一般的礼俗之中。无论礼俗是载于典籍或由于记忆的，常为"应为"、"不应为"的规范之所在。法律既只就"应为"、"不应为"的规范定一制裁，则在"应为"、"不应为"发生争执时，便难从律文上寻得解决的根据。譬如民法规定凡违背公共秩序、善良风俗之法律行为无效。但何者是公序良俗，则须求之于礼以为准。

（三）中国向来艳称"经义折狱"。这是证明中国民情不特重视判例，而且有时竟认道德原则或一般义理在裁判上有优于现行法之价值。试观《汉书》所载一段"春秋折狱"的故事：

> "偃矫制，使胶东鲁国鼓铸盐铁。……御史大夫张汤劾偃矫制大害，法至[25]死。偃以为《春秋》之义'大夫出疆，有可以安社稷，存万民，颛之可也'。汤以致其法，不能诎其义。有诏下军问状。军诘偃曰：'古者诸侯国异俗分，百里不通。时有聘会之事，安危之势，呼吸成

---

[25]　原文误为"当"。——编校者注

变。故有不受辞造命颛己之宜。今天下为一，万里同风，[26] 故《春秋》'王者无外'。偃巡封域之中，称以出疆，何也？'……偃穷诎，服罪当死。"[27] ——《终军传》[28]

"矫制当死"，这是现行法之规定。徐偃却轻轻地拿一个数百年前例案与学说便可以把他推翻，而断狱老手之张汤竟至束手无策。到底终军又拿另一个学说出来，才给现行法之效力下一个批准。这都可以证明义理与学说往往有优于现行法之效力，而裁判所含造法性之重大。

学说与一般义理，何以会有优于现行法之效力？此与现代法学之现行法主义（Positivism）似不相容。不知现行法并不是绝对的法律，有时一个反对的行为信条，往往与他同时对抗地存在着。[29] 当两个行为信条对峙着支配人类心理时，非有一个更高的信条提出，不能压倒一切。而这更高信条或社会的中心法则——依上文说明——往往不存于现行法上，而仅仅存于学说或一般义理中。在现行法之上承认有一般义理或根本法则之存在，奥国纯粹法派学者Verdross[30] 称他做"法规现行法主义"（Rechtspositivismus）。[31]

---

[26]　这里见汉人之谈法理，也很注意时间与空间性。终军之胜利与张汤之失败，其关键全在乎此。

[27]　原文误为"偃穷诎辞服当死"。——编校者注

[28]　原文此段引文句读有误，今已予以改正，且该段文字并非依照《汉书·终军传》全文引用，中间省略处未予标示，今已加用"……"标明。——编校者注

[29]　观《汉书》所谓"致其法不能诎其义"，在这里"法"与"义"两字很明显表现出两个行为信条同时对抗地存在。

[30]　指奥地利国际法学家维多斯（Alfred Verdross，也译费德罗斯）。——编校者注

[31]　见 Verfassung der Völkerrechts gemeinschaft, S. 21.

五

　　以上已经从一般原理上说明司法与立法一样有创造法律之作用，又从历史上说明判例势力在中国人民法律生活上影响之伟大。为增进司法效能，期司法作用适合于人民实际生活起见，必须使司法官认识一国之根本法理，法律全系统之中心原则，实无疑义。惟是依上文所述，这中心原则，往往不见于成文法上，那么这中心原则之探讨方法，很值得我们注意。

　　探讨方法，包括（一）材料搜集，（二）研究方法而言。关于材料之搜集，自当就国民党党纲、宣言及各重要决议案，总理学说及其他重要人物之言论中，把有关于国家生存诸根本法则都细绎出来，作为非制定法部分，与散见于各法典中诸根本原则，汇集而类比起来，然后有科学方法加以研究。至研究方法，应该包涵以下几个步骤：（一）应当注意这些根本法则、中心法则产生之社会的背景，观察人民之实际生活，特别注意考察中国经济进化到一个甚么阶段；（二）拿这些中心法则与中国各时代之中心法则比较，又与外国法律系统之中心原则比较，而分析其时间性与空间性；（三）考察中国现行各种法律与此中心原则之论理的关系；（四）考察各种现行法之缺点，详言之，即比较现行法与旧法律间之差异，而观察其进步之程度，又比较现行法与中心法则所悬拟之目的境界相差之程度，而假想改良法律之标准。总括一句话，应当有一个三民主义法律哲学之系统的研究。

　　三民主义国家，要求每一个法官对于三民主义法律哲学都有充分的认识，然后可以拿党义充分地运用到裁判上。他应该注意到以下各点实用：

（一）法律所未规定之处，应当运用党义来补充它；[32]

（二）法律规定太抽象空洞而不能解决实际的具体问题时，应当拿党义去充实它们的内容，在党义所明定的界限上，装置法律之具体形态；

（三）法律已经僵化之处，应该拿党义把它活用起来；

（四）法律与实际社会生活明显地表现矛盾而又没有别的法律可据用时，可以根据一定之党义宣布该法律无效。

现在试举一二个裁判党化之设喻：

例一

譬如上引之郑继成刺杀案，法院认定郑之行为已具备刑法第二八四条第一项第一款所规定预谋杀人之要件，所以判处罪刑。后来虽然由国民政府予以特赦，但特赦之效力不过是免除"刑之执行"，并非根本宣告无罪。如果人民提出这样一个问题："以郑继成之忠孝双全，以张宗昌之罪恶贯盈，郑之杀张，用人民常识来判断，可谓合于正义。何以三民主义之刑法反认为有罪？"那末，特赦之办法是不能答覆圆满了。虽然结果郑继成一样不用坐监牢，可是名不正则言不顺。我们将何以自解于人民正义观念上之怀疑？

假使这个案件用党义来判断，便不难寻出一个名正言顺的办法了。

上文我们已经分析过，在这案件中，人民与法院间，有两个对抗的观念：一个是关于犯罪行为动机方面正义认识之对抗，就是"忠孝复仇之行为不应有罪"与"预谋杀人应该处罚"两个原则之

---

[32] 《荀子》："故法而不议，则法之所不至者必废。……其有法者以法行，无法者以类举。"德国 Kerrl 在《国社党刑法》一书，主张用"类推法"说："若有某种行为，法律并没有明文禁止，然从健康的民族观念看来，为道义所不容，同时亦为某一特定刑条所本的法律思想所斥责，则法官可在这个特定刑条范围内，对此行为加以刑罚。"皆同此意。

对抗；又一个是犯罪客观方面正义认识之对抗，就是"张宗昌罪恶贯盈人人得而诛之"与"张宗昌之生命也是法律保护下之法益"两个原则之对抗。关于前一个问题，依照现代刑罚感化主义之采用，与古代复仇主义之放弃来看，又依照本党"国家自由"之原则，"革命成功，个人不能有自由，团体要有自由"之原则来看，郑继成之"复仇自由"应当牺牲，而听国家之自由决定。法院之观念的确可以矫正人民之观念。可是关于后一个问题就不同了。国民党第一次全国代表大会宣言说着：

> "国民党之民权主义与所谓天赋人权者殊科，而求所以适合于现在中国革命之需要。盖民国之民权，唯民国之国民乃能享之。必不轻授此权于反对民国之人，使得以破坏民国。详言之，则凡真正反帝国主义之个人及团体，均得享有一切自由及权利。而凡卖国罔民以效忠于帝国主义及军阀者，无论其为团体或个人，皆不得享有此等自由及权利。"

张宗昌是彰明较著的军阀，其卖国罔民之劣迹，人人皆知。特别是在国民革命军北伐的时候，他还负隅顽抗，失败以后，还毫没有悔过之表示，而且国府曾经通缉有案亦未取消。绳之党义，明明是"不得享有自由及权利"之人。民国国民之自由及权利，不轻授于此等破坏民国者，毫无疑义。质言之，他决不是国民政府法律所保护之人。他之生命，决不是法律保护下之法益。刑法第二百八十四条所指被杀之人，系以法律保护下法益之持主为要件。张宗昌之生命即不为国民政府法律之所保护，则郑继成之刺杀，自不合刑法第二百八十四条之要件，毫无疑义。关于此点，民间之正义观念，似不无可采之处。《春秋》大书"卫人杀州吁于濮"，不称弑其君，又著州吁之名，其意就是指乱臣贼子人人得而诛之，与国民党宣言不轻授自由及权利于破坏民国者相仿。人民称引《春秋》义理，未尝不与党义相暗合。假使我们根据这义理简直[33]宣告郑继成无罪，这种裁判正与隽不疑[34]终军等之用《春秋》断狱有同等价值。不过这样富有创造性之裁判，非有党之最高权威为有力的倡导，我们自然是不能责诸一般司法官的。

例二

譬如有某甲承租某乙之耕作地，约定每年租额为 X。过了一年，某甲之耕作总收入比较订约时并不减少，但他却以肥料及耕作工具或生活必要资料价格腾贵为理由，要求某乙减少租额至 X 以下。乙不答应，他的理由是某甲收益并无减少。在这个案件，法院判决无论准许甲之要求，或驳斥甲之请求，照民法第四百五十七条[35]文义来说，似乎都不能谓为违法。可是照党义来说，便显然有不同的旨趣。《民生主义》第三讲说着：

> "我们要增加粮食生产，便要规定法律，对于农民的权利有一种鼓励，一种保护，让农民自己可以多得收成。……照道理讲，农民是应该为自己耕田，耕出来的农品要归自己所有。现在的农民都不是耕自己的田，都是替地主耕田，所生产的农品大半是被地主夺去了。这是一个很大的问题。我们应该马上用政治和法律来解决。"

依照这个"保障农民权利"及"农民应该为自己耕田"的大原则来说，法院在这个案件，无疑地是应该准许甲之要求，而驳斥

---

[33] 似应为"径直"。——编校者注
[34] 《汉书·隽不疑传》："始元五年……此罪人也。"遂送诏狱。
[35] 同法第八四四条有类似规定。

乙之要求。民法第四五七条及八四四条之所谓"收益"，依照民生主义的意旨，应当解为[36]"纯收益"，而不当解为"总收益"。

六

以上说明司法党化之人的及物的两方面意义。这两方面措施，必定要双管齐下，才能得到圆满的结果。孟子说："徒善不足以为政；徒法不足以自行。"中心法则之认识，是"法"的方面；司法干部人员党化，是"善"的方面。这是交相为用的。

根据以上论旨，我们指出实行司法党化的几个切要办法：

（a）令法官注意研究党义，适用党义；

（b）以运用党义判案作为审查成绩之第一标准；

（c）司法官考试，关于党义科目，应以运用党义判案为试题，不用呆板的抽象的党义问答；

（d）法官训练所应极力扩充范围，务使下级法官一律有入所训练之机会，同时该所课程应增加"法律哲学"及"党义判例"、"党义拟判实习"等科目；

（e）设立法曹会，并饬其注重研究党义之运用；

（f）编纂"判解党义汇览"，摘录党义及基本法理，与判例解释例类比，分别附于法律条文之后，而辨别其旨趣之符契或乘离；

（g）从速施行陪审制度。

〔原文载《东方杂志》第三十二卷第十号，1935 年出版。选自陈三井、居蜜合编：《居正先生全集》（上册），台湾"中央研究院"近代史研究所 1998 年出版，第 241～258 页〕

---

[36] 原文误为"决"。——编校者注

司法院在国宪上之地位

　　司法院之设置，始于十七年十月法律。这是充分实现司法独立的一个机构。可是不能说没有设置司法院以前，在国民政府之组织中司法不是独立的。不过设置司法院之特质，在把司法行政脱离行政部之组织，而划入司法方面组织之内，使司法独立于"自主"之范畴下，得以达于更"完善"之域，这是十七年改制之特色。十二年大元帅时代，以大理院长兼管司法行政，废除民元以来在行政组织方面设置司法部之习惯。又《建国大纲》第十九条，序司法院于五院之列，而第二十条行政院各部下不举司法部，均可见总理之微意。十七年改制，就是为实现总理这个意思而行的。虽然二十年至廿三年间，司法行政部曾一度改隶行政院，然此不过偶然之变化。廿三年十月之改制及已公布之宪法草案，皆一遵《建国大纲》与大元帅政府之遗规。

　　司法独立，原出于三权分立之思想。然自议会政治、政党政治施行以来，所谓三权分立之制度，早已由"分权"而变为"分职"，即由权力之对立而变为职务之分配。司法院制度在五权宪法之原则下也一样是分职而不是分权。因为总理论政制，曾分"权"与"能"：人民是要有权的，政府是要有能的。于是，他把向来政治学者所混称的"主权"分为"政权"与"治权"两部："一个是管理政府的力量，一个是政府自身的力量"。政权归于人民，治权由政府执掌。政权包括创制、复决、选举、罢免四权；治权分为立法、行政、司法、考试、监察五权。"用人民的四个政权，来管理政府的五个治权"（见《民权主义》与《五权宪法》各演讲）。五权虽然是由政府五个不同部分来掌管，然而它们并不是无所统属而绝对地对立的。他们通通隶属于人民的整个政权之下（四种政权乃是四种不同作用，然其权之本身只是一个）。所以，司法独立在总理五权宪法学说中，并不是与其他政权成为权力的对立，而只是在同一政权支配下职务分配。在宪法草案中也一样明显地表现出来（宪草第三十二条、第四十六条、第六十三条、第七十七条、第八十四条、第八十七条）。

在过去及现在训政时期，虽然没有由人民直接行使政权来管理政府，然而替代国民大会而行使政权的便是国民党（《训政时期约法》第三十条）。所以，司法院与政府其他部分通通隶属于国民党代表大会或中央执行委员会，而并非绝对的权力之对立。

依现行约法及约法施行前法律，司法院与其他各院均隶属于国民政府委员会。然而国民政府委员会自十四年创立以来，一向只是形式的总揽机关，而不是实际掌握政权、管理政府的机关。实际上掌握政府之机关，乃在于国民党中央执行委员会或其所委托的政治委员会（在某时期为政治会议）。它对于一切法令有最后决定之权，对于最高官吏有任免之权，对于宪法有解释之权（约法第八十五条）。因为这原故，所以国民政府委员会的会员，虽有时由五院院长参加（十七年至二十年六月各法律），有时不由五院院长参加而仅得列席会议（二十年十二月法律），而于权力之均衡上初无重大影响。即司法院所行使特赦、减刑、复权等权时，虽依法律应提请国民政府主席署名行之，然实际上发踪指示者仍在国民党中央执行委员会或政治会议，如廿一年特赦郑继成[1]案经政治会议两次议决授权司法院办理，今年特赦施剑翘虽未经过政治委员会，然其最初发动之形式，也系由于多数中央执行委员及政治委员会委员之摺陈主席。故政府权力运用之圆活，其枢机仍在党之中枢组织。依现行法律，司法院之职权有如下数种：

（一）民刑诉讼之审判；

（二）行政诉讼之审判；

（三）弹劾事件之审判；

（四）司法行政（以上《国府组织法》第三十五条及三十七条）；

（五）特赦、减刑、复权事件（同法第三十五条第二项）；

（六）统一解释法令（《司法院解释法》第三条）；

（七）就主管事项提出法律案于立法院（《国府组织法》第四十条）。

实际上司法院直接管理的只有（五）、（六）、（七）三项职权。其他则于司法院下设置各独立官署管理之：以最高法院管理民刑诉讼第三审判，以行政法院管理行政诉讼审判，以中央公务员惩戒委员会管理弹劾之审判（惟限于事务官，至对政务官惩戒则别置政务官惩戒委员会，由国民政府委员若干人组织之，不属于司法院系统范围），以司法行政部管理司法行政。

依现行法律，重要职务多不由司法院本身处理，而由其隶属机关处理。论者以为有陷于重床叠屋之病。所以起草宪法时，有人主张裁撤司法行政部，而由司法院直接处理司法行政者（宪草初稿

[1] 原文误为"郑汝成"。郑继成为山东省政府参议，1932 年 9 月 3 日下午在济南火车站为父复仇，刺杀已经下野的军阀张宗昌。后被国民政府特赦。——编校者注

第一〇六条、第一〇七条）；亦有主张裁撤最高法院，而由司法院直接管理民刑诉讼第三审判者（宪草第二次稿第七十七条及七十九条）。而事实上均恐难期推行尽善。故宪草最后决定删除此项刚性规定，而保留此问题，让将来司法院组织法去解决。

宪草又把现在属于国民党中央执行委员会的宪法解释权划归司法院职权内（《宪法》第一百四十条第二项又第一百四十二条），这是采用美国制度。这样当然是使"司法独立"得到更充实的内容了。

〔原载《中华法学杂志》新编第一卷第三号，1936 年 11 月出版。选自陈三井、居密合编：《居正先生全集》（上册），台湾"中央研究院"近代史研究所 1998 年出版，第 274～276 页〕

抗战与司法

抗战将近两载，敌已由衰而竭，我则再接再厉。我果操何术致之？曰："全民抗战。"盖近世战争，虽决胜负于疆场，实寄成败于民众，鲁屯道夫氏所谓全民战争者是也。全民战争者，即无论军事、政治、经济及其他任何方面，须以全民之力量为其中心，使与战时之政府合一，始能内齐心志，外摧强敌。昔太公避犬戎，迁于岐山之下，民往归之，因以复兴；武王伐商，纣失其民，殷社遂屋。一以得民而兴，一以失民而亡，民众之潜势力，实伟大无与伦比。方倭寇侵我之初，挟其坚甲利兵以逞袭平津、犯京沪、夺徐州、掠武汉，以为如是即可致胜矣。然敌人每据一城一地，吾民胥相率出走，人力物力均不资为彼用，敌始悟前此之非，乃妄思有以易其策，其酋俊六井声称此后应与我争民众。

事变之始，政府即动员民众，蒋委员长且曰："地无分南北，人无分老幼"，均应在政府领导之下，一致作战。军兴以还，将士效命，吾民则踊跃输将。以我国近数年来新创之师而与数十年处心积虑之暴敌抗战，其能使敌远戍无功，攻守皆难者，我民众也；使敌之占领地纷纷扰扰，不遑宁处者，我民众也；使敌之金融失败，伪币无效者，我民众也。敌欲与我争民众，我民众以"匹夫不可夺志"之精神，有根深蒂固之民族意识，岂容寇虏凌逼乎。

虽然，吾人决不能以得民自骄，且须进筹对策，与敌周旋。敌之所欲者必不予，敌之所争者亦必不予，则敌策破而我操胜券。敌之所争者民也，而我之所欲留者亦民也。夫民众何由而使之向我，当不外随时随地畀民众以精神上之鼓励，且极力为其谋福利，俾民众与政府益发生深切之情感，休戚相关，死生与共，始足以言全民抗战。昔曹刿论战谓："大小之狱必以情可以一战。"[1]亦此意也。

全民之意义果如何，即蒋委员长所云"地无分南北，人无分老幼"是。以现势言，所谓地也，人也，即我固有之后方、前方及其民众，与敌占领地之后方、前方及其民众。

故以战略言，我应与敌争民。二期抗战之始，蒋委员长即曰："后方重于前方，民众重于士兵。"又曰："转敌人之后方为前方。"实施以来，果著成效。

司法在战争中，与民众生活之接触较平时尤为密切，而其为民众谋福利、鼓舞其精神者，较行政尤为接近。至如推动战时政治、经济建设，转移国际视听与夫锄奸去莠，利便兵役，尤为抗战建国之辅弼。自司法行政机关随府西迁，即注重战区司法建设，亦所以符"转敌人之后方为前方"及"后方重于前方"之两大原则也。故沦陷区内之法院不能执行职务时，均饬其暂行结束，其犹能执行职务[2]如□□□[3]等处，则力予维护。已收复之地方[4]原有法院者，如□□□□县等，即随时察酌情形，设法恢复。至高等法

---

[1] 《曹刿论战》原文为："小大之狱，虽不能察，必以情。"——编校者注
[2] 原文遗"务"字。——编校者注
[3] 原文如此，下同。——编校者注
[4] 原文此处衍出一"面"字。——编校者注

院，须至全省内不能执行职务时，始准其在邻省择地办公。区内之上诉案件，亦经规定临时办法暂行指定该管区内一地方法院受理，如无地方法院，暂指定邻区或省政府所在地或行政专员所在地之县司法处受理。嗣以战区内交通，每多失常，第二审法院，因辖境沦为战区不能执行审判职务亦所在多有，爰特撷取英美法系巡回审判制度之精神，制定《战区巡回审判办法》公布施行。考巡回审判制，倡于英美，原为平时制度，二十四年全国司法会议时即有提议采取斯制者，以格于现行法，未果行。今吾人试用于战时，且予当事人诉讼上之便利，益信"战争为进步之母"一言为不虚，而其维护法权与系属民心者亦至大。

司法为五权之一，与行政权尤应相辅而行，此不独维护主权，与民众抗战之志，正国际之观听，而维持地方秩序，尤为重要。故战事初期，即一再通令附近战区各法院，无论军情如何转易，苟该地行政人员尚在负责，司法人员即不得先图卸责，自行解体。其有确因不能执行而离去任所者，可依据《战区司法人员登记办法》呈请登记，至邻近战区司法人员，其有临难苟免，撤离职守者，亦随时查明撤惩，以肃纲纪。

语云："不有行者，谁捍牧圉？不有居者，谁守社稷？"前方后方之并重，盖可想见。现就后方所需者而言之。后方之所需者为何？曰：秩序及福利而已。秩序定则各种建设进行利而人民之心理一。秩序安定之方，首在各种事物循规以进，刈除秕政，便利军役，次至侦察间谍、搜捕奸细，以及防止一切危害国家之行为，固赖警宪紧密查察，然此项任务，以司法方面有检举权之检察官为最宜。抗战军兴，即先后密令各级法院检察官，对上述罪犯，务须时加留意，认真举发。各地办理兵役人员间有故违法令者，不惟无以维系人心，抑且妨碍军事进行，亦通令各级检察官依法检举，以重役政。

司法之根本原则，厥在保民便民，本党宣言曾屡言之。保民便民即所以为人民谋福利。福利既增，民心自系，平时如此，战时尤然。为实施此原则计，特通令各级法院在法令所许范围内，对诉讼程序务求敏捷，裁判书及其他书类制作务求简单。又以战事发生，各地羁押之刑事人犯时受空袭，刑事积案有从速清结之必要，爰饬由主管机关拟定非常时期处理刑事案件办法施行，就人犯之在押者尽先办结。民事诉讼征收费用，在非常时期以及平时，均应约之使简，特令各有关机关就民九所颁布之诉讼费用规则重新厘定，名为《诉讼费用暂行规则》公布实施。至各地监狱、看守所拘押人犯之疏通以及人犯移垦，均经次第分别进行。简程序以省人民之讼累，轻讼费以苏人民之困[5]苦，疏监狱以保民命，移垦殖以重民生。凡此举措，皆所以增厚抗战力量者也。

战局既开，各地民众徙迁西南及内地各省者颇多，风俗习惯，容有凿枘，尤以西康新建，汉藏人民杂处，司法亟应改良。故对该省高等法院审检长官特从先遴派，并饬其暂在雅安先行组织成立。贵州高等法院院长，亦迭陈整顿方案，并拟设高等分院及地方法院数处，年内当可实现。川省地广民众，司法尤应改进，爰择其司法处可改设法院者先后筹备成立，计有涪陵、江津等十县。其他各县可继续改设者，亦在推进。吾国边陲各省司法，向未完善，国府成立后，始锐意经营。今值内地各省密迩京畿，正宜即时改善，既足增抗战之力量，复以树建国之根基。

司法关系国际观瞻，而抗战期内最为显著。司法人员尤应维日孳孳，庶使国誉日隆，国际同情日深，以竟抗战之全功，其有关国际间司法之措施者，必须审慎周祥。上海华洋杂居，隔处东南，情形自系特殊，自我军撤退后，两特区法院巍然并存，早为敌方觊觎，赖多方加以维护，主权赖以不坠。复为便利该特区上诉计，特饬最高法院拟具条例，设置分庭一处，划该两特区法院为其管辖区

---

〔5〕 原文误为"因"。——编校者注

域，以正国际观瞻，而箝敌人之口。

抗战以来司法之设施，罔不根据司法原理，审酌各方情势参照《抗战建国大纲》而定，使与军事、政治各方面相配合。狄骥、亚当·斯密、耶林格诸氏尝以国防与司法并重，余颇韪其言。管子兴齐，寄内政与军令而贯之以法，实亦鉴于军事、政治与法律之不可分，与狄、亚、耶诸氏如出一辙。夫天下事未有不循轨而能顺序以进者，我既以持久为主要战略，则凡百事物，亦须与战略相呼应，循轨而进，庶底于成。《扫荡报》征文于余，特就所见暨司法方面二周年来对抗战有关之设施为文以告国人，幸赐教焉。

〔本文原载《扫荡报》（抗战二周年纪念特辑）1938 年 11 月 14 日。选自陈三井、居蜜合编：《居正先生全集》（上册），台湾"中央研究院"近代史研究所 1998 年出版，第 290～292 页〕

告全国司法界同仁书
〔中华民国二十九年元旦于司法院〕

　　慨自抗战军兴之始，中央即决定抗战建国同时并进之国策。正备位中枢，忝长司法，其惟一志趣，厥惟与我司法界同仁共相期勉，以完成抗战建国过程中之司法任务。抗战迄今已两年有半，在军事方面，最后胜利之基础业已确立，而建国大业，尚待完成。两年以来，对我身历战区、备受辛苦之司法同仁，固深致其敬佩，即对我在后方努力之同事，亦尝致慰勉。然对于吾人中心之任务，则以为相去犹远，此正虽在病榻呻吟之中，未敢或忘者。最近，中央六中全会集会于行都，大会宣言曾郑重重申五次全国代表大会"尊司法，轻讼累，以重人民生命财产之权"之前言。总裁在大会致词，复谆谆训示："欲求建国之完成，必须人民对政府有坚强之信仰；若司法不良，则人民对政府之信仰不立，社会之秩序不宁，一切政令制度，亦均难以推行。"中央及总裁对于司法之重视，足见一斑。良以抗战建国，两者具有不可分性，盖非抗战无以遂建国大业之进行，非积极建国无以保障最后之胜利。司法为安定社会之机构，改进司法，实为建国之基本要图。且大会业经决议于明年总理诞辰，召开国民大会。宪政期成有日，法治之推行，自应更加积极。改进司法大业，为正长司法数年来之素志，今敬聆大会宣言，及总裁训示之余，盖感责任之重大，而亟盼我法界同仁共同戮力，冀副中央及总裁对于司法之殷望。

司法新制行于吾国，在新政中为早。定都南京，试行五院制以来，革新运动更趋积极，民、刑、诉讼各重要法典，次第颁行，司法制度，亦粗具规模。惟以旧习与新制不能相应，良法虽颁，美意未著，目前司法最为国人所批评者：

一曰讼累拖延之病民。五次全国代表大会宣言，指示改进司法实施方针有言："司法制度之最大目的，在于保民；而便民尤为保民之第一要义。必需尽力审酌于制度之本身，与推行方法之尽利，使能减少人民时间之损失，与经济之负担，解除人民实际之痛苦。故慎审与迅速，均为今后改良司法之最要方针。"以上昭示，可谓洞鉴症结。推原讼累病民，其原因：一由于制度本身未尽适合于国情；二由于推行方法未尽斟酌法理民情于至当。试就制度而言，吾国司法革新运动，肇自清末，当时改革动机，在于收回法权。故立法建制，每偏重于抄袭西洋之法制，冀以满足在华拥有领判权国家之希望。实体法之规定，固不厌其详，程序法之规定，亦复同其繁密；已违吾国政简刑轻之古训。加以吾国礼治相沿，民不重法，民间若干法律行为，大都不备法律手续，此中尤以债权债务关系至为普遍。益以狡黠者流，利用繁复之诉讼程序，一再上诉，一再抗告，讼案一起，经年累月而不决。法律原以保民，转以病民。长此以往，人民不但对司法视为痹政，浸假而对于整个政府失其信仰。救济之方，不外法律制度之改善，与夫执法者之能顺应民情之所宜。关于法律之修改与审级制度之调整诸问题，久在院部研究之中。至于如何使法理、民情斟酌于至当，则不能不属望于从事司法实务之法官。在诉讼程序方面：其有手续不完可补正者，应尽量令其补正；其不能补正而显有理由者，亦应于法律许可范围之内，多方设法救济，以资调剂。其在实体法方面：如因证据关系，不能为合法之判决，亦应尽量利用案外调解，以期达到公平适当之解决。语云："法律不外乎人情"，但求适法而忽人情，为法官者尚不得谓为已尽其能事；必也循循善诱，谆谆教诲，不但使胜诉者感到法律之保障，且使败诉者膺服法律之尊严。夫如是，而后司法保民之意义始能显著，而人民对政府之信仰始能建立。此正对我法界同人工作上之所希望者一也。

二曰检察职权之未彰。检察设官，原为代表国家检举犯罪，保障国家安全，维护社会之良制。际此抗战时期，内忧外患，交相压迫，除奸肃反，检察职权益形重要；乃废检之声，于今为甚。推考起因，固因检察机构未尽充实，检察职权，不易发挥尽致；而职司检察者，未能尽其职责，确为主因。夷考过去，所有公诉案件，大都由于告诉告发，自动检举者寥寥无几；遇有告发、告诉案件，其可自诉者则常谕知自诉，委其责于自诉人；不能自诉者，则滥起诉，多上诉，以委其责于审判官。似此委弃职责，在承平之时，已属有忝职守；际此抗战严重时期，更违国家设官建制之本旨。社会责难之来，良非偶然！改善检察机构一事，现正在本院院会研讨之中，甚盼我检察同仁体念时艰，力图奋效。际此空前国难，能为国家检举若干贪污，即为政治增加若干清明；能为国家肃清若干奸宄，即为抗战增加若干力量。此正对我法界同仁工作上之所希望者二也。

抑尤有进者：近代政治之常轨，厥为法治，惟"徒法不足以自行"，必有治人推行治法，[1] 法治之效乃彰。治人、治法两者相维系不可分离之关系，惟于司法更为显然。良以法律关系，至为繁复，法家理案，欲求符合法意，顺应民情，适合国策，均有赖于深

---

[1] 原文误为"法治"。——编校者注

刻之学问。听讼折狱，关系人民生命财产自由，尤非自身有大公无私、守正不阿之素养，不足使人心悦而诚服。本院施政方针，除对制度力求改进外，复再三致意于法官之训练，其意在此。惟设所施训，乃有形之训练，且有时间空间之限制；欲求司法人员普遍之质的增进，仍有待于无形之自我训练。必也司法同仁，人人能随时随地对于进德修业，不断努力，始能收训练之全功。知也无涯，进修之道，不胜枚举，今谨贡三端，特希留意：

一曰服务人生观之认识。法官终日埋首案牍，工作最为艰苦，而待遇菲薄；上焉者仅能自给。专从小我观点而论，诚为最苦闷之生涯。惟人生之真义不在小我之享受，而在于人群福利之增进。总裁曩昔有言："生活的目的，在于增进人类全体的生活；生命的意义，在于创造人类继续的生命。"惟能体认斯言之深意者，始能领会人生之真义。总理有言："人生以服务为目的，不以夺取为目的。"惟能认真实行此项遗训者，始能实践人生之使命。我千百革命先烈，万千抗战将士，杀身成仁，视死如归，非不知其个人生命之可贵。盖有鉴于人类生活、民族生命之更为可贵，故不惜牺牲小我，以全大我。我法界同仁，诚能深明此旨，自能在清苦之生活中，领会人生之真义；在艰苦之工作中，寻求生活之兴趣。认识人生真义，确定服务人生观，此正对我法界同仁在进修方面所希望者一也。

二曰中心思想之确立。吾国以三民主义立国，所有一切政治经济司法之建设，胥以此为最高原则。在吾人视之，法律者不外实现三民主义之工具。危害民国治罪特严，所以重民族；重惩贪污土劣，所以申民权；禁高利，保佃农，所以裕民生。由此类推，例不胜举。总括言之：每一立法，胥以三民主义为指归。倘我司法同仁，人人均以三民主义法理学悬为理案最高准则，不但对于自由心证自由裁量有所取决，一案件用一法条，将均觉其与实现三民主义有联带之关系，对于适用法律，自增无限之兴趣。故确立三民主义为司法工作之中心思想，乃正对我法界同仁在进修上之所希望者二也。

三曰国家政策之了解。主义为立国之方针，政策为实现主义之手段；主义确定不变，政策则因环境而变化不居。司法既为实现主义之工具，自不能自外于国策，遗世独立。例如北美合众国立国百五十年，其宪法迄未为根本之修改，在此百五十年中，中央集权、各州分权两大政策，迭为交替，皆由最高法院针对环境，对宪法为适宜之解释，以助国策之遂行。凡研究美国宪政史者，均须于最高法院判例中寻求其嬗变之轨迹。司法与国策关系之密切，固不只在宪法解释为然，例如吾国涉及农村经济之问题，现在政府平抑物价国策之下，谷贱伤农之理论，自不便取为裁判之原则。抗战初期，为避免敌机滥肆轰炸，司法行政当局，曾有疏散监犯之举，司裁判者，自应利用缓刑及易处罚金之规定，以减少监犯之增加。但自《监犯调服军役办法》实施以后，为兵役政策及地方治安着想，裁判方针，自当变更。举一反三，司法与国策关系之密切，已可概见。深切明了国策，以为适用法律之标准，此正对我法界同仁在进修上所希望者三也。

以上列举诸端，只其荦荦大者，至如何使司法成为实现正义之工具、推行国策之辅翼，克尽保障民权、安定社会、辅助抗战、推进法治之职责，以树立宪政之基础，均赖我法界同仁随时随地殚精竭虑，不避劳怨，努力以赴之。兹值二十九年元旦良辰，谨以区区所感，昭告我全国法界同仁，尚期共勉焉。

〔选自李翊民等编：《居觉生先生全集》（上册），台北 1954 年印行，第 361～365 页〕

收回法权之切要
〔三十一年十月九日〕

国于天地，必有与立。所立为何？曰领土、人民、主权三者而已。领土无论广狭，人民不问多寡，均不失为组织国家之要素。惟主权必须完整无缺，始能成为自由独立之国家；此在国际法与国内法均无二致也。司法权为国家主权之一部，凡主权独立完整之国，在其领域内，原则应能自由行使。虽依国际惯例，一国之元首使节，军舰军队莅止他国时，享有治外法权，不受他国法律之拘束；但此乃国际间之礼仪，相互一致，彼此从同，不得视为法权之残破。至于甲国普通人民在乙国领域内，因条约规定享有不受乙国法律制裁之权；反之，乙国人民在甲国领域内，又必须依国际公法服从甲国之法律；似此地位不平等，匪独为常情所难容，抑且与国格攸关，此在受压迫之国，所以必求解放缚束，努力于不平等条约之取消也。

我国自满清末叶，因军事外交失败，历与东西各国缔结不平等条约，如：协定关税、租借地、租界、内河航行权、驻兵权、领事裁判权等，皆为不平等规定之最著者。就中领判权一项，系指驻华领事有裁判该国侨民诉讼之权。凡外人相互讼争，或华人为原告，外人为被告之案件，概由被告本国领事受理，适用该国之法例处断，我政府均不得过问。仅外人为原告，华人为被告之案件，始归中国法院管辖。百年以来，我主权被侵，法权受损，流弊所极，不可胜言。探本穷源，试先言各国在华取得领判权之经过及现状。

满清道光廿二年（一八四二年[1]）鸦片战争失败，与英缔结《南京条约》，开放五口，翌年订立《五口通商章程》，其第十三款规定："中英控诉事件，如领事不能调解，成为讼端。英人如何科罪，由英国议定章程发给领事照办；华人如何科罪，应治以中国法。"此乃外人在华攫取领事裁判权之嚆矢。廿四年（一八四四年）美法继起与我缔结商约，亦有领判权之规定。咸丰八年（一八五八年[2]）中英、中美、中法废止《五口通商章程》，另缔《天津条约》，关于领判权，更变本加厉，如英约第十五款云："英属民相涉案件，不论人产皆归英官查办。"第十六款云："英国人民有犯事者，皆由英人惩办，华人欺凌扰害英民，皆由中国地方官自行惩办；两国交涉事件，彼此均须会同公平审断，以昭公允。"法约第三十九款云："遇有法国人与各国人有争执情事，中国官不必过问。"由是我国境内，凡涉外人诉讼，除外人为原告、华人为被告之案件外，中国法院均无管辖之权，即此项外原华被之案，外国官员仍得以观审辩论之方式肆行干涉。自兹以降，凡与我相继订约各国，如日、意[3]德、俄、奥、瑞士、瑞典、荷兰、秘鲁、巴西、挪威、葡萄牙、西班牙、丹麦、比利时、墨西哥等国，无一不有领判权之规定。考其范围，广狭虽各不同，但各国每以利益均

---

〔1〕 原文误为"一九四二年"。——编校者注
〔2〕 原文误为"一九五八年"。——编校者注
〔3〕 原文为"义"，即指意大利。——编校者注

沾条款，牵强解释此为法权最惠条款，互取一致行动，致使我国法权既破坏于条约明文之下，更葬送于误认比附之中矣！

领判权之弊害，不可胜言，举其著者，约有十二点：（一）侵害中国主权；（二）领事好为偏袒其本国人民；（三）外人在内地犯罪，领事不易搜集证据，而被害华人因领事驻地辽远，赴诉无门；（四）外人恃其领事偏袒，肆行无忌，易流于犯法逃税；（五）激起华人排外情绪；（六）华人对外印象恶劣，致阻滞内地开放；（七）管辖审判之机关纷歧，赴诉不便；（八）各国法律参差，裁判结果，难期一致；（九）华人对外怀有戒心，彼此交易不易发达；（十）以被告定法院之管辖，如两造不同国籍，则反诉难以提起；（十一）领事系商务官，缺乏法律知识，裁判难期允当；（十二）领事对异国证人无权管辖，不易查询。以上诸弊，除前四点系华人片面受损外，其余各点，则系中外交受其害，甚至外人受害更深。时至今日，收回法权，不仅为当务之急，即友邦有识之士，亦主张将此历史上之污迹早予涤除。本年八月美国远东问题权威参议员汤姆斯在参议院发表演说，主张联盟国家应放弃其在华之一切特权，以表示实施《大西洋宪章》之决心。正言谠论，足发异国人士之深省也。

我国对于收回法权，早具决心。民国十三年本党第一次全国代表大会，并列为对外政策之一，国府成立以来，进行尤为积极。十八年十二月二十八日，曾通令凡在华享有领事裁判权之外侨，自十九年一月一日起，应一律遵守中国中央政府及地方政府颁布之法令。翌年五月六日，更公布《管辖在华外国人实施条例》，定于廿一年一月一日施行。讵沈阳事变突发，戎马倥偬，收回法权筹备不及，以致前项条例迄未实施，一篑功亏，至引为憾！

综计自民国肇造，以迄于今：（一）因重订新约而取消领判权者，有德、奥、苏联、墨西哥四国；（二）新定条约，向无领判权者，有智利、玻利维亚、芬兰、波兰、希猎、捷克、斯拉夫、土耳其八国；（三）因使领离华，断绝外交关系，无形放弃领判权者，有西班牙、丹麦两国；（四）因宣战废止其领判权者，有日本、意大利[4]两国；（五）已改订新约，允弃领判权，但须候华府条约签订各国承允后始实行者，有葡萄牙一国；（六）旧约期满，已换文撤消领判权，但须俟华府会议各国同时实行者，有挪威一国；（七）已签订撤消领判权条约，尚待批准者，有荷兰一国；（八）原约订明其他有约各国撤废领判权[5]时亦照办者，有瑞典、瑞士二国；（九）旧约已满期，新约尚未就绪，事实上仍享有领判权者，仅英、美、法、巴西、秘鲁五国而已！上年五月廿一日及六月十一日，美国赫尔国务卿暨英国白特勒外长，先后宣称："俟将来和平恢复后，即放弃其在华领判权，并彼此换文，以坚要约。"似此信誓旦旦，采行适应时代之政策，吾人自不胜其钦悦。惟深有不慊于怀者，何以必须俟至和平恢复之将来，始行放弃，其理由不知安在？夫赫尔与白特勒两氏之言，吾人当然不能漠视，外交换文，亦决不容认为儿戏。然英、美既认领判权有废除之必要，且废除又不至影响于战争，何必宕延时日，期以战后？

领判权为彼此交困之弊制，前已述明，兹再胪举三项必须立予废弃之理由，以作当头之棒喝。

领判权侵害他国主权，为强国欺凌弱小之工具，在今日正义人道及国际地位平等之呼声下，实无存在之余地。上年八月十四日，罗、邱[6]联合宣言第三点声明："尊重各民族自由，决定其所赖以生存之政府形式之权利，各民族中此项权利有横遭剥夺者，两国俱欲使其恢复原有政权与自主政府。"微言谠论，博得全世界民主国家之拥护，并蕲求见诸实行。惟轴心顽敌则诋为甘言欺世，虽是

---

〔4〕 原文译为"义大利"。——编校者注
〔5〕 原文遗"权"字。——编校者注
〔6〕 指美国总统罗斯福与英国首相丘吉尔。——编校者注

挑拨离间之词，不足置信；然英美如为辟谰言正视听起见，亟应实践诺言，立即撤消在华领判权，及其他特权，使中国主权回复完整；是不仅足以钳执轴心之谗口，抑可昭大信于天下。此事一旦实现，举世弱小国家孰不箪食壶浆，沉舟破釜，一致团结与轴心作殊死战，前途胜利，无待蓍龟。此就团结御侮言，应立即废弃领判权者一也。

查各国在华要取领判权，无非以我国法制不完备为藉口，故光绪二十八年中英条约第十二款规定："中国深欲整顿本国律例，以期与各西国律例改同一律，英国允愿尽力协助，以成此举。一俟查悉中国律例情形及其审断办法及一切相关事宜，皆臻妥善，英国即允弃其治外法权。"尔后数年间，我与美、日、葡、瑞典、瑞士诸国订约，均有同类之规定。民国十五年，各国司法调查团来华视察司法，其报告仍指摘四点，即：（一）民刑法典未臻完备；（二）新式法院监所为数过少；（三）司法经费无保障；（四）军人干涉司法。国民政府成立之后，有鉴于此，整顿司法，不遗余力。迄今民刑法典已灿然大备；新式法院监所经成立六百余所，仍在继续普设中。司法经费自三十年起，已一律归国库负担。至言军人干涉司法，则更早无此事。是各国所藉口之事实均已根绝，依原约规定，自应即时放弃，不容再事推延，更不容延至和平恢复之后。此就条约信义言，应立即废弃领判权者二也。

领判权为弱国之桎梏，一旦国势盛强，必予挣脱；日本、土耳其之事例不远，世人当已熟知。吾国此次对日抗战，原为御侮图强，嗣进而比肩盟国，对轴心施正义之挞伐，已跻身于四强之列。将来轴心崩溃，战事结束，中国政治国力益趋富强，尔时一切不平等条约皆将彻底废除，领判权更无存在之余地，各国纵欲长此把持亦不可得。与其事后被迫撤消，同归于尽；曷若事先自动放弃，市惠于人，得失彰明，无庸缕述。再退一步言，纵令轴心获胜，盟国败衄，亚澳两洲必受虾夷宰割，尔时盟邦在华一切特权，均将剥夺净尽，更何有于领判权乎？日寇在东四省制造伪满洲国后，即声明在该区域内取消领判权，是其例证。故此次战后，无论胜败谁属，在华领判权均无存在之可能，更无待各国之放弃。此就事理情势言，应立即废弃领判权者三也。

此次世界大战，陆续卷入漩涡者达三十余国，漫天烽火，照彻全球。在轴心方面，则以侵略弱小、攫取资源为目的；在盟邦方面，则以济弱扶倾、伸张正义相号召。壁垒分明，步伐一致，公理战胜，吾人早具信心。顾我国为盟国之一员，在公理正义之旗帜下，竟不能使违背公理正义之领判权即日取消，诚为遗憾。惟要知天助首须自助，肆外必先闳中，我国此次抗战，不徒为取消不平等条约之初阶，抑且为存亡绝续之关键。吾人须遵自求多福之古训，懔自力更生之誓言，忍心动性，出钱出力，博取最后之胜利，则领判权不废而自除，司法权不收而自整。否则奴隶牛马，万劫不复，桎梏枷锁，恐犹不祗领判权一端而已。

〔选自李翊民等编：《居觉生先生全集》（上册），台北 1954 年印行，第 393～397 页〕

平等互惠新约签订之感想
〔三十二年一月〕

我国以次殖民地的地位参加近代国际生活，一世纪来，被人藐视，受尽屈辱。民国十三年，苏维埃联邦政府与我签订新约，正式放弃在华治外特权，此系我国百年来第一次与列强签订平等互惠的条约。最近英美两国，亦放弃其在华治外法权及其他有关权利，与我国民政府签订平等互惠新约，我国际地位，益形增高。其他尚享有特权的少数国家，不久将步美、英之后尘，自可逆料。此两新约之签订，在中国历史上实系一划时代的事迹，本人对之发生下列三点感想。

中国此次取得国际上之平等地位，乃本党五十年革命奋斗及全国上下五年余之坚强抗战，在总理、总裁先后领导之下得到的结果。惟其得之维艰，代价甚高，于是弥觉其可珍可贵。中国经鸦片战争一役，门户洞开，签订了丧权辱国的《江宁条约》，[1] 踏进

---

〔1〕 即《中英南京条约》。——编校者注

了国际社会，在国际上的地位即已不平等。以后的数十年，连续与
列强签订不平等条约，丧失主权更甚，国际地位益降。其时适值帝
国主义盛行，世界政治莫非强凌弱的表演，清廷之昏暗及人民之无
识，固易招致外侮；而不平等[2]之存在，既使中国受严重之束
缚，无由自振，又予列强以干涉我国内政之藉口，以阻挠革新运动
之进展，亦系国势日蹙之最大原因。故总理创导革命，不以推翻满
清一役自足，又复积极努力于不平等条约之废除。盖满清虽倒，国
民之自由平等，早被其售于各国，乃认定必令中国拔出此不平等之
国际地位，而后始能得到真正之自由平等，内部各种建设事业亦克
有济。回忆总理生前备受不平等条约之侮辱与压迫，弥坚其废约之
意。民元袁世凯迎总理于北京，经使馆界时，为外人所阻。民十二
年，为防止海关收入落入北洋政府之手，用以攻打广东，乃派员接
收海关，而北京公使团竟派遣军舰赴广州。民国十三年，总理北上
路过上海，以中国主人之地位，出入于中国之领土，而为外报嘲
笑。诸如此类，岂独总理一人有此遭遇，大多人民莫不有此类似之
经历。是故总理晚年言行，一贯地以取消不平等条约为急务。北洋
政府时代，我国虽在巴黎和会及华府会议席上，提出修改条约之要
求，但终鲜成效。随后总裁率师北伐，秉承总理废除不平等条约之
遗嘱，先后收回汉口、九江之英租界。国府奠都南京以后，又复与
列强签订关税协定，关税乃得自主，但仍未能达到自由平等之目
的。于今美、英放弃在华之全部治外特权，与我国民政府缔结平等
新约，使中国有史以来，第一次以完全平等自由地位，出现于近代
国际社会，一洗百年来之耻辱，成就实至宏伟。但抚今追昔，综总
理之一生，仅获睹苏联允诺放弃其在华之治外特权，国民政府努力
废约亦未能一蹴而几，益感此次成就难能可贵，此本人对于新约缔
结所具之感想一也。

———————————

[2] 似遗"条约"二字。——编校者注

凡一事一物,得之维艰,而失之甚易。我们既然以五十年来无数先烈同志的热血头颅,换来这一页光荣的历史,自应益加珍贵,倍加爱护,总裁前此已有昭告矣。爱护之道,惟有全国上下,对于国民革命工作,倍加努力,一以驱逐倭寇,促抗战胜利之早日来临;再以修明内政,期建国工作之迈步前进。际此存亡绝续之交,当以图国家民族之生存为第一要义,否则任何美名,均无实益。且今敌寇已成强弩之末,我们又有盟邦相助,胜利在望。但行百里者半九十,在此最后阶段,应更自警惕,时虞陨越才好。至于建国工作,经纬万端,从前诿责不平等条约毒害国家民族之生存与发展。于今不平等条约已废,桎梏已解,建设工作已不复如以前之障碍重重。但就我国现况而论,与国际上其他平等国相比,不问在政治、经济、社会任何方面,均有不如,岂能不急起直追。我国因抗战而在建设上现有些须成就,固堪庆幸,但今后更应力图革新,群策群力,以造成一三民主义的现代国家。其实独立平等自由,不但有法律上意义,且有实际上价值。须知不平等条约之废除,系国民革命的一个阶段,不是最终目标。务必自立自强,革命才算成功,独立平等自由之地位,亦始能确保于悠久。此本人对于新约缔结所具之感想二也。

最后一点感想,美、英此次以光明正大的态度,放弃特权,与我订立平等互惠条约,实是《大西洋宪章》之实践,以及战后世界永久和平之始基。我国占全世界人口五分之一以上,若不得我国之精诚合作,人类的和平幸福,断难实现,自不待言。至于我国近百年来,迭遭国际战祸,生灵涂炭,惨痛无比,对于战争,早已深恶痛绝。此次抗战,固以图生存、求自强为目的,初未尝忘怀总理之遗教,以进世界于大同,亦未尝忘怀党员手则中自立立人、自救救人之箴言。故总理所倡导之国民革命,以及本党在总裁领导下继续努力的革命工作,其最高目标,初与英、美此次战争标榜之目的,发扬人道,实现正义,并无二致。际此时会,我们除努力于抗战、建国的两大工作之外，复应努力于此平等自由地位，以对人类的和平幸福，有所贡献，始不负友邦密切合作之期许。我们接受平等自由之权利，<u>应毋忘此权利所包含之义务</u>。中华民族自古以来，崇尚礼义，爱好和平，我们古老的文化，系人类之一珍宝。前次欧战创痛之余，西洋之文人哲士，鉴于人类互相残杀之惨酷，忧西洋文明黑暗，曾企求光明于东方，一时研究汉学之风颇盛。此次，我们更应本总理革命之最崇高理想，掏出固有精神上之宝藏，分肩建造世界和平之重任，以进世界于大同，人类于幸福。则中国取得独立自由平等的地位，不独为中国历史上光荣之一页，抑亦人类历史上划时代之一章。此尤盼本党同志，全国同胞共勉者也。

〔选自李翊民等编：《居觉生先生全集》（上册），台北 1954 年印行，第 397～399 页〕

中华民国法学会第三届年会献言

一

中华民国法学会于四月五日在重庆召开第三次年会，回忆本会自民国二十四年组织成立以来，倏已十载，因抗战旋即开始，本会工作未能顺利展开，而十年来四郊多垒，会员转徙，集会难于举行，至民国三十二年八月，始在重庆举行第二次年会，厘定战时工作，迄今又已年余。年会未能按期举行，此在本会自属遗憾，惟是本会任务则日渐重大，国家社会期许于本会者日益迫切，本会并不能因环境之困难而自减轻责任。是以在此次年会之际，吾人检讨过去，策励将来，于无限感慨之余，当有所深长思也。

本会乃国内惟一之法学团体，本会会员率为法学界知名之士与执行法律实务者，故本会之工作与任务，实可谓为全国法界之工作与任务，而本会所应努力者，亦正全国法界所应努力之方向。本会在成立时，曾揭举纲领六条，为本会工作之[1]准绳。此纲领实即本会检讨自己、策励自己之标准，凡我会员，均当铭之于左右者。兹当年会之际，愿再将此纲领提出，以为吾人反省努力之资，希望我全会济济一堂，本此六大纲领以检讨本会过去之工作，如过去之工作有未达于纲领之要求者，年会应指出之而求有以改进；如过去工作有违谬于纲领之要求者，年会尤当急起匡直之。务期本会能切实依照纲领而工作，完成纲领所规定之任务，此实本会检讨工作之第一步。

其次，本会于民国三十二年八月举行第二次年会时，曾因国家世界环境之变化与当前时势之需要，本诸纲领而决定本会因[2]特别致力之工作，并设立各研究委员会以执行之。其已成立者计三民主义法理研究委员会，战后国际法律关系研究委员会，战后法律问题研究会，并将本会原有之《中华法学杂志》复刊，以为本会会员研究攻错发表之园地。今距上次年会已有年余，虽上述研究工作均极繁重，尤非短期间或少数人所能完成，然本会会员自亦有不少曾对之作详尽之研究者。方今建国大业，正待推进，战后问题，迫求解决，此次年会于检讨上次年会决议之余，必须更为有效之方法，使本会之任务圆满完成，尤望各会员均能提出其自身研究之心得，在年会中披沥所信，公开讨论，以求各种问题获得适当方案，此则本届年会之第二步工作也。

除以上所述两点之外，余以为此次年会尚有应切实注意之工作三点。盖以上两点，仅系普通之检讨性质者，本会既系国内惟一之法界团体，负有我国法学建设之重任，则对于我国法界之全部工作，自应全力承当。故本会之工作，尤当着重于计划将来，建设将来。窃就个人所见，略为阐述，以求有所献于此次年会而引起本会

---

〔1〕 原文此处衍出一"之"字。——编校者注
〔2〕 "因"疑应为"应"字。——编校者注

全体会员之注意，或亦土壤细流之助云耳。

二

此次年会应特别注意之工作，第一件即为对于宪政实施之准备。

宪政之实施，不仅为本党革命之目标，建国之目的，亦为我中华民国四万万同胞之共同要求与希望。今年我最高领袖蒋主席，已宣布年内即将召开国民大会，决定宪法而颁布之，实施宪政。本会于此时，除与一般国民相同，欢欣鼓舞之外，尚有特殊之任务。此即本会所应从事之宪政准备工作也。宪政准备工作，即应为政府旬宣，人民向导，共谋宪政实施之顺利。本会过去对此亦曾加以注意，《法学杂志》曾出"宪政专刊"，[3] 与座谈会等，然宪政乃国家亿万年之盛事，本会绝不能以过去之些微贡献为足，而应继续努力，采取各种步骤，发动全体会员，进行各种宪政准备工作，此种工作至少应有三方面：

其一为研究宪法草案。此项工作，本会人士早已从事，然此一工作之伟大重要，绝非在完成之前所可一日或懈者，故言宪政之准备，仍当以此为首，本会人士既全属法界之士，对此工作自属责无旁贷。此次年会自当鼓励全体会员，其过去已从事此项工作者，务期百尺竿头，更进一步，其过去未曾从事者，务期迎头赶上，加以研讨。

其二为弘扬法治。法治为宪政之灵魂，亦建国之目标，我国过去君主专制时期，自谈不上怎么法治，即入民国，一般人民，对之

---

〔3〕 1947 年 5 月 15 日出版的《中华法学杂志》第五卷第九、十期合刊，即系"宪政专号"，居正曾撰"中华民国宪法颁并序"一文收入其中，该文现已经收入本书。——编校者注

尚多隔膜，故凡讲到法治，或视为口头禅，或作为歇后语。法治之不明也，我知之矣，智者过云，愚者不及也；法之不行也，我知之也，贤者过之，不肖者不及也。本会人士，均对法律有研究，对法治有认识，亦且有信仰，故本会自应运用自身力量，设计各种方法，向社会弘扬法治，以求现代国家建设之成功，使本会为国家之法治前途，贡献最大之能力。

其三为效力宪政工作。宪政之实施，不仅在座而言，尤在起而行，本会会员之从事立法与司法工作者，对此自属无所犹豫，其即非从事立法、司法工作者，如为教师、为律师、为行政人员，亦必各立于自己岗位上，自各方面以求实际效力于此一伟大之工作，有参加国民大会者，有参加各级民意机关者，其所可为之处尤多。此次年会如能对此有所指导，使本会会员，人人均能实际为实施宪政而效力，则年会之工作，将有其绝大之意义矣。

三

其次，本会当前有一特殊任务，年会宜予注意者，为关于我国战后法律之问题。

上届年会，曾决议组织战后法律问题研究委员会，研讨战后法律问题，本会会员已有将其研究所得发表于本会杂志中者。惟因抗战局势之发展，国家之需要，已有新的增加，社会之状况，已有新的变迁，故吾人之工作，亦当有新的计划与步骤，此所以望此次年会，能较上次年会就本问题更作一新的检讨与注意。

今日言战后法律问题，下列三点必须予以顾及：

其一为战后司法方面之复员与善后。我国抗战八年，国土大部沦陷，不仅司法机构遭受破坏，而人民之法律生活，所受影响尤大，故战后如何使司法机构复员，使司法工作复原，固属重要；而尤为重要者，在如何使人民之法律生活，得以回复战前原状，或因战事而引起之不安与动乱中，复趋于安定，并使社会间因战事而发生之种种法律秩序之变迁，合乎公平正义之原则，从而形成一种新的法律秩序。凡此固不仅政府之工作，而应由我全体法界通力为之，我法学界亟应于研究重建司法机关，解决敌伪司法裁判之外，并放大眼光而注意于此战后所应有之新的法律秩序之问题。

其二为战后我国法律之修订。以上仅就法律受战事积极影响方面及国内方面而言，然战后我国法律于解决战争所引起之问题后，必仍感有所不足。换言之，我国不能以回复战前情形为足，而尚需要新的法律。新法律之所以需要，首在于因不平等条约之废除而引起之涉外法规方面之问题，其次在于因战争后我国工商业发达与宪政实施而引起之一般法律方面之问题。就前者言，例如法律适用条例之修改，例如民商法中关于[4]外国人地位以及其他一般公私法规中有关外国人之规定，均须加以新的增订。就后者言，例如一般工商法律之修订，社会立法之注意，而宪法实施后又必须有附属之大量新法亟待制定，故战后应建国之必要，我国许多法律，势必有大加修正或增订之必要，此将为建国途程中我法律之一大革新，有待于我全法界人士之努力者也。

其三为我国行将收复地区内之法律问题。战后我国不仅将收复所有沦陷之国土，并将收复数十年前割让于敌之台湾。敌人统治台湾，与统治东北，及其他沦陷区系基于不同之原因，法律上性质绝然不同，故我国收复台湾后所发生之法律上问题，与收复东北及其他沦陷区后所生者亦不同。战后台湾方面之法律问题，将先发生于国际公法上，而后发生于我国国内法上。从而其解决之道，于国际法上者当然须从战后之世界局势求之，然于国内法上者，必须于我国自身之立法中求之，是以现在我国法学界必预为研究，以为他日之准备。

---

[4] 原文遗"于"字。——编校者注

以上三点，特予提出，盖所以求我法学界人士深予考虑，详为研讨，尤望本届年会注意及此，号召全国会员，分别进行，共成大业，否则，他日战事甫定，匆匆措手，必致临渴掘井，于事无济。

四

最后一点，此次战争已于我法学界之肩膊，增加一新负荷。此新负荷既为光荣，又为艰巨，应为吾人所当注意者，即战后世界和平机构之建立，与国际法之研究是也。

战后和平机构之建立，一面为全世界之政治问题，一面实为国际法上之问题。法律与政治相为表里，我国法学界，正宜趁此我国家步入世界政治舞台之时，亦努力求于国际法学界争取其地位。国际法之研究，原与国际政治及国家自身之地位有密切关系，战后我国以四强之一地位，参与世界活动，我法学界一洗过去因国家衰弱而致对国际法忽视怀疑之态度，而深进一层以研究国际法，加以我国以促进世界大同为立国理想，则为建立新世界而建设新的国际法律秩序，亦正我国法学者应从事之任务。是以自今日起，我国法学界亟应重视国际法之研究，以求有所贡献于未来新世界之建立。

再者，后我国将以四强之一出现于国际会议之中，则在将来之世界法庭中，我国亦将占重要之地位，我国不仅将以政治之力量，支持国际法庭，尤应以知能卓越之人材，供给于世界法庭。将来之世界法庭，既与过去者完全不同，我法学界于其人材之培养与选拔，于其法律之研究与提供，均当有所致力。过去我国之法律教育，宁多偏重于私法与国内公法，而一般法学界亦然。今后此种情形似宜及时纠正，必使国际法在我国成为法学之一门，而不仅为人视为办理"洋务"之工具，然后我国始足济于国际法学界之林，而真正有其"四强之一"之资格。

此第三项任务，或较前二者为繁重，更为难于完成，然在当前之我国言之，其切要则与前二者相等，惟因其任重道远，故须我全国法学界共同努力，而本会全体会员尤应三致意于斯，从而望此次年会，亦能注意及之。

五

本会纲领第一条即明示，本会当在三民主义之原则下，求中国新法系之建立。抗战建国，正我民族复兴之机运，而亦我学术思想界革旧创新之良辰。三民主义之完成，即三民主义法制之完成，而三民主义法制下之新法律，即我民国之新法系也。方今抗战达最后关头，建国大业，如日初升，国家民族方在大步向前之时，社会亦在急遽变迁之际，本会于此时举行年会于战时首都之重庆，允宜对国家局势，世界前途，社会需要，切实加以考察，然后检讨本会自身过去之工作，决定来日应行之方略，推动全体会员，并以振起全国法界，为抗战建国尽最大之努力，为新中国之法学建设尽最大之努力。此所以期望于本届年会者至大，而于年会开始之前，略举鄙见，以献于年会诸公之前。

〔原载《中华法学杂志》第四卷第三期（总第 33 期），大东书局 1945 年 3 月出版〕

司法节献词

〔三十五年一月十一日第一届司法节特刊〕

　　中华民国法学会于上年四月第三届年会，通过妥择适当日期为司法节一案，经常务理事会研讨结果，择定每年一月十一日举行。未几，日寇投降，舆情欢跃，即以此案呈经司法院依议办理。本年一月十一日为第一次司法节举行之期，实开我国司法史上未有之创例。不佞躬逢厥盛，幸危舟之共济，凛来轸之方遒，不可无辞，谨贡卮言，藉共劝勉。

　　司法节提议之动机，为法学会同人鉴于政府决定实施宪政，即应阐扬法意，恢宏法治，维护法律之尊严，以进于现代之民主国家。又值此国难时期，法界同人均各就岗位，执行职务，刻苦自励，贞固不拔，亦宜有所表彰，因而主张及此，意甚善也。窃维我国被敌方侵略以来，举国人士，均同心御侮，克尽天职，岂惟我司法同人为然。表彰劳动，殊非敢当！惟同人在极端艰苦之中，矢勤矢慎，始终不渝，用能维护安宁秩序，以争取最后胜利。当此顽敌降伏，正义获伸，[1] 鼓舞之情，宁能独异？用此互相告慰，未为不可。且军事甫经结束，建国尚待进行；战后之司法工作，倍感繁重。是抗战虽告胜利，仔肩实未稍纾，凡我同人，仍须本战时之刻苦精神，益形努力，始能达成使命。纪以令节，即不啻佩以韦弦。循兹以往，逐岁举行，如随时追溯既往，规划将来，作每年一度之检讨，司法效率，转可藉以策进。此则我同人允宜诚恳接受，所不敢辞。

至司法节之创设，于国家法治之树立，有何意义？请详论之：

法治国家之宪政，建筑于全民基础之上。必须人民先有管理政治之力量，然后宪政之实施，不致有名无实。亦必人民先有奉行法令之精神，而后政治之管理，不致顾此失彼。总理演讲五权宪法，曾昭示："人民必要能毂治，才能毂享，如果不能享，就是民有都是假的。"上年国庆纪念日，总裁昭告全国民众之广播词内，述及政治建设方针，首先标举普及民权行使，以巩固宪政基础，并切实宣言："国民革命，一贯以实施宪政为建国目标。国民政府为国家负责，为人民尽职，无日不殷切盼望宪政早日实现。但始终郑重其事，必务其实，而不使徒有其名。"故至今日，已非宪政实施之时间问题，而为实施宪政之效率问题，此项效率之能否增高，应以人民奉行法令之精神决之。而养成此项精神，则又以"民众法律化"为其必备条件。

何谓"民众法律化"？不外人民有行法守法之惯性而已。我国古代政治思想，趋重礼教，儒生之所讲习，社会之所崇奉，莫不惟礼是尚。历代修订法典，亦多采取礼之精意，设为规条。用是礼之大端节目，深入民众心理，苟非狂妄之徒，罔不以失礼为耻；良风美俗，犹有存者，实为礼教普及之重大收获。现代国家，不能专恃礼教为治，法文之规订，日见繁密；法律之适用，日见扩张；人民

---

[1] 原文误为"申"。——编校者注

行动，几无时不在法律支配之中。倡导法治，苟非如我国之阐扬礼教，俾一般人民养成行法守法之惯性，均不以脱法为幸，而以违法为嫌，且以蹈法为惧，则法律与人民生活各不相合，势必徒成具文，宪政基础，何由策其巩固？

然我国崇尚礼教，垂数千年，潜移默化，始有渐渍人心之效果。现代之法律，朝颁而夕施行，其不能如礼教之从容感化，无待烦言。促成人民行法守法之惯性，期其速效，莫要于使其先知有法，尤莫要于使其知法之必行。夫法律原以利国便民，人民何乐而不奉行？其所以不然者，推厥原因，出于不知者居半，而以为未必实行者又居其半。我国革新以还，各种法规，相继颁布，不能谓非完备。顾此项法制，大抵取材外邦，非人民所习见习闻；即或稍有闻知，而蹈常袭故之流，辄以为涂饰观听，无关宏旨，并不实心遵办。目论之士，或讥议立法之过，以为不合国情所致。殊不知新造国家，以法律为推进社会之具，宁能与旧时惯例，一一恰合。国家既有此法，即应使人民有深切认识，促其内容之实现。如一般民众得有法律之认识，始虽勉强而行，其后必利而行之，安而行之。"周旋中规，折旋中矩。"不待三令五申，自然合于法度，故"民众法律化"之前提，又必以"法律民众化"为第一要义。

法之不行，其原因所在，既为人民不知法令，或知而以为未必实行。司法机构为执行法律之主要机关，普及人民法律认识，以期达到"法律民众化"之地步，即以提高司法工作之效能为最要。就知的方面言：司法官吏最为亲民之官，经办事件，与人民之日常生活息息相关，法官援用法律，执行裁判，人民感于切身利害，定必异常注视。彼习见法官用法，有一定轨道可循，平时之法律惯性，即无形养成。较之悬书象魏，置吏为师，更有普及之效果。"杀人偿命，借债还钱"，数千年来，几为妇孺所周知。即如十恶七出之条，异姓乱宗之禁，过房兼祧之辨，乡曲下士，至今犹言之不爽，其故维何？不外历来裁判援用日久，人民耳濡目染，成为普遍之认识而已。再就行的方面言之：国家制定法律，原以期其实行，有法而不实行，转使人民轻视法律，其弊甚于无法。重要法规，大都定有违反之制裁，即所以强其必遵。此项制裁，非仅对于人民日常生活，如所谓民事制裁、刑事制裁者为然，即政府之权力行使，官吏之职务奉行，均同受法律支配，而有相当限制。行政诉讼与公务员惩戒事项，亦为贯彻法律目的之一种方法。司法机构遇有具体事件之发生，无论对象属于何方，如能执法以绳，尽法之用，以示法律之设，势所必行。则一切法律之尊严，必相因而见重，自与普及人民之法律认识，尤有莫大效力。

法律之基本作用，原在保护人民权利，俾入于法治之正轨。现在抗战胜利，我国之国际地位，同时提高，民族主义之革命，可谓已告成功。而民权主义、民生主义之实践，能否达到圆满目的，仍视执行法律之效能如何为断。创设司法节，一面唤起同人自觉，提高工作效能，一面即为树立法治之先导，固不得谓无重大意义也。基上所述，吾人举行第一次司法节，对于现代司法，实不能不寄以下列之热望：

一、法官执行法律，同时须有执行法律之道德观念。在今日情形之下，尤感必要。现行各种法令，极为繁重，诉讼程序，又异常复杂，非人民所易了解。当此民生凋敝，诉讼当事人多无资力延聘律师，纵有正当权利，不知主张。且往往因程序错误，多费无益之劳力时间。刑诉法规定实施刑诉程序之公务员，应就被告有利不利情形，一律注意。民诉法亦有晓谕当事人为必要声明之规定，其有程序违误可予补正者，并应先命补正，法律用意本极周挚。在此时代之法官，于执行法律外，实尚负有指导人民之义务，办理案件，首应注意此点，俾克为适当之进行。

二、战时社会情状，与战前不同，战后之社会情状，又与战时不同。人民所订契约及其他法律关系，每因情事剧变，发生意外之结果，遇有争讼，不易解决。现行法令，除采用调解程序外，并赋予裁判上以极大裁量权。运用得当，固与法律公平之原则，能相适合，任意武断，亦极易滋流弊。此类事件，务须体察一切情形，衡平考量，予公允之裁断。

三、沦陷各区，久在敌伪蹂躏之下，台湾及东北各省，尤经敌伪盘踞多年，倒悬之苦，亟待解除。同人职居司法，平亭庶狱，解决讼争，必须痌瘝在抱，以无限哀矜之同情处之。俾得安居乐业，重入升平之境域，以副嗫望。至奸伪各犯，不特显触刑章，且为国民人格所关，自应尽量举劾，以申国法，而励民气。

四、各国领事裁判权虽撤废多时，因军事期内，互市不通，商旅裹足，涉外之诉讼事件，尚属无几。此后则中外杂处，纠纷不免，该项事件，势必日见增多。我国法院，对于中外人民，一视同仁，原无歧别之待遇。惟是语言文字，彼此不同，适用法律，亦各有特例，不能不费较多之考虑。在此收回法权尚属初步时期，深望慎重将事，克臻允洽，庶国际之司法威信，藉以确立。

五、历年司法建设，已粗具规模，比经兵燹，破坏甚烈。当此复员时期，限于人力物力，恢复旧观本已非易。矧复员不是复原，一切应办事项，断又不宜搁置。为今之计，只有于复员之中，即预定改进计划，同时并行。俾设立一种机构，即获得一种实效。日计不足，月计有余，庶有建设完成之一日。目前在职各员，事繁于昔，人减于旧；经费开支，有欠宽裕，均为势所不免。尤赖深体时艰，以为国服务之目的，不辞劳瘁，克服难关，以达到司法建设之逐步完成。

六、律师为构成司法制度之重要成分，我国人民之法律知识，尚未普及，诉讼事件，端赖律师辅助办理。惟人民法律关系之纠纷，并非必须涉讼，律师亦非必以代理诉讼，引为专责。所委事件，苟系出于误会，或显无理由，自不妨善言解纷，俾可速了，并无涉讼公庭之必要。国内民众，受战事荼毒，已损失綦重，何堪再经讼累。如能顾虑及此，必能减少无益之诉讼，裨益匪浅。至律师公会向有平民法律辅助办法，在战后益感需要，尤望健全组织，以惠平民。

上列各端，不过就此次节日之感想，略布一二，其他非所应详。兹欲再进一步言者，厥惟执行法律人员，必须先有遵守法律之风格，足资敬仰；然后所为裁判，弥能博民众信服，而法律之尊严，因以益著。故法官之法律规范，实较其法律素养尤居重要。人民之生命财产关系甚重，乃生死予夺之权，操于法官；苟非率之以正，将何以资感召而副委托乎？近年功利思想，过形发达，士大夫孜孜为利，恬不为怪。驯致惩治贪污，特设条例，世风日下，殊可愤叹。司法同人向以宁静澹泊为尚，箪篓不饬，苟且遗羞，固应悬为厉禁，鸣鼓以攻。而奔竞之习，亦断不宜有所沾染，以维护我同人固有之风格。此则盱衡今日之恶劣环境，不能自禁其喋喋也。

惟是法学会择定之司法节日，适为废除不平等条约签订之日，亦即为不佞忝观政秋曹之始期。不佞忝绾司法，虚掷岁年，一切设施，非特无以副国人期望；即平日个人之理想，亦多未达到。循念及此，惭悚实深。尝闻节之为义，取譬于竹，《易》序卦："其于木也，为坚多节"，《说文》："节竹约也"，往哲敬授民时，以节气著为时令，用策农功，近代之纪念日，如劳动节、空军节之类，亦大都继往开来，推动事业之进步。诸同人抚兹佳节，凛于任务重大，当能以坚忍之节，继续迈进，如竹之坚而多节，日新不已；用以弼成法治，树立宪政之巩固基础，增高宪政之实施效率。斯又不仅纪一时盛况，供司法史上之光荣者已。

〔选自李翊民等编：《居觉生先生全集》（上册），台北 1954 年印行，第 399～404 页〕

第二部分

纲领、演讲、致辞、报告

《民生主义土地改革纲领》*

　　中国为一农业国家，农业为生之人民占全国人口百分之八十以上。若对此广大众多之农民之生计不为设法改善，国家建设将必无法推进。中国又为一产业落后国家，当兹国际经济急剧变化，而国内则民生艰巨亟待发展生产之际，若对人力资源之运用不为适当之转变，国家建设亦必无法进行。基于以上之认识而进谋改革。一为以暴力进行斗争毁灭一切；一则以和平方式实施社会改造。本纲领之精神及所揭橥之原则方法，即系尊奉国父遗教，以和平方式实施不流血之社会革命。兹分列纲领及办法如下：

甲、总纲

一、确认不耕作者不得据有土地，不得享受土地收益之原则。

---

　*　时任中国国民党中央常务委员兼司法院长的居正先生，在参加西山会议和后来主持上海国民党中央党部期间，向国民党中央正式提出此份"民生主义土地改革纲领"，时间约为 1926 年。

二、确认土地改革之目的，在于废止地主阶级之剥削坐食关系以促进国家之进步，而不在于毁灭此一阶级之个人。故在实施改革过程中，对于地主阶级之生活，应予以适当处置以求推行之顺利。因中国为一经济文化落后国家，地主阶级在中国现势下为较为有教养之社会中坚，亦为文化技术智慧积累之所寄托，若不能善为诱导使各得其所、各尽所能，以为国家建设之助，即能以暴力加以毁灭，亦适为国家建设进步之一重大损失。

三、今日中国之必须施行土地改革，非仅为公道与分配问题，亦为中国能否工业化、现代化之关键，因现行土地制度有如下之缺点：

1. 社会财富多以土地为投资对象，使大量资金无形冻结；

2. 地主不劳坐食、不事生产，消糜有用人力；

3. 现行小农制之土地经营，不能使农业工业化、集体化。

今日举国人民之希望，在于国民生活水准之提高与福利之增进，此种希望必待国家工业化、现代化之后乃得实现。而欲求中国之工业化、现代化，目前施行土地改革，实为必经之途径。

乙、实施纲领

一、确定地主之土地纯收益

1. 佃农照原有租税扣百分之二十五，以作二五减租；

2. 政府照规定扣缴应征田赋。

除以上数额后之余额，为地主土地纯收益。

二、实行地主土地收益之代管。

1. 佃农除坐扣百分之二十五外，应将余额交由政府代管，不得径交地主；

2. 政府对地主土地纯收益之处理，应分十二月平均发给粮食支付券；

3. 地主持有上项粮食支付券，得按期照额向政府仓库兑取实物，若逾期两月未兑，得予没收；

4. 政府亦得指定原佃农代为保管，并凭券支付上项粮谷，但须符合券面期限及数额；

5. 地主得以未到期之粮食支付券向地方银行或国家指定之银行办理抵借或预售，以适应其生活及经营上之需要。

三、为实施地主土地收益代管制，应即为以下之措施：

1. 现存租佃关系不得改变；

2. 停止土地转移，除政府地方自治团体以劳力组合之合作农场及原有佃农之外，私人不得再取得土地所有权；

3. 土地之购买应基于各地之习惯议价，以保障地主之权益；

4. 佃农对地主现有债务暂停支付，由政府登记清理，俟佃农取得土地，再会同佃农清偿。

四、除自耕农外，政府应于五年之内完成不耕作者不得据有土地、不得享受土地收益之具体实施。其办法如下：

1. 由政府贷款辅助佃农购置土地；

2. 改善乡镇积谷制度，购置土地以为地方公产；

3. 由国家以公债或现金购置土地，实行战士授田，或租佃贫农耕种；

4. 扶助以劳力组合之合作农场购置土地。

以上各项，得酌量各地情形提前完成。

〔本文约写于1926年，选自上海图书馆编：《上海图书馆庋藏居正先生文献集》（第三册），广西师范大学出版社2007年版，第3～11页〕

总理纪念周讲演录（一）

　　兄弟读律未成，谬承重任，莅院以还，幸得同人努力将事，感何可言。惟查二十一年十二月份办结案件，旧有各庭与临时各庭成绩悬殊，深觉不幸，兹将统计表为诸君一读（院长即亲检各表逐一宣读，表从略）。当时原以案件繁多，旧有各庭办理不及，恐日积月累，清理无期，故在万难之中，筹设临时四庭，以期将历来所有积案，悉数办清。更望同人继续肩此重任，一日在职，尽其一日之责。匪特兄弟知所铭感，即同人等亦将无愧于国，乃不图临时庭成立以来，而旧有各庭，本月成绩反不若前此之努力，积存案件仍日益加繁。实违兄弟当时惨淡经营、筹增临时各庭之初意，此后仍望各推事加紧努力，格外从"速"、"妥"、"慎"办理。即每人每月多办一案，综合亦不在少数。此为兄弟过分之要求，亦诚恳期望于诸位者，至若某某二推事久假未销，影响甚大。苟有苦衷，何妨请辞，勿再旷废。再言经费一节，自缩减之后，同人自不免益感清苦。惟念国库困竭，国难当前，兄弟素以大公无私为怀，愿与同人共其艰苦。再本院裁判案件，每以主文公布，即认为案已办结，此实谬误。盖公布主文，为推事一部分之终结，而判决书及书记官应办几种手续，尚待办理。以计算案件之办结，务以完全办结送达为准。主文一经公布，应即督促负责各员及缮写各员，迅速办竣校发。此外应请各庭长切实注意者，即更改主文。推事办案过繁，自不免疏忽草率之处，若各庭长能加以精细之审核，当不至再有类此之事件发生。良以本院为国家终审机关，动辄有关人民之利害，不可不处处谨慎也。

〔本文系居正 1933 年 2 月 6 日在总理纪念周上的讲演词，原载《三年来之最高法院》一书附录乙"总理纪念周演讲录"部分，南京国民政府最高法院 1934 年印行，第 130～131 页〕

总理纪念周讲演录（二）

机关职员，泰半以参加纪念周为例行之事，不知此例行之纪念周，实含有重大意义。社会本为散漫之各个集团，苟无振作约束之方，则精神不能团结，何能合力共举，以尽重大之职责。纪念周之创设，即以振作约束此散漫之集团，使之团结振作。革命精神，要亦藉此而表现也。纪念周中，可为工作之报告，国事之论述，而于个人平日之感想及心得，均可道及。诚以世风日靡，人心险诈，见利忘义，触目皆然。拜金主义者日多，而旧有之道义行将消磨净尽。纪念周集大众于一堂，除工作报告之外，若再举我国固有之仁义道德，互相砥砺而阐扬之，庶几挽回世道人心于万一。至于个人办事之心得，尤足贡献于大众，彼此交换，以期增进各个办事之能力。果尔，则纪念周非枯燥乏味，例行之事矣。以后每周应请各庭长、各推事，依前述轮流演讲。所有职员，亦须自动踊跃参加，无待强勉而来会集也。

〔本文系居正 1933 年 2 月 13 日在总理纪念周上的讲演词，原载《三年来之最高法院》一书附录乙"总理纪念周演讲录"部分，南京国民政府最高法院 1934 年印行，第 131 页〕

总理纪念周讲演录（三）

　　天下万事，每合礼、法二者而成。吾人之一举一动，亦不能出乎斯二者。试观我国历代之史乘，莫不尽然。中国为文化之邦，思想之高尚，盖无出其右者。古代无法，其制裁人之方法，厥为礼教。故礼教昌明，人民莫不循规蹈矩，莫敢稍涉轨外。其所以养成敦厚淳朴之风，殆有由来。所谓"道之以德，齐之以礼"[1]者，是也。今者，时代变迁，礼教渐废，国家乃不得不以法治理。人民之有越轨行动，即执法以绳。无如创法者虽精密森严，而人民之守法者，究不能如守礼者之普遍。欲恢复前此之淳风，已不可得。故吾人之办案，不宜一味求诸法，苟能推本求源，寓礼于法，是亦挽救颓风之一良策也。余读律无多，所得既鲜，然每一研求近代之律法，辄多不合时宜之感。即以民法中之婚姻而论，已有超过时代之嫌，殊不适于中国之现状。按我国古时婚礼，备极隆重。其夫妻关

---

〔1〕　《论语·为政》篇中有云："道之以政，齐之以刑，民免而无耻。道之以德，齐之以礼，有耻且格。"——编校者注

系，十九能维系久远。今则高唱自由，反成易合易离之势。推其原委，一则因女子教育之不普及，泰半意志薄弱；一则因法律之放任有以致之也。至于继承财产，尤属杂乱无章。欧美各国，对于人民之遗产，辄征极重之遗产税。而财产之处分上，亦相沿有良好之习惯及方法。诸如数子之家，分析遗产，有长子既得土地，则次子即不再划分，另行给予其他物品者。若中国则不然。甚至以一亩地而数人均分者，亦所在皆有，纠纷遂多。政府对于是项遗产，既不注册，又不征税。人民产业之多寡，政府失所根据，末由考核。且国民党以"平均地权、节制资本"二者为政治前提。然中国为无产业无资本之国家。即有之，而政府亦失所凭依，难于清查。故国民政府，奠都以来，尚未见诸实行，殆为此也。由是以观，则现行法律之未妥切者，其有改善之必要乎。此为兄弟个人感想所及，略举为例，切望诸君详斟细酌，有以补偏救弊，藉图改进之耳。再言国家治乱，端在用人，用人不当，欲求吏治澄清，国家富强，又岂可得。故兄弟对于用人一事，每费斟酌。但亦常被环境之转移，不当之处，固不免也。幸兄弟莅任以来，本院同人均能努力奋斗，用人之得，实堪庆慰。而兄弟亦未尝不以公正为怀，以公众之意为己意。乃前此一言，致使苏、刘二先生感受不满，宁非憾事。疾病固无可如何，自身已不堪痛苦。因疾病而长期废公，于国家之影响尤巨。吾人服膺党国，肩此重任，对于身心之修养，卫生之讲求，实不容稍忽。体魄健强，不特自身安适，而办事尤显精神，苟一人健强，十人健强，千万人健强，其不跻国家于富强之境者，未之有也。区区微意，当与同人勉之。

〔本文系居正 1933 年 2 月 27 日在总理纪念周上的讲演词，原载《三年来之最高法院》一书附录乙"总理纪念周演讲录"部分，南京国民政府最高法院 1934 年印行，第 132～133 页〕

总理纪念周讲演录（四）

日来时局严重，已臻极点。数小时之内，竟将热河丧于敌手，能无痛心。诸君关心国事，自必隐忧时切。惟热河既失，中央必力图反攻。我国或于此得良好之转机，亦未可知。诸君其安心办事，不必鳃鳃过虑也。本院案件纷繁，平均每一推事，每月须办数十案，欲求迅速、妥切，实难两者俱备。古语云"欲速而不达"，良有以也。惟按历代以来，称能吏者，处理一切事件，盖能以"清"、"慎"、"勤"三者并行。清则无私，勤则迅速，慎则稳妥。以此作则，当能进益不少，至于临时庭成立以来，每月办案成绩之比较，兹不妨报告诸位，（院长即检表宣读，表从略）。所有案件，除已办结者外，截止前月，尚积存民事二千七百余件，刑事二千四百余件，在检察署者六百余件，总计积存五千八百有奇。临时庭成立，其目的在清理旧案。兹查积存各案之中，泰半为收受已久而未着手办理者，殊非便民之道。余意此种积存旧案，应请各庭分别提前办结，俾免牵延讼累。至此后尤应尽先到者先办，此节望各推事稍为注意及之。法官本为清苦之官，而同时亦为负责重要之官，吾人于清苦之中，应如何以尽职责，诸君明达，当能体及斯意也。余友某君，前亦供职法曹，渠于办事有一见解，即每星期之中，一至六，以身属国，应努力从公，不复自由，至第七日，则又还我自由之身，于是屏绝一切酬应、从事休息云云。此君之见解，诚难能可贵，可为吾人之良好模范也。

〔本文系居正 1933 年 3 月 6 日在总理纪念周上的讲演词，原载《三年来之最高法院》一书附录乙"总理纪念周演讲录"部分，南京国民政府最高法院 1934 年印行，第 133～134 页〕

总理纪念周讲演录（五）

　　兄弟屡次听到诸位的报告，对于兄弟所希望的"迅速"、"稳妥"两个原则，诸位都很能够倾全力去实践。而且于妥速之中，更做到"求其心之所安"。兄弟认定这种服务精神，是非常对的。这一个"求其心之所安"，实在是这原则的一个很好注脚，盖心安则理得，理得则应付一切，都不会感觉虚空与困难。尤其是我们办案的人，持此义以判断案情，必不致失出失入，更不致畸轻畸重。所以今天兄弟就想将这句话的意义来扩充说一下，以明我们根据这话办案的关系。

　　"求其心之所安"，似乎有两方面的烦难不易于解说，一是属于主观的，一是属于客观的。在主观方面的烦难，譬如法院每一庭有庭长，有推事，办起案件来，有主任推事，遇着主观强的人，往往以为自己所主办的案总是对的，反复审酌，似已达其心之所安之境了。而同时还有三位推事，也各有其主观见解，评议的时候，如各自主观见解不同，就不免有所争议，这时庭长也有他的主张。假使遇着大家都是主观强韧的，彼此不肯放弃自己的见解，那末，一件案子就不易解决了。在客观方面，其烦难更多。譬如本院处理的案件，有民、刑事及解释之分，而每一案件的当事人，又有原、被告及律师之别。原告方面想得胜利，被告方面也想得胜利，同时律师方面也想得胜利，这是一个事实。又如现在最普通的是诉讼当事人，多有用新闻或广告在报纸上妄事宣传的，在一件案子的真相尚未明白宣判以前，双方都可利用新闻或广告政策混乱是非，企求社会的同情，或企求影响法院的判断，这又是一个事实。这时办案的人，若注重客观的话，那有一定不易了结一件案子。所以此时要免除主观方面的烦难、客观方面的纷扰，都只有放弃这类畸轻畸重的主、客观，从法理上探讨，根据平情尽理的来裁判案情，即是获得"我心之所安"。因为你若抱定主观，必忽视客观；偏重客观，又容易为外力所蒙蔽。照这样看来，都非判案的正轨，所以凡是只要问自己的心安不安，对于他人的安不安，能够顾全，自然是最好的，否则做法官的，就只有凭法理的平衡，以求其心之所安了。故兄弟觉得这话的作用，不但办案是见其可，以之处世，盖亦未尝不可。

其次，是本院办案的情形。年来所有的案子，经各位努力的结果，所存民事案尚有二千余件。这是因许多为程序未备，一时无法肃清。至于刑事案，积存也在二千以上。以此数目言，本院刑事七庭，每庭每月以平均担任办理七十件计，七七四百九，七庭合计，每月可肃清将近五百案。至本年度六月止，尚有三个月，此二千余案，似亦可办结到四分之三。但新案仍复日增收，那末，我们每月收结的案件，恐怕不能相抵。则仍不免要感觉如现时的繁难。

再其次，是中国的法院尚缺少尊严和独立的精神。我们常以为蔑视中国法院的是外国人，不知瞧不起法院的反而是我们中国同胞。本来各省政府有辅助法院整严司法独立的责任，然而实际上法院往往尚受其无形之累，遑论辅助。可是法院本身亦有组织不健全之嫌，致令法官每多不能尽责。法院既不能予人民以法律上的保护，又安望社会保有法院之尊严？而且一般不尽职不负责之法官，有时对于裁判疏忽，有了差失根本就不负责，听其上诉。这样一来，上诉者日见其多，人民之颠连困苦于讼事者，又将谁诉。所以社会之多不满于法院，而法院自身之失去尊严者，亦未尝不在此。

总之，现象是兀陧的，环境是要打开的。我仍然希望各位在困难中尽责，向着这个"求心之所安"的方法做去，不为现象所牵制，不为环境所推移！

〔本文系居正1933年3月26日在总理纪念周上的讲演词，原载《三年来之最高法院》一书附录乙"总理纪念周演讲录"部分，南京国民政府最高法院1934年印行，第134～135页〕

总理纪念周讲演录（六）

兹将兄弟平日对于司法感想为诸君略述之。虽曰浅见，或可为改进法治之一助欤。民国二十年来，日虑外患频仍、内政窳败之中。所谓司法独立之精神，及司法现在之状况，均已絮乱不堪，而下级法院之不能体尽职务，遂使人民讼累增加。例如一审不服，诉之二审，而至三审。上诉因以日多，则终审机关办理不及，于是积案丛增，无法清理。试观本院临时庭成立以来，业已半载，不无成绩可观，但仍未有肃清之望，故兄弟以为就最高法院本身实行清理，终非治本之法。欲求狱讼清简，减轻民累，非从下级法院整顿不可。苟第一、二审办理案件能得其平，人民岂不甘服？则上诉于第三审者，自必减少矣。至于最高法院判案，历来均采用书面审理。以片纸往还，固可以减少许多烦累，增进效率。然细思之，究不如公开辩论之较得精细也。文章适用得当，其效力自颇宏伟；反之，则为害亦不可胜言。须知案件判决之适当与否，实关人民切身之利害。加之中国现行法规，多如牛毛，偶不经意，非出即入，故吾人办案，除平素用功于文字纸片之外，仍须深入民间，洞察社会之一切情状，非独探求于法条之内，便谓尽其能事也。望同人力体斯言。再则，现时之公开律师制度，虽颇予人民以便利，要亦促进狱讼增加之一原因。盖执行律师职务者，其生活费用，舍诉讼莫由攫取，遂到处兜揽，一如商人之贸易然。因之一极细微之事，经律师之怂恿挑拨，遂至相见法庭，彼则从中渔利，所在皆有。其真能为人民谋便利者，为人权做保障者，固亦未尝不有，但为金钱所驱使，甚至不顾民累，而影响社会安宁者实繁有徒。至今日律师之为非作歹，较之昔日之讼棍，实有过之。讼棍尚系暗中活动，访拿一出，势必远走高飞；而今之律师，已为法律所容许，张胆明目，肆无忌惮，是此等不良律师，直社会之蟊贼耳。吾人苟欲改进司法，是亦最大之一问题，不可忽视者也。

〔本文系居正 1933 年 5 月 1 日在总理纪念周上的讲演词，原载《三年来之最高法院》一书附录乙"总理纪念周演讲录"部分，南京国民政府最高法院 1934 年印行，第 136 页〕

最高法院厉行法律审之步骤

——在国府七月一日纪念周报告

今天是七月一日，因几种司法法规于是日施行，司法院所属各机构，感觉到工作上加紧。尤其是最高法院，更加感到第三审案件有厉行法律审之必要。

本来第三审法院，是法律审法院，这是现代各国司法制度之通则。就照我国现行法规来说，要不是以违背法令为理由的，也不得对于第二审判决，提起上诉，此在《民事诉讼法》及《刑事诉讼法》均有明文规定（参观旧《民事诉讼法》第四百三十四条，旧《刑事诉讼法》第三百八十九条，又新《民事诉讼法》第四百六十四条，新《刑事诉讼法》第三百六十九条）。依照这种规定，最高法院自然应该限于适用法律方面之审理，而以达到统一法律适用为目的。至于认定事实方面之审理，则应让高等法院负其责任。

可是，认定事实，不能不依据证据，而证据之调查及取舍，是否合于程序法，也属于适用法则问题之内。于是法律审又往往牵涉到认定事实方面去了。大抵当事人如果不服第二审所认定之事实，必定要攻击他调查证据、采取证据，或舍弃证据没有适用法则，或系适用法则不当。第三审法院审认这些问题，本有二个阶段：第一阶段，是形式的审认，例如人证之曾否到场陈述，以及曾否当庭具结，书证是否提出原本，以及应否由举证人证明其为真正。就此等事实而为审认，便是形式的审认。第二个阶段，是事实的审认，譬如人证虽经到场具结，书证虽可认为真正，而其对于本案所证明之事实，依自由心证之方法来推论，究竟具有怎样的证据。质言之，这些在形式上虽无瑕疵之人证或书证，究竟与本案之讼争事实，有无论理上之联系，即是究竟可否采用为本案之证据，就此等问题而为审认，便是实质的审认。形式的审认所用的是法律的论证，而实质的审认所用的是论理的论证。前者是单纯的适用法则的问题，而后者必须斟酌案内许多互相关联之事实，而为动的观察，才可以尽自由心证之能事，其结果虽然不是认定事实，而只是关于适用法则问题之论断，但在其过程中，却包涵了许多事实之观察。

这实质的审认，既需要经过许多事实的观察，故其事至为复杂；而与统一法律适用之旨趣，却无多大关系。所以各国之第三审法院所谓法律审法院，除实体法审究外，在程序法上，则大抵仅为形式的审认而止；至于程序法上之实质的审认，则归属于事实审法院职权之内。我国现因第一、二审法院人才之缺乏，与环境上各种设备（如警察登记及公证等）之不完善，所以事实审法院，往往不能尽其职责。如果第三审法院不为之纠正，显难得到审判公平之效果。所以向来最高法院对于程序法上之实质的审认，也须负起责任。这是因为时势之需要，而不得不把法律审之意义扩充了。

现在决定自七月一日以后，实行三级三审制度，则最高法院管辖范围，为之扩大；其所受理案件之数量，必然激增。照民国二十年统计，各高等法院受理第三审案件，总数在六千起左右。现在每年新受，当在五千起左右。最高法院每年新受民刑案件，约在一万五千起左右。新制施行以后，其数量当增至二万以上，此前增加至少三分之一。上年度最高法院以十二庭分配二万零八百余起案件（计旧受五千一百九十一起，新收一万五千六百三十起），推事每月结案，刑庭平均每人约十八件，民庭平均每人约在三十件以上（其中以裁定结案者，以三件作一件算，实际已达六十件以上），其勤劳可谓蔑以复加；而上年度未结案件，还达四千余起。若受理案件骤增三分之一，而庭数不能增加（下年度因财政困难，政府正在厉行减政）。则将来积案，恐更不堪言状。

积案愈多，则人民将愈感受诉讼之苦。为兼顾人民利益与中央财政计，亦不得不求一救济之法。惟一出路，便是最高法院厉行法律审；仿照外国成例，缩小法律审之范围，使限于实体法上审究与在程序法上形式的审认之范围以内，把程序法上之实质的审认，割归事实审范围之内。

惟是以现在事实审法院之训练未纯，依现在最高法院之统计，其所裁判案件，废弃原判者大率达百分之三十，一旦第三审厉行狭义的法律审，又恐有碍人民利益。所以目前打算采用渐进的方法，第一步先从刑事诉讼方面入手，先行试办。

因为自新法施行以后，刑事案件上诉，必将有突飞猛进之势，远非民事方面所可企及。其原因有二：（一）照旧《刑法》，裁判确定前羁押日数以二日抵有期徒刑或拘役一日（旧《刑法》第六十四条），而依新法规定，则以一日抵一日（新《刑法》第四十六条）。依新《刑法》规定，上诉纵使败诉，被告亦将不感受何等损害，如此则以上诉为尝试者必多。（二）依旧《刑事诉讼法》，自诉案件范围，仅限于初级法院管理之直接侵害个人法益之罪，及告诉乃论之罪（旧刑诉法第三百三十七条）。依新法，自诉范围扩张甚大，无论所犯何罪，其被害人均得提其自诉（新《刑事诉讼法》第三百十一条）。自诉之范围既扩张，则检察官之调节权行将失其大半，而藉刑事诉讼以为尝试而阴图个人利益者，将接踵而起。今日所习见于上海两特区之现象，行将在短期间传染遍中国了。

因为预料最高法院刑事案件数量之激增，所以拟自下半年起，先就一部分刑事案件，实行法律审（狭义的）。大抵先就比较轻罪案件着手。就是以法定最重本刑为有期徒刑以下的犯罪，最高法院只就其法律适用上加以审究，除实体法上审究外，在程序法上只为形式的审理，而不复为实质的审理。至于重罪，既法定最重本刑为死刑及无期徒刑的犯罪，暂时仍照旧办理，即在程序法上，仍然为实质的审理。所以采用这种缓进方法，一则欲就轻罪案件养成高等法院"慎断"与"负责"的精神；一则重罪案件关系民命——死者不可复生，亡者不可复续，防其串断，仍循旧规，俟轻罪案件厉行法律审办有成绩，再图第二步之改进。至于民事诉讼方面，俟第一步实现以后，亦当从事进步的规划。总之，为兼顾事实与法理，要持循序渐进之态度，以期达于审判公平与迅速之效果，一方面使积案足以清理，他方亦使折狱不至于有所枉屈。

最后还要特别声明的：就是厉行法律审，并不是最高法院之推诿，与不负责任，却是诉讼法立法之本旨原来如此。"上诉于第三审法院，非以违背法令为理由者，不得为之"；"判决不适用法则或适用不当者，为违背法令"（新刑诉法第三百六十九条及第三百七十条），本来系法典上明文规定。所谓"不适用法则或适用不当"，照各国通例，原系之实体法上适用及程序法之就形式上适用而言；事实之审认，本来不包括在内。所以厉行法律审，正是厉行法治之一端。在别一方面，最高法院之厉行法律审，便是含有促进高等法院法官之"慎断"与"负责"之意味。只有在试行期间，得到事实审法院之良好成绩而后，最高法院方能为第二步之推进。否则试行之后，成绩不良，又不免要开倒车，仍行退回以前最高法院兼审事实之状态。所以这司法进步千钧一发之关键，其责任全然放在各高等法院推事身上，这时特别要促他们注意的。

〔本文原载《中华法学杂志》第六卷第三号，1935年出版，第103～107页〕

全国司法会议开会辞

本日为全国司法会议开幕之日，正等躬与盛会，不胜荣幸。全国司法会议系司法院召集，承各大学法学院代表、全国律师代表及聘请之专家等热诚赞助、惠然莅临，京外各司法机关长官及重要职员亦均踊跃参加，至为钦佩。自国民政府成立以来，召集全国司法会议，尚属创举，凡关涉司法之重要问题，均付讨论，意义极为重大，同时本会所负之使命，亦极为重大，将来会议结果，在我国司法历史上必占重要之一页，此正于今日开幕之始所乐为同人告者。

正恭长司法院，荏苒四年，愧无建树。顾尝深居独念，以为司法事务，与人民之利害关系最为密切，古所谓亲民之官，实惟司法官克以当之。司法不良，审判不得其平，人民权利毫无保障，更何安居乐业之有。国家一切建设，即亦无从进行。我国司法制度，自民国初元树立根基，其后迭经改进，迄于今日，固已具有规模。然默察现状，似诉讼日繁，积弊尚多，人民所受之痛苦并未完全解除，改进之图，仍未可缓。正从数年来考虑所及，以为今日之谈司法，首应了解其四种特点。

（一）司法为进步的而非保守的。国家立法，为一成不易之规，而社会情状，则千态万殊，转变无穷。执法之士，不能不深究立法精神，随时代之演进，为适当之运用。我国旧律时代，每以律文不备，辄能适应潮流，创著新例，为一般法曹所奉行。即近世法治国家解释法律，何莫不然。且法院裁判往往为法律改进之先驱，现行刑法及民刑事诉讼法先后数度修订，民事法典亦甫经完成，有藉于裁判上所得经验者，尤数见不鲜。近来社会之进展日剧，新发生之事项日益繁多，非可藉口成法，故步自封，已属彰明较著，至于犯罪之如何检举，囚犯之如何待遇，以及司法人才之如何养成，司法协助机构之如何联络，均应随时改进，始能臻于完善之域，不容以萧规曹随，诩为美谈，尤不待言。

（二）司法为实验的而非理想的。各种法律，无不有最新之主义与至高之理论，司法工作在在与社会之现存事实有关，即在在应从实际着手，断非徘徊于理想之门所克有济。我国重要法典，现均陆续颁行，渐由理论的立法转于实验的司法之一途。法律良窳已非从法律本身上所可解决，而应从法律施行上加以解决。各种法律之内容，孰为适当，孰为滞碍难行，固有待于司法机关之实验，始能下最后判断，亦惟司法机关实验之后，始有正当途径之可寻。《管子》云："不法法，则事毋常。法不法，则令不行"[1]，法与不法，亦视令之行否而已。司法机关之职责，于斯亦弥觉其重大。

（三）司法为普遍的而非局部的。我国社会现象，乡村生活，犹在农业经济时代，一切组织，多仍旧贯，都市生活，则已进为工商业经济时代，一切组织又趋于革新，根本上有显著之不同。国家立法，势不能逆世界潮流为纷歧之规定，而司法机关当运用法律之冲，农村事件，既未便抑旧以从新，都市事件，又不容舍新而图旧，处矛盾之环境，为一贯之裁判，其事至难，势非有普遍的调协

---

[1] 此句出自《管子·法法第十六》。——编校者注

精神妥慎应付，即无以全法律之用，而济事实之穷。

（四）司法为整个的而非个别的。司法组织为整个之有机体，必须各部分健全发达，始能见其实效。故就纵的方面言，现时法院组织，采三级三审制，各级法院责有专司，苟非各尽厥职，处理诉讼，势必治丝益棼，各级法院之组织，自不宜有畸形之发展。即就横的方面言，如律师制度、公证制度、监狱制度，暨司法协助、法律教育诸大端，均与司法政策之能否成功，息息相关，亦必有同等发达，始能奏互相维系之效果。

以上所述，不过粗举大凡。正深鉴于司法现状，尚待策进，而策进之方，非集思广益，详其利弊所在，末由实施。前经提请中央特派司法院覃副院长[2]亲赴欧美诸邦考察司法事务，嗣又由院遴派司法行政部石前次长志泉、洪前司长文澜前往日本考察，均已次第复命，有所贡献。比来司法行政部王部长[3]，并躬诣华北各省，视察法院及监所状况。原欲以实地调查之资料，为及时改进之准备。第兹事体大，仍赖群策群力以赴，断非一手一足之烈所克观成，爰复有召集全国司法会议之计划，幸获呈准中央克期举行。本会同人，或于司法实务从事多年，或于法律思想钻研有素，均为一时人选，必能各抒伟见，从进步的方面、实验的方面、普遍的方面、整个的方面，精密讨论，求得一至当之方案，以树立我司法改进之基础。此则正所私心企祷而窃引以为幸者也。

〔本文原载《全国司法会议汇编》，1935 年秋印行，出版者、出版地不详〕

---

〔2〕 指时任司法院副院长一职的覃振。——编校者注

〔3〕 指时任司法行政部部长一职的王用宾。——编校者注

全国司法会议闭会辞

　　全国司法会议于今日闭幕，溯自开会迄今，不过五日，议决重要提案，达四百余起之多。以短促之期间，获巨大之效果，固非本会同人平日研究有素，不克臻此。而会议期内，各同人咸能集中精力扼要讨论，尤其是各组审查会逐日加紧工作，深夜不休，拟具种种方案以供会议资料，实为一重大原因。此项精神，洵我同人实事求是之一种表现。正就会议所得之印象，对于司法前途，益觉有无穷之希望，谨更抒其感想，约略言之。

　　我国辖境辽阔，各省法院、监所散布各方，从事实务人员平日极少会合，各法学团体、律师团体尤与法界同人绝少接近之机会。用是各省之司法情况，每为中央所不及周知，而中央所取之司法方针，又每为外省所不获了解，一切措施，自不免形格势禁，窒碍滋多。律师为完成司法制度之重要成分，法学思潮更为推进司法之基本要素，因平日归于疏远，亦不能互相策励，互相维系，以达日新又新之目的。正于开幕之初，标举司法革新，曾就司法之为进步的、实验的、普遍的、整个的有所阐述，苟申斯义，即应注意三点：（一）化除中央与各省司法机关之隔阂；（二）化除各省司法机关彼此间之隔阂；（三）化除司法机关与学术界、律师界之隔阂。务以团结之精神，共同合作，始足以策有功。此次会议，举京外之司法职员与夫大学代表、法律专家、律师专家等集于一堂，莫不掬诚相见，尽量讨论。此种团结精神，合作步骤，已予吾人以深切之快感，从此发扬光大，必于司法前途裨益匪浅，而吾人所希望之司法团结，益可卜其成功。此深堪欣慰者一。

从来言团结者，辄与一致并称，按诸实际，亦惟有一致始能团结，且必先有团结而后有一致之可能。司法本为进步的，以各方立场之不同，即不免拘于保守。司法本为实验的，以各种思潮之不同，即不免偏于理想。司法本为普遍的，以各地环境之不同，即不免各自纷歧。司法本为整个的，以各个利害之不同，即不免互相冲突。此种现象，实为改进司法之唯一障碍，亦实为改进司法之先决问题。本会同人，平时所处地位，纵属各异，乃一经集会，举各种特殊情形，均能充分披露，充分研究，故会议结果，遂亦能不分畛域，一以剔除积弊、切实可行为归宿。如修订法令、整理院务、改良监所暨律师制度以及司法人员之登庸考绩、司法经费之收支稽核，均为关系复杂不易解决之事项，赖诸同人悉心研讨，统筹兼顾，佥得有相当之结论。换言之，即中央与各省司法机关之见解，经会议之后，已能趋于一致，司法机关与学术团体、律师团体之见解，经会议之后，亦已趋于一致，我国司法之改进方案，即于综合的一致下藉以确定。此深堪欣慰者又一。

抑有进者，本会任务，原只限于讨论范围，决议各案，将来如何实施，仍应由司法当局努力进行。总理揭橥知难行易之说，昭示吾人，一方注重求知，一方尤注重于力行，本会在知的方面已有所建树，嗣后司法当局之职责益觉其重大。惟是司法事务，经纬万端，应与应革事宜，自非数日间之会议所能周尽。即决议案之实施，有赖于各方协力者尤多，正等不敏，深感各专家代表仍始终赞助，多赐指教，我法界同人中如有所见，亦望随时献替，本会使命虽于今日终了，本会同人在司法上所负之使命并不因而终了，凡我同人谅均乐予同情也。

　　同时正以深挚之至诚，对于同人之辛勤努力，敬表谢忱。并祝司法前途之光明，诸位同人起居之健康。

　　〔本文原载《全国司法会议汇编》，1935 年秋印行，出版者、出版地不详〕

司法改造之三时期与最近司法之兴革

〔二十五年七月七日在中央无线电广播处演讲〕

国民政府之司法制度，可分为三个时期：由十四年至十七年是草创时期，由十八年至二十四年为整理时期，由二十四年到现在为形成时期。

在第一时期，系革命开始的时候，虽然什么法律都是不完备，旧律多半沿用，可是已经公布施行的新法律，民法方面则有女子继承权原则（十五年），最高年利百分之二十原则（十六年），最高田租百分之四十原则（十七年）等；刑事方面有《惩治土豪劣绅条例》（十六年）；社会法方面，有十四年《工会条例》；都可以代表三民主义革命的精神。特别是罢工权之出现于法律，成为我国法律史蹈进一个新阶段之明征。至十七年制定《刑法》及《刑事诉讼法》，是为国民政府制定法之创始。刑法上删除同谋罢工之犯罪，正与工会条例相呼应，而明显地表现当时的社会形态。

第二个时期就是在六年训政的时候。这个时期，司法院及司法行政部均有司法工作六年计划，虽然因为祸乱频仍，财政困难，未能全部实现，可是这时期民事法实有长足之进展。《民法》之制定，开我国法律史上新纪元。其他《民事诉讼法》、《公司法》、《票据法》、《海商法》、《团体契约法》、《工厂法》等，均次第公布施行。就如妇女行为能力之承认，权利滥用之限制，宗祧继承之废除，私生子地位之保障，损害赔偿上原因责任主义之采用，契约自由之限制，耕作地因不可抗力致收益损耗时之减免田租等，皆是三民主义具体的表现。

第三个时期，根据前期之司法经验，重行修订各重要法律。二十四年七月一日便是划时代的一个日子。新修正公布的《刑法》、《刑事诉讼法》、《民事诉讼法》，以及二十一年公布创设三级三审制之《法院组织法》，均于是日施行。跟着《合作社法》、《破产法》、《土地法》，亦均先后制定或施行。民生主义"平均地权"、"节制资本"诸重要原则，均于此等法规逐渐得其实现之机会。而《土地法》中之征收土地增价税、重征不在地主税、限制地租（耕作地不得超过收获总数千分之三百七十五，市地于必要时以百分之十二为标准租金）等各规定，尤为体现总理土地政策入微之处。《刑法》之增订重利盘剥罪，及增设保安处分，均于保障人民自由及社会福利有极大进步。刑诉中如严定羁押之条件，扩张停止羁押之范围，废除具保之保证金原则，而代以保证书原则，扩充自诉制度等规定，皆以保障人民自由为依据。反之，民诉法上则务扩张国家之自由，而缩小人民之自由，以减除当事人进行主义、自由主义之宿弊，如调查证据之兼采职权主义，扩充依据职权宣告假执行之范围，抗告之严加限制等是。更为切实巩固民权，保障自由起见，于二十四年六月公布《提审法》，打算与《宪法》同时施行。

与二十四年七月一日有同样重要的意义的，就是同年九月十六日。这一日是萃集全国有名法律学者及实务家于一堂的空前的全国司法会议开幕之日。从来立法执行大抵由中央少数人在屋子里空想地绞脑汁，在他们脑子里旋转的，总不过东西洋学说，或二十四史传记，所以结果产生出来的东西与现代社会生活是否相合，便成问题。这一回我们为检查过去十年之成绩，以为改进司法之圭臬，所以要召集这个会议，听取各地方法曹及民众之言论。这会议议决案子凡四百余件，其中最重要的是以下几件：

（一）整理各县司法案。本来训政时期计划要在二十四年普遍设立各县法院，惟因财政困难，无法实现，为临时救济起见，所以决定先行就县长兼理司法制度加以整顿。其要点如下：

（1）承审员改为审判官，并提高待遇；

（2）严定审判官资格，并慎重其人选；

（3）审判权完全独立。

根据这决议案的精神，决定把所有兼理司法县改设司法处，以为将来设置地方法院之初步。今年四月九日已公布《县司法处组织暂行条例》，并规定七月一日起实行。

（二）设立少年法院及少年监狱案。少年是未来社会组织之细胞。以刑罚戕贼少年，即是斵丧社会元气。况少年恶根不深，偶触法禁，不难改善。故近来各国立法趋势，对于少年犯罪，均主施以教育，而不施以刑罚。此即古训所谓"道之以德，齐之以礼"之意。所以对于他们无论审理与行刑，均应采取特别之形式与方法。少年法院与少年监狱原则上已决定采用。惟以目前财政困难，先令各省至少筹设少年监一所，一切生活均要脱离监狱之意味，而使有丰富的学校意味。少年法院虽以经费困难，未能马上设立，救济目前已令各法院特别选择推检中之性情和厚，而于犯罪心理学、社会学、教育学有深刻之研究者，配受少年案件。讯问不用法庭形式，而注意恳切的劝导，以期达"有耻且格"之目的。

（三）设立法规研究委员会案。法律是活的，不是死的，所以应该随着适用而改良而进步。我们从前也曾有过类似的机关，但是法律实务家参加较少。此次在司法院内设立此会，主要的是把几个中央司法机关里的实务家都容纳进去，以他们的司法经验，推论现行法之利弊，而贡献意见于立法院，以为修正法律之参考。

末了，我们还要说及近年司法现象一般的趋势。自从世界经济恐慌发生以来，普遍的社会之不景气，工业之衰弱，失业之增加，益以近年我国水旱频仍，所以刑事案件特别增加。在这种情势之下，人们的犯罪，实在就是整个社会之过失，整个社会之病态，而不是个人之罪恶。司法当局对此尤应持"哀矜勿喜"之态度。所以我们对于刑事方面，特别向各法院提出以下的申告：

（一）厉行不起诉之处分，以符"省刑罚"之旨；

（二）严防滥押，厉行保释责付，厉行以职权命具保，以免窒塞人民之生机；

（三）厉行缓刑及假释，以开罪犯自新之途；

（四）厉行监狱作业及监犯外役，使刑罚生产化、劳动化。

总括一句话，现在司法之要义，就是扩大国家的自由，以保护人民之利益。

〔本文原载《中华法学杂志》新编第一卷第一号，1936 年 9 月出版。选自陈三井、居密合编：《居正先生全集》（上册），"台湾中央研究院"近代史研究所 1998 年出版，第 358～360 页〕

关于宪法草案与国民大会代表选举问题

〔民国二十六年四月廿六日在中央纪念周报告〕

　　各位同志：今天兄弟奉中央之命，出席纪念周报告。中央常会前星期四开会时，以兄弟最近由西北方回来，嘱兄弟来做报告。不过兄弟此次赴平、冀、鲁等处，完全料理私人的事务，并没负有什么任务。虽然在平住了好几天，而除了整理朝阳学院院务外，馀均游览名胜，又在冀、鲁也住了几天，除了看看当地司法外，另无他事。惟兄弟此次在平，看见平市社会安宁，政治良好，在冀、鲁又看见当地法官勤劳，司法较前进步，都觉得非常安慰。

　　上星期四中央常会开会时，常务委员提出关于修改《国民大会组织法》、《选举法》及宪法草案第八章时，大家同志都很了解，将修正案一致通过。本来中央常务委员已经开了好几次谈话会，费了许多时间的讨论，才把这一个修正案提出来讨论。现在国民大会的职权，是制定宪法，并决定宪法施行日期。而宪法施行日期的决定，与本党有很大的关系，故中央同志再三考虑，很希望宪法施行日期定为三年，预备在这三年当中来做我们应做的工作。且依照

《建国大纲》的规定，在宪政未开始以前，有许多工作要一一完成，所以宪法的施行，应该有一相当的期限。再以宪法本身而论，技术上固很完美，而将来施行时与国内一般情形是否适合？是否无障碍？尚是成了问题。所以宪法的施行，更须要有一充分的期限。大概一个国家的宪法，不一定哪一天完成，就算哪一天了事。他国宪法史如何，我暂可不讲；单就我国宪法史看来，知道民国元年有《南京政府组织大纲》以及《临时约法》，民国三年又有天坛宪法草案，民国七年又有天坛宪法修正草案。但是都有名无实，无一能够实行的。所以，我们不要以为有了宪法，天下就可以太平。如果宪法施行时，全国不能一致遵守，这宪法还是等于无用。所以，我们将来很希望把宪法施行日期定得长一点。同时我们也想到国民大会开过以后，宪法草案希望仍保留为草案。因为宪法是国家的根本大法，全国应该一致遵守的，而宪法草案，不过是一种草案，施行时较为和平。不过宪法的制定，是经过国民大会一读、二读、三读的程序，在法律上已成为国家的根本大法，施行时仍须努力保持。

其次，国民大会开过以后，党应该站在怎么样的地位呢？我们都知道政府负了行政责任，可以做全国政治的重心，而国民大会可将政权授权与总统。但是以宪法草案看来，总统不能指挥五院，如果五院间发生问题，那么谁去解决呢？而且政府将来有了做不了的事情，那又怎么办呢？但是党处于今日的地位，由党来负责任，一切事情就容易做得通，政府有做[1]不了的事情，党可以替他解决；总统有做不了的事情，党可以替他去做。在这种情形之下，国民大会把政权授与党，最为相宜。且国民大会后，各党的人都要来的，他们的行动，虽然可由政府的力量去制裁，但是他们的思想或言论，是不是由政府的力量去取缔呢？如果授权与党，以党的力量去制裁他、取缔他，将来必可获得完美的效果。况本党同志在一致

---

[1] 原文遗"做"字。——编校者注

团结之下，具有伟大的力量，大会授权与党，党必能应付一切，以巩固我国家。

再其次，就是选举问题。我们为什么要办党？我们党的作用是在哪里？就是要本党同志当选为国民大会代表。本来对选举问题，无论哪一个国家，莫不非常重视，尤其本党此次参加选举，更要慎重，更要努力。因为宪法草案第一条是"中华民国为三民主义共和国"，如果当选代表不是三民主义的党员，那一定要把这一条推翻的，所以这一回我们很希望当选代表全是本党党员。万一这样做不到，总希望占大多数。惟本党同志若个别参加竞选，因种种关系，结果一定要失败的。所以此次本党参加选举，要严格地统制起来，哪一个同志应得当选，事前由党先行决定。而决定之后，别的同志就不可以与他竞选。党命某同志当选，党命某同志互选，同志一律应服从党的命令。这样本党参加选举，才不至[2]于失败。因为本党过去的奋斗牺牲，就在求得国民大会代表的代价；不然，那真笑话。此次本党参加选举，结果如何，是本党的责任。不过我们也要求大家同志谅解，务须大家同志遵照党的指挥，来求本党选举的胜利。总之，此次大会，关系甚大，党的成功，亦即是国家的成功，亦即是中华民国复兴的成功。希望大家同志共同努力，并唤起民众，一致起来，来完成这一种工作。

〔选自李翊民等编：《居觉生先生全集》（上册），台北1954年印行，第207~209页〕

---

〔2〕 原文误为"致"。——编校者注

对国大代表之选举希望严肃

〔二十六年六月七日在中央纪念周讲〕

国民代表大会已经中央决定于本年十一月十二日在京召开大会，总选举在最近期间便要开始举行了，这次国民代表大会的唯一职务便是制定宪法，而国民代表大[1]会，亦即是踏入宪政之第一重门户，将来宪政之能否顺利推行，就要以这次国民大会总选举之成绩而定。何以说国民大会的唯一职务是制定宪法？因为"宪法"是由人民自己给与自己的，也就是说国民大会是为制定宪法而召集的。所以，宪法的主要目的，便是规定国家之组织，使整个中华民族联合一气，以不可动摇的信仰与坚决的意志，创立一个三民主义的法治国家。详细点说，因对外的防御与对内的和平，以及社会公共福利与未来时代进步之保证，乃不能不制定一部完善的宪法，共同遵守。以此国民大会是具有这种重大的意义，我们对于一个决定百年大计的集会，便不能不有一个清晰而完全的了解。国民大会的

---

〔1〕 原文遗"大"字。——编校者注

职务既如此重大，那么，我们对于它的产生代表的选举，当然值得极其慎重周虑。这种选举必须是能够正确地反映全国人民公意，使举出的每个代表能与他的职分相称，所以，我们一面固然要遵守选举法则的规定，一面还得要注意"贤良方正"的选择。就是要使一般具有道德学问、为地方所敬仰的人士能蔚为国用。因为现行《国民大会代表选举法》对于被选举人的资格，除年满二十岁及为该选举区之人民外，仅设有几种消极的限制，即有下列各款情事之一者，不得有选举权，亦就没有被选举权（第五条、第十二条）：（一）背叛国民政府，经判决确定或尚在通缉中者；（二）曾服公务而有贪污行为，经判决确定或尚在通缉中者；（三）褫夺公权者；（四）受禁治产之宣告者；（五）有精神病者；（六）吸用鸦片或其他代用品者。此外虽有防范选举舞弊的规定，恐亦难达到选举贤能的目的。因为选举的法则只能防范由选举方面所发生的弊端，而不能尽其选举贤能的责任。那么，要希望大会出席的每个代表都能尽其职责，能不负人民之所托，则必须预先对于所要选出之代表人物加以充分的选择。因此我们在选举的时候，对于被选举人（候选人）不能不有几个准则去决定取舍。

第一是高尚的人格。因为人格不高尚的人，他的思想一定不纯正，他的心地一定不光明，即侥幸做了代表，也不免做出许多出卖民意的事，而失去社会的尊敬与信赖，这不特是宪法的障碍，且是那个选举区的耻辱。所以，人格的高尚是被选举人最重要的条件。

第二是丰富的学识。经验学识这东西本来很难讲，有是熟读了五车书而不辨菽麦的，这不过指学有专长，并非一定要博士、硕士之类。因为有了学识和经验，对于关系国家的重要问题，才能有彻底的认识与合理的决定，所以学识与经验必不可少。

第三是热心社会公益事业。大凡热心社会公益事业的人，他的责任心必重，耐心必强，必能尽力替国家服务，这也是选举的最要对象。

第四是著有革命劳绩者。此层不可轻易看过，并非是为革命同志推荐，因为曾经在革命战线上努力过的人，他多少是历史的创造者，他负有推进社会的使命，抱着热烈牺牲的精神，为社会人群谋福利，这也是我们选举的对象。

由上述几点，我们可以得到一个结论，就是对于所选出的代表，应按上开准则，审慎周虑，成为一种正确的完善的选举，使国家全体意见，得由大会尽量的照映出来。否则，选举不正确，人民之真意必将为其代表所蒙蔽、所歪曲。于是大会将不能成为民意之反映，人民所要求的宪法，将不能在大会中产生。于是形成大会意思与人民意思之冲突，国民代表将不能代表选民的真意了。

（二）选举意义之重大既如此，所以，我们今日必须获得正确的选举，要获得正确的选举，必须设法肃清一切选举的舞弊。一方应矫正选举之错误地方，并应制裁选举之犯罪。英国是民治先进国家，自一八八三年《禁止贿赂及违法选举法》（Corrupt And Illegal Election Prevention Act of 1883）颁行以来，舞弊之风遂绝。因为这个法律，一面是具体规定选举舞弊的行为，以作治罪的准据，一面并限制候选人之选举费用，使资产阶级不得滥用金钱以压制平民，而妨碍其政权之行使。美国亦于一九〇七年以法律禁止各种公司或银行对于联邦官吏的选举有捐款协助之举，并于一九二五年明定候选人或其代理人应于选举进行中先后公布选举费用之帐目六次。其他民主国家亦大抵制有详密的法规，以资矫正。这些办法，在尚无大资本家之我国，虽无完全采用的必要，但亦值得我们相当注意。现行《国民大会代表选举法》，关于矫正选举舞弊之规定，除于第五十九条明定关于选举之犯罪依刑法处断外，并详定选举无效及当选无效之情形（第五十二条至五十五条）。选举无效之情形如下：（一）选举人名册因舞弊涉及该册选举人达三分之一以上；（二）办理选举违背法令。当选无效之情形如下：（一）死亡；（二）候选人资格不符；（三）当选票数不实。至于选举犯罪，则规定于刑法第六章第一四二至一四八各条。选举之必要条件有三：（一）安全；（二）纯洁；（三）确实。所以刑法上规定也包含妨害选举安全、妨害选举纯洁、妨害选举确实[2]三种。

妨害选举安全之罪，如：（一）以强暴、胁迫或其他非法之方法，妨害他人自由投票，妨害其自由行使政治权利（一四二条）；（二）妨害或扰乱投票（一四七条）；（三）于无记名之投票刺探票载之内容，侵害选举之秘密（一四八条）。

妨害选举纯洁之罪，如：（一）选举贿赂罪，此包括行贿（一四四条）与受贿（一四三条）两方面言。无论在行求要求或期约或收受交付之情形，一律治罪。又无论所期约系一种消极行为，或积极行为，即无论系约定不行使其投票权（弃权），抑或约定选举某人，也一律治罪；（二）选举利诱罪，即以生计上之利害，诱惑投票人不行使其投票权，或为一定之行使者（一四五条）。

妨害选举确实之罪，即以诈术或其他非法之方法，使投票发生不正确之结果，或变造投票之结果者（一四六条）。

以上各罪，在现行法上轻的处二年以下有期徒刑、拘役或罚金。重的处五年以下有期徒刑，亦得并科罚金到七千元。贿选者所收受贿赂没收，如全部或一部不能没收时，追征其价额。同时科徒刑者并宣告褫夺公权一年以上，十年以下。若公务员犯上开各罪，尤应依刑法第一三四条之规定，加重其刑二分之一。

总理说的训政之必要，有曰："大多数之人民，久经束缚，虽骤被解放，初不了知其活动之方式，非墨守其放弃责任之故习，即为人利用陷于反革命而不自知。"现在虽然快要开始宪政，然训政尚未完成，总理所预料大多数人民之陋习，当然最堪注意。人民对于选举之恶习，一是消极的，即所谓"放弃责任"，一是积极的，即所谓"为人利用陷于反革命"便是。此两者之分别，不在其外

---

[2]　原文此处衍"选举"二字。——编校者注

部之行为，而在其行为之动机（弃权），固可以由于自己之放弃责任，而亦可以由于受人威迫或利诱。如对于不适当之人或反革命之人投票，固可以受人利用，亦可以由于玩视选政，放弃责任之心理而起。对于消极地放弃责任者，虽因我国选民之教育程度较低，各地交通尚不甚方便，不能如瑞士、比利时诸国之采用强制投票，但我们可用宣传的方法，使选民知道选举权是含有社会职务性质的权利，享有此种权利者，实有行使此种权利的义务，并可用鼓励的方法，劝勉他们行使选举权。对于为人利用者，如果是出于自己之故意（如卖票或受人收买扰乱投票或刺探秘密之类），即当用刑罚去矫正他。至于恃其财势，利用他人以破坏选政（如买票威胁之类）者，更属反革命，不能宽容。刑法之治罪，大抵系属于故意为人利用与利用人以妨害选政两种人物。

（三）国皆有法，而无使法必行之法。现行法律对于防范选举舞弊、选举犯罪，虽然规定得很详尽，可是如果没有人去运用，还是一纸空文，选举弊害还是不会肃清。自然有权提起选举犯罪的诉讼的是检察官与被害者，然而有投票权者而至于受人威胁利诱，则其环境之恶劣可知。在这场合，欲求被害者能够奋然提起自诉，往往不可能，所以检察官之检举既属必要，又较有效。向来检察官为人诟病，就是不能自动地发奸摘伏，而仅仅对于被害者告诉之件或行政机关告发之件，为被动的侦查。若以这种积习施之于妨害投票罪，则检察官之作用，更等于零，而肃清选举舞弊更属无望了。所以检察官在选政上之责任特别重大。至于提起选举及当选无效之诉讼，则属于选举人与落选人之权（选举法第五十六、五十七条）。选举人与落选人之提起诉讼，不能视为单纯为自己争利益，实是完成其社会职务，维护国家利益，维护民权主义。德国有一法学家依尔林，[3] 曾著《权利斗争论》，说权利只在斗争中能存在，人民

---

[3] 今译"耶林"；《权利斗争论》即今译之《为权利而斗争》。——编校者注

之政治权利，也只在他受了侵略而能奋勇地提起诉讼的场合，才能存在。所以选举诉讼之规定，并不是奖励讼争，而是维护民权主义。最后审判者对于肃清选举舞弊责任，也是重要，不特选举罪犯归他审判，即选举诉讼（选举无效或当选无效之诉讼）亦归其管辖（该管高等法院，《选举法》第五十八条）。要使选举能正确地反映民意，要使反革命者不[4]敢侵害选举，最后的关键，便有赖于司法方面之公平审判。而在选举诉讼，尤须以敏捷之态度临之（《选举法》第五十八条），然后不至妨碍选举事务之进行，如果稍事拖延，人民便可以到司法行政部或监察院告诉他废弛职务。这一点更希望司法方面同人的注意。总之：我们为求选举正确之实现，必须要求全国革命民众与司法工作人员全体动员，同赴民权主义之大目的。

〔选自李翊民等编：《居觉生先生全集》（上册），台北1954年印行，第417~422页〕

---

〔4〕 原文此处衍一"不"字。——编校者注

法治精神与抗战建国

　　诸位先生、诸位同学：今天承中央政治学校之邀，来作一次讲演，得有机会和诸君相见，实在觉得非常忻幸。因为诸君都是研究政治学的，现在正是政治力求现代化的时候，诸君对于现代政治，当然都有很精深的心得。我们今天相聚一堂，探讨起来，自然增进不少兴味。

　　我今天要讲的题目是"法治精神与抗战建国"。诸君都知道，抗战建国是我们的神圣工作，中国民族处于这样一个存亡危急之秋，要争生存，只有抗战，要求独立，只有积极的建立起一个现代式的国家。但是抗战，究应怎样继续增强我们抗战的力量？建国，亦究应怎样着手建设一个现代式的国家？这问题自然所涉者广，非三数语所能尽；但有一最根本的要件不可忽略，就是使人民的生活要能完满的适合于国家的政治法律秩序之中。必如此，国家和人民在抗战建国的目标上才有一致的步调。因此，我以为今日之所谓法治精神，非有极鲜明透彻的表现不可。现在先从法治与建国的关系说起。

中国历史上以法治著称的韩非曾说过："治强生于法，弱乱生于阿。"管子说："凡君国之重器，莫重于令，令重则君尊，君尊则国安。"这是说明法治足以强国的道理，至于西洋学者以法治建立国家的学说，举不胜举。我们只要把法治与建国的关系认识清楚，便可以知道法治有关于建国工作的重要。蒋委员长在民国二十四年对四川党政人员训话，有这样几句话："讲到我们建立政治、军队，甚至整个社会国家，最根本的要件，就是纪纲。如果纪纲不立，无论政治军队，无论家庭社会国家，一定不能建立起来，而且一切祸乱要由此而生。国家没有纪纲，军队必危；社会没有纪纲，社会必乱；家庭没有纪纲，家庭必败。"国家之建立，在乎纪纲，这里所谓纪纲，便是法治精神。法治精神的健全与否，可以看出国家的盛衰成败。

其次再说法治与抗战的关系。我们要知道，法律是社会反映，国家遇有战争发生，在社会经济上会起巨大的变动，在法律的形态上，自然也要起不同的变化。如现在抗战，因为我们国家向来积弱，不论在社会的那一部分，都是受了相当的损失，和相当的变化，但是这种损失是我们意想之中的，这种变化是为适应抗战而起的。不过我们要怎样努力，使全国的人力、物力、财力都能集中呢？这在政府与人民之间，必有一共同遵守的铁律，即普遍全国人民的法治意识，提高政府的法治精神。最显而易见的，如果在这抗战的时期，政府没有法治精神，那么，官吏的贪污，乡村长的剥削，是无法根绝的。假使政治不廉洁，又怎样能够实行全国总动员呢？所以，我们不可把法治在抗战时的责任看轻，我们应知道，抗战是集中全民族的力量和日本帝国主义相对抗，要全民族的力量集中，必先从力行法治做起。曹刿论战曾这样说："大小之狱必以

情，可以一战。"[1]韩非也说："明法亲民，夫差以擒。"[2]这是法
治与抗战之关系的说明。

　　法治精神与抗战建国关系之密切是这样，所以为了"抗战必
胜，建国必成"的一标语，非时时刻刻努力实现法治精神不可。
但是本党对于法治的努力，并不始于今日，在兴中会时代，就开始
主张实行法治，经过同盟会、国民党，以及中国国民党都有坚决的
主张，如护法之役，当时总理为什么要提出护法，而不说护国呢？
这已可知法治关于建立国家的重要，我们看他《和平统一宣言》
中的一段话："文于抚辑将士及绥靖地方外，当尽心力以敦促和平
统一之进行，并务以求达护法事业之圆满结束，如是，庶几六年以
来之血战，卒得导民国于法治之途；凡诸为国牺牲者，可得代价而
少慰。"六年的血战，为求达护法事业之圆满结束，这是国民党对
于法治运动的斗争，用血肉来努力的明证！后来到了国民政府成
立，本党更明确地标明法治，如二届四全大会宣言中说："内政的
建设，以实行《建国大纲》所指示之工作为目的，而如何能达到
此目的，则第一项决定确立法治主义之原则。"

　　由此看来，国民党对于法治，不可不谓努力了。不过因为国民
党革命初期刚告成功，二期正在开始，中国的法治也是如此，只奠
定了初期的基础，还不能认为完全法治的国家。

　　现在我们的国家已经到了不生存便灭亡的时候，我们为求抗战
必胜、建国必成，对于法治的建设，则是不容忽视了。在此抗战时
期，如何能使国家走上法治之道呢？我想在政府方面至少要做到：
（1）统一立法权；（2）尊重司法权；（3）司法力求改进。在人民

----

[1]　此处引文有省略。《左传·曹刿论战》原文为："公曰：'小大之狱，虽不能察，
　　必以情。'对曰：'忠之属也，可以一战。战则请从。'"——编校者注
[2]　此处引文有省略。《韩非子·饰邪》原文为："明法亲民以报吴，则夫差为
　　擒。"——编校者注

方面，务必普遍法治意识，养成守法的精神，假使政府徒持法以绳，而人民无守法之习，且不了解法治的重要性，那么法治精神还是不能完全表现出来的。如果人民有了法治意识，有了守法的习惯，就是政府有未能表现法治精神的地方，也可以使其走上法治的大道。但是现在政治，不是单靠政府的力量可以改进的，一定要人民的力量做后盾。诸位同学都是政治上的未来人物，又是本党的同志，不论站在那一方面，都是民众的前导。所以我希望诸君：第一，要以法治精神为抗战建国之基本要件；第二，希望诸位把自己的知能即所知的法治意识去灌输一般大众；第三，希望诸位要有守法的精神，为大众作表率。这样在抗战意识领域上尽我们的力量，在建立现代化国家的进程上，负起时代青年应尽的责任，这样，中国方可以达到法治的领域，也就走上了现代化的国家了。

〔本文原为居正先生在南京中央政治学校的演讲词。原载《中华法学杂志》新编第二卷第二号，1939 年 2 月出版。选自陈三井、居密合编：《居正先生全集》（上册），台湾"中央研究院"近代史研究所 1998 年出版，第 309～311 页〕

在司法院勉励属员讲话
〔二十九年一月八日〕

各位！今天是二十九年第二次纪念周，当第一次纪念[1]周时，恰恰是元旦，兄弟在中央参加，没有功夫到乡间来。现在第二次纪念周，总算在这里参加了。兹值年度开始，我们不妨把过去的事情，大家来检讨一番。所谓检讨过去，策励将来，就是这个意思。先说各位：这一年来，物价较前涨了数倍，而各位俸薪，依然如旧。从经济上着眼，支出激增，收入未加，生活当然相当的困苦了。或者有些人，因此要怨恨咒诅，甚至嗔怪同事，以为自己比别人来得早，做事多，而薪水反比别人低，悻悻有不平之色。但是各位要知道，现在是非常时期，国家财政的来源不易，凡属国民，都有吃苦耐劳的义务，必须咬紧牙根，让国家渡过这个难关，然后方可安享太平。反之，国家如果吃亏，那末回旋结果，还是轮到国民头上。所以，我们现在生活虽感困苦，可是不能怨天尤人，只有自

----

〔1〕　原文遗"念"字。——编校者注

己刻苦俭约，力事撙节，以应付物价的高潮，我想没有什么办不了的事情。次之，年资较久、工作努力的人，虽然俸薪微薄一点，但是精神上却得到一种安慰，因为这种人，长官当然深知，同事心里也明白，大家暗地里称许他，这不是精神愉快的明证吗？再说二十八年已经结束，公务员要举行考绩，考绩的结果是奖惩，奖的方面是晋级和加俸，大家听到升官，心里当然喜欢，不过晋级加俸以后，必然要牵涉到机关的经费，所以，我要要求各位，在考绩之前，自己先把良心考查一番，过去一年间，自己工作努力否？配不配晋级加薪？如果达到上述条件，当然有晋级加薪之望。否则就是晋了级加了薪，良心上也似乎受之有愧。孟子云："修其天爵，而人爵从之"，就是这个道理。各位对于院务如有好的意见，尽有机会随时陈述或发表。现在机关方面，有小组会议，党的方面，有区分部，只要是公务员或党员，无论何人，在小组会议席上，以及区分部内都可把自己的意见提出来，作成建议，向长官陈述。如果公务方面，确有应兴应革之点，建议的内容很充实合理，自然我也乐于接受。只是会议席上，也得有点限制，会议的作用本来是在集思广益，所以参加会议的人，如有意见，不妨尽量发表，以符会议的主旨。然而在会议席上发言，绝对不能攻击私人，或者妨碍别人的自由，如果有此行为，那就是失却原意，反而偾事了。这几点限制，同时希望各位注意。

第二，再说兄弟本人。兄弟自二十一年莅院，到现在止，整整已有八个年头了。在过去八年之中，自问尚少建树。抗战发生，因为中央事务繁剧，对于院务颇少顾问。兄弟滞留汉口时候，最初由潘先生负责，后来由张先生负责，尤其去年一年期内，为了病体缠绵，有赖张、潘两先生及各位主任代劳，使院务不受影响，这是应向各位致谢的。虽然，兄弟自长院以来，即有两大标准，时时刻刻没有忘怀过，那是什么呢？就是宣誓时所说的不滥用一人，和不滥费一钱两点。记得兄弟初到院时，没有随带一人，后来参事朱献文先生，辞职走了，不得已以刘子芬先生替补。会计方面，当时由吴志廉先生负责，吴先生屡次要兄弟用一人司出纳，兄弟即请陈哲之先生担任，因此兄弟接任数月，总算用了两个人，更没有第三个。那时院长室内有一只铁箱，要用钱随时可以拿，兄弟恐怕用钱太随便了，当时就招呼吴先生把它搬出去。嗣后陈先生继之负责，兄弟时时告诫他说：我们革命党，平时可以随便一点，现在在政府机关办事，对于公款，却不能含糊分文，账目应该清清楚楚，如此才可以随时办交代。总之：八年以来，兄弟除应得的俸给公费以外，未尝糜费国家一文，此点可说扪心无愧！所以如此者，盖懔于"仁者以财发身，不仁者以身发财"之训耳。讲到人事问题，兄弟莅院之初，同人不过六十余位，后来逐渐增加，至今却有一百余人。以今例昔，人数固然较疏散时为多，就是比南京时候也增了许多，其中会计处和法规研究委员会，都是新设的。我们现在职员虽然多了，可是事务却未必依比例增加，并且经费和从前差不多。明说三万，实际领得之款，去了一个七折九扣，只剩得二万光景。现在能够维持下来，无非把四位参事的底缺，不去添补，即以此款用在低级职员上面，移花接木，煞费苦心。兄弟向来用人，一秉至公，各位不要以为会计长是我的亲戚，其实会计长当年参加革命，受尽辛苦，国家论功行赏，兄弟才用他的。所以他的出处，决不是私人关系。举此一例，亦足以概其余了。最近中央对于人事及财政问题，都非常注意，例如公务员任用，非经铨叙部审查合格不可。而《公库法》之实行，即在使政府机关不能滥用分文，同时事前与事后监督，有主计处及审计部分别负责。相信今后之中国政治，必能逐渐走上光明之途。

最后，我要向同人致其希望之忱。我们公务员，第一，要有向上之心，公余之暇，应该多读点书，在机关里自己研究，一则不要学费，二则事事比较方便。譬如有不懂的地方，随时可向长官或学问较优的同事请教商讨，能如此做去，没有不时时长进、刻刻增益的。举一个例：前本院职员陆鸣秋，初来时月薪不过五十元，可是他肯努力，孜孜不倦，两三年之后，应试高考及格，即以荐任官分发，现在他在部里做荐任科员，这是各位知道的。所以，一个人不怕地位低，只要志趣向上，肯读书努力，随时可应高等考试和普通考试，倘使一试中选，转瞬之间，地位就截然不同了；第二，公务员要守法，谚云："法之不行，自上者犯之。"我们是智识阶级，又是法治国家的公务员，应该以身作则，为民表率，尤其是司法界的同人，守法更是责无旁贷。现在自二十九年起，各位对于纪念周，除因故请假的以外，一律须准时参加，如果故意不到，或藉故规避，那么是各位对不住兄弟，兄弟也只好执法以绳了。至于平日办公，更应该依照规定时间到散。万一天气不佳，临时有变化，那么也不妨提前回去，不过变通二字，要在法令许可的范围以内行之，否则就有违法之嫌，却非国家所能宽恕的。还有一些小节，也要各位注意，从前衙门内办事，注重肃静，此事却也具有深意。因为有人吵闹，足以影响公务。各位在办公室内，均忌任意谈话，如果你有谈话的功夫，就是证明你不在那里办公。而且任意谈话，未免不成体统，所以在办公室里，应该多做事少谈话。其次办公室内，也不要吸纸烟，纸烟有一股浊气，令人嗅之难受，如果为提醒脑力，展开思路起见，一定要吸的话，那么不妨少吸一点，最好另外找个休息地方去吸，免得影响别人。此虽小节，也是不能放松的。

现在说了半天，对各位似乎有点苛求，实在因为希望太殷的缘故，爱之深不觉其言之切耳。各位要三复斯言，总得在二十九年度内，我们同人大家要有一种好现象、新生气，以作我们年度开始时的策励，和他日事业进展之标的。祝各位健康！完了。

〔选自李翊民等编：《居觉生先生全集》（上册），台北1954年印行，第406~409页〕

司法院委雇人员训练班毕业训词

　　各位：今天纪念周，痛惜潘先生不在，我们至诚致敬，为潘先生默哀！（全场堕泪默哀毕，含泪说道:）本班是三月一日开学，到今天止，已经两月有余，各位在本院服务有年，乃令重抱书包，上堂听讲，或认为多事，或訾为麻烦，或以为妨害工作，或以为消耗物质，其实这些非议，我们何尝不顾虑到。须知仕优则学，古有明训。而况国防最高委员会三令五申，要我们寓训练于工作之中，我们想到个别训练，总不免因劳逸不均而起勤惰不一的观念。故用合群训练，使各位得互相观摩，因此得到一个比较。语云："智者过之，愚者不及。"我们想使过之者俯而就之，不及者企而及之。各位受训当中，或过或不及，主持者固平心体察，允执厥中，想各位夕惕朝乾，亦应自知愧勉。现在修业期满，大体上说，成绩绰有可观，差足告慰！我在本班开学的时候，曾经向各位讲过，因为无论中央或地方行政机关，所有行政效率，完全要靠技术不同的公务人员，来劳心劳力，公忠尽职，在工作成绩上表现出来。公务人员所表现的工作与政令的推行，有很密切的关系。所以，要做现代化的公务人员，务必要将消极的、敷衍的、迂缓的一切习气，改为积极的、切实的、敏捷的做事精神。此种习气精神的转变，不仅在工作上要求得显著的进步，而且要在每个公务员的内心修养与业务学术方面，都能得到适当的进展。

在这两个月的训练期内，各位教官，是先后从中央训练团受训回院，得了许多宝贝，和盘托出，贡献给各位，还请许多先生精神讲话，可说尽了很大的努力。但是受训学员，对于各位先生、教官所讲授的新知新能，是否领悟，有否全部接受下来？自己在受训期间，是否确实得到益处？关于修养工作学术各方面，受训以后的我，是否比较受训以前的我，有了进步？凡上种种，古人叫做"反省"。反省些什么呢？曾子曰："吾日三省吾身，为人谋而不忠乎？与朋友交而不信乎？传不习乎？"又曰："内省不疚，夫何忧何惧。"又曰："举一隅，不以三隅反。"以及"自反而忠，自反而信，自反而有礼"。这都是反省的正确工夫，今人叫做检讨。检有二义：一曰检察，如近以检察名官，专事检举过失罪犯。一曰检点，如公私行为，往来交换，时时处处，防有失检之虞。古有检点做天子，虽为谶语，含意亦自微妙。讨有二义：一曰讨论，如对一问题求得一解答，或对一解释求得一真理。二曰：讨伐，《书》[1]曰"天讨有罪"，即对有罪则讨之；"克伐怨欲"，即对自己有私欲，务讨而去之是也。各位明白了反省检讨的用语，于是对自己要反省一遍，要检讨一遍，已经做到的还要百尺竿头更进一步，没有做到的，更要加紧努力，兼程并进，以补偿过去的不足。

各位既然已经受训期满，那么关于今后本院工作的推进，自然要有相当的裨益。本席对于此点，寄于很殷切的期望！现在将今后的几点希望，提出来向各位讲一讲。第一，要注重力行，一个人求知的目的，为其结果，重在力行。如果有了知识，不能付诸实行，

---

[1] 指《尚书》。"天讨有罪"、"克伐怨欲"两语均出于此。——编校者注

那种知识，决不是真知灼见。总理说："能知必能行，不知亦能行"，所以能知的一定能够行，能行的不一定能够知。各位受过训，当然懂得政治的道理。政治上的各种设施，虽然有许多学理与之配合，然而政府所订的法令规章，必须有人从中推行，方能从事实上表现出来。如果仅仅颁布法令规章，没有顾到行的重要性，或者行得不够，那么他的结果，一定是完全失效，毫无可疑。如何力行呢？我们中国有句成语，叫做"践履笃实"，就是力行的意思。我们无论为学与做事，只要所学的所做的于国家民族或个人有益处的，必须排除困难尽力做去，然后方能朴实无华，一定得到良好的结果。第二，要自动负责。我们政治上有一种恶习，无论办什么事情，都要上级督促才肯工作，否则就敷衍塞责。总裁说过："此种恶习如不打破，那我们不仅作大事不能成功，就是作小事也一样的要失败。"我们懍于总裁的训示，自然有则改之，无则加勉。我们现在要做一个现代的公务人员，当然不许有此现象；我们要做一个现代的公务员，必须激发自动负责的精神，不仅仅以按部就班、安分守己为满足；更要在积极方面，无事要找事做；有事要精益求精，不断进步。现在一面抗战，一面建国，这种艰巨的责任，落在我们肩上，所以我们必须提高责任心，激发义务感，勤于创造，勇于负责，做一个模范的公务员。第三，要互助合作。从横的方面讲，欲求工作进展，必须从互助合作着手。过去机关里一种通病，不但甲机关与乙机关失去联系，就是一个机关内，甲单位与乙单位也各自为政，个人与个人之间也不能互相合作。现在政治设施之不能尽满人意者，其中原因于此的关系很大。我们现在要推进工作，必须革除此种弊病，其第一步的改革，先要从个人方面做起。同事与同事之间，要彼此帮助，同心一德，互助合作。各位现在除了同事的关系以外，又加上一重同学的关系，感情当可格外融洽，将来大家遇事合作，自在意中。《书》^[2]曰："同寅协恭和衷哉。"更希望秉此古训，推进业务，完成各位的使命。以上三点，是本席粗浅说法，亦即卑之无甚高论，还要各位自己努力，不负所学。我相信能够这样做去，将来的成就，更可格外的美满。

〔本次演讲大约讲于1944年秋。原载《中华法学杂志》第三卷第四期，1944年出版。又见李翊民等编：《居觉生先生全集》（上册），台北1954年出版，第448~450页〕

---

〔2〕 指《尚书》，此处所引语出《尚书·皋陶谟》。——编校者注

中国宪法上的几个问题

〔三十三年五月五日，在银社演词〕

　　宪法是近代宪政国家的基本法律，它是依据一国的立国精神去规定政治形态的主要规律。宪法的形式，往往是顺应各国民族社会进化的特殊需要，经过长时期的艰苦奋斗而始告成的。这种创造宪法的斗争，或者是一种渐进的和平改革运动，或者是演成激烈的流血革命，其所争求的主要目的是非常明显的———一个和平改革的纲领，或是一种革命的主义。当一国的宪政运动业已走上成功之路的时候，虽然宪法的典章即形式的宪法还没有具体的确定，为宪法内容的各项条款，还没有一一写好，可是为宪政运动目的的宪法或立国的基本精神，很明白地已随革命或和平改革运动的胜利而确定了。这些宪法的基础原则或立国的基本精神，是创造宪法的生命力。宪法丧失了这个基本力量，便失却了他的存在的价值了。职是之故，为宪政运动目的的立国基本精神或宪法的基础原则，通常不认为在宪法上应再加以讨论。在制定宪典时所应详细讨论的问题，乃是纯粹宪法上的问题，即为实现这个宪政运动目的或立国精神所应采取的各种方法或技术问题，亦即宪法的基础原则的应用问题。试看美、法的民主自由的革命宪政运动成功之后，在制定宪法的时候，他们对于立国精神应为民主共和一点，均不再加讨论，所研究的纯然是怎样保障民权、怎样组织政府等的宪法上主要技术问题，这是值得我们深切注意的。

原来所谓"问题"的讨论，必先假定有其共同的出发点，而讨论的结果，并能有意思合致的可能，种种讨论才有意义。换句话讲，我们讨论问题，我们必先公认某项为讨论前提的事实为真确，方能进而发挥各种不同的意见，推陈出新，精益求精。这样，问题愈讨论得精细，便愈有结果了。否则，如果本缺乏一致公认的前提事实以为讨论的根据，那么公说公有理，婆说婆有理，你所想像的和我所看到的，原不是同一样的东西，尽管各是其所是，彼此意见绝对不会一致，还何苦白费心机来无理取闹呢？

宪法问题的讨论亦正如此。讨论宪法问题，必先公认为宪法基础的原则或立国基本精神为正确，方能为有意义的讨论。如果对于立国精神即国体问题根本发生疑问，那么，首先应该检讨的倒是宪政运动的本身之当否，即是应不应该否认超乎宪法以上的一个政治事实，即宪政革命或改革运动的存在价值。这种讨论显然是轶出宪法所应讨论的问题的范围之外，可能引起政治的纠纷，而不是严格地在讨论"宪政问题"，更不是在讨论"宪政上的问题"了。

由于上面简单的说明，我们可以知道研究中国的宪法问题，我们必须区别何者为中国宪法的基础原则，何者为中国宪法中应行规定的事项。关于中国宪法的基础原则，即立国的基本精神，我们必须笃信它为正确，而不能再事怀疑。对于中国宪法中应行规定的事项，则问题的讨论不厌求详，问题的质难愈多愈好。这样，我们中国的宪法，将因全国热心宪政人士的辩难而益求精进。这是很可欣喜的现象。

为什么宪法的基础原则，即国家的立国精神，不应该作为宪法问题来讨论呢？这个理由，可以从理论与事实两方面来说明。就理论言，宪法的制定，决不是凭空而来的，它必然有它所根据的基础原则。这些基础原则，写在宪法之内也好，不写在宪法之内也好，其效力实是超乎宪法之上的。英国的政治家白克（Edmund Burke）[1]曾经说过，英国的宪法都是根据一时代的宪政原理而定的。可见宪政原理实是英国宪法的根本。现代法学家大家奥国凯尔生[2]氏（Hans Kelsen），认为法律的效力有等级高下的不同，低级的法律规范必须遵从高级法律规范的拘束，而不能与之违反。凯尔生以国家之最高法律规范为"宪法的基础原则"，这种基本原则，乃系一时代全国大多数人民之理想的法律原则，为创设现实宪法或宪法典章的基础规范。现实宪法必须根据这种宪法的基础原则，而不能与之违反。我们知道，美国与法国是以民主共和为立国的精神的，所以，民主共和的主义实是美、法两国宪法基础原则。无论他们宪法的内容怎样的修改，除非再发生革命，或剧烈的政变，这种宪法的基础原则是不能用宪法来否认它的效力的。

　　再就事实而论，宪法的基础原则，其确立往往经过不少先知先觉的烈士英雄的无数热血牺牲而方始获得的。故为贯彻这些烈士英雄的精神，为保障这种革命或改革运动的成果，这种为革命民众共同政治理想的宪法基础原则，当然不能容许任何人在制定宪法的时候再来提出反对的议论。因为如果有人起来反对这种宪法的基础原则，在事实上实无异反对革命或[3]宪政改革的运动。这在革命或宪政改革运动成功以后，显然是不能容忍的。美国革命元勋麦迪生（James Madison）[4]，在美国宪法制定的时候，警告当时的制宪者

---

〔1〕　今译"埃德蒙·伯克"。——编校者注
〔2〕　今译"凯尔森"，下同。——编校者注
〔3〕　原文漏"或"字。——编校者注
〔4〕　今译"詹姆斯·麦迪逊"。——编校者注

不能违反独立革命的基本原则，他认为制宪会议的宪草，如果离开了民主共和的主义，这种草案便应根本放弃。这自然是很合理的。

中国宪法的基础原则是什么？中国宪政运动的目的在哪里？这是我们从过去革命宪政运动的历史中看得很明白的。考我国宪政运动，实是从前清末年开始的。那时国父目击清廷的腐败专制，断定满清宰制下的中国必无可为，所以很早便主张排满的民主革命。同时，康有为、梁启超[5]这班人，因为感荷清廷的殊遇，却竭力提倡君主立宪，反对革命。后来清廷始则畏惧革命，先宣布预备立宪，藉以粉饰门面，缓和革命空气，继则在革命势力的压迫之下，颁布所谓"十九信条"，以为实行君主立宪的张本。迨辛亥革命成功，君主专制与君主立宪的政体，乃随清室的覆亡而消灭了。《临时政府组织大纲》与民国元年的《临时约法》的颁行，首先确定了中国的政体为民主共和国，后来一九一二年的"天坛宪章"，便是根据这个原则而制订的。无如全国的民主的力量还没有培养好，北洋派之军阀官僚等残余封建势力即死灰复燃，出来把持一切。袁世凯于一九一四年解散国会之后，虽曾颁布过一个他一手制定的"中华民国约法"，但不久他竟帝制自为，置其宣誓效忠民国的誓言于不顾。曹锟于一九二三年贿选总统后，他也公布了一个"双十宪法"，可是由于全国的一致声讨，曹锟终于被迫而退，这个"双十宪法"也就无人过问了。当时在北洋派军阀官僚宰制之下，宪政之所以弄得如此之糟，其原因，一方面固然是由于少数执政的军阀政客根本没有"民权"这一观念，根本就不要人民起来参政；但是另一方面，当时宪政运动的本身，既没有确定明显的目的，没有标明共同一致信仰的主义，也没有把它当作一种运动，推行到广大的民众中去，这个原因我们也是不可忽略的。因为老百姓大家不明白宪政是怎样一回事，宪政对他们有什么好处，所以虽然有少数

〔5〕 原文误为"梁起超"。——编校者注

爱国志士苦心孤诣地在提倡护国护法，力争宪政，全国的广大民众则始终寂然不问。宪政运动的力量，因为缺乏全国的民众力量作基础，所以异常薄弱。这样，少数的军阀政客才敢一手撕毁宪法，一手压迫国会，而无所不为了。国父有鉴于此，于是建主义以为目标，定方略以为历程，立党宣传，手订建国大纲，兴师北伐，以奠定中国宪政的基础。这样三民主义便随着中国国民革命的成功，而成为中国宪法的基础原则了。换句话讲，三民主义的实行，便是我们中国宪政的运动的唯一目的。我们自进入训政时期以后，全国人民无不感受三民主义的伟大，认定三民主义是我们救国救民救世界的最高指导原则，于是在国民党领导之下，一致想望及早实施宪政。五五宪章的拟订，便是这样而产生了。

明白了这一段的历史事实，知道中国的宪政是怎样演进而来，我们便该了解中国将来的宪法必然是一个以三民主义为立国精神或基本原则的宪法了。这一点我们实在是不能再生疑问，亦不能在宪法上再来加以讨论的。五五宪章规定中国为三民主义共和国，这原不过是以成文宪法来确认这个国民革命的基本原则，即三民主义为我国宪法的基础原则而已，我们岂能因为宪法上有了这样的一条规定，便以为中国要不要三民主义，我们尽可在革命成功以后，在宪法上来从容讨论，或竟予以攻击或反对呢？

或者，有的人以为三民主义固然应该全国一致遵信，但是拿三民主义来冠国体，这是无异标明在宪政实行以后，国民党还要继续一党专政，未免违反民权政治的理想。这种说法，实是不明事理之至。须知三民主义乃是中华民国立国的基本精神，三民主义虽为国父所首创，而为国民党同志所率先信奉，然而自从革命宣传深入全国民众以后，全国人民既已受三民主义的薰陶，全国人心一致接受了三民主义，这样，三民主义便成为中华民族全体人民所信奉的主义，而不是国民党所得独占或私有的了。现在全国国民都能认识国民革命是为求解放民族、树立民主政权、增进民生幸福的唯一的三民主义的宪政革命运动，所以一旦实施宪政，全国人民都可依法行使神圣的民权，享受三民主义的中华民国人民应享的权利，担负实行三民主义国家人民应负的责任。三民主义既为全国国民所笃行的主义，国民党的训政完全成功，那么，在实行全民政治的宪政时期，根本便不需再用党权来统治国家了，有什么一党专政之可言？

又有人以为于宪法中规定三民主义共和国，不许人民有反对的意见，这是中国国民党所偏私，这也是一隅之见。我人应知政府拟订宪草，不但集思广益，博采舆情，而且对于各项与政府相反的意见，曾予以极端的重视与郑重的考虑。国父中山先生说："别人反对我，其理由见解何在？我人可择其善者而行之。"这与我的意思一样。我们确信三民主义为中国的救国主义，我们确信三民主义为抗战建国的最高准绳，三民主义对任何国民都不会偏私。三民主义中的民族主义，其所谓民族，纯然是广义的、自由的、平正的、综合的，绝不是德意志那种狭隘的、侵略的、残酷的种族主义所可比拟。民权主义的民权，是全民的、平等的、直接的，绝不是维护某一阶级的特权，或实行阶级专政的主义。民生主义是博爱的、共享的、和平的，绝不像那种只知夺取、不顾正义的资本帝国侵略主义下人民所过的惨痛生活。三民主义对于国家尽忠尽力的全体人民，无不一视同仁，不偏不倚。只要有利于国民，有利于三民主义的实现，人民的意见必然受人尊重，遵奉三民主义的国民党，绝对不会对任何人心存偏私，而抱歧视或敌视的态度，这是我们可以断言的。

中国宪法的基础原则即中国立国精神的三民主义，既是超乎宪法之上而不是宪法上的问题，那么宪法上所应讨论研究的问题是一些什么问题呢？我以为宪法上应该精密讨论的问题，最主要的不外下列几种：（一）国家的领土与国都的位置问题；（二）人民的基本权利应该如何保障的问题；（三）人民的政权如何行使，即国民大会的问题；（四）政府的治权如何运用或五院政府相互间的分工合作问题。除了人权保障与政府治权的运用这两个问题的内容比较复杂，不是短时间内所能说明，且待将来再作研究外，现在且将国家的领土与国都的位置问题，以及国民大会的问题，先提出来和大家研讨。

关于领土问题，时论对于国家的领土，应该如何规定，尚乏一致的意见，有的主张领土的疆域应该在宪法上列举，有的则以为领土在宪法上只能为概括的规定。实则依据我国传统的思想，不论国家处于何种困难环境之下，必须保持固有的疆土。我认为须加重执政者的责任心，使其对中国领土，善保勿失，这在宪法上应该如何规定才好，这是一个值得讨论的问题。

至于国都问题，我们知道中国古时尧舜禹皆建都于黄河平原，周汉唐虽因时因地变更其都城，此皆为适合国情民心而如此。在总理遗教中，亦有水陆两都的规定。近来有人主张建都南京、北平、武汉，甚至长春等地，皆各有其理由。本人意思认为宜建都在物质享受不过高之地，交通便利而且开发较易之区。南京自东晋至六朝、明，虽皆定都于此，不免失之于偏，有一种"南方之强"的习气，宽柔以教，不报无道。东晋时的一般人物尚闲逸，讲潇洒，临敌不决，都是中了"南方之强"之毒的原故。所以历来定都南京的朝代，国祚皆不能久远，汉、唐之所以有"长治之世"的，乃在北方之强，任金革死而不厌，人民能克制物欲，卧薪尝胆。诸位试看民国十六年以前之南京，与至民国二十六年之间的南京，就可明白了，前重享受，后重自强。今有主张仍还北都，或定都武汉，倒是值得研究的。无论如何，要在刻苦耐劳，自强自励，建都须本此原则，宪法亦应如斯。宪法与国都关系非常密切，愿诸君细心思索之。

讲到人民基本权利与国民大会的问题。我们应该知道国民大会的产生，一定须先完成地方自治，若土地调查清楚，警卫办理完善，教育普及，荒地开垦，合作社组织成立，交通开发，道路修理，以达"以足民食，以裕民衣，以乐民居，以利民行"，然后才能选举代表来参与中央政事。必须全国有过半数省份完成地方自治后，才召开国民大会，故在《建国大纲》中原有详细的规定，不必讨论。要之，在使人民能真实地行使四权，管理政治。然国民大会之职权与范围，及其开会时，发言、选举、投票之方式，皆须在宪法上为明确规定。否则议而不决，决而不行，必致酿出许多弊端。故国民大会之性质如何？应有何种贡献？应该怎样地去行使政权？这些问题，都希望各位详细地来研讨。

总之，人民的思想虽然应该自由，但国家的力量则必须集中，尤其在这民族国家危急存亡之秋，无论何人，只要是中国国民，不问其属于何党何派，皆应以国家民族之自由平等为重，平心静气地来共同为中国制定一个策千百年长治的宪法。宪政的实施，是国民党这六十年来努力以求实现的伟大目的，国民党的成立是为救中国，国民党的主义是要救民族、救人类，国民党的宪政，是要彻底实行数十年来为求中国自由平等而奋斗的一贯的怀抱。国民党在国民革命、抗战建国的过程中，为冲锋陷阵的前驱，领导全国国民，一致为民族国家奋斗，六十年如一日。可谓无负于国家，无负于民族，更无负于广大的民众了。凡是忠于民族国家的中国国民，我想对于中国国民党为民艰苦奋斗的精神，绝不会看不清楚的。的确，近百年来真正为国家为民族而奋斗、为人民为正义而冲锋的，只有中国国民党。而六十年来始终不屈不挠推动革命宪政运动的主力，也就是国民党与其所怀抱的三民主义的宪政的崇高理想。过去的立宪派与联省自治派固不足论，即今之所谓中国×××者，藉外国××为护符，始则欺骗人民，谋夺政权，继则到处煽动，称兵抗命。揣其用心，无非要分散中国国力，阻碍抗战建国，必使中国永远沦为他国的属国或殖民地而后已。××既不肯为国民流汗，又不肯为国民流血，可是一听到国民党要实施宪政，便又乱攘跳起来，以为有机可乘，他们尽可借此机会，不劳而获地来夺取中国的政权，这是何等可耻的勾当！他们以为只要国民党同意在宪法上取消以三民主义为国体的规定，将来便又掩耳盗铃，暗偷暗摸，把整个三民主义的宪法变成××主义或毫无主义、任性妄为的无用宪法了。司马昭之心，路人共见，诸位深明大义，素谙中国国情，必须洞烛其计，勿受其愚。[6] 我人应知中国的根本大法——宪法，就是中国民族的生命，也就是国民党的生命。三民主义是全国同胞救国救民的宝典，也就是国民党的灵魂。国民党所领导的中国革命宪政运动，必赖全体国民与国民党一致信赖笃行三民主义与实行三民主义的五权宪法，始能克奏全功。国民党为国牺牲，向不后人，在现在与将来，国民党在政治上自有其坚强不拔之基，在历史上自有其精深伟大之力，在努力实施宪政的时候，国民党必能以其全力为这个伟大的宪政运动的支柱。希望诸位多多研究宪法，多多领导国民，一致为推行宪政运动奋斗！

〔原载《中华法学杂志》第三卷第五期（宪政问题专号），大东书局1944年5月出版，第13～18页。再收入李翊民等编：《居觉生先生全集》时，删去了"自过去的立宪派"至"勿受其愚"一段。今除对其反共用语适当处理外，一概恢复原貌，以存真实〕

---

〔6〕 本段反映居正的国民党政客立场，偏执悖妄显而易见。为保存历史文献原貌，仅对个别词作技术处理。读者应批判阅读。——编校者注

东温泉复旦中学演词

〔一九四四年五月三十日下午五时半〕

　　诸位先生，诸位学友，本人因送杨沧白先生的迁殡，得涉足东温泉名胜所在，开拓心胸，涤除污染，也可说几生修到。复承贵校郑先生及诸位不弃，约本人与诸位朋友见面！诸位精神饱满，气宇轩昂，步伐整齐，部居整肃！足见先生之善教，学生之愿学，教学相长，成绩斐然，不禁万分钦佩。但是仓卒应召，毫无准备，没有系统或专门的说法，可供诸位参考，反劳诸位白站一场，又感觉到十分惭悚。

　　诸位同学是复旦中学师生，就以复旦中学为题，急就成章，当面交卷罢。先从"复"字谈起。"复"字，在中国古书上见于《易经》。《易经》有复卦，曰"复，亨，出入无疾，朋来无咎，反复其道，七日来复，利有攸往"。这一段卦辞，含义甚丰，要仔细解释起来，非三言两语所能切实明瞭！单讲象辞一句，曰"复见天地之心乎"。我们试想想天地之心是什么？从大处讲，虚空无尽，真正天下莫能载焉。从细处讲，纤尘不露，真正天下莫能破焉。既莫能载，又莫能破，将从何处得见呢？自我见之，浑然一天地也，自人见之，浑然一天地也。子曰："天何言哉，四时行焉，百物生焉。"我们要知道这时行物生，是否即天地之心呢？如认为系天地之心，何以有时而生，有时而杀，天地之大，人犹有恨，天地岂不是也无心吗？天地既无心，又何以见天地之心呢？诸位须知，必复而后见。又何以谓之复呢？这就是卦辞所说"反复其道，七日来复"，爻辞曰"休复吉，迷复凶"。我们揣摩着这个"复"的道理，不能不本诸修身。何以故，象辞曰"反复其道，七日来复，天行也"。乾卦象曰"天行健，君子以自强不息"。这个自强不息，就是教我们一般求学的人本诸身是否能格物，是否能致知，是否能正心诚意！如果我们不能经天历变，做到格致诚正，则是我之心与天地之心相违悖，即不能见天地之心。若是我们反躬自省，休复而不迷复，能格物自能致知，能致知自能诚意，能诚意自能正心，心乎正矣，建诸天地而不悖，质诸鬼神而无疑，百世以俟圣人而不惑，所以这"复"字名义，我们不可习焉不察。复字下手工夫，我们必须反复其道，人身一小天地，天地一大化身，切己体察，着紧用力，学人以天地之心为心，天视自我，天听自我，则与天地合其德，与日月合其明，与四时合其序，与鬼神合其吉凶，毫无疑义，可以见到，复我本来，复我旧物，复我邦族，还我河山，皆由此而无往不复了，复之时义岂不大哉吗？

其次说到"旦"字，古本《卿云歌》"卿云烂兮，糺缦缦兮，日月光华，旦复旦兮"。这个旦与复旦连贯，贵校命名，或本乎此。贵校过去奋斗的历史，发扬光华复旦精神，对党国有特殊贡献，诸位自然比门外汉熟悉得多，用不着老生常谈来赞美。只是这所中学校，从重庆迁到东温泉，筚路蓝缕，以启山林，也表现出复旦的特色。因此从诸位躬行实践上说出"旦"字意义，引伸触类，增长一些教学的兴趣，或不为过。孟子曰"平旦之气"，换一句话说，就是朝气。《淮南子》分旦明为三个瞬息，日出于旸谷，浴于咸池，是谓晨明；登于扶桑，爰始将行，是谓朏明；至于曲阿，是谓旦明。故曰旦明即平明，《礼》曰"所以交于旦明之义"。旦明又作神明。根据以上三义，足见清明在躬，志气如神，我们读书人，应该常常把握住，不使朝气或有须臾颓丧，而酿成暮气，不使平明或有徘徊歧误，而趋入黑暗，不使神明或有纵欲败度，而有愧屋漏。汤之盘铭曰："苟日新，日日新，又日新"，反映着孟子所谓旦旦而伐之以至梏亡反复，达禽兽不远，不能不毛发悚然，急于反省，我们的平旦旦书旦暮，是否如上所说，把握住清明在躬、志气如神吗？古语又谓批评为"月旦"，这个取义，自然是说"日月有明，容光必照"，其所批评的，一定是光明正大，至公无私。今人常拿自我批评作口号，是不是月旦呢？总之"旦"字意义，我们玩索起来，可以拿两句话作一个结束。"一年之计在于春，一日之计在于晨。"

复次讲到"中"字。程子曰："不偏谓之中，中者天下之正道。"这个中字解释，显而易见，用不着加以说明。我所要说的，是《尚书》所记载的十六字，于我们学人有大关系，于诸位中学生更有大的关系！那十六字是甚呢？是曰"人心惟危，道心惟微，惟精惟一，允执厥中"。韩子曰："尧以是传之舜，舜以是传之禹，禹以是传之汤，汤以是传之文武周公，文武周公以是传之孔子，孔子传之孟轲，轲之死，不得其传焉"云云。那末中国的道统，一直失传了么？究竟失传是什么呢？是否那"中"字失了传？如果"中"字失了传，我们检起字来，还有许多中字常常摆在眼前。国曰中国，族曰中华，人有中人，心有中心，岂不是无处不中，无时不中吗？我们仔细体察，不是说文字失传，是说道统失传。所以，国父孙中山先生以继往开来，应天顺人为己任，大声疾呼，要从根救起，把握住这个执中的道理。诸位中学生设身处地，要知道心者人之知觉，主于中而应于外，人心易私而难公，故危。道心难明而易昧，故微。惟能精以察之，而不杂形气之私，一以守之，而纯乎义之正理，道心常为之主，而人心听命焉，则危者安，微者著，动静云为，自无过不及之差，而信能执其中矣。如天枰然，不偏于左，亦不偏于右，若偏于左则激，偏于右则随，激随皆失其中了。再换一方面来说，从流下而忘反谓之流，从流上而忘返谓之连，流连亦失其中了。诸位在中学时代，年青气壮，是民族中坚，国家的中干，位天地，育万物，这个任重道远，切要拿住中心思想，稳定中心工作，勇猛精进，中兴大业，全待各位完成。

末了讲到"学"字，"学而时习"，"学而不厌"，"学而不思则罔，思而不学则殆"，这是古人教我们为学的用功要旨。——说来，似乎琐屑而不大中听。因为各位是应时代要求，所学的普通都是要筑好基础，切于实际，不是从前三家冬烘，专门拿高头讲章，占毕伊吾，死于句下，以致穷年兀兀，学非所用。所以，初想把普通常识给各位商量，嗣想到普通常识，范围很广，论到现代科学，自然社会，诸位常识，比本人要充分得多！如果不自度量，指手画脚，说有谈玄，令各位堕入五里雾中，那么对诸位太不忠实了。今天听见孙定华先生说，诸位敏而好学，课余有宪政座谈会，研究宪法！我想就我所知道的宪法常识，给诸位一个小小贡献。宪法是规定国家体制一部大法典，论其本体是庄严的，所以有称为根本法者，亦有称为母法者。论其功用是弘毅的，凡一切法律、法例、法规、法令等，与宪法抵触者，无效，若是与宪法违反者，则以违宪论罪。次论其性，有所谓刚性者，如规定修改宪法程序，极其繁重，或逐章逐条规定，缺少弹性者是。有所谓柔性者，如修改较容易，规定多弹性者是。又有所谓成文宪法与不成文宪法，其他类别，无待深论。我国五五宪法草案，是成文法的，可以说体用兼该，刚柔相济，诸位若是逐章逐句逐字仔细研究起来，一定生出许多兴趣，但恐怕耽搁诸位时间，旷废诸位功课，因各位还是在中学里念书，中学要学习的题目太多而且忙，故不如离开宪法子目，而来研究大体。大体是什么？就是开宗明义的三民主义共和国，这是个极刚性规定，任何人不能摇动或推翻的。因此有人拟议，以为三民主义不过是新生名词，不配作大宝典，又以为三民主义，是国民党一党所标榜，不能成大宪章。诸位须知三民主义，是国父孙中山先生以二十年学问，二十年周历，二十多年深切研究，建立起来，公之于天下万世的，不但有内容，且有系统，有条贯，有原理，有应用。我们欲建立一个宪政国家，富强康乐，信义和平，除此以外，并找不出其他可以替代的。诸位试将赞成反对的一些理论，屏去一切入主出奴的私见，常作比较研究，方知我说的三民主义，不是信口宣传，自然由认识正确，信仰坚定，如拨浮云而见青天，将来学优则仕，为国宣劳，功业与三民五权并传不朽，中华民国亦受福无疆了。

复旦中学，略如上述，进而言到环境，在此幽静名胜的东温泉，朝乾夕惕，日就月将，昔人写读书乐有句云，"山光照槛水绕廊，舞雩归咏春风香，好鸟枝头亦朋友，落花满地皆文章"，恰好为诸位写照。同时杨沧白先生以川中宿学，党国元勋，卜兆于此，诸位观摩所及，当志杨先生之志，学杨先生之学，发扬而光大之，使本人今日一面之缘，亦得欣企于无已了，敬祈诸位努力，并祝同学健康。

〔原载《中华法学杂志》第三卷第七期，大东书局 1944 年 8 月出版，第 64～66 页〕

朝阳大学三十三周年校庆致词

各位校董、各位先生、各位校友、各位同学，今天是本校三十三周年校庆，承诸位校董、来宾、教授、校友前来参加，大家都非常高兴。今天有一件事，特别感觉抱歉的，就是朝阳过去的校史，来不及刊印，以后刊印出来时，再请大家看看，这里现有一本民国十八年的同学录，可称为本校宝贵的文献之一。

在去年战事紧张的时候，本校同学，响应最高统帅之号召，纷纷投笔从戎。就在去年今日，合并举行从军节，本校从军同学有百人之多，现已回校的，有十多人，现在璧山二〇一师有二十多人，在广西有七十人，在万县有五人，在昆明有五人，在泸县有四人，在綦江有十多人。据回来的同学说，我们朝阳的从军同学，在队伍里都很好，没有一个犯过规的，得到长官的嘉奖。这就是我们朝阳在教育上的成绩，也不愧对先生们一番训教的苦心。

本校现在的同学，有九百三十七人，大家都很努力，获得社会人士和家长们的嘉许，朝阳有这样光荣的事实表现，今后继往开来，一定很有希望的。

本校是私立的学校，没有基金，所以办学特别困难，请教授也很困难，本校的毕业同学，个个都能在社会上奋斗，但朝阳本身的基础却还没有建立起来。大家在读书时，好像已学了很多东西，一到用的时候，就觉得不够，先生也是一样。教书也是不容易的，故须教学相长，大家互相勉励。诸位学法律，学经济，当然抱有大法大经的志愿。所谓"大经大法"，也就是包括治国平天下的道理，我们校歌中有"祖述尧舜大宪章"一句，尧舜的地位，在圣贤中为第一，其修养是登峰造极的。所以，希望大家个个都为尧舜，希望大家从今天起，务使未来的朝阳，更加辉煌，大家在今天庆祝朝阳三十三周年纪念，希望能续继努力，勉励将来，使朝阳的历史，更发扬光大。完了。

〔本文原题为"居院长致词"。原载《中华法学杂志》第四卷第九期（总第 39 期），大东书局 1945 年 11 月出版〕

在朝阳学院的演讲

〔三十四年十月二十二日，国父纪念周时讲〕

今天，训导长促本席阐明治院方针，要知朝阳已有三十余年历史，所设法、经、政三系，目标唯一，自有其一贯之方针，校训昭然，行之已久，吾人应继续努力求其贯彻。本席今以"浚哲文明"四字厘定校训，藉相互勖勉！语出《尚书·舜典》，盖所以美帝舜德行者，今予以解释，以为今日讲话资料。

第一释"浚"字。自中国文化史上观之，汉儒重字义，宋儒重义理，各家解释，难期一致，故有"六经皆我注脚"之语。宋朱子门人蔡沈先生，训"浚"为"深"。《尚书》"封十有二山浚川"，凡深者皆曰"浚"。水道不深，必不足以导流，惟其能"浚"，始有功用。然"浚"之之道，非有深切之努力不为功，浅尝辄止，其乌乎可者。本席近游西北，曾参观甘肃油矿之开采，在昔以人工凿掘，井浅而工费，今改用"浚"之方法，力求其深，乃以黄泥濡水，着于钻尖，使铦利而锐进，无虞顿挫。至六百公尺，即已有原油出现，然为欲测出油量之浅深，锲而不舍，竟达七百二十公尺，乃至千二百公尺，苟非穷数月之力，曷克至此，此与四川盐井类似，实示吾人以"浚"字之功夫。在昔不能泊一万吨海船之黄埔湾，经人工打滩之后，虽七万吨之巨舰，亦可停泊，皆"浚"之为用也。

第二释"哲"字。哲，知也，《论语》"或学而知之，或困而知之"。或学或困，莫非知也。古代治学，率多形而上学，近代学术上用"哲"字之处甚多，皆可为形而上者。张贼献忠谓"天生万物以养民，民无一德以报天"，故主杀。科学在以形而上为目的，倘用之于杀人，斯流于形而下矣。世界上宗教家，其唯一之标准，厥惟"哲"字，佛家言"智慧"，所谓"五明"、"六通"，即由智慧而来，皆形而上者也。吾人求学之目的，即在于培养智慧，总理倡言"行易知难"，用意无他，在求慧而已。夫知之范围至广，即如法律哲学，实已包含万事万物，吾人固不得悉知尽见者也。惟其有所不知，故吾人应以"哲"字为目标，以求之。功在形而上，非为形而下也。法律乃为一般人民求最大幸福者，倘吾人为一人，或少数人而研究法律，稍存偏私之心，即为形而下，非为形而上矣。吾人追求真理，排除障碍，不宜为喜怒所蔽，《汉书》"于定国父子，哀鳏哲狱，为任职臣"，"其决疑平法，务在哀鳏寡，加审慎之心，朝廷[1]称之曰'张释之为廷尉，天下无冤民，于定国为廷尉，民自以无冤'"，其过人处在知狱情，知狱情，即"哲"之意也。《诗》云："民之秉彝，好是懿德。"民之良知良识，亦即"哲"也。

第三释"文"字。其范围更大，《论语》"文王既没，文不在兹乎"。又道之显者曰"文"，谓礼乐法度教化之迹也，文化水准高者，其国强。反之必弱，吾国向之所以被视为半野蛮国家者，无他，无"文"而已。自来朝阳一贯之方针，所以别于他校者，即

---

[1] 原文此处引用有误，将"朝廷"二字误引为"故人"。——编校者注

重在"文"。姬周集三代文化之大成，子曰"郁郁乎文哉，吾从周"。春秋之世，子产治郑，以一荒僻之邑，介于大国之间，无高山深谷之险，卒能巍然自存，而不坠，何则？能文而已。《传》曰："子产有辞，诸侯赖之"，是也。孔子亦极端看中"文"字。今日文物称盛之邦，各种研究发明，无一非"文"。即如作一工程师，倘文字不通，则工程上之说明书，亦将无从了解矣。更如今日在政治上、社会上露头角者，多由常发表文章而来。"文"之为用甚大，此其浅例也。世界上欲求有彻底之文明，非东方文明发扬不可，欲奠定世界和平，非中国文化昌明不可，夫子之道，忠恕而已。东方文化，重在"恕"道，己所不欲，勿施于人，外国即无所谓恕。吾人须以此为职志，始能跻于文明之域。本席近曾接见新疆哈萨民族，其性贪残愚诈，无宗教信仰，唯阿哄之言是听，当面亦未尝不表示宾服，转眼即大不谓然。夫礼乐教化，皆自"文"而来，若尔诈我虞，即属野蛮无"文"。吾朝阳亟宜珍视此一贯之传统，从"文"字上加以发扬。

第四释"明"字。"明"之一字，至易解释，即通常所谓光明、聪明、明白等之意。《易》曰："日月相推，而明生焉。"《尚书》"象惟性明"，"惟明克允"，"克明峻德"。《大学》开首即谓"大学之道，在明明德"，苟明明德，非有至深之工夫，无由达成。吾国宋儒宗法儒家，参研内典，造诣至深，《中庸》"自诚明谓之性，自明诚为之教"。"诚者，天之道也。""诚之者，人之道也。""夫子之言性与道。"此一"性"字，固为佛、道、儒、回及基督诸教之所重视，自诚而不能明，将见其从流下而忘返矣；必也自诚而明，力能反乎本性，成为完人。但吾人天性，本体圆明，有时为气拘物蔽，惑妄为真，故必须自明而诚，始能返乎"天命之谓性"的境界。诸位来校求学，师长之责任固大，其在同学，亦须先有至明无碍之心，否则无由受教也。

以上四字，堪为诸位树立学行圭臬，故定以为校训。吾校迁平后，校友辈咸期其能恢复"朝阳大学"。中国死亡率甚高，倘添设医理诸院，似较添设文商为有意义，今后改制，若许成立一法律大学，则吾朝阳自有其极大之贡献与成就。恢复大学，最要者为人才与经费二者，本席拟筹募基金，但兹事体大，必合全校友之力集腋成裘，始克有济。（下略）

〔本文原题为"居院长讲演"。原载《中华法学杂志》第四卷第九期（总第 39 期），大东书局 1945 年 11 月出版，第 68～69 页〕

法官应有的修养

各位来自各省，都很辛苦，应向各位讲的话，部长及各位讲师说的已经很多。今天本人没有好的意思贡献，只就法官应有的修养来谈一谈。法官应有的修养，可以分八点来说。

第一要守名分。各位都是前任司法工作，已经有了名分，就应当尽我们的责任。法官有终身做的，但亦有很多见异思迁的，此实为司法前途一大危机。以中国之大，需要法官人才当然很多，所以法官必须立定终身为司法服务之志愿，对好恶、恐惧、诱惑均须排除，首先要明白我们的名分，更要做到坚守其名分。

第二要明事理。事理很多，万事万理，在表面看起来似乎很容易，但仔细检讨一下，要想透彻了解，那就很困难了。这就是总理所说"知难行易"的道理。古时法家出于理官，有了事，即须要理，我们法官要明白是非，就是辨别事理。而理之中也有法则，所以就产生了理则。我们必须要事理融通，以理断事，同时要使事合乎理，司法官所用的是法，但是必须合乎理，然后当事人才真正折服，我们应以古人所说的理来研究事，时代虽是不断的进化，但是理亦无变化。近今之科学发明，不过是分析详尽，而其原理则一。所以我们研究学问，必须把原理要研究清楚，那末对于事情就很易明白了。所以事理最为重要。古人说"在明明德"，又说"秦镜高悬"。这都是讲解"明"字的功用，大家须注意这个"明"字。

第三要体群情。法律不外乎人情，我们所用之法，是否对社会一切现象均可包括无遗，乃决不可能之事。故适用法律时，必须注意人情。古人说："如得其情，则哀矜而勿喜。"〔1〕现值抗战时期，社会现象尤其复杂，情态变迁甚大，如果我们不能体察情势，那么办案就难期允洽。古人有说："小大之狱，虽不能〔2〕察，必以情。"此"情"非普通所谓人情之意，乃是知情之"情"，我们要使讼民折服，则必须体察其情。

第四要慎言词。所谓慎言词者，即少说话，当法官者一方面不乱说话，他方面要听当事人说话，如法官说错了话，必被当事人攻讦，就当事人说话之情态，即可断其曲直。故古人有察言观色，以五声而断狱讼者。五声者何？一曰辞听，不直则繁，杂乱而无条理。即可知其理由之不允，由此"繁"字可以知道许多原理而应用之，如法官判决之主文简而明，是有例作依据的，否则由大家去创造，恐怕合用者甚少。二曰色听，不直则变。三曰气听，不直则喘。四曰耳听，不直则惑。五曰目听，不直则眊。此皆古人听讼折狱之良法。我们谈到法治基础，就必须要政简刑清，而政简刑清，非从下级法院着手不可。我们要为当事人了事，就必须详细考究，一了百了，切不可敷衍塞责，致当事人有二三番之讼累，故办案务要周密，不可稍事忽略。

第五要勤省察。晚近风俗浇薄，案情甚为复杂，我们对此应有"吾日三省吾身"的工夫，对于被告应抱定省刑罚之宗旨。古人

---

〔1〕 语出《论语·子张》。——编校者注

〔2〕 原文此处遗"能"字，语出《左传·庄公十年》。——编校者注

说："刑罚不中，则民无所措手足",[3] 所谓"中"，就是要刑罚得其平允，要得其平允，就必须省察。此"省"字有强行的性质，关系极大，在未断案前，众好之，必察焉。所谓"察"，不仅要体察细微的地方，小处大处，皆须体察。如果明足以察秋毫之末，而不见舆薪，亦不能谓为明察。我们做法官的人，如果不能勤省察，那末断案就不能得平允了。

第六要立风规。现在法院的设备，往往极其简陋，故不能使人民起尊重之心。外国法院之建筑，往往较一般之房舍为庄严。我们在物质上既不易树立规模，所以希望各位在精神上树立一种风规，使人民生起敬畏之心，如果风规不能树立，则风纪更说不上了。希各位要造成良好的风气。

第七要重廉洁。法官本来很清苦，司法官之所谓廉，不但是清廉，而且是要棱角。就此点来说，我们法官与行政官就不相同，必须有了廉才能谈到洁。而所谓"洁"，不但是一介不取，一介不与，并且要抱临大节而不可夺之志。

第八是务平允。凡是一件事，我们必须从反正两方面看，才能得到平允。"允"就是使人们相信，故比较"平"字更难。我们当法官的人，就要把案件办得公平而又使人信服，这才是真正的平允。能够做到这样，才是好法官。

我今天向大家所说的，就是希望大家要去做。各位如能将此八点切实做到，那末司法前途一定是很光明的了。

〔此文原为居正在司法官训练班上的讲词，由张敬修记录整理。选自居正等编著：《司法工作之理论与实际》（中央政治学校法官训练班法律丛书），大东书局1947年再版。原文不分段，现予以调整〕

---

〔3〕 语出《论语·子路》。——编校者注

在法学会湖北分会欢迎会上的讲话

〔司法同人欢宴席上，居院长作凯切训示：根据国父遗教，发扬宪法特质；革除目前弊端，树立宪政基础——原编者按〕

今天本席参加法学会湖北分会的欢迎会，感觉非常欣幸。法学会是民国二十四年成立的，抗战期间曾一度停顿。民国三十年复在重庆设立总会，并经蒋主席核定每年补助五十万元的经费。目前各地分会纷纷成立，如北平、上海、成都、昆明等地分会的情形都很好。贵州虽较贫瘠偏僻，但也筹有相当基金，惟广东方面比较困难，不甚满意。现在总会方面，虽在经济困难的情况下，还出有一种《法学杂志》和几种法学丛书，希望湖北分会也办些刊物。

我们中华法学会的宗旨发扬民族文化之精神。研究法学，改进法制，法学会纲领内已规定得很详细。我们从事司法实务的人，通常多是依法办理，墨守法律的，但是法学会对于现行法制法令等，可以根据本国实际情形，去作综合的批评与研究。因为现在的法律制度，许多是模仿大陆法系、英美法系，有些不甚适合我国国情，实应根据本国的史实和文化等来建立三民主义的中华法系。

谈到宪法问题，可从民国以来的制宪经过来分析。辛亥起义时，在湖北成立督军府，宋教仁先生所拟的鄂州约法，原是采内阁制。后来在制定临时约法、临时政府组织大纲时，总理因内阁制与五权宪法的精神不合，乃改用总统制。迨南北议和之后，因袁世凯要做大总统，由南京临时参议制定临时约法，就把总统制改为内阁制，以防范袁氏的专横。惟袁氏就任大总统之后，因国民党在参众两议院均居多数，欲解散议会，推翻内阁制，遂藉口取消国民党，使议会变质，因而发生民国六年的护法运动。总理虽原不赞成内阁制，但因其已制成约法，理应切实维护，养成守法精神。最后北洋军阀公然贿选，把约法与天坛宪法草案一并毁灭无余了。

但是我们革命的目的，就是推翻专制，建立民国。在制定宪法的时候，必须标明这种革命目的，方可为后世奠定基础。现在五五宪草规定中华民国永为三民主义共和国，就是在奠定国家的宪政基础，乃这次政治协商会议竟违反总理遗教，将五权宪法变为三权宪法。同时他所采取的三权，又是综合各国宪政制度而来的，譬如他们主张立法院对行政院可以行使不信任权，行政院对立法院可以行使解散权，是仿照英国的内阁制；而司法院内设大法官，又是学的美国制度；而虚权的总统制度，又是法国制度。表面上看起来采这三国之长，实际上这三种不同的政制绝对不能融合运用，总理因为总统制、内阁制与集权制均有流弊，才创立五权宪法，于立法、司法、行政以外，加上我国固有考试、监察两权，不过，现在五权的运用或不甚完善，但是我们仍应根据总理遗教去切实研究，以发扬光大五权宪法的特质。

至于法律的功效是一般性的，不能仅仅依赖少数司法人员去推行。我们必须树立法律权威，然后社会人士才能守法重纪，表现法治精神。不过树立法律权威之先决条件，须有权威的法学家来领导群伦，为民表率。今后我们努力普及法律教育，大量培植法律人才，希望法学会的同人，根据国父的三民主义，研究法律的原理原则，尤其是政府之能与人民之权如何运用，应兼顾理论与实际，革除目前弊端，以树立现代民主国家的宪政基础。

〔原题为《居正六月十一日在湖北法学分会欢迎会上的讲话》。本文原载《新湖北日报》1946 年 6 月 14 日。后收入陈三井、居密合编：《居正先生全集》（上册），台湾"中央研究院"近代史研究所 1998 年版，第 399～400 页〕

对武汉司法界人员训词[*]

这次本人复员后第一次回到武汉，得与武汉司法界同人聚谈，非常高兴。鄂省战后司法复员工作，司法行政部派朱院长回鄂，与毛首席共同领导，在百般困难之中，大致都已就绪，尤觉非常可喜。武汉位居长江中心，在过去与现在，湖北司法界的表现都很好，不过我们现在在复员期间，有很多的困难问题，我们为司法官的，应注意以下几点：

一、过去诉讼案件的程序是太繁杂，战时为简化诉讼程序，首有实验地方法院之设置，现已将实验结果分别订入民、刑事诉讼法内，各法院一律施行，司法人员应善于运用，力求简单迅速。须知司法人员办案，稍一拖延，当事人所受到经济、精神上之损失，不

---

[*] 本文原系《新湖北日报》以"中央社讯"形式刊载之居正对司法人员的训话，在此训话正文之前，尚有"（中央社讯）昨（十二）日下午三时居院长莅武昌高等法院，对高地四院司法人员训话，其演词如次："等语。现题为本书编校者所拟。——编校者注

可胜述。必须设身处地，替诉讼人着想才是。

二、《周礼·秋官》所谓"五听"，这个道理是很深刻的。虽未能完全做到，要当注意，"听讼"之"听"字，现在往往在法庭上只是法官讲话，不令律师及当事人有讲话机会，这是不对的。前年英国海尔米克法官来华考察，谈话曾有所批评。希望以后问案，要令两造律师、当事人各得尽其词，司法官平心静听，不必多所发问。本来在审案件很多，第一审理推事，多者每月办一百余件，少者亦数十件，精力有限，难免迟延草案。希望以后修改法律，第一审不必制作裁判书，可省精力时间。在未改判以前，仍望大家努力就精力时间许可范围内，做到便民地步。

至于检察方面，譬如在美国，皇家律师即检察官，我国采大陆制，现行检察制度，是否尽善，是另一问题，然在现制之下，为检察官者，亦当求其尽职。此次本人在京、沪考察，关于汉奸案件，检察官对此都可以说是尽到迅速确实的职责，不过尚感人力不足，希望同人努力。

谈到监所，由于犯人无工作，致养成其恶劣的心理，今后我们应注重犯人之作业及对犯人待遇两方面改进。新建监狱，须多留隙地，以作农场之用。

最后，我们在复员当中，所感到的困难，即司法人员的缺乏。希望大家在艰苦的生活之下求进步，努力相勉，以便司法界无一瑕疵，社会人士对此皆有信仰，以树立现代法治国家之基础。

〔本文原载《新湖北日报》1946年6月13日，题为"居正六月十二日对高地四院司法人员的训话"。选自陈三井、居蜜合编：《居正先生全集》（上册），台湾"中央研究院"近代史研究所1998年版，第398页〕

奉行宪法与纪念云南起义

〔民国三十五年十二月三十日在中央纪念周报告〕

今天是国民大会制定宪法以后第一次纪念周，同时纪念云南起义。云南起义是廿五日，改在今天一并举行。

卅五年度只有两天了，国民大会制宪工作在前几天完成，使得本党革命工作在卅五年度告一个段落。

本党倡导革命，目的在推翻专制，创造民主共和国。在当时保皇党主张建立君主共和国。保皇党的力量很大，是本党当时最大的敌党，同它奋斗，经过了相当的时间，并牺牲了相当多的同志，才达成建立民主共和国的目的。但立国根本法律——宪法，直到今天，经总裁的领导，各位同志的努力奋斗，才得完成。各位同志有了这一种功绩，可以对得起总理与诸先烈。

但是我们的宪法，虽然制定了，还须要领导全国人民奉行宪法。今天实行宪法，还有很多阻碍，这些阻碍不扫除，这个宪法还是不能普行于全国，所以大家还要为扫除实行宪法的阻碍而努力。

其次，根据宪法的规定，明年要选举国民大会代表、立法委员、监察委员以及各省市县市的参议员，各位同志要准备竞选。

在抗战时期，军事动员要彻底，才能获得胜利；明年的选举，我们的动员也要彻底，我们竞选才能获得胜利。竞选胜利，我们的宪法，才能彻底推行起来。

至于今天纪念云南起义的意义：云南起义，是继续努力革命的表现。民国二年进行打倒袁世凯工作失败，民国三年袁世凯乃筹备帝制，民国四年实行帝制。云南起义，不是云南一个地方，云南不过是本党总动员的起点，所以云南起义的旗帜打出以后，各地响应；袁世凯认识了皇帝的迷梦无法维持，乃取消帝制，随而逝世。这次起义，是维护中华民国，以保持国父创造的真正的民主国家。

当民国二年讨袁失败以后，我们的同志有许多很颓丧，仿佛不能革命、不要革命了。国父说：你们不能革命，不要革命，我要继续革命。乃改组本党为中华革命党，重新登记党员。我当时以及许多同志追随国父，在我个人来说，对于国父没有多大帮助，不过遵照国父的意旨，在努力奋斗而已。这次革命牺牲了许多同志，有许多的姓名都找不到，作了无名英雄。

今天我们纪念云南起义，一面要本着云南起义的精神，维护民国，而为实行宪法努力。我们要实行宪法，就要明年参加各种竞选，获得胜利。这一点请各位同志，特别注意。

〔选自李翊民等编：《居觉生先生全集》（上册），台北 1954 年印行，第 231～232 页〕

正阳法学院二周年校庆讲话
〔三十六年十一月于南京〕

各位师长、各位同学：三十六年十一月八日是我们正阳法学院的二周年校庆纪念日。本人因为公务所羁，远在首都，不能亲到重庆，参与盛典，怅惘之余，略述感言，以申怀念。

两年以前，本校在极艰困环境当中，创办起来。那时间我国刚刚获取到最后胜利，灾劫未苏，物力仍艰，幸赖多方努力，才有今天九百余位师生聚首一堂的盛况。这是应该先向热心筹划、勤劳服务的先生们深致敬意的。我们这新生的正阳学院，与北平朝阳学院，有如幼弟长兄，具着最密切的渊源联系。已具有卅多年光辉璀璨历史的朝阳学院，在事前为这甫及两周年〔1〕的正阳学院已竭力协助。将来必更能相互提携，精诚合作，瞻望前途，无限欣慰。希望我们正阳的全体同人，要自强不息，努力迈进，庶使朝阳、正阳，南北媲美，并驾齐驱。

---

〔1〕 原文遗"年"字。——编校者注

　　我们法学院和习法律同学的使命，以安定社会，保障人权，讲求组织管理，而解决人事问题为首要。各位都知道社会科学和自然科学的差异，即研究的对象，有"人"与"物"的区别。近百年来，自然科学有长足的进展，而社会紊乱，人事纠纷，却与日俱增，如乱丝益棼。以视汉唐熙皞之盛，简直不堪想像，令人深有风习法纪日益凌夷的危惧。尤其是现时代的社会科学与日新月异的自然科学，不能相辅相成，反令聪明睿智的人士、苦心孤诣的发明，大部分变作了助长强暴、危害社会和人类的工具。因此应该痛感到我们责任的重大，在这举世动荡不安的时候，来纪念二周年校庆，更对诸位寄予无限的期望。

　　再说到一个治学的人，应具有宏大的抱负，要以增进人类幸福作鹄的，要有"入污泥而不染"的坚贞，牢记"知识即权力"的信条，遵守"事业至上"的原则。至于生活与学习方面，须本"中庸"、"客观"的态度，虚心敬慎，接受师长的指导，这样才能取人之长，补己之短，以我之余，助彼不足，则私见不难泯除，而真理自然彰明，以树立他年入世致用的基础了。临书西望，不尽欲言，此祝努力，及正阳法学院万岁。

　　〔本文实为居正先生为重庆正阳法学院两周年院庆所撰写的书面贺词。选自李翊民等编：《居觉生先生全集》（上册），台北1954 年印行，第 460 ~ 461 页〕

中华民国法学会上海分会
第二届年会致词

　　中华法学会上海分会于去年召开第一届年会时，值政府准备行宪。吾人尝抱以辅助政府迅速完成宪政的愿望，曾一再地检讨过去，策励未来，期使做到几件可以辅助行宪准备的工作，俾社会人群共跻于民主法治之域。然而此短短的一年之中，尽吾人的努力，其能表现于上述所企求者，实百不逮一。现在本会第二届年会召开，又适当宪政实施的开始。我想今天与会诸同仁，一面临着此一崭新而重大的时代，一面抱着极端热忱来参加此会，必感到无限的兴奋与所负的最大责任。唯本学会一贯的目的，在阐扬世界法学的精义与宣传现代法治的精神，语其工作，不一而足，当此宪政实施之际，吾人亟应努力以赴者，鄙意以为约有三点。兹请概略陈之：

　　一、法律基本知识的灌输。实行宪法的国家，必须实行法治。所谓法治，即系以法律统治全国，一切公私问题，唯依法律以解决，亦即是以法律主治之意。既以法律主治，则不论官吏人民皆应知法守法。官能知法守法，民风从焉！但法律虽备，而人民方面仍对之茫然者，何止少数？所谓自由权利，任人宰割，强凌弱、众暴寡的现象，举目皆是。甚而至于身为公务员，亦多有不知法为何物者，行为之极，不过耳濡目染之官僚习气而已。政府倡行法治，而官吏人民不知法律，或不守法律，此岂政府倡行法治的本意。吾人有鉴于此，急宜以接近民众的机会，及利用出版物，将法律的基本知识，普遍宣导，使之潜移默化，庶几一般社会有养成法治的习惯，人人知以崇法为义务，以不守法为可耻。

二、现行法律内容的探讨。我国的宪法，是由行使制宪的国民大会制定的，法律则是由行使立法权的立法院制定的。制宪权高于立法权，所以制宪机关制定宪法，较之立法机关制定法律，在法律的效力上说，宪法的效力超越于法律。易言之，宪法是法律的母法，宪法在国内法中具有最高性。依此论断，法律的制定应遵循宪法的规定，应奉行宪法的原则，法律不能与宪法相抵触。但是现行的法律，究有无与新宪法抵触者，亦实值得详加研讨。虽宪法第一百七十一条有法律与宪法抵触者无效，及有无抵触，发生疑义时，由司法院解释之规定，究不若预先做一番法律的厘订工夫，使去其抵触者，揭其疑义者之为愈。此点实为吾人应行探讨之工作。

三、中华法学体系的建立。建立中华法学体系一事，并非于今日法学界树起一面新标帜。良以我国现行法律，初采自大陆法系，近复取自英美，此固为顺应趋势使然。但凡一个国家的立法，一方面是依据法律学上的原则，一方面是顺应时代的趋势，然亦须兼顾到本国的民情习俗，所以世界各国各有各的一部法律者即在于此。而我国的法律，既有其因袭的缺憾，吾人准备建立起一个中华法学体系，以谋中国法律系统的独立，不能不说是吾人应有的使命。

以上三点，不过略抒所见，作为本届年会诸同仁会议的参考。至本会今后工作的进展，尚有望于诸同仁不断的努力和不尽的贡献。

〔本文大约发表于1947年12月。选自李翊民等编：《居觉生先生全集》（上册），台北1954年印行，第463～464页〕

全国司法行政检讨会议致词
〔三十六年十一月五日〕

　　回忆民国二十四年九月间，曾由司法院主持，召开过一次全国司法会议，当日会议，今天在座诸同仁中，当有不少参加过的。其时会议，虽只有五日，所得到的收获，却是不小。可以说，由于是次会议，重新决定了往后的司法方针，完成了整个的司法制度，即今日之法治规模，亦莫不由于是次会议而予以奠定。但自抗战以后十年来，原于国家处境的艰难，司法方面，一切应兴应革的诸般措施与机构，自多有亟待吾人从事商讨者；然而为了抗战期间的种种困难，致是项会议，未能继续举行，这是颇引为恨事的。此次司法行政部根据参政会的建议，及秉承中央的意旨，召集全国司法行政检讨会议，以谋改进司法工作，实在是一件迫切需要的事。而且此次会议召开的时间，又当新宪法实施的前夕，其意义之重大，自不待言。本席趁此机会，爰就司法界诸同仁当前应负之重责，略申叙几点意见。

　　今天与会的诸同仁，可以说大多数是三民主义的信徒。我国今日的法治，是产生于中国国民党的三民主义。数其源，第一步是政纲，由政纲而产生政策，根据政纲政策，制定各种法例律令，一切政治均依照法例律令而行，这就叫做法治。那么，我们积极的遵守法令去做，消极的不违反法令，不就是实行三民主义么？现在三民主义已经形成具体的法例律令了，我们离开法令，违反了法令，还谈得到甚么实行三民主义吗？新宪法规定："法官须超出党派以外"，但是法官遵行法令，是不可能超出三民主义以外的。今日政治风习的败坏，大都由于行法者不能守法，奉行主义者没有实行主义，因之法治徒有虚名，而少实际。司法官是推行法治的基干份子，吾人尤应负起这一重任，树立风气，以坚定信仰，严守法令，不避艰险，力挽颓风。庶几法治可以走向光明的前途，不致因人而偾事。这一点，是本席深愿与同仁共勉的。

至于改进司法之道，其事甚繁，其法不一，如司法人才的储备和训练，法院、监所的普设和改良，院检两方宜消除磨擦，司法经费应逐渐增加等等，司法行政当局自有周密的计划与实行的勇气，姑不具论，惟司法工作最主要的目标，即在如何求减轻人民受讼狱拖累的痛苦。现在法院收受的案件，日渐增多，欲从速判结，则或失之粗疏，欲力求妥慎，则又难免延宕，两者均足以枉民病民。可是妥与速，皆为吾人应尽之职责，并要确能尽到这种职责，然后吾人良心始安，而且方不愧为一个现代法治国家的司法官，此点尤须吾人特别努力。

以上所说，是本席推诚寄与本会的几点希望，我想今日与会诸同仁，自必能互相推诚，详细研讨，使未来司法工作，配合新宪法，顺利推行，以收实效。

〔选自李翊民等编：《居觉生先生全集》（上册），台北1954年印行，第467~468页〕

竞选谈话[*]

　　余奔走国事垂五十年，只知服膺主义，效力人群，对于个人之利害、权位之有无，从未一加计较。凡有利于国家民族之前途者，无论事之巨细，任之险夷，无不踊跃趋赴，以求贯彻革命救国之目的。际兹宪政开始，选举中枢，余亦听从友朋敦劝，竞选总统，虽无遗大投艰之政见，却深已饥己溺之鄙忱，爰抒所怀，以与国人共见：

　　一曰改革地方政治。今之言政治者，每注重于发号施令之上级，而忽略与身体力行之基层，即不免重视中央而忽视地方之弊。于是人才经费，集中上层，凋敝情形，遍于闾里，不知各县为自治之单位，县长为治事之官司，一切政令之推行，各地民生之疾苦，皆视县政为转移。从前县为官治，今则县为自治，实则即为民治。故全民政治之初基，亦以分县自治为起点，虽谓无县治即无政治，

---

　　* 1948 年居正与蒋介石竞选总统，此为居正在竞选期间之谈话，约写于 1948 年 4
　　　月。——编校者注

无自治即无民治，亦无不可。尤其县长一职，责重事繁，其人物之臧否，关于民生之休戚，得一贤县长则百里受其福，戴一不肖则万姓蒙其害。众人之利害，必须与众人共之。故宪法规定县长一职，应由县民选举，此不独为人民行使其政权，亦可防止县长之失职，人民之所贵。人民能贱之选举与罢免相成，好恶以民意为主，所冀县治初基早获实现，庶几全民政治，日起有功。

二曰抢救农村危机。国民经济，至今日疲敝极矣。抗战以还，疮痍未复，戡乱之际，民生雕残，物资既形枯竭，物价日益高涨，可谓民不聊生，四海困穷矣。窃思中国以农立国，农民占人口百分之八十，根据民生主义，应首谋农民生活之均足，此不独民为邦本，亦应藏富于民。《宪法》（第一百四十六条）规定国家应用科学技术，以兴修水利，增进地力，改善农业环境，规划土地利用，开发农业资源，促成农业之工业化云云，固曰望其实现。他如垦殖荒地，开发农田，设立农业金融机关，奖励农村合作事业，实施仓储制度，发达农村教育，改善农民生活，兴筑农村道路，等等，何莫复兴农村之要图，然目前要务，首在安定农村，安居始能乐业，民富而后国家强。中国历代之大乱皆以贫民不安为主因，所谓一部中国革命史，为农民暴动史，亦非诬也。得天下有道，得其民者，斯得天下矣。今日中国农村之危机，实即国家治乱之枢纽，为政者能漠视之乎？

三曰养成守法精神。吾国重视道义，素乏守法之风。疏狂之徒，竟谓"礼法岂为我辈而设"。又曰"法令滋彰，盗贼多有"，习非成是，竟成以违法为能、守法为怯之谬见。余谓法贵能行，尤在能守。昔商鞅徙木赏金以立信，刑太子师傅以立威，皆表示法可取信见重于民，而不至流为弁髦。如法立而不行，或行之而不守，徒供点者之舞弄，强者之摧毁，又乌在其有法哉？夫法者国家施政之信条，社会生活之秩序，个人生活之准则，如非行之严明，守之坚定，则其纷乱扰攘之状，将至不堪设想。今后凡属国民，无论在朝在野，均应养成守法之习惯，方不愧为共和之主人，养成之道，在行法者以《管子》"令欲必行，禁欲必止"[1] 为信条，启发国民尊重法律之思想。其在教育方面，尤须普及法律智识，以严格的规律生活，造成国民崇法守纪之精神。夫然后整齐严肃，法治可期望。

〔选自上海图书馆编：《上海图书馆庋藏居正先生文献集》（第三册），广西师范大学出版社 2007 年版，第 161～162 页〕

---

〔1〕 此处引文有误。按《管子·法法》中有云："君有三欲于民，三欲不节，则上位危。三欲者何也？一曰求，二曰禁，三曰令。求必欲得，禁必欲止，令必欲行。"——编校者

第三部分

司法工作总结汇报

一年来司法之回顾与前瞻

说起这过去一年的司法状况，实在是抱歉得很。虽然关于司法组织各事项，多属于司法行政范围，当时并不隶属司法院，要之无论纯粹司法与司法行政在过去一年间，尚遗留着许多缺憾于吾人胸臆中，这是无可讳言的。其所以致此之由，虽不一端，或缘国家多难，或因财政困难，亦有几经奋斗，力图变革，而所凭藉者薄，一时尚未能臻于圆满的理想之域者。然综合此许多挫折条而举之，作过去之检查，为将来之借镜，也未尝不是从事公务者自律之道。

目前司法现案，最使吾人感觉不安的，大约有三点：

（一）领事裁判权未撤消，致法权完整未能办到，这是司法上第一个缺憾。本来民国十八年十二月廿八日国府已经下令宣布撤销各国领事裁判权，廿年五月四日更公布《管辖在华外人实施条例》十二条，定廿一年一月一日施行。当时似乎未尝不欲雷厉风行，藉此打破不平等条约之束缚，而一雪八十年来之耻辱。嗣以"九·一八"事件发生以后，财政困难，一切关于撤销领事裁判权准备事项，均无力举办，至今为之搁浅。今年水旱频仍，政府救死扶伤未暇，所以撤销领判，虽期望甚切，也不得不待之来年了。

（二）新式法院设立未普遍，致使司法独立精神未能贯彻，这是司法上第二个缺憾。查十八年训政时期司法工作六年计划，原定首二年间应设县法院一千三百六十七所，第三年改为地方法院，六年间应增设地方法院一千七百七十三所，增设高等法院一所。高等分院四十二所，最高分院四所，少年监四十七所，普通监一百七十四所，累犯监廿二所，肺病及精神病监廿一所。这是本党在训政时期完成司法独立之计划，可是目前情形也很感到缺憾，大抵因为国家财政困难，所以许多计划不能按期举办，计至廿三年底，现有县法院三十七所（但十八年以后增设），地方法院一百廿九所（由十八年以后设立这五十六所），高等法院二十四所（十八年后设立二所），高等分院三十八所（十八年以后增设者九所），少年监一所，普通监九十二所（十八年以后增设者十八所），比较原来计划相差甚巨。不过这是属于司法行政之事，在十月改隶以前，原不属于司法院方面之职责。

（三）关于司法效能方面，虽年来力求达到"妥"、"速"两义，然尚不免有遗憾之处。最高法院由鄙人直接指挥，力求"妥"、"速"，自属当然职责，计该院未结案件，二十一年为五千五百十八起，二十二年为五千一百九十一起，二十三年为四千五百五十四起，年有逐渐减少之势。吾人最终目的，自然是"案无留牍"，然以目前之庭数与推事员额，恐已鞠躬尽瘁无可再进。前例最高法院推事每人每月结案以十五件为限度，现已增刑事为每月十八件、民事每月二十件以上为最少限度，以第三审案件卷帙之浩繁，每日结案逾一件以上，总不是苟且畏难可比拟了。至于各级法院办案情况，因本年度统计尚未就绪，难得确算。兹姑以苏州高等法院、江宁地方法院、上海地方法院、吴县地方法院四处为例（以其地位接近京都，统计比较易得），下列甲表就各该法院第二审受理刑事案件数额、撤销原判决案件数额为比较，以见"妥"

之程度达到几许，乙表就各该院受理民事案件数率与未结案件数率比较，以见起"速"之程度。

甲表（刑事第二审）：[1]

年	江苏高等法院		江宁地方法院		上海地方法院		吴县地方法院	
	受理案件数	撤销原判决件数	受理案件数	撤销原判决件数	受理案件数	撤销原判决件数	受理案件数	撤销原判决件数
一七	976	501	43	5161	114	63	73	30
一八	1080	532	92	5131	163	85	114	60
一九	1483	720	125	520	173	53	173	72
二〇	1711	723	158	41	178	52	180	67
二一	2577	1060	288	83	252	112	215	71

　　前表除江宁地方法院历年两数俱略为"三与一"外，余各法院大抵由"一与一"比进步至"三与一"比。此点可以推见各级法院办案对于"妥"之一义已渐有进步，惟此差额仍甚巨，自应更求进步不懈。

乙表（民事第二审）：[2]

年	江苏高等法院		江宁地方法院		上海地方法院	
	受理件数	未结件数	受理件数	未结件数	受理件数	未结件数
二十年	1315	252	280	48	912	131
廿一年	1727	380	371	56	1144	146
廿二年	2163	363	463	72	1290	138

---

〔1〕　本表在被录入本书时，已由编校者做形式上的重新编排处理。——编校者注
〔2〕　本表在被录入本书时已做形式上的重新编排处理。——编校者注

前表除江宁地方法院外，余二院二十二年度较二十一年度受理件数均增加，而未结件数反减少，可见其办案对于"速"之义也有进步。惟此仅就一二大都是言之，余均未有统计可稽，而江宁地方法院以首都所在，反而落后，自属一大缺憾。

由上述数字，虽可表明一年来司法效能略有进步，然距吾人最后目的，自属太远。

此外过去一年间尚有一件可纪述之事，就是最高法院判例要旨之编辑。因为我国法律偏缺不全，且法律规定亦时有不免发生疑义之处，故判例编辑于司法效能之增进尤属重要。此篇计十五万言，自十六年南京最高法院成立始，至二十年十二月底止，凡判例可以阐明法律旨趣者，靡不尽量搜集。于今日百孔千疮之司法现象中，得此一着，差可告慰。

过去的状况大略说明了，现在进而表明吾人今后之希望。对症下药，自然第一件急务是要从速实行撤销领事裁判权，以实现法权之完整。此事一方固有赖于改良司法、完成各项法典，间塞外人之藉口，以为进步之基本步骤。而当实施之际，外交折冲亦属重要，至完成法典又属立法范围，改良司法尤以财政充裕为根基，故撤废领判，必须外交、财政、司法、立法各方面通力合作而后能成功。而吾人于今日间自当力排万难以赴此鹄的，当无疑义。

其次，便是普遍设立新式法院，肃清以行政兼理司法之旧习，拟于最短期间督饬司法行政部通盘筹划，详细规定实施办法，呈请中央核议实施。庶使六年训政不至于徒托空言，而司法独立，行将次第实现。

再其次，关于增进司法效能方面，亦当督饬各级法院务以最大努力达到"妥"、"速"之极轨，期于各法院受理件数将于已决案件差相合，而未决案件将退近于零，且使第三审励行法律审制度。现在最高法院所裁判之事件，依统计结果，大约原裁判被废弃者为百分之三十强，今年之期望要由这百分之三十强降至百分之十弱，这才可以显出下级法院办案之能"妥"。

要达到以上目的，大约有以下几个方针：（A）扩充各法院，增加庭数。因为近来各法院所受理案件日益增加，从整个政府方针说，虽同时应采取种种社会政策，以求充裕国民经济，从根本上减少犯罪与争讼之缘由。然就司法本身方面说，则欲求办案迅速，扩充各法院，实为不可避免之事。（B）加紧法官之训练。扩充法院，是从量的方面增加司法效能，同时对质的方面亦应注重，法官之训练即所以增进法官之能力，使其能充裕以达办案"妥"、"速"之原则。现在法官训练所更加设承审员训练班及书记官训练班以为之辅，法官能力增进则办案"妥"、"速"二义庶几可以达到。（C）设立法曹研究会。法官训练所只能以一定数之人员在一定时间集中一个场合而研究。法曹研究会则可以通全国各地法官继续而研究。其组织大概以最高法院推事及检察署检察官为基本会员，各省高地两院推检亦可随时加入为会员，共同研究，务使全国一、二、三审法官皆可藉此交换知识。内部分民、刑两组，就本国外国法律条文及判例解释并各省现有案件等由会员各提出问题相与释疑辩论，如此则居终审地位者可以周知全国一、二审之经过情形，居一、二审地位者亦可藉识终审法院有其本来之规矩绳量。内外沟通，精神一贯，不特发还更审之案可以逐渐减少，即全国法官之才识智能亦皆可藉以增进。（D）召集全国司法会议。增进司法效能之方法，自然是多方面的，一人之思力有限，所以要召集全国法律实务家与法律学者相与悉心研讨，才可以得到详尽之方法。我们的计划，如果没有别的障碍，这司法会议将要于本年实现。

以上是区区微意，诚不免挂一漏万。如果各界不吝指教，当然是乐于倾听的。

〔本文原载《中央周报》第 334～335 期合刊，1935 年 1 月 14 日出版〕

二十五年来司法之回顾与展望

一、绪言

自从辛亥革命至今，中国司法之改革，已经过了二十五年，可惜前半期为北洋军阀所蹂躏，政治虽名为共和，实则封建社会。一切上层建筑推翻得甚少，自然司法方面也是一样难得显著的进步了。民十五年列国调查法权委员会报告书，虽然不免有失实之处，然而他所指出许多缺憾的地方，正反映当时北洋军阀统治之黑暗与社会进步之障碍。

调查法权委员会指出北洋军阀治下司法之缺憾，一则曰法律不完备，特别是缺乏根本法——宪法——致使立法、司法常为军人所掌握之行政权所左右，许多所谓法律，均由大总统制定公布，欠缺现代法律之意义。再则曰新式法院全国不过一百三十九所，就中第一审法院仅有九十一所，按中国人数比例，即四百四十万人才有一所，受有新式训练之法官，亦只不过一千二百余人，实不足分配。试观现在，一切民刑法典，灿然大备，《训政时期约法》施行五载，五权分立，不相逾越，新式法院近四百所，受有新式训练之法官三千有余。十年之间，视往者十五年之进步，已突过数倍。十年以前还是一个毫无法律的社会，现在已经赫然一个现代化的法治国家了。

十五年各国调查司法，这一年正是北洋军阀政治走入坟墓去，而代表全国革命民众的国民政府之权威正伸张到全中国中心区域的时候，中国司法之发展，也是以这一年为重大转变的关键。所以，叙述民国以来司法发展之过程，我们可以拿民国元年、十五年及廿五年作为三个站头，前后比较，便不难一目了然。

现在试分法律、法院组织、监所三层叙述。

二、关系司法之重要法律

（A）宪法。现代化的司法，首在有现代化的法律以为之基础，而宪法尤为法治之根本。民元制定《临时约法》，揭载三权分立之条文，为中国蹈进法治国之第一步。惟后来迭遭北洋军阀之所蹂躏，法治扫地，遂演成十五年司法停滞不前之状况。国民政府建立之初，虽未施行宪政，然五权分立，早揭于《建国大纲》；十七年复试行五院制度，立法院、司法院与行政各院对立，司法行政亦划归司法院职权之下，司法院独立之旨，尤大白于天下。廿年国民会议制定《中华民国训政时期约法》，人民自由权利与司法独立，均获切实之保障（约法第八条、第九条、第十条、第十六条、第二十一条、第二十二条和第七十一条参照）。今年五月五日公布立法院起草之宪法草案，其中关于保障人民自由权利及司法独立之规定，尤为详细。除约法所规定各点仍保存外，更增加关于提审（宪草第九条第二项、第三项），关于颁布限制人民自由之权利之法律范围（第二十五条），关于凡公务员违法侵害人民自由权利之责任（第二十六条），关于司法院长及司法官独立之地位（第七十七条第二项及第八十条），法官之保障（第八十一条），司法院之宪法解释权（第一百四十条第二项及第一百四十二条）等各规定。

更为确保司法权之独立，二十四年六月公布《提审法》，将与《宪法》同时施行，其重要条文如下：

"人民被法院以外之任何机关非法逮捕拘禁时，本人或其亲属得向逮捕拘禁地之地方法院或其所隶属之高等法院声请提审。"——第一条第一项

"人民被逮捕拘禁时，其执行机关应即将逮捕拘禁之原因，以书面示知本人及其最近亲属，至迟不得逾二十四小时。"

"本人或其亲属亦得请求为前项之示知。"——第二条

"法院接受声请后，认为有必要时，得摘录声请要旨通知逮捕拘禁机关限期具复。"——第四条

"法院接受声请书状或逮捕拘禁机关之覆文后，对于提审之声请认为有理由者，应于廿四小时内向逮捕拘禁机关发提审票"。

"法院依第四条为通知后，如逾限期未接到覆文者，应即发提审票。"——第六条第一项、第二项

"执行逮捕拘禁之机关接到提审票后，应于廿四小时内将被逮捕拘禁人解送，如在接到提审票前已将逮捕拘禁人移送他机关者，应即将该提审票转送受移送之机关，由该机关于廿四小时内迳行解送，如法院自行移提，应立即交出。"——第八条第一项

"执行逮捕拘禁机关之公务人员违背第二条第一项或第八条第一项之规定者，处二年以下有期徒刑，或一千元以下之罚金。"——第十条

（B）民事法规。在北洋军阀统治下，十余年间尚没有民法法典，只元年三月十日大总统命令所有从前施行之法律除与民国国体抵触各条应失效力外，余均暂准援用，所以大清律民事部分，有很多还继续施行。由这封建意识结晶品的大清律，与若干零碎不全的半封建意识的大理院判及大总统命令（如四年之《清理不动产典当办法》，十一年之《登记通例》及《不动产登记条例》，三年之

《验契条例》）便组成当时中华民国民法之全部。这真是共和国一件可耻之事。怪不得调查法权会特别提出这一点来批评。国民政府成立之初，即颁布女子继承权原则，婚姻自由原则（十五年七月一日前司法行政委员会通令），最高年利百分之廿原则（十六年七月十九日国民政府训令），最高田租百分之四十原则（十七年八月十五日国民政府训令），同时即着手编订民法法典。十八年五月廿三日公布《民法总则》（同年十月十日施行），同年十一月廿二日及三十日先后公布《债法》及《物权法》（均于十九年五月五日施行），十九年十二月廿六日复公布《亲属法》、《继承法》（廿年五月五日施行），于是全部民法法典完成。一九三一年三月一日比利时司法杂志 La Belgi Quejudiciaire 发表了一段批评，称为一种坚实且有秩序之著作，其所采用原则与比国民法所采用者无大差异云云，可见此法之价值了。此外有十九年六月三十日公布之《土地法》（廿五年三月一日施行），关于土地测量、土地登记、土地使用限制、土地征收等均有详细规定，为实现总理平均地权政策之重要法律。《物权法》得此补充，适用上益见灵活。

商事法规，在北洋政府时代，以大总统命令公布的有三年之《商人通例》、《公司条例》、《商业注册规则》、《公司注册规则》、《商会法》、《证券交易所法》等，四年之《著作权法》，十年之《物品交易所条例》，十二年之《商标法》等。国民政府立法，采民商法合一主义，以诸种商行为纳入债法中，而另制定各种单行法，如《公司法》（十八年十二月廿六日公布、二十年七月一日施行），《保险法》（十八年十二月三十日公布，尚未施行），《票据法》（十八年十月三十日公布，同日施行），《海商法》（十八年二月三十日公布，二十年一月一日施行），《商会法》（十八年公布，十九年三月三日修正公布，同日施行），《商标法》（十九年五月六日公布，二十年一月一日施行，廿四年十一月廿三日修正），《奖励工业技术暂行条例》（廿一年九月三十日公布，同日施行），《著作权法》（十七年五月十四日公布，同日施行），《合作社法》（廿三年三月一日公布，廿四年九月一日施行），《交易所法》（十八年公布，廿四年四月廿七日修正公布，同日施行），《银行法》（廿年三月廿八日公布，尚未施行），《破产法》（廿四年七月十七日公布，同年十月一日施行），《职业介绍法》（廿四年八月七日公布，尚未施行，二十年十二月三日曾由实业部颁行《职业介绍所暂行办法》）等。

民事诉讼法规，十年有北京政府颁布之《民事诉讼条例》及同年西南军政府之《民事诉讼法律》两种。因当时中国统一为军阀所破坏，故法令亦未能统一。十九年国民政府公布《民事诉讼法》后，全国适用，遂一洗政令两歧之弊。廿四年一月一日复加以修正，即现行之民诉法（同年七月一日施行）。其修正重要之点，如抗告之严加限制，扩张宣告假执行之范围，免除第三审上诉状裁定补正之必要，藉以减少诉讼之拖延而廓除当事人进行主义、自由主义之宿弊。

民事执行，有九年之《民事诉讼执行规则》，廿二年复由司法行政部制定《补订民事执行办法》。《民事执行法》不日亦将公布。

公证制度，曾于九年施行于哈尔滨，惟以后并未推行。廿四年由司法院公布《公证暂行规则》，先在南京、汉口、武昌、吴县、闽侯、厦门等处试办。

（C）刑事法规。元年公布《暂行新刑律》，多仍《大清新刑律》之旧。三年袁世凯复擅制《新刑律补充条例》，罪及无夫奸。国民政府之前身广东军政府对于此充满封建意识之所谓补充条例，早已废弃不用。十四年复公布《工会条例》（已废），承认工人罢工之权利，十六年国民政府又公布《惩治土豪劣绅条例》（已废），均系对于旧刑法之革命。十七年三月十日公布《中华民国刑法》（同年九月一日施行），其内容大抵依据刑法第二次修正案而定，此即调查法权委员会所称为"合乎科学精神"之草案。嗣复加修正，于廿四年一月一日公布新刑法（同年七月一日施行），对于欧洲最新立法例如保安处分，已予采用。

北洋军阀时代与新刑律及补充条例相辅而行的，尚有许多峻酷的法令，如《惩治盗匪法》，《私盐治罪法》，《贩卖罂粟种子条例》，《豫戒法》，《治安警察法》，《违令罚法》，《出版法》（以上均三年），《吗啡治罪法》（九年）等。现在已分别予以废止或修正。现行特别刑事法令，有《危害民国紧急治罪法》（二十年），《剿匪期内审理盗匪案件暂行办法》（廿四年），《剿匪区内惩治土豪劣绅暂行条例》（廿四年），《妨害国币惩治暂行条例》（廿四年），《兑换法币办法》，《银制品用银管理规则》（廿四年），《禁烟治罪暂行条例》（廿五年），《禁毒治罪暂行条例》（廿五年），《惩治偷漏关税暂行条例》（廿五年），《陆海空军刑法》（十八年），《海上捕获条例》（二十五年）等。

《违警罚法》，四年公布，十七年国民政府复行修正公布。

刑事诉讼法规，十年有北京政府之《刑事诉讼条例》及西南军政府之《刑事诉讼律》两种。至十七年七月廿八日国民政府公布《刑事诉讼法》，始归统一。廿四年一月一日公布新《刑事诉讼法》（同年七月一日施行），对旧法复多所修正，如严定羁押之条件，扩张停止羁押之范围，废除具保之保证金原则，而易以保证书原则，扩张自诉制度等，皆属对于人民自由增进切实之保障。至于刑事审限，有七年《刑事诉讼审限规则》，二十四年加以修正。

县长兼理诉讼程序，有《县知事审理诉讼暂行章程》（三年公布，十二年修正，现尚沿用）。唯自今年改设县司法处以后，县长兼理司法者已甚少，另颁行《县司法处办理诉讼补充条例》（廿五年）。为矫正县兼理司法之失，有三年《覆判章程》，十七年公布《覆判暂行条例》以代之，廿五年以公布《县司法处刑事案件覆判暂行条例》。

（D）法院组织法。详下章。

（E）其他法令。《户籍法》，于二十年公布，廿三年三月卅一日修正公布，同年七月一日施行。登记法规，除十一年《登记通例》外，有十七年《商业注册暂行规则》，二十年《公司登记规则》，廿三年《法人登记规则》，廿四年《华侨登记规则》等，均于公证力有重要关系。

关于农工法令，有《农会法》（十九年），《狩猎法》（三年又廿一年），《森林法》（三年又廿一年），《工会法》（十八年公布，二十年、廿一年、廿二年迭经修正），《修正工厂法》（廿一年），《团体协约法》（十九年），《修正劳资争议处理法》（廿一年），《渔会法》、《渔业法》（十八年公布，廿一年修正），《矿业法》（十九年公布，廿一年修正）等。

关于涉外事件法规，有七年《法律适用条例》，及九年《审理无领事裁判权国人民民刑诉讼章程》，至今仍沿用。

三、法院组织

前清公布《法院编制法》，仿德日立法例，采四级三审制。四级为大理院、高等审判厅、地方审判厅、初级审判厅。各级均配置检察机关，为总检察厅、高等检察厅、地方检察厅、初级检察厅。民元因之。三年，废初等厅，于地方厅内另设简易庭，或设地方分庭，受理属于初级之民刑诉讼事件。惟当时各处地方审判厅亦多撤废，行政官厅兼理司法之制复盛行。六年，颁布《县司法公署组织章程》，令未设地方厅及分庭各县设县司法公署，以县知事掌检察事务，另设审判官，以为过渡办法。国民政府成立之初，仍沿用四级三审制，大理院改称最高法院，各级审判厅改称法院。检察制度除最高法院设一检察署外，各级法院仅配置检察官，不复设检察厅。又令于未来设地方法院各县一律筹设县法院，以为过渡，院内设检察官及推事，以主任推事处理行政事务，较县司法公署制度为进步。二十一年十月二十八日公布《法院组织法》，改用三级三审制（最高法院、高等法院、地方法院。于区域辽阔地方得设分院）。惟以国难当前，财政困难，延至二十四年七月一日始施行。施行新法之日，各省县法院及地方分庭大抵改组为地方法院。

改制之初，以财政困难，未能一时遍设新式法院，故县知事兼理司法之制尚存。三年，北京政府公布《县知事兼理司法事务暂行条例》，该条例规定，凡未设法院各县之司法事务，由县知事以承审员之协助处理之，县知事执行检察职务，而承审员审理案件。审判程序依《修正县知事审理诉讼暂行章程》及《法院编制法》、民刑诉讼条例之规定办理，惟限制律师不得出庭。不服其判决者，如原审事件应属初级管辖者，可上诉于邻近地方法院，如原审事件，应属地方管辖者，可上诉于该管高等法院。国民政府建都后，各省县长兼司法事务仍采用旧条例办理。二十四年九月，司法院召集全国司法会议，佥以县兼理司法制度宜速改良，遂有如下之决议：

（1）承审员改为审判官，并提高待遇；

（2）严定审判官资格，并慎重其人选；

（3）审判权完全独立。

根据这决议案的精神，遂决定把所有兼理司法县改设司法处，以为将来设置地方法院之初步。今年四月九日已公布《县司法处组织暂行条例》，并规定七月一日起分期实行。

兹将历来设置新式法院数目之变化表列如下：

数别 ＼ 年别	元年	十五年	二十五年[注三]
初级审判厅	196[注一]		
地方审判厅或地方法院	112[注二]	66	222
地方审判分厅或地方分院	11		70
地方审判厅分庭或地方法院分庭		23	9
高等审判厅或高等法院	19	23	23
高等审判分庭或高等分院	4	26	73
大理院或最高法院	1	1	1
合　计	343	139	398

注一：依神州编译社民二年《世界年鉴》。一九三三年《申报年鉴》作179。

注二：依《世界年鉴》。《申报年鉴》以与分庭并计作124。

注三：东三省、热河除外未计。

观上表，可见北洋军阀蹂躏司法之结果。十五年新式法院视民国初年几减三分之二。而现在数目视十五年约为三倍。又试将县兼理司法与新式法院过渡法院，数目及百分比表列如下，以见其进步之迹。

法院种类 ＼ 年别 数量	十五年		二十二年		二十五年[注一]	
	数目	百分比	数目	百分比	数目	百分比
县长兼理司法	1800	92	1438	80	1054	59
县司法公署	46	2	38	2		
县法院			35	2		
县司法处					384	22
新式第一审法院	89	5	250	14	301	17
未详		1		2		2
全国县市总数	1950	100	1789	100	1790	100

注一：东四省未计。

观此表，可知现在情况较十五年新式法院在全国第一审司法机关比例率，由百分之五进至百分之十七；合过渡法院计之，由百分之七进至百分之三十九；县长兼理司法县份由百分之九十二降至百分之五十九。

县兼理司法改为县司法处，计划拟分三期进行。由本年七月一日起，每六个月为一期，每期改革三分之一县份，至二十六年十二月止，全国县长兼理司法制度即行废止。数千年行政司法混淆之宿弊即行肃清。现在已经肃清者，有广东、湖北、山东、甘肃四省。江苏省拟照广东例，不用县司法处过渡办法，于明年全省各县一律改设地方法院。

关于全国司法官员额，试以一九二六年与现在情状比较，如下表：

法官数 / 年别	推　　事				检　察　官				推检合计
	最高法院	高等法院	地方法院	合计	最高法院	高等法院	地方法院	合计	
元年	11				5				
十五年	43	310	426	779	10	150	272	432	
二十五年	80	825注一	1467注二	2372	10	234注三	837注四	1081	3453注五

注一：除两广外，确数为五百一十六人（据司法行政部一九三六年九月统计，以下同）。广东高等法院现有推事二十七人；又高等分院三院，广西高等法院一，分院一，以他省之例推之，此五院应有推事每院五人，共应有二十五人。合计如上数[1]

注二：除两广及新疆外为八百五十人。广东有地方法院二十七，分院六十三，广西地方法院五，分院四，分庭九，新疆有地方法院二。广州地方法院现有推事五十九人。余各地方法院推事假定为八人，分院四人，分庭二人，共应有五百五十八人。连广州法院共为六百一十七人。

---

[1] 原文如此，记载似有误。——编校者注

注三：除两广外，确数为二百一十三人。广东高院有检察官六人，其余高院及分院推定为每院三人，合计为二十一人。

注四：除两广及新疆外为四百五十九人。广州地方法院现有检察官三十二人。余各地方法院假定为四人，分院三人，分庭一人，共应有三百四十六人。连广州共为三百七十八人。

注五：据司法行政部本月统计，除两广各级法院及新疆地方法院不计外，共有二千零三十八员。

观上表，可见现在正式司法官员数增加比十五年约为三倍，特别是第一审法官之增加比例率尤大，约为四倍。至县司法处审判官尚不在内，其数约在六百人左右，合正式法官，约计为四千人。

新式法院法官皆曾受新式法律教育，并经过考试与实习，六年北京政府曾颁布《司法官考试令》。国民政府考试法令益为完备，其与司法官有关者，为《考试法》（十八年、二十二年、二十四年公布），《高等考试司法官考试条例》（十八年公布，二十二年、二十四年两次修正），《党部工作人员从事司法工作考试大纲》（十九年公布，二十二年、二十四年迭次修正）。依现行法，其应试资格，大抵为国内外经立案大学之法律政治科毕业者。初试科目，有民法、刑法、民诉、刑诉、商事法规、宪法、行政法、土地法、劳工法、国际法、国际私法等。初试及格，分发学习，期间二年；学习期满，复行再试，再试及格，始得任用。关于学习法规，有《学习推检学习规则》（十九年），《高等考试司法官考试及格人员学习规则》（二十二年公布，二十四年修正）。近来司法院复办法官训练所，自二十五年度起，拟分期抽调各级法院法官来京训练，灌输以三民主义精神及世界最新法理知识。至县司法处审判官亦经严格考试，今年六月九日公布《县司法处审判官考试暂行条例》，考试科目为宪法、民法、刑法、民诉、刑诉、商事法规、土地法等。

关于司法官待遇，向来视普通公务员俸给为低。二十一年

《法院组织法》规定应与普通公务员一律待遇（第四十一条）。其详细办法，已由司法行政部拟具，一俟与铨叙部商洽，即可施行。在上海租界各法院，因法官大抵选用优秀人才，多系国外留学生出身，故往往增给津贴。至法官任职十五年以上、因积劳不能服务而辞职者，给与退养金（《法院组织法》第四十三条），其详细规定，已由司法院拟制草案，其退养金额大抵为依原支俸额二分之一。

四、监所

自一九一二年，中国即锐意设置新式监狱。凡重要都会遇监犯三百人以上、一千人以下，即应设新式监狱一所。至十五年，有新式监狱七十四所（连分监在内），可容犯人三万四千八百余人。国民政府成立以后，增设新监十八所，分监十所，少年监三所（山东、湖北、察哈尔各一所），共三十一所。惟因东四省沦陷，减少二十余所，故现在仅存新监七十七所（连少年监在内）。十六年以后，对于危害民国罪犯，特设反省院收容之，代替监狱之一部，以收感化之效，现在全国反省院共有九所。对于未决犯有看守所九十二所。其法规，有《监狱规则》（二年公布，十七年修正公布），《看守所规则》（十九年），《反省院条例》（十八年公布，二十年、二十四年迭次修正）等。二十四年五月三十日司法行政部复预行《监狱待遇犯人最低限度标准规则》，注意于犯罪之性质与犯人之个性，以定其待遇。监狱法草案及看守所法草案，已送立法院。其要点可述者，如对于自由刑之执行用累进制，未满十八岁之被告亦用隔别之羁押。对于劳役则扩充范围，监外作业与监内作业并重，未决犯在不妨碍诉讼进行程度内，经本人情愿亦得令其从事工作。

关于犯人劳役，有九年《监狱作业规则》，十七年之《旧监作业办法》。近年国民政府益注重刑罚生产化，二十一年复修正《监狱作业规则》，令各省新监极力推广工场。依二十四年统计，作业收入最多者，有河北第一、第二、第三、第四监狱，江苏第二监狱，山东第一、第四监狱，浙江第一监狱等，平均每月收入在一千元左右。又以监内作业依目前环境未能尽生产力之发展，于是又设"监犯外役"及"移垦"两方法，二十三年公布《监犯外役规则》及《徒刑人犯移垦暂行条例》（廿五年修正）。外役以浚河、筑路、建筑等业为主，成绩最良者有浙江第二监狱筑成马路三处，山东第一监狱筑成分监二处，第四监狱筑成分监三处。移垦则计划在宁夏省云亭渠及河中堡两处，拨荒地五万亩试办。

关于假释，二年有《假释管理规则》，十八年有《假释管束规则》。新刑法施行后，增设保安处分，对于犯人保护管束之范围扩大，遂于同年十一月九日公布《保护管束规则》，以代《假释管束规则》。关于出狱人保护，二年有《组织出狱人保护命令》，二十一年公布《出狱人保护会组织大纲》。二年公布《出狱保护事业奖励规则》，十九年复修正公布。

为疏通监狱计，九年曾公布《监犯保释暂行条例》，于刑法规定范围外宽予假释出狱之条件。国民政府成立后，厉行假释保释。二十四年七月十五日公布《疏通监狱暂行条例》，规定受有期徒刑之执行逾三分之一（刑法规定须逾二分之一）而满六个月（刑法满一年）有悛悔实据者，得许假释。至今年七月，一年期间，计假释者一万四千八百九十六名。

五、领事裁判权

在中国司法系统中，有一最畸形之物，便是领事裁判权，即凡遇有此特权国家之人民为民刑事被告时，即归其国领事或其在华法院审判，而不受中国法权之支配。起源于一八四三年《中英条约》，其后蔓延于各国商约中。除俄、德、奥、匈、墨西哥先后撤废或抛弃外，现在尚继续行使此权者十五国，为英、法、美、荷、比、意、日、西、葡、瑞典、挪威、巴西、秘鲁、丹麦、瑞士等。瑞典一九零八年商约、瑞士一九一八年商约原规定俟各国放弃时亦

同时放弃。比、意、丹、葡、西五国一九二八年新约皆规定民国十
九年一月一日放弃。日、秘、英、法、美、荷、挪、巴八国商约亦
早满期，依法解释自当取消，然实际上则仍然自由行使。其余诸国
相继效尤。十八年国民政府曾数次交涉，未有结果。是年十二月二
十八日政府下令将于十九年一月一日起一律取消，二十年五月六日
又公布《管辖在华外国人实施条例》。然卒以"九·一八"事变后
财政困难，无力筹备，致未实行。

要之，今日撤废领事裁判权之关键，不在国际条约而在国内财
政。一九零二年《中英条约》第十二条本规定英国允于中国司法
改良之后，放弃领事裁判权，其他各约亦多有相仿之规定。况依情
势变迁（redussic stantibus）之原则，在今日中国法律粲然大备之
下，更无存在之余地。吾人即欲一旦实行二十年五月六日之法律，
在法理方面原无问题。惟关于专庭法官之人才及法庭与监狱之种种
费用，必须有充裕之财政，而后运用得宜耳。

外人反对即时撤废领事裁判权之理由，特别是十五年调查法权
委员会之所表示者，其要点不外：
（1）中国无完备的现代化法律；
（2）中国新式法院及经受训练法官太少；
（3）中国法官适用法律或有过严酷之处；
（4）中国监狱待遇囚犯不善。

然依现在司法情况观之，较之十五年北洋军阀治下之司法显然
大有进步，如本文第二章所述中国法律已粲然大备，即调查法权委
员会报告书所期望必要制定之十种法律（一、普通在民律中规定
之事项，如总则、债务、物权、亲属、继承等；二、普通在商律中
规定之事项，如票据、银行、海商及保险等；三、破产；四、专利
之特许；五、药剂业；六、人事注册；七、精神病；八、土地测
量；九、公证人；十、土地征收），已无一不备。依第三章所述新
式法院及法官员额视十五年已增加四倍。而县兼理司法今年仅存全

国县份百分之五十，明年底即将完全消灭，吾人行见一年之后，全审判机关即尽入于受有训练的司法官掌握。关于第三点，政府近年对于缓刑业经三令五申（二十一年三月八日，二十二年三月十三日，廿三年十二月二十三日司法行政部迭次训令），各级法院亦均切实遵照奉行，班班可考。而就二十、二十一、二十二年司法统计观之，中国法院审外国人所犯最高本刑为死刑各罪共二十五件，而裁判结果其最高科刑亦仅科无期徒刑（参考附表），其宽大已可推见。

年别	罪名	科　刑					
		死刑	无期徒刑	有期徒刑	拘役	罚金	计
二十年	杀人			1	1	1	3
	抢夺、强盗及海盗			2			2
二十一年	杀人			3			3
	抢夺、强盗及海盗			2			2
	危害民国		2				2
二十二年	杀人	1	1			5	7
	抢夺、强盗及海盗			6			6
总计		3	15	1		6	25

关于第四点，调查法权委员会常谓中国最近之新式监狱用以监禁外国人不能谓为不合。依二十年五月六日法律关于外国人之监禁羁押及拘留处所，均予以特别之注意。而目前事实上对于无领事裁

判权国人民之待遇，亦属有目共睹，如牛兰[2]其最著者。

六、结论

如上所述，依据目前中国司法之进步状况，已证明领事裁判权再无存在之余地了。惟是吾人为国家进步与人民福利计，尚应检查过去之失败，求于百尺竿头、再进一步，以期尽其在我之责任。

吾人试采择目前最切要应改革者约有四端：

（A）中国法院诉讼进行之迟滞，一般法学家与实务家均承认之。法人 Pudoux 君所论尤详。其症结所在，实由采用三审制度。新民刑诉讼法已大加改善，惟弊尚未全去。故今年司法院第十七次会议议决于本院法规研究委员会中设特别审查组专审查此项问题，并指示审查原则："应就三级三审制，贯注三级二审精神"。盖多审级制度，本为封建社会之遗迹。晚近文明各国审级均趋简单化。最近将来吾人即当研究三审制与二审制之过渡办法，庶几达于诉讼简单化，以慰中外之望。

（B）新式法院办理刑事案件之恪守法律，此不特为全国人民之所信仰，抑为外人之所深信不疑。惟法院以外机关办理刑事侦查案件之未臻完善，不特在北京政府时代调查法权委员会斤斤指摘，即目前状况，民间亦啧有烦言。依现行刑诉法第二零八条规定，县长、市长、警察厅长、警务处长、公安局长、宪兵队长均有权侦查犯罪，与检察官立于同等地位（此为罕有之立法例）。而所谓司法警察本非有特别设置，不过假用普通警察为之。故检察官之指挥警察又往往不如行政官或警察官之灵便。结果遂造成今日一般检察官

---

〔2〕　牛兰，本名亚可夫·马特耶维奇·鲁尼克，1894 年生于乌克兰，系共产国际联络部驻上海的中国联络站负责人，1931 年被南京军事当局逮捕，共产国际、"保卫牛兰夫妇委员会"等组织设法营救。1932 年被判死刑，随后又减为无期徒刑，1937 年 8 月底出狱，而后回到苏联。——编校者注

陷于消极被动之地位，而不能积极地摘奸发覆。故去年司法会议时，有许多提案主张裁废检察官制度，以检察官改充推事，否则宜加崇其体制与职权。愚以为除非修正刑诉法二零八条之规定，检察官势难免于尸位素餐之诮矣。

（C）十八年司法六年计划，原定六年间应增设地方法院一千七百七十三所，高等法院一所，高等分院四十二院，最高分院四所，少年监四十七所，普通监一百七十四所，累犯监二十二所，肺病及精神病监二十一所。此本是最低限度之司法工作计划。现在六年间新式法院与监狱虽有增加，然距此限度尚远。吾人必须于最短期间，排除万难以赴之，以补吾人之过。

（D）六年计划所以失败，主因即在于财政困难。依照现行法令，地方司法经费，系由省库负担。现时各省财力大都匮乏，而对于司法经费，且或存畛域之见。故扩充司法计划难于实现。查北京政府时代十二年度司法经费约二千万元，现在二十五年度总预算列全国司法经费不过七百三十一万二千九百四十四元（两广司法经费未计，即推定为一百万元，合计亦不过八百余万元）。事业扩大而经费反缩少。虽廉洁政府固应如此，然为彻底改良司法计，实有增加之必要。去年司法会议决定"司法经费改由中央负担，并以印花税及其他确定税收入作为专款"，由司法院提出于去年五届一中全会，经蒙采纳。以后即当研究其具体实现方法。此为一切改革之根本，不可或忽也。

〔原载《中华法学杂志》新编第一卷第二号，1936 年 10 月出版。选自陈三井、居蜜合编：《居正先生全集》（上册），台湾"中央研究院"近代史研究所 1998 年出版，第 258～273 页〕

十年来之司法建设

——为国府成立十周年纪念

辛亥革命以还，中国所以未能进于法治之域者，由于内有专制主义之残余，司法未能完全脱离行政而独立，外有不平等条约之束缚，帝国主义藉口于所谓领事裁判权，破坏中国法权之完整。

国民政府之司法建设，即在于祛除此两大障碍，而恢复完整之法权与建树独立之司法。兹举其荦荦大者言之：

一曰法典之颁布。北洋政府时代，往往以命令代替法律。国民政府成立，民刑事法典，次第制定修正。就中如《刑法》上删除同谋罢工之犯罪，增设重利盘剥罪；《民法》上承认妇女之行为能力，废除宗祧继承，保障私生子地位，限制权力滥用，损害赔偿采用原因责任主义，特别是《土地法》之限制地租（耕作地不得超过收获总数千份之三百七十五，市地于必要时以百分之十二为标准租金）等，皆属三民主义之体现，尤足征近代国家之特色。

二曰新式法院之普设。北洋时代，县长兼理司法者约占全国百分之九十二（以民国十五年计），而新式法院不过略资点缀而已。

现在新式法院数目由一三九所增至四零六所（约增三倍），法官由一二一一名增至二千七百余名；[1]第一审新式法院由百分之五之比率增至百分之十七，兼理司法之县由百分之九二减至百分之四八；其余未设法院地方，亦多"独立审判"之县司法处以为过渡。兹将目前法院设立情形与十五年之比较，列表如下：

（甲）十年前后各审法院数目变化表

法院别	十五年	二十六年[注一]	指数之增加[注二]
地方法院	89	298	335
高等法院及分院	49	107	218
最高法院	1	1	100
总计	139	406	292

（乙）十年前后第一审情况比较表

年别／院别	十五年		二十六年[注一]	
	数目	百分比	数目	百分比
县长兼理司法	1800	92	856	48
县司法处			582	33
新式第一审法院	89	5	298	17
其他		3		2
全国县市总数	1950	100	1790	100

注一：东四省除外未计。

---

[1] 依司法行政部最近统计，除广西省外，全国有法官二六六五人。广西约数为百人，共应有二七六五人左右。

注二：以十五年数为一百。

三曰法官人才之储备。十五年以前，凡经考试出身、受科学训练之法官共计七百六十四人，在全法官数（一二一一人）中计占百分之六三，现有经考试出身之法官一九五五人（经国民政府考试者一一九一人），在全法官数（二千七百余，视前增二倍余）中百分率仍增至七十以上。

四曰缩减审级。审级之繁多，原为封建之遗迹。北洋时代，采德日法例，行四级三审制，诉讼延长，民多不便，而贫不能久讼者受累尤深。武汉时代，矫枉过正，行二审制，不无流弊。二十四年后改三级三审制，而于轻微刑事案件（如最重本刑三年以下有期徒刑、拘役或专科罚金之罪）及因第三审上诉利益不逾千元或五百元之民事案件，复采用二审之限制。近来最高法院更将厉行法律审，以矫二十余年诉讼延宕宿习。

五曰改良监狱。改良之要点，首在注重整顿"作业"，以达于刑罚之生产化与劳动化，今年成绩优者，每月作业收入达千元以上。此外复设"外役"及"移垦"两方法以辅之。对于政治犯又创设反省院（现有十所），对于少年犯罪设少年监（现有三所），以收感化之效。至于普通新式监狱，亦较前（十五年时代）增设至三十矣。

六曰收回法权。国民政府成立之初，即以废除领事裁判权号召。经多年之交涉，无条件放弃者有墨西哥（十八年十一月换文）；附条件[2]放弃者有比、意[3]丹、葡、西、荷、挪（荷、挪两约尚未批准）。其余英、法各国，虽尚未允放弃，然十八年十二月二十八日国府已下令自动取消，并于二十年五月四日明令公布

---

[2] 原文误为"条件附"。——编校者注
[3] 原文为"乂"，指意大利，今改之。——编校者注

《管辖在华外国人实施条例》。惟其后因各地天灾变故，所有应行筹备事项尚未就绪，遂暂搁置。近以西班牙政变，使领均已去职，遂于本年三月十八日由司法院呈准国府管辖对西班牙人民刑事件。至于上海两租界之临时法院及会审公廨，亦经十九年、二十年先后成立两协议，改设纯由中国管理之法院。

七曰完成行政诉讼制度。北洋时代，虽仿大陆制度设立行政诉讼制度，然当时平政院不得受理要求损害赔偿之诉讼（三年《行政诉讼法》第三条）；此于当事人极不利便。二十一年《行政诉讼法》特改为"提起行政诉讼得附带请求损害赔偿"（第二条）以矫正之。行政法院亦于二十二年六月成立。

八曰完成公务员惩戒权之独立。公务员惩戒亦司法权之一种。北洋时代，除高等文官及法官之惩戒由独立机关办理外，普通文官惩戒则由各该官署分别组织机关办理。殊非贯彻五权分立之道。国民政府广州时代，设惩吏院办理之。五院制度既立，遂划为司法权之一。二十一年六月于司法院下设中央公务员惩戒委员会，掌管全国荐任职以上公务员及中央各官署委任职公务员之惩戒。于各省设地方公务员惩戒委员会，掌管各该省委任职公务员之惩戒。

〔原载《中华法学杂志》新编第一卷第五、六号合刊，正中书局 1937 年 2 月出版〕

十年来的中国司法界

　　五权制度为总理所首创。司法院即于民国十七年成立，与行政、立法、考试、监察各院并峙，直接对中央执行委员会负责，为国民政府最高司法机关。于其下设直辖机关四：曰司法行政部，行使司法行政权；曰最高法院，行使司法终审权；曰行政法院，行使行政审判权；曰公务员惩戒委员会，行使惩戒权，而以司法院总其成。此种组织，所以使整个之司法权，自成一独立之系统，诚中国司法之特色也。

　　中国司法建设，具有两大目的，对内为树立法治之威信，对外为恢复法权之完整。而具体之计划，莫要于健全下级司法机关之组织。盖下级司法机关，职掌初审，与人民最为接近，所谓亲民之官也。得其人则狱讼平，狱讼平则人民对于法院之信仰自增高矣。吾人一觇司法统计，上诉案件，与年俱加，终审法院，积牍如山，岂尽可归咎于人民之健讼哉！良由初审判决，不足使两造折服耳。司直者诚能洞察情伪，质证明确，决疑定谳，悉臻公允，民自以为不冤又何乐而上诉？故充实下级司法机关乃建设司法之基本工作，国人所当三致意者也。

十年以来，中国司法界有不断之进展。举其荦荦大者分述于下：

一、审检制度之改革

自清末颁行《法院编制法》，采用四级三审制，民国因之。所谓四级三审者，即初级管辖案件，以初级厅为第一审，以地方厅及高等厅为第二第三审；地方管辖案件，以地方厅为第一审，以高等厅及大理院为第二第三审。迨民国三年，裁撤初级厅，别附设简易庭于地方厅内，专受理初级案件，所为判决仍上诉于地方厅。以同一法院，强分之为两级，同一法院之裁判，强名之为两审；四级名实，至此俱亡矣。民国十六年，国民政府通改地方厅为地方法院，改高等厅为高等法院，改大理院为最高法院，名称虽改，审级仍旧。至十九年，中央政治会议议决法院组织法立法原则，始改用三审制，废除初级管辖与地方管辖之分，明定地方法院为法院之单位，上级为高等法院，再上级为最高法院，级审同数。简单明了，此实中国司法制度之一大改革也。《法院组织法》于二十一年十月制定公布，预定于二十四年七月与新民刑诉讼法同时施行。先期通令各省高等法院，筹备改制事宜，如期筹备完竣施行者，有江苏、浙江、安徽、江西、福建、山东、山西、河南、河北、湖南、湖北、陕西、甘肃、宁夏、察哈尔十五省；展期一年施行者，有四川、贵州、云南、绥远、青海五省；广东、广西两省于政局统一后，亦先后施行。除新疆一省僻处边远、具有特殊情形外，全国均已施行三级三审新制矣。

所谓三级三审者，以三审为原则，二审为例外。例外之情形有二：其一，即民刑轻微案件，以高等法院第二审为终审，不得再上诉于最高法院；其二，即内乱外患及妨害国交罪之刑事案件，其第一审属于高等法院管辖，而以最高法院第二审为终审也。所谓轻微案件，在刑事为得依简易程序办理者，即刑法总则第六十一条所列举之罪。在民事，为关于财产权上诉，因上诉所受之利益不逾五百者。此项额数，并得因地方情形，减至三百元或增至一千元。近来国内交通发达，各地方经济逐渐增进，当经司法院会议议决，江苏、浙江、湖北、湖南、广东、山东、河北、河南、江西、安徽、福建、四川、山西等十三省，均增至一千元，其余各省，仍为五百元，于二十六年四月实行。

地方法院之审判，以独任制为原则，惟案件重大者，得用三人合议制，而案件之尤轻微者，并另定简易诉讼程序。高等法院，为三人合议制，但得以推事一人，行准备及调查证据程序。最高法院为五人或三人合议制，以五人合议制为原则，但民事第一审适用简易程序者，刑事最重本刑为五年有期徒刑以下者，得用三人合议制。最高法院为三审机关，亦为法律审机关，非以违背法令为理由者，不得上诉，此各国之通例，亦中国现行法所明定。顾以中国下级法院之组织未能健全，历来最高法院，遂进而兼负事实上审认之责任。自新制施行，上诉案件激增，尤以刑事为甚，乃不得不先就七年有期徒刑以下之罪，实行法律审，俟有成绩，再逐渐推广范围。要之下级法院之组织，果能健全，岂独可实行法律审而已，为减轻人民之讼累计，虽将现行上诉第三审之限制，更为严格的规定，亦有利而无弊也。

检察制度中国采用之初，一切刑事诉讼，均由检察官提起公诉，纯取国家追诉主义，故检察官之职权，范围甚广，且对于人事诉讼，亦为公益代表人而执行其特定职务。民国十七年，国民政府颁布之《刑事诉讼法》，增设"自诉"一章，对于初级管辖直接侵害个人法益之罪，及告诉乃论之罪，规定被害人得自向法院起诉，是于国家追诉主义之外，兼采人民追诉主义。迨二十四年新《刑事诉讼法》颁行，益扩大自诉范围，凡犯罪之直接被害人，均得提起自诉，而人事诉讼，亦不采检察官执行特定职务之制，于是检察官之职权，视前益狭，此其变迁之迹也。

至检察机关之组织，亦经一度改革。在从前，设置各级检察厅，与各级审判厅对峙，自民国十六年改定法院名称，裁撤检察厅，除最高法院设置检察署外，高等以下法院仅各配置检察官数人或一人而已。观于其组织由繁而简，实与其职权之由广而狭有一贯之政策。世且不乏主张废除检察制度者，其实我国检察制度，未获充分发挥其效能，固有需于改善，未可遽议废除，而自诉范围扩张之后，其得失若何，亦尚待考虑之问题也。

二、法院之普设

最高法院，于民国十六年十一月移设南京，迄今适届十年。移京之初，案件尚简，仅置民事二庭，刑事一庭。嗣后上诉案件逐年增加，二十二年以后，每月收案已超过一千件，二十五年以后，每月收案又增一倍，已超过两千件，因之庭数亦经屡添，现已共有民事五庭，刑事十一庭。

最高法院为终审机关，其所为裁判，关于法律上之见解，宜统于一，不宜分岐，故不设分院。又最高法院为法律审，与高等以下法院之兼事实审者不同，以书面审理为原则，当事人无往返之劳，亦无设分院之必要。在先各省间有设置最高法院分院者，如辽宁、山西、云南等处，均经陆续裁撤，民国二十一年，西南政务委员会复于广东设最高法院西南分院，亦于二十五年七月撤销。

高等法院设于各省，省之区域辽阔者，应设高等分院。我国各省辖境之广，与一小国相侔，未有不应设分院者，而审级改制之后，尤有增设多处之必要。除东北四省不计外，民国十五年以前，有高等法院十八，高等分院二十五。十年以来，计增设高等法院五，为绥远、察哈尔、宁夏、青海，新疆五省。增设高等分院五十九，为江苏四、浙江一、安徽三、江西三、福建四、山东六、山西三、广东八、广西六、湖南三、湖北四、河南二、河北三、陕西

一、甘肃三、云南一、贵州二、四川一、绥远一。合计第二审法院，视十年以前，增多一倍以上。惟其所辖区域，仍有广及三四十县者，人民上诉，尚感不便。现在计划，拟以每一高等法院管辖二十县，每一分院管辖十五县为限度，依此标准，继续增设。

地方法院设于各县，县之区域辽阔者，得设分院，县之区域狭小者，得合数县共设一地方法院。现在地方分院，尚无需要设置者，其以两县合设一地方法院者，约有十余处。除东北四省不计外，民国十五年以前，有地方法院六十二。十年以来，共增设二百四十二。计江苏十三、浙江二十一、安徽六、江西七、福建一、山东二十四、山西六、广东七十八、广西十二、湖南七、湖北十二、河南八、河北九、陕西二、甘肃十三、云南三、贵州四、四川二、宁夏四、青海二、绥远三、察哈尔二、新疆三，视前增多四倍。

全国一千七百余县，而已设地方法院者，仅三百余县，其十分之八以上，仍沿用县长兼理司法制度。各省间有设县司法公署或县法院等机关者，名称既不划一，甚且旋设旋废。至二十五年四月，公布《县司法处组织暂行条例》，明定凡未设法院之县，应一律暂设县司法处，办理司法事务，以资过渡。即经通令各省，限自二十五年七月起，分三期筹设，以半年为一期。嗣据陆续呈报，其已于第一期内全省各县同时成立者，为山东等四省。计山东八十四县，湖北五十四县，甘肃五十三县，绥远十四县。其分期筹设者，为浙江等十一省。除浙江全省四十三县，已于第一第二两期内完成成立外，计江西已成立者四十九县，福建二十九县，河南六十三县，山西五十县，贵州三十九县，安徽三十四县，湖南三十六县，四川二十九县，陕西三十七县，青海六县。又宁夏省仅有一县应设，亦经成立。共计已成立县司法处六百二十一。此外广东省原无兼理司法县份，江苏省分年径设地方法院，不采用过渡办法，河北、察哈尔两省，暂缓设立，广西、云南、新疆三省，尚未拟定计划，惟广西各县原有审判员，与县司法处组织略似。

县司法处之组织，与县长兼理司法制度相较，其不同点如下：
（一）旧制由县长审理案件，设承审员助理之；新制于县司法处置审判官，独立行使审判职务；（二）旧制县长兼有审判、检察两种职权，新制县长仅有检察职权；（三）旧制承审员为委任职，其任用资格宽。新制审判官以荐任待遇，其任用资格较严，并规定任职满二年后，得以推事检察官任用；（四）旧制承审员由县长遴请高等法院委任，并受县长之监督，新制审判官由高等法院遴请司法行政部核派，直接受高等法院之监督；（五）旧制书记员及检验吏，均由县长委派，新制书记官及检验员，均由高等法院委派，书记官之任用资格，并由司法行政部定之；（六）旧制律师不得在县政府执行职务，新制许其在县司法处执行职务。综是以观，新制改进之点颇多，已树立法院之初基。惟县司法处究属过渡办法，其最终目的，仍在设立地方法院，故其组织条例之施行期间，明定以三年为限。如何能于三年内，完成各县地方法院，俾全国第一审机关，普遍臻于健全，亦在详密规划之中。

三、法典之颁布

法典之编纂，事极繁重，国民政府既统一全国，乃致力于此。十年以来，关于民刑各种实体法及程序法，均经次第制定，公布施行，大经大法，灿然具备。要皆外采良规，内审国情，而一本三民主义之精神，为立法之最高原则焉。

中国民法，自清末以至民国北京政府时代，虽两次纂有草案，均未颁行。审理民事，除适用清律内关于民事有效部分外，仅据法理、习惯以资判断。至民国十八年五月，国民政府始公布民法第一编总则，同年十月施行；是年十一月，又公布第二编债编，第三编物权，均于十九年五月施行；是年十二月又公布第四编亲属，第五编继承，均于二十年五月施行。全部民法，乃告完成。关于商法，因采用民商合一主义，其一般通则，已包含于民法之内。其别定单行法者，如《票据法》，于十八年十月公布施行，《海商法》、《公司法》、《保险法》，均于十八年十二月公布，《海商法》于二十年一月施行，《公司法》于同年七月施行，惟《保险法》于二十六年一月重加修正，施行之期，当亦不远。

刑法在民国十七年八月以前，系适用《暂行新刑律》。至十七年三月，国民政府公布《刑法》，同年九月施行，二十四年一月，复全部修正，于同年七月施行，即现行刑法是也。至刑事特别法之现行有效者，则有二十年公布之《危害民国紧急治罪法》，二十四年公布之《妨害国币惩治暂行条例》，及禁烟禁毒治罪两暂行条例，二十五年公布之《惩治偷漏关税暂行条例》，及《惩治盗匪暂行办法》。

民刑诉讼法规，在民国十年，广东军政府颁布者，曰《民事诉讼律》、《刑事诉讼律》。同年，北京政府亦颁布《民事诉讼条例》及《刑事诉讼条例》，各施行于其所属省份。至十七年七月，国民政府公布《刑事诉讼法》，同年九月施行，复于十九年十二月，公布《民事诉讼法》，于二十一年五月施行，民刑诉讼法规之适用，至是乃悉归统一。迨二十四年一二月间，又将《民事诉讼法》及《刑事诉讼法》分别修正，先后公布，于是年七月同时施行。至关于民事调解程序者，十九年间，曾公布《民事调解法》，嗣以修正《民事诉讼法》，将调解程序纳入其中，因而废止。关于民事破产程序者，则有二十四年七月公布之《破产法》，于同年十月施行。关于民事执行程序者，则有《强制执行法》，近虽经立法院议决，惟以尚有修正之处，仍在立法院复议中，现在执行事件所适用之法规，为北京司法部颁行之《民事诉讼执行规则》，及民国二十二年司法行政部颁行之《补订民事执行办法》。关于非讼事件者，则有《公证暂行规则》，于二十四年七月公布，二十五年四月分区施行。又有《提存法》，于二十六年一月公布施行。公证制度及提存制度，在他国行之已久，而在我国则为创举。此外还有二十五年六月公布施行之《县司法处办理诉讼补充条例》，及《县司法处刑事案件复判暂行条例》，此因县司法处之组织，与正式法院不同，其民刑诉讼程序，应有特殊之规定也。

法律条文，简赅为尚，迨实际运用，往往发生疑问，于是有待于解释，而解释法律之权，则属诸最高司法机关，所以昭统一也。在未设司法院以前，系由最高法院解释，及司法院成立，依其组织法规定，应由司法院院长经最高法院院长及所属各庭庭长会议议决后行使统一解释法令之权。十八年一月，司法院公布《统一解释法令规则》，凡公署公务员或法令所认许之公法人，关于其职权，就法令条文得请求解释，但以抽象之疑问为限，不得胪列具体事实。至办理之程序，通常按其事类，先分配于最高法院民庭或刑庭庭长一人，拟具解答案，并争取其他各庭庭长之意见，由最高法院院长呈送司法院院长核阅，经赞同者，其解答案，即视为统一解释法令会议议决案，如认为尚有疑义时，则由司法院院长召集会议解决之。

四、法官之考试训练与任用

欲求下级司法机关之健全，不徒注意于量之增多，尤当注意于质之改善。属于量一方面者，则为法院之普设，关于质一方面者，则为人才之储备，此法官登庸之制，历来所由重视者也。

法官考试，在北京政府时代，曾举行五次。民国十五年，国民政府在广州举行首次法官考试，及格者五十九人。十八年举行法官训练所入学考试，及格者一百八十四人。十九年，举行法官初试，及格者一百五十二人。二十一年又举行法官初试，及格者一百三十二人。二十二年，举行第二届高等考试，应司法官初试及格者三十二人。二十四年，举行中央及各省市党务工作人员从事司法工作考试，及格者一百二十六人。同年，举行司法官临时考试，及格者十八人。同年，又举行第三届高等考试，应司法官初试及格者六十人。二十五年，举行临时高等考试，应司法官初试及格者三十三人。此外山西省考试法官经考试院复核及格者三十一人。此十年中，考试录取之法官，共计八百十八人，连以前计之，约一千四百余人，占全国法官人数三分之二。近以川滇黔三省需才孔亟，外省人士多不愿前往，又因路途迢隔，中央历次举行考试，三省应试者甚鲜，为就地取才计，已定于本年八月，在贵阳举行司法人员临时考试一次。

法官考试及格者，或分发各地方法院学习，或送入法官训练所训练。学习期满，经再试及格者，始取得法官资格。训练期满，经毕业试验及格者，亦以再试及格论。法官训练所设立于民国十八年，训练毕业之法官，先后共有四班，计四百四十六人。至二十五年冬，复有调训现任法官之计划，将各省高等地方各法院正缺或候补推事检察官，分班调京，施以新思想新精神之训练，每班以一百人为度，训练期间为一个月，计已训练推事两班，检察官两班，现第五班正在训练中，不及两年，可以普遍。良以时势之变迁，已非往昔习故蹈常者所能应付，现任法官，均具有相当之经验与学识；若更就思想精神，使受训练，庶几运用法律，益适合现代国家与社会之需要，则于健全下级法官之政策，必可收事半功倍之效也。

法官之任用资格，在民国二十一年，曾颁有《司法官任用暂行标准》十四条。又以边远省份人才缺乏，翌年复定有《甘、宁、青、新司法官任用暂行办法》，以资补救。至二十四年七月以后，《法院组织法》施行及于全国，关于各级法院荐任简任法官之资格，均有详细规定，自兹法官之任用，悉依此为准则。又各省法院，大多于分发候补人员外，别设候补推事检察官员额，分配案件，与正缺推检无殊，祗只限于经费，增缺为难，以致需次年久，补实无期，甚非奖掖人才之道。爰一面制定《司法官临时叙补办法》，依其出身年资及成绩，定其补缺之先后。一面通令各省法院，自二十六年度起，将预算内候补员额，分为三年，一律改设正缺。

法官俸给，在北京政府时代，视行政官为薄。民国十七年，国民政府颁布《司法官官俸暂行条例》，已予增加。然下级法院推检之俸，仍相形见绌，其最高额，与荐任行政官最高额较，相差一百元，而其最低额仅一百六十元，且不及委任行政官员之最高额焉。自《法院组织法》施行，该法第四十一条，明定推检之俸给，应适用普通公务员之俸给，爰将法官官俸，重行厘订，使与行政官官俸平等，并将法院书记官及监所职员俸给，一并归纳在内，制定《暂行法官及其它司法人员官等官俸表》，于二十六年三月公布，同年七月施行。依薪俸表所定，地方法院之推检，自二百元叙起，高等法院之推检，自二百二十元叙起，最低级仅相差二十元，而其最高级，则同为四百元，并无轩轾。盖第一审法官，就审级言，虽似较低，而所负之责任，毋宁认为视第二审法官为重大，故特别增高其俸给，极为合理，且非此不足以使下级法官安于其位也。至于候补推检，及法院候补学习书记官之津贴，亦应酌予增加，以示一体，复将各该津贴规则，分别修正公布。而各县司法处成立之后，审判官之俸给，亦较从前承审员为高矣。

五、收回法权之运动

领事裁判权，为不平等条约之一，中国受其束缚，法权不能完整，在民国八年巴黎和会，及十五年华盛顿会议时，中国代表曾两次提出定期撤废领判权之要求，均告失败。国民政府统一告成，努力于不平等条约之废除。民国十七年，墨西哥条约期满，应中国之请，宣告放弃其领判权。比利时、意大利、西班牙、葡萄牙、丹麦五国，亦均订立新约，撤废领判权，但仍附有与其它各国同时撤废之条件。我国一面与条约尚未期满之各国，分别继续交涉，一面于十八年十二月，公布自动撤废领判权之命令，以示决心。复于二十年五月，公布《管辖在华外国人实施条例》，定于翌年一月施行。

终以筹备未竣，国难发生，遂陷于停顿状态。惟西班牙自政变以后，驻华使领，早均去职，其侨民已于二十六年三月起，受中国法院管辖矣。

所谓领事裁判权，系指外国人为民刑被告案件，应送由各该国领事裁判而言。至外国人为民事原告或为刑事被害人，而中国人为被告者，仍由我国审判。此种案件，在从前，系以各县行政官署为初审机关，以各省交涉署为上诉机关，二审为止，外国领事并有要求观审之惯例。民国十八年十二月，国民政府裁撤各省交涉署，乃将受理未结之上诉案件，一律移交就近之高等法院或分院，依普通诉讼法令办理。其在交涉署裁撤后上诉者，分别照通常审级办理，均得上诉至第三审法院。并规定自十九年九月起，第一审案件，凡已设法院之县，一律改由法院受理，其未设者，暂由兼理司法之县政府受理，但民事案件，得依合意管辖之规定，诉请邻县法院受理。经此改定以后，涉外诉讼，悉按我国法令所定普通程序，自无容领事观审之余地矣。

上海公共租界及法租界，从前均设有会审公廨，其侵犯我国法权，更超出条约范围以外。民国十五年，虽经江苏省政府与上海领事团签订协定，于公共租界改设临时法院，而组织畸形，运用失轨，法权旁落，变本加厉。十八年十二月，协定期满，国民政府乃与关系各国磋商根本改革办法，先后开会二十八次，至十九年二月，始成立公共租界内设置中国法院之协定。翌年七月，继续与法国交涉，复成立法租界内设置中国法院之协定。将临时法院及法租界之会审公廨，分别撤销。协定内容，力矫从前之失，除一、二点与租界行政有直接关系者，未能尽如我意外，其余一切，悉依中国法令办理。自上海开辟租界以来，中国之正式司法机关，得在界内执行职务，实自此始，亦恢复法权运动中可纪念之一事也。

六、监狱之改良

监狱为执行自由刑之所，各省建筑之新式监狱，以其成立之先后，冠以"第一"、"第二"等字样。其在同一区域内分设者，称之为"分监"。就各县旧监加以改建，以之属于附近之新监者，亦曰"分监"。其别于普通监狱，专收容未满十八岁之少年犯者，名为"少年监狱"。俾与成年犯严密隔离，特别注意于教育感化，所以防恶性之传染也。

十年以来，除东北四省不计外，各省新建筑之监狱，已完成者，计山东九、江苏六、湖北三、浙江二，安徽、江西、山西、广东、广西、湖南、河南、甘肃、四川、察哈尔各一，共三十所。合从前已有者计之，全国新监凡六十二所，少年监三所，分监十三所。其中收容人犯，额定在一千名以上者八所，在五百人以上三十三所。其正在着手建筑之新监，约尚有二十处。

看守所为羁押未决人犯之所，各省已建筑完成者，共一百十余处，而在此十年中建筑者，七十余处，约占三分之二。正在着手建筑者，尚有八九处。

全国监所之设置，早有通盘规划，惟为经费所限，未能如期进行。现在公路大兴，交通日便，复将原订计划，酌予变更。拟于全国重要地方，如上海、北平、汉口、广州、西安及首都附近之宣城等处，建设二千人以上、四千人以下之监狱六所，收容刑期七年以上之人犯，归司法行政部直辖，一切设施，采用现代监狱新制，以树全国模范。上海一处，已完成一部分，宣城、西安正在设计，北平、汉口、广州三处，可即就原有新监扩充。此外于各省高等法院或分院所在地，各建设五百人以上、一千人以下之监狱各一所，收容刑期二年以上之人犯，并各建新式看守所一处，仍归高等法院监督。如此，所有各县长期人犯，均有收容之所，各县旧监，亦可一律改为看守所，其刑期不满二年之人犯，即留所执行，毋庸另设监狱矣。

上开计划，仍非短期间所能完成。在未完成以前，各县旧监所，大多年久失修，亟待补葺。爰一面规定最低限度设备，通饬改善；一面于各县设立县监所协进委员会，以地方法团代表，与有关各机关长官，共同组织，协助整顿监所事务之进行。盖建筑新监所，为治本之策，而改善旧监所，为治标之策，非标本并进，不足以应需要也。

近代刑罚制度，趋重感化主义，监狱之目的，在养成罪犯劳动之习惯，授以谋生之技术，使能自食其力，不致复陷于恶，故作业之事，至为重要。各省新式监狱，均设置工厂，规定作业科目，近来迭加整顿，渐著成绩。民国二十四年，征集各监作业成品，开展览会于首都，经实业部审查评定，得甲等奖者二十三监。此后推进之道，约有数端：（一）注重手工业，多制家常用品，俾成品易于销售，而人犯出狱后，亦易于谋生；（二）推广官司业，尽量承揽官署用品，使将来监狱，渐次成为政府各机关应用物品之制造场，以免妨害民业；（三）筹设农业，一面由监狱协商附近之国营公营农林场所，订立工作办法，选派监犯，前往工作，一面指定各省一二监狱，收买土地，开辟农场，以为农业监狱之准备。监外作业，与监内作业并重。小之如浚河筑路及其他建筑工程，大之如移边垦殖，皆是。民国二十三年，先后公布《监犯外役规则》，及《徒刑人犯移垦暂行条例》，近来各处修建监所，多拨罪犯工作，颇著实效，筑路等事，亦间有行之者。惟移垦之举，需费颇巨，虽早在宁夏省勘定荒地五万亩，迄未实施。近以安徽省宣城县荒地甚多，有拨犯试垦之议，正在规划中。

政治犯之感化，重在矫正其思想，故别设反省院。凡犯危害民国罪而有法定情形之一者，送入反省院，施以感化。关于训育课程及教材，由中央党部定之，训育主任及训育员，亦由中央党部指派。首都反省院，于民国二十五年一月成立，各省反省院，陆续设立者，已有江苏等十二省。其未设之省份，遇有应送反省人犯，得移收首都反省院或邻省反省院收容之。

七、律师制度之改进

律师为司法上三大职务之一。在民事案件，则为诉讼代理人，在刑事案件，则为被告辩护人。现行《律师章程》，系民国十六年公布，依该章程所定，律师仅得在通常法院，执行法定职务，而兼理司法之县政府，不在其列。迨《县司法处组织暂行条例》公布，规定律师得执行职务。各县司法处，已相继设立，于是律师制度施行之区域，视前大为广泛矣。行政诉讼程序，准用《民事诉讼法》之规定，故当事人亦得委任律师为诉讼代理人，在行政法院执行职务焉。

律师应于执行职务所在地，组织律师公会，非加入公会为会员，不得执行职务。盖律师公会，虽为自由职业团体之一，而入会则采强迫制，故所在地之律师，不足发起组织公会之法定人数时，得暂许其加入附近之律师公会。各省除宁夏、青海、新疆边僻省份外，均设立有律师公会，共计一百二十五处。其中以浙江、山东、江苏等省成立较多，江西、湖北、河北、福建等省次之。

律师资格之取得，依《律师章程》所定，经律师考试及格者，或依本章程有免试之资格者。而免试资格，复分两项：一为具有法官资格者；二为经甄拔律师委员会审议合格者。但律师考试，从未举行，具有法官资格而充律师者，亦居少数，故事实上现在执行职务之律师，十分之九，皆属于甄拔合格出身。至得受甄拔之资格，则于《甄拔律师委员会章程》内规定之。依民国十六年初公布之章程，凡在国内外专门以上学校修法政之学三年毕业即可，至二十二年修正章程，始以修法律学者为限，其修政治学者，不得受甄拔。虽已不若前此范围之宽，然凭一纸毕业证书，即能取得律师资格，仍不免失之过滥。最近司法行政部拟有《律师法》草案，对于律师资格，力主从严规定，以考试与实习并重。凡经律师考试初试及格者，或修习法律学三年毕业并有资深律师二人之介绍者，仅得充实习律师。其实习期间，前者为一年，后者为四年，实习期满，由律师公会发给证书，得应律师再试，再试及格，始得充任律师。此草案曾提出全国司法会议通过，尚须经过立法程序，方可见诸实行。

要之，律师职务，极为重要。不独应注意其学识与经验，并应注意其道德。将来律师法中，当有积极的证明品行之规定，不仅以规定消极资格为足。一面严密律师公会之组织，限制其会员人数，赋之以取缔不良律师之权，一矫从前品类庞杂之弊，而后律师制度，始可蕲其改进也。

八、行政诉讼制度之完成

行政诉讼制度，各国不同，有归普通法院受理者，有特设行政诉讼机关者。关于审级，有采二审制者，亦有采一审制者，各视其国情而定。中国在北京政府时代，设平政院，掌理行政诉讼，国民政府改为行政法院，仍采一审制，惟民国二十一年公布之《行政诉讼法》，较北京政府民国三年所公布者，颇多重要之改革焉。

旧《行政诉讼法》，规定平政院不得受理要求损害赔偿之诉讼。新《行政诉讼法》，则规定提起行政诉讼者，得附带请求损害赔偿，此项损害赔偿，除适用行政诉讼程序外，准用民法之规定。盖人民因官署违法处分所受之损害，若许其并由行政法院判决，实于保护人民之权利，愈见周密。

行政诉讼，系关于权利之争执，与民事诉讼性质相似。从前平政院，亦依民事诉讼通例，征收审判费用。但因人民既因官署违法处分，致损害其权利而诉请救济，若更命其负担审判费用，殊不足以示公允。故新法别定《行政诉讼费条例》，以明文禁止收审判费，仅许酌收少量状纸费及送达、抄录、翻译等费用而已。

提起行政诉讼，在旧法，以诉愿至最高级行政官署而不服其决定者为限。新法，则于受理再诉愿之行政官署如在法定期间内不为决定者，亦得提起行政诉讼；并规定，在起诉后，如被告官署不于限内提出答辩书，经行政法院催告而仍延置不理者，得以职权调查事实，径为判决。凡此新增之规定，皆所以防行政官署之故意延宕，而谋诉讼之迅速终结也。

行政诉讼之审理，在旧法，以开庭辩论为原则，书面审理为例外。新法鉴于中国幅员广大，为免人民往返劳费起见，改以书面审理为原则，仅于行政法院认为必要，或依当事人之声请时，得开庭辩论。又对于行政诉讼之裁判，旧法不许请求再审。新法则认为具有民事诉讼法上再审之原因者，应许其于法定期间内提起再审之诉，以资救济。

总上所述，新《行政诉讼法》，已较旧法多所改善，二十六年一月，又加以修正。其修正之要点有三：（一）对于国民政府五院或其他直属国府官署之处分，经诉愿而不服其决定者，亦得提起行政诉讼。此为原文所无，特予补充；（二）行政诉讼之被告，如驳回诉愿时，为原处分官署，如撤消或变更原处分时，为最后撤消或变更之官署。分别规定，以示责有攸归；（三）行政法院得命有利害关系之第三人参加诉讼，并明定参加人亦为诉讼当事人之一。以期案情之彻底解决。经此修正，益增完密矣。

行政法院，于民国二十年六月组织成立。分设两庭，每庭置评事五人，以一人为庭长，其审判，以五人为合议行之。计自成立以来，受理之行政诉讼事件，其判决结果，撤消或变更行政官署之原处分或原决定者，一百余案。人民权利，赖以保障，于兹可见。

九、公务员惩戒权之独立

公务员之惩戒，在北京政府时代，高等文官及司法官，分设惩戒机关，普通文官则由各该官署或其直属之上级官署组织惩戒机关办理，盖纯依行政上之系统，而分别设置者也。国民政府在广州时，曾设惩吏院，旋即裁撤。民国十七年五月，在南京设有法官惩戒委员会，其职权以惩戒法官为限。迨五院制度成立，始将惩戒权划为司法权之一。二十年六月，公布《公务员惩戒法》，及《公务员惩戒委员会组织法》。除政务官以外，一切文官法官之惩戒事宜，均归其掌理。于是公务员之惩戒权，乃完成其独立之制度矣。

公务员惩戒委员会，分为中央与地方两种，均直隶于司法院。中央公务员惩戒委员会，管辖全国荐任职以上及中央各官署所属委任职之惩戒事件。地方公务员惩戒委员会，设于各省及特别市，管辖各该省市所属委任职之惩戒事件。同一事件，被惩戒者在二人以上，分属于中央及地方惩戒机关者，得由中央惩戒机关合并管辖，所以求便利而省劳费也。

中央公务员惩戒委员会，于民国二十一年六月组织成立。其初，委员分专任、兼任两种，嗣后修改组织法，废除兼任制，一律改为专任。委员名额为九人至十一人，其审议案件，应有七人之出席。各省市地方公务员惩戒委员会，已组织成立者，有江苏、浙江、安徽、江西、福建、湖南、湖北、河南、河北、山东、山西、陕西、四川、贵州、宁夏、青海、绥远、察哈尔十九省，及北平、青岛、上海三市，广东省现亦在筹设之中。其委员一律兼任，名额为七人至九人，其审级案件，应有五人之出席。盖中央惩戒机关管辖之范围特广，故有设置专任委员之必要，而地方惩戒机关，大抵事务清简，委员以兼任为已足也。

在从前，不独公务员之惩戒机关，其组织系统不同，即惩戒所适用之法律，文官亦与法官有异。其尤著者，如关于褫职之处分，在法官，公罪，自褫职之日起，非经过三年，私罪，非经过十年，不得[1]再就职。而在文官，则仅规定二年以上、六年以下之停止

---

[1] 原文误为"不待"。——编校者注

任用期间，并无公罪私罪之分，且褫职后，有办理其他公务有异常劳绩者，满一年以上，即得撤消其褫职处分。二者相较，宽严显然。现行《公务员惩戒法》，始为划一之规定。凡受免职处分者，其停止任用之期间，至少为一年，而不设最高度之限制，使惩戒机关得按情节之轻重，为适宜之决定。故从前法官惩戒法令所采用列举主义，及再犯加重合并执行等办法，亦为现行法所不取。又关于被付惩戒人之申辩，在从前，法官则定为必经之程序，而文官则仅于惩戒机关认为确有疑点时，始命其申辩，现行法亦一律规定为应命申辩，盖为保持审判之公平，自宜使一切被付惩戒人，均有申辩之机会也。

十、全国司法会议之召集

改革司法，端绪纷繁，各省情形，不尽相同。司法机关服务人员，平时极少会合，用是各省之司法状况，每为中央所不及周知，而中央所定之改革计划，能否切合实际，即尚有待于商讨。至于法律学校、律师团体，均与司法有密切关系，亦宜征询其意见，藉收集思广益之效。此司法院所以有召集全国司法会议之举也。

司法会议组织之人员，可分为五类：（一）中央司法机关长官及高级职员，四十九人；（二）各省司法机关长官九十五人；（三）各大学法学院代表十八人；（四）律师代表六人；（五）法律专家十五人。出席者实得一百六十九人。其余各机关列席会议者五十六人。于民国二十四年九月十六日，开会于首都，二十日闭会，会期凡五日。此次全国司法会议，为国民政府成立以后之第一次。各省司法机关长官，除云南、新疆两省，道远不及与会外，其余均如期到京出席，粤、桂两省，亦踊跃参加。所代表之全国司法机关，凡九十有三。益以各法学院代表、律师代表、法律专家，共聚一堂，充分表现团结之精神，洵司法界之盛事焉。

全会会员提案，共四百四十五件，建议案二十七件，均先交付提案审查委员会分组审查，然后将审查结果，提出大会，共同讨论。计原案通过者四十五案，原案修正通过者二十三案，原则通过者三十七案，留供研究者四十一案，送交参考者二百七十七案，保留者四十四案，自行撤回者四案，不成立者一案。更就议案性质分之，计关于司法制度者七十二案，关于司法经费及司法会计者三十五案，关于司法人员训练任用待遇考绩者八十案，关于修订民刑法规者十八案，关于民刑诉讼问题者一百零七案，关于非讼事件者九案，关于监所及反省院者八十五案，关于保安处分者九案，关于律师者十五案，关于法律教育者九案，关于其他问题者三十三案。其中大部分属于司法行政事项，均已交司法行政部依照决议，分别核办，其立可施行者，则通饬各省高等法院长官，切实改进，其有待规划或协商者，则先行调查，妥拟方案，或与主管行政机关会同办理。

议案中最可注意者，即对于现行民刑法典，颇多修改之主张。良以我国各种法典，为促成社会进步起见，咸采用各国最新学说及最新立法例，惟我国社会情形，尚未获相当发展，都会与乡村之间，程度相差悬殊，用是法律之推行，即不免有所扞格。而司法人员，为实际运用法律者，其感觉最甚，其体验最切，故主张修改者有十余案之多。顾以会期短促，未能从容讨论，爰经决议，由司法院设置法规研究委员会，汇交研究。此项委员会，即于二十五年二月组织成立，以司法院司法行政部参事司长，及最高法院庭长推事检察官等，为委员。除将大会留交各案，分别详加研究外，各级法院及本委员会，亦得随时提出研究问题。又以现行民刑诉讼程序，繁重不便，亟待改善，复设特别审查组，指定委员，专研究诉讼法规，以为修订之准备。

当全国司法会议之闭幕也，大会同人，佥以为改进司法，任重道远，非一会议所能竟其功，谋立永久之组织，以广续会议之工作，于是有中华民国法学会之创设。以大会同人全体为发起，进而求海内法学之士，广遍参加，设总会于首都，分会于各省市。发布中华民国法学会纲领六则：（一）确认三民主义为法学最高原理，研究吾国固有法系之制度及思想，以建立中国本位新法系；（二）以民生史观为中心，研究现行立法之得失与改进方法，求与人民生活及民族文化相适应，并谋其进步；（三）根据中国社会实际情形，指陈现行司法制度之得失，并研究最有效之改革方案；（四）吸收现代法学思想，介绍他国法律制度，均以适合现代中国需要为依归；（五）阐扬三民主义之立法精神，参证其他学派之优劣，以增进法界人员对于革命意义及责任之认识；（六）普及法律知识，养成国民守法习惯，以转移社会风气，树立法治国家之基础。观其纲领，可知此会所负使命之重大，异日者必有大贡献于国家。吾人惟有祝其昌盛发展，与英、法、德、日诸国法学团体，先后媲美也。

十一、结论

中国自设置新式法院以来，一切用人行政，无不受成于中央，绝鲜省自为政者，故所受政治上之影响最少。往往行政机关已多变迁，而司法机关仍能保持其固有之组织，及与中央之联系，因之司法人员，亦得相当之保障与稳定，实司法界特有之良好现象。独惜各省司法经费，犹赖地方挹注，未免受其牵制。所冀最近之将来，能完全改由国库负担，则司法统一之局，益增巩固，而关于司法之种种建设，更得通盘筹划，放手进行矣。

〔本文原载中国文化建设会编：《十年来的中国》，商务印书馆1937年版，第 69～92 页〕

一年来司法之设施

抗战以来，国内政治、军事各项设施多有所改革，司法工作平时为运用本国法律以保障人民权利及安定社会秩序，战时因适应环境需要及加强抗战力量，其必须调整与改造之处亦复不少。兹就本年度终了之际，仅将一年来司法方面之设施，缕陈其概要以就正于国人。

整个司法工作可分为两大部门，第一为司法行政，第二为司法审判。

其关于行政方面足资叙述者有下列各项：

（一）法院之调整。现在战区之大，已延及十四省，沦陷区域内之法院，其犹能执行职务者，自仍竭力维持，如上海特区法院，如江苏之淮阴、兴化、泰县等处一二两审法院，均至今存在。但其他大部分均因军情变动，进退无常，而不能不暂时结束，在此种区域内，人民诉讼，自感不便。本年二月司法院特规定一种临时救济办法：凡第一审案件，如原设有地方法院各县，在法院未恢复前，准暂由各该县政府受理。凡第二审案件，在原管辖之高等法院或分院未恢复前，由司法行政部暂指定该管辖区域内一地方法院受理上诉，如无地方法院，暂指定邻区之高等法院或地方法院受理上诉，如邻区亦无法院，暂指定省政府所在地或该管行政专员所在地之县司法处或县政府受理上诉，至管辖上诉之地方法院县司法处或县政府，其本身所受理之第一审案件，暂指定其他法院县司法处或县政府受理上诉。

其次，最高法院依《法院组织法》所定，应设于国民政府所在地，又最高法院所有裁判，为终审裁判，宜统于一，故无得设分院之规定。惟自战事发生后，最高法院随政府迁渝，交通梗阻，迥异平时，为谋处理诉讼之便利，不得不筹临变之制度。爰于本年一月，公布《最高法院分庭组织暂行条例》，规定最高法院得就适当区域设立分庭，受理各该区域内第三审民刑事件，上海租界，情形特殊，华洋诉讼，最为繁杂，故首先在上海设置分庭一处，以上海两特区法院管辖区域为其管辖区域，已于二月间正式成立。

再其次，西北与西南各省，法院组织向较落后，现在抗战中心既已转入西北、西南区域，为加强抗战力量计，自有充实各地法院内容及增设法院之必要。本年间，除调派多数战区学识经验之人才，加入边区各地法院服务外，并首先在四川涪陵、江津、合川、富顺、永川、内江、资中、简阳、长寿、宜宾十地增设地方法院，业已正式成立。西康原无法院之设置，所有诉讼案件，向由地方行政机关处理，本年二月间，曾由司法院公布《西康司法筹备处组织大纲》，设主任一人，处员三人，综理西康司法行政事务，并审理第二审民刑案件，原为西康高等法院未成立以前之过渡机关。现在西康省政府已预定明年一月成立，则正式法院之建设，自亦不容再缓，爰拟定调查西康司法计划，遴派专员，前往调查，自本年九月出发，以四个月为期，最近即可遄返具报，以供改进西康司法之参考。

（二）法规之厘订与解释。公证制度，足以确保人民之私权，减少诉讼之争执，各国行之已久，惟在我国，尚属创举。司法院前为分区试办逐渐推进计，曾拟订《公证暂行规则》，于二十五年四月，先就首都施行，以次及于各省商埠及繁盛区域，尚著成效。试办时间，原定为二年，本年春即已届满，当饬司法行政部就实际经验所得，将原规则酌加修正，咨送立法院审议，经核复仍由司法院继续试办，并以四川之成都、重庆、万县、泸县等处，地域冲要，户口繁密，特先指定该处先行试办。再公设辩护人制度，其目的在扶助无资力之刑事被告，为一种公共辩护机关。我国刑事诉讼法，已采用此制，惟迄未实行，虽依同法施行法规定，在未有公设辩护人以前，法院应指定律师或学习推事辩护，然自《法院组织法》施行后，学习推事早经停派，担任指定辩护者，通常皆以律师充之。而律师因职业关系，对于指定案件，往往勉为出庭，未必能尽辩护之职责；且未设律师公会之地，无资力之被告，更无从享有公设辩护人利益。稽法衡情，此项制度，亟应拟议施行，现已经司法行政部拟订公设辩护人规则草案及起草要旨，正在司法院审核之中。此外，关于法律之统一解释，原系司法院之职权，历年以来，各省法院及各行政机关，请解释法令之案，经核复者已有一千七百余件，迁渝一年中，新核定之解释案，亦有一百余件，其中属于民刑法规为多，行政法次之。

（三）人员之救济与训练。战区日广，沦陷范围日大，战区以内法院及监狱看守所在职人员，因不能执行职务而离去任所者，为数极夥，此项人员均为国家历年培植所得，自应加以救济。其中一部分虽经陆续调补战区以外之相当员缺，并就各省已设司法处之县份，以推事检察官资格，派充审判官，但大部分因人多额少，仍难一时安插。特饬司法行政部于本年二月制订《战区司法人员登记办法》，凡曾由司法行政部核准任用之司法机关人员，离任后尚未另派职务者，均得于定限期内，呈请登记；其在战区外之司法机关人员、因实行紧缩而被疏散之人员，亦得准用此项登记办法。所登记人员经审查合格后，即派赴战区以外各司法机关工作，每月酌给生活费，并随时择优补缺，以资救济。截至十月份止，登记人员已四次分发工作，第一次计四百一十六人，第二次计二百七十一人，第三次三百七十人，第四次二百二十三人，共一千二百七十人；其中法官四百八十五人，书记官六百三十九人，监所职员一百二十六人；其中陆续补缺者，法官七十五人，书记官四十一人，监所职员五人。此外战区各县司法处职员及县政府办理司法人员，请求救济者，亦属不少，均按其资历发交各省高等法院，酌予任用。计县司法处审判官四十八人，县司法处书记官五十二人，承审员三十六人，管狱员五十人，共一百八十六人。

法院检察官系代表国家行使监督检举之权，在此抗战期间，对于侦查间谍，搜捕奸细，以及防治一切危害国家之行为，尤赖检察官之克尽职责，亟应甄选人才，严格训练，以发挥检察官之效能。本年四月间，中央执行委员会曾有《中央党务工作人员从事司法工作甄审办法大纲》之颁布，就党部同志致力调查工作五年以上卓著劳绩者，依其学历，分为甲乙两种，予以甄审。甄审及格者，送入司法院法官训练所训练，毕业后派充各地检察官，以应非常时期之需要。计甲种甄审及格者三十人，乙种甄审及格者一百三十九人。其训练期间，甲种人员为六个月，乙种人员为十八个月，训练纲领，注重于：（1）补充其法律学识与司法实务及侦查技术，养成为特殊技能之检察官；（2）发挥其致力党务工作之本能，循率司法程序，从事检察实务，以增进党治下检察制度之效率。现甲种训练班已于九月十二日开班训练，乙种训练班已于十一月十五日开始训练。此外，分期调训现任法官之计划，在京已办五期，迁渝后仍继续进行，第六期调训者，亦以检察官为限，额定五十七人，因交通阻滞关系，实到四十一人，于九月十二日开课，至十月底结束，现已分别回任服务。

抗战期间，后方秩序之安定最为重要，司法机关与行政机关，同负有维持地方秩序之责任，故尤应镇静从容，为民表率。上年八月间，即通令各省高等法院，严切诰诫所属在职人员，不得临时请假，或借端辞职。本年二月复通令邻近战区各法院，无论军事情形如何演变，若该地行政人员尚在职任事，司法人员即不准擅行离开，否则即加以严厉惩处。一年以来，沦陷区域日广，但司法人员始终与行政人员进退与共，绝无先行撤退之事实。

（四）监所人犯之处置。各地监狱看守所人犯，大抵异常拥挤。抗战发生，战区及邻近战区监所人犯一时均无法向后方移送，故先由司法院颁布《非常时期监所人犯临时处置办法》八条，规定保释、假释及开释办法，为适宜之处置。同时协助军事委员会所制定之《战时监犯调服军役办法》，凡能调服军役者均尽量调服军役，一方面可以疏散人犯，另一方面亦可以增加抗战人力。计截至十月份为止，先后核准假释者二千余名，保释或保外服役者五千八百余名，临时开释者九千四百余名，调服军役者八千六百余名，共二万五千余名。

其关于审判事项者：

（一）诉讼程序之改善。民刑诉讼，程序繁重，最易失之于纡缓松懈。在平时已影响于行政效率，而在抗战期间，关系尤为显著。例如在接近战区地方，有随时受战区扩大的影响的可能，一案未决，地方沦陷，人民与政府之间俱感困难；所以在战争期间，改善诉讼程序以增加审判进行速度，实为必要。去年九月间，司法院再三通饬各级法院，在法令许可范围内，对于诉讼程序，务求敏捷，裁判及其他书类之制作，务求简单。本年更施行《最高法院非常时期处理案件暂行办法》，凡已经裁判的案件，首先由书记科将裁判主文，以书面通知各当事人，在裁判正本未送达以前，视为与送达正本有同一之效力，凡此皆所以求诉讼程序之简捷，以便利人民为主。

（二）一年来，最高法院、行政法院及中央公务员惩戒委员会收案结案之统计。最高法院迁渝之初，遵紧缩通案，裁减民刑九庭，本年九月因积案过多，始恢复一庭。除在上海特区所设之分庭外，现有民事三庭，刑事五庭。又以卷宗繁重，运输困难，本年三月始分批到齐。首将迁渝以前已结案件，未及缮印裁判正本发送卷宗者，先赶办送出。至未结案件，在本年一月份原积压至一万二千一百余件，现经努力清理结果，至十一月底止已减少至九千余件，其中大部分均为无法办理者。综计十一月来，最高法院共收案一万一千零二十三件（十一月份上海分庭收案未列入），内民事收案五千五百三十七件，刑事收案五千四百八十六件；共结案一万三千四百七十件（十一月份上海分庭结案未列入），内民事结案六千九百八十六件，刑事结案六千四百八十四件。行政法院，初迁常德，继迁重庆，两度迁移，费时遂多，本年五月，始在渝继续办案，至十一月止，连同旧案共收案二六四件，共结案六十四件。中央公务员惩戒委员会惩戒事件，依组织法规定，应有七人之出席，而额设委员仅为九人至十一人，如任命额未满或遇有出外调查案件时，即易有不足审议法定人数之虞，故于本年起，乃修改组织法，改审议出席人数七人为五人。该会本年三月起，始足审议法定人数，计自一月至十一月份止，共收案六十件，共结案一百九十四件，多数为整理旧案。内计议决免职处分者九十五人，降级或减俸处分者九十八人，记过处分者十四人，其认为有刑事嫌疑移送法院或军事机关审讯者尚在外。

以上为本年内司法方面经已付诸实施之各项事项，其在计划及审议之中者，均未列入，例如对于西南、西北司法机构之充实、战区巡回审判处之筹划，尤其是关于巡回审判制度，在抗战以前，即曾有人建议设立，因我国幅员辽阔，此项制度，可以便利人民，惟利弊兼有，为慎重计，当时未能即予采纳。现以抗战期间，战区甚广，为使战区内暨战区附近人民诉讼便利，俾流亡人民亦能有所申诉起见，爰决定试行此项制度。关于设置意见及详细计划，已经司法行政部拟具草案提交院议通过，呈请国防最高会议备案。此项制度施行，战区人民虽在敌人重围之中，亦犹能获得本国法律上之保障，此不仅为司法方面之一新的设施，且在长期抗战中，其所加于人民心理上之影响，关系甚大。时至今日，吾人一方面须应付当前之严重的国难，另一方面又须为国家百年大计奠立基础，故一切对于司法方面之设施，即本此两大原则向前努力，尚望全国同胞，随时予以指正。

〔本文原载《中央周刊》第一卷一、二期，1939 年 1 月 1 日出版。选自陈三井、居密合编：《居正先生全集》（上册），台湾"中央研究院"近代史研究所 1998 年出版，第 298～302 页〕

三年来司法概述
〔二十九年六月〕

    自"七七事变"发生，我抗战建国大业同时展开，迄今已届三载，在此伟大过程中，司法设施随时代演进，工作愈转繁重。盖平时司法之任务，在保障人民权益，维持国家秩序；而战时司法之职责，于维护后方安宁外，并须协助党政军机关办理民众训练及组织，策动战区司法官战时工作，改善诉讼程序，变更法院管辖，举办战区巡回审判，厉行监犯调服军役移垦等事，俾司法机构之运用及其动向之重心，与党务、政治、军事、经济相协调，而发挥其非常时期之效能。本人承乏司法院长，忝负领导之责，对上述种种，过去三载，虽曾多所致力，顾经纬万端，固未敢自引为满意。而未来工作，益当与我司法同人，互相策励，以求贯彻。兹承以撰文相属，爰将三年来司法设施，择要为国人告焉。

甲、关于法院事项

（一） 最高法院分庭之设置

最高法院依《法院组织法》所定，应设于国民政府所在地。惟自战事发生后，政府迁渝，交通梗塞，为谋处理诉讼之便利，不得不筹应变之制度。爰于二十七年一月公布《最高法院分庭组织暂行条例》，规定最高法院得就适当区域设立分庭，受理各该区域内第三审民刑事件。上海租界情形特殊，中外诉讼最为繁赜，当即依据条例，先设置最高法院上海特区分庭一处，以上海两特区法院管辖区域为其管辖区域，已于是年二月间组织成立。

（二） 战区上诉机关之指定

自全面抗战以来，各地法院多因沦于战区，不能执行职务，人民诉讼极感不便。尤其上诉案件，原分配之管辖区域，事实上已无从适用，亟应别定临时办法，以资救济。除原设有地方法院之县，在法院未恢复前，其第一审案件准暂由各该县政府受理外，关于第二审案件在原管辖之高等法院或分院未恢复前，由司法行政部暂指定该管辖区域内一地方法院受理上诉。如无地方法院，暂指定邻区之高等法院或分院或地方法院受理上诉。如邻区亦无法院，暂指定省政府所在地或该管行政专员所在地之县司法处或县政府受理上诉。至管辖上诉之地方法院、县司法处或县政府，其本身所受理之第一审案件，暂指定其他法院、县司法处或县政府受理上诉。

（三） 国库负担司法经费实施办法之商定

二十八年三月间，开始编制二十九年度司法概算时，本院曾将国库负担办法向国防最高委员会提出议案。嗣国民参政会复提出建议案，经国防最高委员会交付审查，原则通过，饬司法行政部会同财政部妥定分区分期实施办法，决定先就非战区省份，计四川、贵州、云南、广西、陕西、甘肃、宁夏、青海、西康九省，对于正式法院及新式监狱看守所之经费，自二十九年度起改由国库负担，实为我国革新司法之重大关键。

（四）战区巡回审判之推进

自《战区巡回审判办法》颁布，司法行政部即通令战区各省高等法院遵照试办，指示进行步骤，浙江、广东、湖北、江苏、河南、安徽、江西、山西八省，业已实施。每省划分若干区，每区酌派巡回推事一人或二人，浙江省不分区，其巡回审判由高等法院浙西临时庭推事轮流任之。巡回审判，在我国尚属创举，而战区交通梗塞，尤具特殊情形。若诉讼程序悉依一般法规办理，势必有所扞格。爰饬据司法行政部拟订《战区巡回审判民刑诉讼暂行办法草案》，经本院修正补充，都凡二十六条，于二十八年八月间公布施行。

（五）各省法院与县司法处之增设

各省法院及县司法处之增设者：（1）贵州省于遵义增设高等第三分院，于独山增设高等第四分院；又以原在郎岱之高等第二分院地较偏僻，移设于关岭，并增设独山、关岭两地方法院。（2）四川省二十七年增设涪陵、江津、合川、永川、资中、内江、宜宾、长寿、简阳、富阳等十地方法院。二十八年以后，由县司法处改为地方法院者，计璧山、崇庆、乐山、三台、铜梁、合江、酆都、绵阳、大竹、广安十处；又增设十县司法处，已成立者庆符、古蔺、巫山、梓潼、峨嵋、高县六处；在筹备中者，屏山、西充、纳溪、仪陇四处。（3）江西省增设南康、兴国、宁都、黎川四地方法院。（4）湖北省增设建始、利川、谷城、均县、南漳、光化六地方法院。（5）山西省成立岚县等四十七县司法处。（6）西康省高等法院于二十八年三月先在雅安成立，康定、西昌设立两地方法院；并于该两地各设高等法院分庭。又战区内法院因不能执行职务，而暂行停办者，迨军事进展，法院亦即恢复；如安徽之第一高等分院，阜阳、宣城两地方法院，江苏之东台地方法院，广东之第五高等分院，惠阳、潮安、新会三地方法院均属之。

（六）各省法院战时管辖区域之变更

战区各县人民之上诉，除划入巡回审判区域者得向巡回推事上诉外，其法院尚能执行职务之区域，仍应上诉于高等法院或其分院。惟因战争关系，受理上诉之法院，往往迁地办公，或交通失其常态，致管辖各县，距离之远近，赴诉之难易，随之而异。其有呈请变更管辖者，均经斟酌情形，予以核准。并于必要时，酌设高等法院临时庭或分庭，受理附近各县之上诉；如浙江高院之绍兴临时庭，及浙西临时庭，江西高院之袁宜临时庭，广东高院之恩平临时庭，甘肃高院之岷县临时庭，福建高院之闽清分庭是。又接近战区屡遭空袭之地，监所人犯，多已移禁后方，藉策安全。

乙、关于司法人员事项

（一）战时司法任务之推进

抗战期间，以安定后方为要，法官地位尊严，尤应镇静从容，为民表率。倘一遇事变，辄思规避，非惟有亏职守，亦且摇动人心。二十七年八月间，即通令各省高等法院，严切诰戒所属在职人员，不得临时请假，或藉端辞职。二十八年二月间，复通令附近战区各法院，无论军事情形如何演变，若该地行政人员尚在负责任事，司法人员即不得先图卸责，致干惩处。又汉奸危害国家，非厉行检举，不足以期尽绝；经先后密令各级法院检察官，务须认真举发。又军事委员会以各战区军法人员不敷派遣，商调现任推事检察官若干人，当经转饬司法行政部遴选人员，开送名单，以备派赴各战区担任军法官职务。

（二）战区司法人员之登记

战区以内法院及监所在职人员，因不能执行职务而离去任所者，实繁有徒。经制定《战区司法人员登记办法》，上项人员均得于所定限期内，呈请司法行政部登记，当尽先派赴各省司法机关予以相当工作，并酌给生活费；一面候有法院监所职员缺出，仍随时择优补用。至今登记人员已补缺者，共四百二十余人。

丙、关于司法审判事项

（一）处理民刑事件之指示

战区内当事人之诉讼存款，原法院暂行停办者，其存款解司法行政部代管，当事人询问，即批示知照，使其安心；如请求发还，其诉讼在进行中者，指示其向该管法院申请，指定移转管辖；其在执行中者，指示其向原审法院以外之法院申请执行。又刑事案件没收物品，通令各法院克日彻底清查，其中属于军械弹药，应转送附近军事机关验收，衣被材料可供服用者，检送收容难民机关，或慈善团体收用。

（二）民事执行程序之改革

现行补订民事执行办法第六条，系对于《民事诉讼执行规则》第九、第十两条之补充规定，司法行政部呈请修正，并请将原规则第九、第十两条废止，经本院覆核，认为可行，并将该办法其他各条所引旧民诉法、旧刑法条文，均依照各该新法分别修正。

丁、关于监所事项

（一）监所人犯之临时处置

抗战后，本院颁发《非常时期监所人犯临时处置办法》八条，通饬各省遵办，其目的不独在减少监所人犯生命之危险，且所以使地方治安不致受其影响。先后经核准之假释监犯，保外服役人犯，临时保释或开释之人犯，为数约二万余名。

（二）监所之修建与整顿

监所之修建者，浙江在龙泉建筑临时监狱一所，并扩充松阳监狱一所。福建在永安、龙岩二县，修建后方监狱各一所，均为收容前方移禁重犯之用。西康西昌地方法院看守所，改为青海第一监狱附设看守所一所。战区新监之迁移后方者，则有湖北之第一监狱迁建始，第二监狱迁恩施，少年监狱迁利川。江西之第一监狱迁崇仁，第二监狱迁泰和。又各县旧监所之修建者，四川大足等九县，贵州遵义等六县，福建建瓯，江西泰和、清江，广东吴川、始兴，浙江平阳、松阳，贵州之息烽等十一县。至四川等九省之看守所，则以该地设有法院者，均增设看守所，计四川增设二十三处，甘肃增设十一处，贵州、云南各增设三处，广西增设二处。各监所之囚粮及医药，亦经提高与改善，监犯之作业，现正添购机件，扩充进行。

（三）监犯调服军役与精神训练

《非常时期监犯调服军役条例》，于二十八年公布施行，经司法行政部通令各省监狱，凡合于条例者，尽量调服军役，以裕兵源；其不合者，始依《非常时期监所人犯临时处置办法》，分别保释。据各省具报监犯调服军役者，将及三万余名。又监犯精神训练，将奉颁国民精神总动员各项纲目转发各监狱，作为教诲材料，人犯出狱时，应先举行国民宣誓，以期此种精神，普及于人犯，增长其爱国之心。

（四）徒刑人犯移垦之试办

徒刑人犯移垦区域，前经司法行政部与经济部商定，就四川平武县荒地划拨。即饬四川高等法院派员会同建设厅技术人员，前往实地测量，已勘丈平武县境内七处荒地，共五万零七百四十亩，并绘具详细图说。当令其选择较佳地段之无主官荒，从小规模入手，先行试办。一面由部计划建筑五百人之外役监狱一所，已估计经费，编入概算。又福建省政府提议指定崇安等县中之一县，为本省监犯移垦区域，亦经令饬该省高等法院就近妥商办理矣。

上述各项，本院及所属机关主管事务之设施状况，已具大概。余如《司法人员官等官俸表》，及《司法官退养金条例》之公布，法令之统一解释，行政诉讼及公务员惩戒案件之受理，最高法院民刑案件之终结，现任法官之分班调训，法官资格成绩之审查，公证制度与不动产登记之推行，法院监所员额之调整与待遇之改善，以系通常事务，不复缕述。其有数字可统计者，已制成统计表百余件，以限于篇幅，亦略未具载。至奉颁党政军机关人员小组会议与公私生活行为辅导办法，及国民月会、国民公约、国民精神总动员纲领与实施办法，前者注重公务员之进德修业，以养成相互切磋之风气；后者提高国民坚强奋发之精神，以完成抗战建国之大业，直接间接均与本身工作有密切之关系。本院及所属机关，胥恪遵规定，切实奉行。至此后之司法设施，一以中央既定国策及抗战建国纲领为根据，因时制宜，悬的以赴。期与全国人士各尽其应尽之职责，以适应时代需要。倘荷海内外同胞同志不吝指示，俾收集思广益之效，司法前途，实利赖之。

〔选自李翊民等编：《居觉生先生全集》（上册），台北1954年印行，第365～370页〕

抗战四年来之司法
〔民国三十年〕

　　吾国抗战，在总裁领导之下，已越四载，愈战愈强，内而万众一心，外而得道多助，尤以继续不断之努力，争取最后之胜利。顾一面抗战，一面建国，经纬万端，吾人职掌司法，于维持秩序，安定后方，感觉责任之重大。七七事变以来，平时法令规章，既不足以适应当前之环境，而因时制宜，遂制定战时有关各种法令；不惟增加抗战力量，尤以巩固国家之基础。其有关于司法者，如《优待出征抗敌军人家属条例》、《非常时期营利法人维持现状暂行办法》、《注意债务人利益之通令》、《对于出征壮丁离婚案件暂不受理之通令》、《债务人以汇划票据偿付债务办法》、《基于伪钞订立契约无效之通令》、《修正惩治汉奸条例》、《修正危害民国紧急治罪法》、《惩治贪污条例》、《违反兵役法治罪条例》等，均为民刑法上之特别法令；《而战时当事人请求发还案款办法》、《推进战区司法事务之通令》、《改善诉讼程序之通令》、《检举办理兵役违法舞弊人员之通令》、《督促检举汉奸之通令》等，则为司法行政上之战时设施。其足称为战时司法制度者：（一）战区巡回审判之推行也。战时交通失常，人民赴诉不便，司法院爰制定《战时审判办法》，于二十七年二月公布施行，在各省分设巡回推事，办理人民诉讼。并由司法行政部拟订《战区巡回审判民刑事诉讼暂行办法》，经司法院审核修正，于二十八年八月公布。又颁发"巡回审判民刑案件报告表"，以资稽核；（二）战区诉讼管辖之变更也。战区法院，多有不能行使职权者，人民诉讼无从进行。司法院乃规定《临时指定管辖办法》，于二十七年二月令部通令各级法院遵办，庶战区人民，得诉讼上之便利；（三）监所人犯之疏散也。司法院以敌机肆扰，监所人犯难免波及，因于二十六年九月颁布《非常时期监所人犯临时处置办法》，如各该监所所在地，已发生危险事变，或已宣告戒严，及为接战区域时，得予人犯以开释解放及移送后方等处置；（四）监犯之调服军役也。监犯调服军役，既足增抗战力量，亦为疏通监狱之一法。在国府公布非常时期监犯调服军役各条例之先，司法行政部即已通知各监狱加紧军事训练，并先后将监犯名册咨送军政部，以备遣调；（五）战时司法人员之登记及叙补也。凡战区内之法院监所人员，因不能执行职务而离去任所者，得遵照司法行政部二十七年二月公布之《战区司法人员登记办法》，准予登记，优先派用，并酌给生活费。惟以登记人员既多，而后方法院原有人员，亦应择优升迁；司法院复制定《非常时期法官叙补暂行办法》，于二十八年四月公布，于体恤流离之中，兼收策励辅助之效。以上五端，为非常时期之司法新制。其他设施为数尚夥，只以去岁曾应中央宣传部之约，为《抗战三年要览》撰"三年来司法概述"一文，凡已述者，不复赘。兹就最近司法界之举措，撮其大者，揭橥如下：

一、司法机构

一曰司法经费之确定也。确定司法经费，为改进司法之根本要图。上年非战区省份司法经费，已由国库负担，惟范围仅及于川、康、滇、黔、桂、陕、甘、宁、青九省，且以正式法院及新监所为限，未能普及于全国。自三十年度起，无论战区非战区省份，已设未设法院及监所，其经费概由国库负担。经饬通盘规划，划一其组织，充实其内容，调整其员额，提高其待遇，编制全国司法机关岁入岁出经临费概算，呈奉核定施行。司法经费之统一，于以完成。在上年战区各省司法经费未归国库负担以前，为改善战区司法人员待遇起见，司法行政部曾订有调整办法四项，就中关于司法人员支俸标准，饬先呈部核定，其最低限度，不得少于各省政府所定国难时期发薪之数量。同时复订有各省高等法院支配补助费应注意事项，严饬高院以主持全局之责任，调盈剂虚，统筹支配；不得以本机关收入之多寡，任其丰啬悬殊。一面又详定各省司法机关办理收支各款应行注意事项，以促其整顿法收，撙节用款。凡此措施均经各省呈报，切实奉行矣。

　　二曰法院及县司法处之增设也。关于法院者，浙江省于二十九年七月，成立临海高四分院。贵州省于二十九年七月，成立毕节高五分院，及毕节、大定、兴义三地院，三十年度内该省应增设地院六所，就中黔西、桐梓、盘县三地院，已定于三月成立。四川省于二十九年七月，成立绵阳高五分院。三十年一月，在乐山增设高六院。又三十年度以内，该省应增设地院二十所，就中彭县、宣汉、遂宁、綦江、达县、隆昌六地院，已于三月成立。福建省于二十九年九月成立晋江高三分院。广西省于三十年二月成立百色高八分院，及百色、宾阳两地院。西康省于三十九年一月增设泸、定两地院，已派员筹备，尚未据报成立。陕西省应于三十年度内增设地院十所，就中临潼、宝鸡、城固、三原、咸阳五地院已于三月成立。云南省于三十年一月增设腾冲高四分院及腾冲地院。文山高五分院，及文山地院，正在筹备中。关于司法处者，陕西省于二十九年七八月间，成立华县、商县、雒南、城固、洋县、洛川等六县司法处。四川省兼理司法之县计三十有一，经呈准自二十七年七月起，一律改县司法处；据报就中除彰明、松潘、琪县外，均已成立。福建省于二十九年九月间，增设三元、水吉二县治，同时成立县司法处。

三曰普及法院之设计也。司法建设，抗战建国进程中，居重要地位；而普设法院，使全国县司法处完全脱离行政而独立，又属司法中最艰巨之工作。近数年，虽法院逐渐增设，为数究属有限。现在各省司法机关三十年度经费，由中央负担，应有整个规划，为进行之依据。且距战胜之期日近，而届期各国在华领事裁判权必须撤废。普设法院，以为收复法权之准备，不容再缓。除东北四省，应于收复后另行筹议外，计全国尚未设有第一审法院者，凡一千三百五十四县。预定自三十一年起，分五年筹设一百三十五所，约当全数十分之一；第二第三第四各年，各筹设十分之二；第五年筹其余十分之三。经于本年二月，拟具计划，呈转国防最高委员会备案。至三十一年度内增设法院一百三十五所之分配，在非战区各省，则四川筹设二十所，广西、陕西两省各十五所，贵州、云南、甘肃三省各十所，宁夏、青海、西康三省司法，尚待宣传；新疆司法尚待整理；均暂不增设。在战区各省，则以所受战祸之深浅，定法院增设与否及增设多寡之标准。除广东一省原已普设法院外，湖南、江西、福建、浙江四省，各筹设十所。湖北、安徽、河南三省各五所。江苏、河北、山东、山西、绥远、察哈尔六省，均暂不增设。

四曰公证与登记制度之推进也。公证制度及不动产登记制度，均所以保护人民私权，减少诉讼纠纷，亟应继续推行，曾通令督促。二十九年内，四川、湖北、江西等省，均有新成立之地方法院。复分饬从速设立公证处，如所在地尚未有地政机关举办土地登记者，并应同时设立不动产登记处。计二十九年内各省地方法院先后呈报开办公证者，计广西十四处，广东十二处，四川十二处，贵州八处，江西、青海各二处，河南三处，甘肃、云南各一处，共二十九处。又不动产登记制度，施行较早，从前已开办之法院，在抗战以后，进行有无困难，人民已否周知登记之利益，此后有无发展希望及准备如何改进？均有详细调查之必要，爰经制定调查表格，颁发各省，限期填报。

五曰上海特区法院之善后也，上海第一、第二两特区法院，敌伪觊觎已久，威胁利诱，无所不至。除函请外交部部长转知协定签字各国共同维护外，历经密令各该法院院长法官，严行防范，力持镇静。时越三载，法权赖以不坠。二十九年七月以后，国际局势变迁，第二特区法院危机日迫，又经饬法院同人坚守立场，并为必要之准备。非至以武力强夺，不得先自撤退，奈法国被敌威胁，态度中变，虽经我外交当局提出严重交涉，法大使终于表示无能为力。至十一月八日所有该特区法院监所，竟为敌伪强迫占领。该特区法院监所，即于是日起暂停行使职务，业由本院转请国民政府明令宣告。此后上海法租界内自称为中国法院之任何伪组织，亦与敌军占领区域内设置之伪法院同，其所为裁判及其他任何行动，应一律认为无效。至该特区法院法官，除一二附逆者已予褫职通缉外，均能洁身引退；书记官以下及监所职员，亦大多数退出；已予一律改派在第一特区法院监所办事，仍按月发给原薪津，愿来渝之法官，并照给旅费。

二、司法审判

一曰公设辩护人制之推行也。《公设辩护人条例》制定公布后，即拟以陪都所在地之重庆市为首先施行区域，令饬筹备，已于二十九年七月一日实施。并制定公设辩护人承办案件月报表，颁发饬填，以资考复。自三十年度起，复拟逐渐推行，先就非战区而诉讼较繁之四川、贵州、云南、广西、陕西五省省会所在地，实施公设辩护人制度，已编列预算，呈奉核定。

二曰简易程序之厉行也。法院办理民刑事诉讼案件，于人民利害关系至巨。判决书之制作，措词须力求简明，使当事人易于了解，法官亦可节省劳力，因以增加办案之效率。若案件合于适用简易程序者，即应厉行简易程序。检察官对于刑事简易案件，并应尽量申请以命令处刑。法院就简易案件所为之判决，除民事判决内之事实及理由得仅记载要领外，其刑事判决，亦得以简略方式，仅记载被告姓名、判决主文并犯罪事实及适用之法条，以期便捷。已由司法部于本年一月通令各省司法机关切实办理。

三曰抗战案件之指示也。各省地方乡镇保甲人员，因办理兵役时有被控情事，各省司法机关办理上项案件，传拘乡镇保甲人员时，应斟酌案情，严加审慎；必要时，并应咨询当地行政机关之意见，藉供参考。又凡受理因执行有关抗战之政令，而有犯罪嫌疑之案件，均应慎重办理，于法律可能范围内，尽量避免阻碍要政之进行，以利抗战。再二十九年秋季物价飞涨，显系有人从中操纵或囤积居奇，于后方安定，影响至巨。各法院检察官对于违反《非常时期评定物价取缔投机操纵办法》与《取缔囤积日用必需品办法》之事件，务须厉行检举，以尽责任，均经通令注意。

四曰民事诉讼程序之纠正也。（一）诉讼案件应行宣示之裁判，必经法院宣示后始为成立。此项程序，不得欠缺，并应于言词辩论笔录内予以记载，庶于诉讼进行或执行时，不致因此发生争执；（二）诉讼当事人提出之证书原本，应于调查完毕后，立即发还。原本未便遽行发还者，亦应于可发还时或案结后即行发还，不得任意搁置，致有散失之虞；（三）当事人申请诉讼救助者，依法须释明其事由，并提出可供即时调查之证据，依法对此项声请求助事件，不得委派执达员前往调查，并据以裁判，以杜弊端；（四）当事人向法院呈递各种民事书状，往往不合程式，内容亦矛盾支离，因之，须另状补正。或竟遭驳斥，亟应明定书状记载方法，以便利人民。以上四项，均经先后通令法院遵照。

五曰诉讼补充条例之修正也。抗战以来，社会一切情形，均有极剧烈之变动，战前法规判例不足以应实际之需要，自宜加以改进，以应需求。本院第三十一次会议院长交议战后法规应如何修订案，议决指定本院及所属各机关派员参加本院法规研究委员会，共同研究具报。该会屡次讨论之结果，以战后民刑实体法、程序法，虽均有斟酌之余地，但权衡缓急，尤以民刑程序部分，目前即多扞格难行之处，先就此类问题着手研究。除属于实体法修订问题尚在研究外，其关于非常时期民刑诉讼修改意见，经该会讨论通过，拟具《非常时期民事诉讼[2]补充条例草案》三十条，《非常时期刑事诉讼补充条例草案》三十八条，加具说明，呈送到院，由本院覆核后，咨送立法院审议在案矣。

六曰征收讼费之减轻也。《民事诉讼费用规则》尚系民国九年公布，行之及二十年，征收烦琐，为适合现行法律及社会环境计，实有改弦更张之必要。遂于二十七年七月，由部公布《诉讼费用暂行规则》，对诉讼轻微案件，免征讼费。又旧制之送达费，事涉苛细，亦予免除。去岁卒以事关民人负担，应经立法手续，遂送立法院审议，于本年四月八日，经国府公布实行，所有征收费额，较前又减。良以司法经费全由国库支出，已无减少司法收入之顾虑，自应出于减轻人民负担之一途也。

三、司法人员

一曰训练任用与考绩也。西康远处边陲，人才缺乏，曾呈准筹设西康司法人才养成所；就法官、书记官、监狱官，分别设班训练。此项受训练人员，并拟举行临时考试，宽定应考资格，现正与考选委员会咨商中。又四川各院县[3]需用初级检验人员甚亟，由法医研究所开设第二届检验员班，招收合格人员，施以训练，业于

---

〔2〕 原文遗"诉讼"两字。——编校者注
〔3〕 原文如此。"院"指地方法院，"县"指县司法处。——编校者注

二十九年七月训练期满，分发四川各院县服务。惟人数过少，不敷分配，二十年度仍当继续招生训练。又司法官之任用，学识与经验并重，故初任推检，例须就职半年后，将承办案件书类送部审查，成绩优良者，始予荐署。荐署期满，呈请实授时亦同。兹为办理划一起见，由部厘定《司法官呈送成绩审查办法》八项，通饬遵照。再《法院候补学习书记官任用暂行标准》，于二十九年九月公布施行；至监狱官之任用，则依《监狱官任用暂行标准》，予以审核，俟审查合格，再予转送铨叙；自《公务员任用法》施行后，铨叙部对于监狱官之审查，则依《公务员任用法》办理，往往因规定之不同，发生抵触，该部爰将该项暂行标准，从事修正。至于司法人员成绩之审核，平时极为注意，或据该管长官之呈报，或经院部调查之结果，随时分别奖惩。自《非常时期公务员考绩暂行条例》公布后，即制定考绩应行注意事项及初步评定分数表格式，通饬各省按年举办考绩，并酌定审查标准，参与平时成绩之纪录，予以核定。其原拟分数过宽过严者，则分别增减，以昭公允。

二曰候补推检之补正缺也。自《法院组织法》施行以来，各省法院仍设有候补推检员额，原与该法规定，稍有出入。前曾通令各省，分三年改为正缺。嗣因抗战军兴，财政紧缩，未能如期办理。此项人员资格与正缺推检相同，而待遇不无轩轾。各该员服务法曹，候补有年，勤劳足录；且际兹物价腾贵时期，亟应改善待遇，以安其心。本年度全国司法经费，改由国库负担，爰就经费范围内通盘筹划，将前项人员，分作两期：凡截至二十九年底止，积资在二年以上者，一律改为正缺，为第一期；其积资未满二年及三十年一月以后派充者，概归本年终办理，为第二期。计划入第一期者，共一百五十余人，法院组织，乃益见充实。

三曰战区人员之调用也。战区退出之司法人员，业经陆续登记，分发省法院监所办事，按其资历，酌给相当生活费。兹查此项人员分发后方各省办事者，因近年扩充法院监所，随地需人，多数已依次轮补，且有不敷分配之势。而分发在战区各省者，因处此军事时期，法院甚少扩充，故补缺者实数甚少，只以交通艰难无法转至后方服务，甚至中途改业，殊属可惜。爰拟将分发战区人员，酌给旅费，调至后方各省补用，挹彼注兹，洵为一举两得。

四曰律师资格之限制也。《律师章程》系民国十六年前司法部公布，关于律师免试资格，规定过宽。二十四年全国司法会议时，司法行政部曾拟有律师法草案，兹因此项律师法有制定施行之必要，爰将原草案呈由本院详加覆核，连同起草要旨，咨送立法院审议。嗣因立法院审查会函请加以补充，复经该部详列应行补充各项函复，业经立法院议决通过，于三十一年公布。查该法不独对于律师之积极消极资格，加有限制；且今后充当律师，须以考试为原则也。

四、各省监所

一曰各省监所之修建也。西康省第一监狱及康定地院看守所，因计划需费过巨，致未兴工，已令先行建筑一部分。雅安、西昌两地院看守所，亦酌量添建应用，徐图扩充，雅安地院看守所，已具报完成。其余[4]所有二十九年度各省应成之新监及地方法院看守所，均已先后成立。三十年度各省司法经费改归中央负担，广东原有之联合监狱四所，一律改为新监。浙江恢复第五监狱，并设立第六监狱。河南暂就洛阳监狱改设。陕西恢复第一监狱，系就第七行政区联合监狱改设。各省已设法院而未设看守所地方，一律改设新看守所。新设法院地方，同时设立新看守所，均就原有所址，划分一部分，修葺应用。此外核准兴工修理之各地新旧监所为数甚多。又因各省拟送修建监所计划难得合宜，由部颁发《修建监所注意事项》十一款，关于房屋之扩充、人犯之隔离、戒护之便利、卫

---

〔4〕 原文误为"其于"。——编校者注

生之设备、空气之流通，均有扼要之指示，通饬遵行。

二曰囚粮之增加也。上年各地物价激涨，尤以米粮为甚。监所人犯，均系计口授食，预算所定每名囚粮，数目不敷甚巨，迭据各省文电，纷请救济，爰经规定《囚粮补救办法》四项，通令遵照。所有超溢预算之囚粮，由高等法院切实核明，就全省监所空额彼此挹注，实支实销，如仍不敷，在中央负担经费省份，准其呈请动支预备费；在地方负担经费省份，责成高院与省政府洽商增拨。爰编制三十年度全国司法概算时，鉴于粮价之有涨无已，除将预算额定囚粮酌予增加外，另编溢支囚粮一项，准由高院按切实需要，统筹支配。又以各省监所内军法机关寄禁之人犯，大部超过普通司法人犯数倍或数十倍，此项人犯口粮，应由原寄禁机关筹拨，与普通司法人犯划分办理，拟自三十年度起实行。

三曰监犯服役人数之众多也。自二十九年七月至三十年二月底止，续据各省具报：监犯调服军役者，计四千四百七十八名，连前共二万七千一百七十一名。依照《非常时期监犯临时处置办法》呈请假释者，二百六十名，连前共二千九百四十六名。保外服役者三百三十名，连前共七千九百八十名。保释开释及解放者三千六百五十名，连前共二万五千三百二十名。

四曰监犯移垦之进行也。四川省监犯移垦一案，原已勘定四川平武县荒地为移垦区域，拟就其中选择官荒建筑外役监，为移垦准备。旋四川省政府以所勘地是否纯官荒，尚待清理，嘱转商行政院一面划拨，一面清荒，当经咨请行政院饬由内政、经济、财政等部会咨四川省政府统筹办理。至二十九年八月间，该省垦务委员会、地政局、建设厅与四川高等法院会商结果，又以该县农民，近多回籍复业，情形变更，办理划地，须先清荒，未清荒前，且须复勘。现已指派专员负责，会同该省各主管机关，办理复勘等事宜；一俟复勘划勘确定后，即可积极进行。

五曰普设新监之计划也。筹设各省新监，亦为司法建设之重要工作。现正详拟计划，计分六点如次：（一）实验监狱，为推行新制之准备，拟于上海、广州、汉口、洛阳、西安、成都各设一所，由部直辖；（二）少年监狱，为使少年犯与成年犯隔离，以免濡染，而便教养，各省拟先设一所；（三）普通监狱，为收容二十五岁以上人犯，依各省犯罪人数之多寡，每省划为数区，每区设立一所。除已经成立者外，全国尚须筹设九十五所及分监狱二十三所。并将各县旧监废止，改设看守所；（四）外役监，为人犯移垦之用，拟在边远省份各设一所；（五）累犯监，为对于累犯者实施特别处置，每省筹设一所。将来全省新监完成，即于其中指定一所为之；（六）肺病监，各监狱人犯死于肺病者居多，各新监虽有病监，然设备不全，且隔离亦难严密，故拟每省各设一所。以上各种监狱，建筑设备，需费甚巨。当此抗战时期，财力恐有未逮，拟俟战事结束后，分为十年，次第建设。又保安处分执行场所，与监狱有密切关系，现在此项执行场所，尚无设备，亦应予以筹划。就中感化教育，尤与筹设少年监狱为一贯之政策，故拟每省各设感化院一所，列入第一年。至第三年则各设保安所一所，内分监护、禁戒、劳动、强制治疗四部。

如上所述，仅就机关、审理人员、监所诸大端，依据抗战后之事实，提纲挈领，剀切敷陈，既以明工作之过程，复藉供各方之指正。至于主管之司法通常事项，统一法令之解释，行政诉讼之审理，民刑案件之终结，惩戒案件之受理，党务司法人员之训练，法官成绩之审查，以及实行新生活精神总动员与小组会议等，事务繁赜，无不督促奉行，期于陈力就列之中，而收兼程并进之效。抗战胜利，已在目前，惟根据大时代之精神，以建立大时代之司法。

〔选自李翊民等编：《居觉生先生全集》（上册），台北 1954 年印行，第 370～379 页〕

司法院卅三年度工作报告

〔三十四年三月十二日在中央党部纪念周报告〕

主席、各位同志：

今日总理纪念周，本席特将司法院三十三年度工作，择要报告于下。

一、解释法令文件之议决发表

各机关请求解释法令疑义，经本院统一解释法令会议议决发表者，自二六二八号起至二八〇二号止，全年计共一百七十五号。其中关于民事法令者四十九号，刑事法令者八十八号，行政及其他法令者三十八号。如以请求之机关别之，则属于各级党部者一号，属于行政机关者五十四号，属于军事机关者四十号，属于司法机关者八十号。

二、特赦减刑及复权事项之提请

关于特赦部分，各省监犯依照《非常时期监犯调服军役条例》

及《军事犯调服劳役暂行办法》各规定，分别调服军役或劳役，著有特殊功绩，据各该主管长官证明，经由本院分别依照该条例及该办法各规定，呈奉国民政府明令宣告，将各该犯原判之刑免予执行者，共十一起，计十二人。又关于减刑部分，各省监犯因监所被炸，或因其他监犯暴动脱逃，其情可嘉，由各该主管机关请予减刑，经本院详加审核，呈奉国民政府明令宣告减刑者，共有八起，计三十七人。又关于复权部分，据该主管长官函请，经本院详加审核，呈奉国民政府明令准予恢复公权者一起，计一人。

三、第三审上诉利益额数之增加

查《民事诉讼法》第四百六十三条，关于上诉利益额数之限制，原为顾全当事人之诉讼经济，俾免拖累而设；此项额数之增加，自应视社会经济状况为转移。现行《民事诉讼法》，系民国二十四年七月一日施行，军兴以来，各处物价腾贵，当事人之诉讼标的，因亦日形增高。同一案件，在当日不能上诉于第三审法院者，现在均得上诉，非但最高法院上诉案件骤形增加，且此项案件，倘任其辗转上诉，延滞时日，于双方转为不利，揆诸立法本旨，亦嫌未合。本院盱衡各地情形，于三十三年十月二日以院令公布，将《民事诉讼法》第四百六十三条所定额数，在抗战期间于四川、西康、云南等府增至十二万元；贵州、广东、广西等省，增至十万元；陕西、新疆等省，增至九万元；湖北、湖南、江苏、江西、浙江、福建、安徽、甘肃等省，增至八万元；河北、河南、山东、山西、绥远、察哈尔等省增至六万元；宁夏、青海等省，增至五万元。均以中华民国三十二年一月一日以后起诉之事件为限，自中华民国三十四年一月一日施行。

四、典权条例之草拟

军兴以来，社会经济情形变动甚剧，民事法规穷于应付，而现在修改民法，尚非其时。关于特定事项，另定条例或办法，以变通或补充民法之规定者，如房屋之类，租赁已不乏其例。民法关于典权之规定，应行变通或补充之处，亦复不少。且自抗战以来，人民因战事致不能于法定期内回赎其出典之不动产者，势必不在少数。如绳以通常规定，概使丧失回赎权利，实欠公允；而一律许其回赎，有时亦妨交易之安全，亟应兼筹并顾，妥拟解决方法。现在胜利日益接近，失地即将收复，解决此类纠纷之法规，尤有及早制定颁行之必要。爰经拟具典权条例草案三十二条，以变通或补充民法之规定，而应实际之需要。此项条例经逐条附具说明，业于三十三年九月四日，提请中央常务委员会函送国防最高委员会核办。

五、复员后司法制度上兴革方案及民刑诉讼补充法案之研拟

抗战胜利之期，日益接近，复员后司法制度上兴革方案及民刑诉讼补充法案，亟待研拟。此项研拟工作，曾于本院三十三年度工作计划内，规定必要时罗致专家，组设特种委员会，俾专责成。本院爰于三十三年七月二十七日将该会规程制定公布，即日组织成立，内分三组。半年以来，计举行组员会议及委员全体会议多次，决议各案，分志如次：（一）改革审级制度及修正《刑事诉讼法》第三百六十八条案；（二）厘正惩戒制度案；（三）司法机构改进案；（四）法官官职区分案；（五）删除《刑事诉讼法》第三百六十二条案；（六）法官审判责任制案；（七）复员时期民事诉讼补充条例草案案；（八）对于刑事诉讼法简易程序之意见案；（九）对于刑事诉讼抗告之意见案；（十）实施陪审制度案；（十一）增进检察效率案；（十二）改进律师制度案；（十三）调整律师制度案；（十四）复员时期刑事诉讼补充条例草案案。以上各案，均已研拟完成，俟整理审定后，当送立法机关参考。

六、行政诉讼判决及公务员惩戒案件议决书之审核

查行政诉讼之判决，依照《行政诉讼法》，应由本院呈请国民政府施行。公务员惩戒案件之议决书，按照《公务员惩戒法》，凡中央公务员惩戒委员会为之者，分别被付惩戒人系简任、荐任抑系委任职及议决之如何，由本院呈请国民政府，或通知主管长官行之。若系地方公务员惩戒委员会为之者，应呈报本院备案。三十三年度行政诉讼之判决，经本院核转者，计二十九件，公务员惩戒案件之议决书，经本院核转者计四十一件，准予备案者二十二件。

七、所属机关办理案件之督促进行

本院所属机关，以办理诉讼及惩戒案件为中心工作，本院依其所订调整办法，继续督促进行，并密切注意于其人事与业务需要之配合，以谋办案妥速效能之益形增进。年终考核之结果，三十三年度最高法院本院及浙赣闽、湘粤两分庭，计受理民刑案件一万九千件，已结一万二千七百七十三件，未结六千二百二十七件。行政法院受理行政诉讼案件一百二十五件，已结六十件，未结六十五件。中央公务员惩戒委员会受理惩戒案件一百零一件，已结四十八件（包括不予惩戒案件），未结五十三件。各省地方公务员惩戒委员会受理委任职公务员惩戒案件二十二件，办结二十二件。综核办案成绩，除法定程序未备之案外，类能积极办理。

八、法律学校之监督

依司法院监督国立大学法律科规程之规定，凡国立及公私立大学、独立学院法律科之课程编制，及研究指导，统应由本院直接监督，历年以来，均经按照办理。三十三年度各公私立大学或独立学院法律系学生举行毕业考试，经本院派员监试者，计有国立中央大学等十二个校院。再本院三十三年度工作计划内规定，凡造就司法

人材之学校及其学生，其成绩优良者，得酌给奖金以资鼓励。私立朝阳学院近数年来，办理法律系及司法组，著有成绩，经本院核给该学院奖金五万元，并对于该学院三十三年度第二学期法律系一、二、三年级及司法组一、二年级名列前茅之学生，分别给予奖金。

九、司法刊物之编印

司法刊物，为司法人员及公务机关之参考要籍。除《司法公报》及《司法统计季刊》两种定期刊物，按期编印发行外，本院解释汇编，前经编印至二千二百号，已于三十三年十月出版。其自二千二百零一号起者，正在着手续编中。又本院最近赠送中央各机关及分配各地法院监所之新订司法例规，乃二十九年出版，自香港转运而来者。二十九年以后，新颁布法令甚多，其修正废止或延期者亦复不少，经搜辑有关资料编成续编，业已付印。又最高法院民国二十年以前之民刑判例，曾于二十三年编辑要旨印行。嗣据该法院将二十一年至二十九年之历年裁判书，凡可阐明法律旨趣之判例，尽量撷取要旨，分类编纂，名为《最高法院判例要旨》，呈由本院逐条审定，经饬付印，已于三十三年三月出版。又本院《公务统计年报》，为司法事务处理状况之表现，其三十二年度者，已于三十三年八月汇编完竣。又《司法统计手册》，系就年度进展中，关于业务上之统计资料择要编订，每半年编制一次，其三十三年上半年者，业经编成。

十、检讨意见

（一）法律随时代而变迁，就现行司法法规予以修订补充以应实际需要，乃本院近年以来力求贯彻之中心工作。其在三十三年度所表现者，则有《减刑办法》实施后，司法院呈请《减刑案件处理办法》之制定，第三审上诉利益额数之增加，典权条例之草拟，司法院统一解释法令及变更判例规则之修正等项。检讨所得，认为均尚妥适。又三十三年七月间，依年度工作计划设置之特种委员会，负拟复员后司法制度上兴革方案及民刑诉讼补充法案之专责，其决议案颇多性质重要者，该会成立虽仅半载，成绩不无可观。

（二）本院为厉行法治，保障人民权益，整饬公务员风纪，历年对于所属最高法院、行政法院及中央公务员惩戒委员会办理案件之督促进行，已致其最大之努力，以期讼理政平。官方整肃，应与司法保民安民之旨相合，兹就各该机关三十三年度办理成绩与三十二年度作一比较。最高法院及行政法院均属结超于收，其三十三年度办案成绩，各与三十二年度相埒。中央公务员惩戒委员会则较逊，系因程序不备，无从进行之案较多之故。又最高法院及行政法院未结各案中，亦以程序欠备无从进行者居多，法定程序繁重，足使案件进行，平时已有欲速不达之感，战时受客观环境之影响，扞格尤多。当抗战初起时，本院即曾督令于便民为主之原则下，就法令许可范围内，力求程序简捷，虽已著成效；然至今仍有如许程序不备，无法进行之案，足见简化程序之要求，在司法方面同感迫切。如能将现行法所定程序酌加修改，则可结之案必较多，所结之数亦必不衹此，亦尚待改进之一端也。

〔选自李翊民等编：《居觉生先生全集》（上册），台北 1954 年印行，第 385～390 页〕

第四部分

信函、序言、题词、悼文

覆陈树人为伍冠侠受欺土棍请夏重民
代聘律师一节可照办函

　　树人兄鉴：九月二十六日由湿比厘发来各件，并宗汉先生九月三十日手书，均奉总理交下，藉悉一是。同志伍君冠侠受欺土棍，至为系念。惟业经涉讼法庭，当由法律解决，只能求直于法中，碍难诡胜于法外。况广东现处桂贼压力之下，尤不可以情理论；若由吾党巨子出头干涉，恐反转生枝节。来示请夏君重民代聘律师一节，当可照办，已专函敦嘱矣。至关于湿比厘分部党员伍勋屏除名案，前据该分部覆称，海外来往公函，向例如此，业经函覆准如所请办理，幸释锦注。年来贵处党务发达甚速，同人深为佩慰。昨又得最近一次尊处请委各分部职员表，正拟饬办；不料办事处偶然失检，致将原函遗失，务乞再行缮录惠示为荷。并祈嗣后来往函件，编定号数，以便查考。此覆，即候党祺不一。

　　总务部主任居正。八月十日。（民国九年）

　　　　〔原函写于 1920 年。选自李翊民等编：《居觉生先生全集》（上册），台北 1954 年印行，第 266 页〕

为修正浙省全代会选举法覆
中央执行委员会函

迳覆者：接四月十七日函开：浙江临时省党部执行委员会呈报，预备召集全省代表大会事宜，其一、二两项可照准；惟三项"省执行委员会选举法"，稍加修改。如第（五）原文下拟加"但不得超过前条照原额三倍之人数"。（六）原文开票人员由"大会中临时推定之"，改为由主席团指定之。（七）原文投票结果以"得占票过半数者当选"，改为以得票占出席人数过半者当选。（八）原文"本选举法有未尽事宜，得由大会提议修正之"，拟删除。四项选举标准照原案。五项委员人数改正如下：一、省执行委员九人；二、照原案；三、省候补执行委员十五人；四、照原案。六项省党部提出之候选人，亦应参照前项执行委员酌减去二人，余照原案。再本党主义以普及全民为目的，故在未经成立正式县党部之县份，只要有确实党员，均得出代表一人。敝部意见如是，可否适用，仍候委员会公决。此致中央执行委员会常务委员。十五年四月十八日。居正。

〔原函写于 1926 年。选自李翊民等编：《居觉生先生全集》（上册），台北 1954 年印行，第 307 页〕

夏勤《法学通论》序

　　治国准绳，示民轨范，穷于理者唯心，本乎事者唯物，其惟法学欤。条绪纷披，文理密察，综万殊而会归其适，约一贯而要言不烦，其惟法学通论欤。夫法者典也，天下之公道也，非任人之所得私也，私则作法自毙已。法者律也，天下之正诰也，非任人之能得骫也，骫则民无所措手足，乱之所由兴也。吾侪法界，青年读法，皓首明刑，果体证到自性能生万法，万法本乎一心，法立而不犯，令行而不悖，上也。听讼犹人，片言折狱，哀矜勿喜，察必以情，次也。思不出位，案牍劳形，又其次也。若夫专为深刻，残贼而亡极，媮为一切，不顾国患，此路温舒之所痛绝，斯为下矣。吾人须知，法学者，形而上之学也。包括宇宙自然科学、社会科学，上通于无上大乘各种之宗教哲学者也。释家言一真法界，何谓一？纯粹精也。何谓真？其实不虚也。儒家亦言，惟精惟一，允执厥中，为尧舜禹相传之心法，不几与释家言若合符节也乎。虽然，心法吾知之，而不知法界因何建立，是则孔子所訾，有鄙夫问于我，空空如也，我扣其两端而竭焉，适是见其义堕耳。故宗教家言，一真法界，有理法界、事法界，所以者何，法必因事而生，法即据理而立。若离乎事，远乎理，而求别有所谓法者，从古至今，由中推外，无有是处，此可断言也。故事理者，法之实相也。然若偏计所执，而谓事是事，理是理，法是法，拘泥而不通，支离而不贯，是又着相而不由其道也。故必进而推究阐扬，至理事无碍法界，事事无碍法界。何以故？碍者障也，塞也，碍于理则理障，碍于事则事障，碍于事事则事事障。如果只排除一事障，而或有理障，则仍滞塞而不通，排除理障，而或有事障，推而极于事事障，其不通也更甚。故必至于无碍，则事障，理障，事事障，均排除净尽，融合无间。由有陋悟入无陋，有学辨证无学，亦行布，亦圆融。斯乃朱子所谓："众物之表里精粗无不到，而吾心之全体大用无不明。"亦即孟子所谓："大而化之之谓圣，圣而不可知之之谓神。"是则通之至也。夏子敬民，蜚声法界，垂三十年，探赜妙门，精穷奥义。近出其平日所授《法学通论》，付诸梨枣，问序于余，余为杂说如上，或不免有隔靴炙踝、画蛇添足之讥。然学者苟因此玩索而有得焉，庶几与夏子《法学通论》，互相发明，言语道断，我法双忘，倘亦为法界善知识所许也乎。

〔本文为居正先生为夏勤《法学通论》一书所撰写的序言。原题为《〈法学通论〉序》。该书初版于 1925 年，再版于 1927 年。本文约为该书 1927 年版所撰序言。选自李翊民等编：《居觉生先生全集》（下册），台北 1954 年印行，第 593～594 页〕

就纠正西南设立分院事咨覆
西南政务委员会文 *

委员邓泽如、邹鲁、林云陔、陈融提议，西南各省交通不便，有设置最高法院分院必要。爰参照成案，拟定最高法院西南分院组织暂行条例草案及预算，请公决一案，当经提出本会第二十九次政务会议，决议通过在案。除照案公布暨通饬施行外，相应录案并抄同原提议书及条例，咨请查照等由。计抄送原提议书及最高法院西南分院组织暂行条例各一份，准此。查从前各省设立最高法院分院，业经国民政府明令撤销。所有曾经设立最高法院分院或类似该

---

* 1932 年，在广东中山大学校长邹鲁及邓泽如、林云陔、陈融等四人提议下，西南政务委员会"藉口距京辽远，人民进行诉讼往返费时，议决设立西南最高法院分院"。居正以最高法院院长名义正式咨覆西南政务委员会，"纠正所据理由之不当，促其迅予撤销"。然仍未阻止最高法院西南分院成立，此事件反映了当时最高法院的权威危机。《中华法学杂志》以"最高法院纠正西南设立分院错误"为题，将此则咨覆全文予以刊载，同时刊载的还有居正致邹鲁电稿。此处题目为本书编校者所拟。——编校者注

项机关之省份，自奉令日起，不得再行受理案件，其已经受理尚未结束之案，亦均限期办结。良以统一告成，司法系统不宜分歧，明文昭示，至为剀切。奉令之后，各最高分院均经遵照办理在案，是已设者均已裁撤，数载于兹，人民称便。若未设者，按法按事，岂有更容设置之理。兹准贵会咨称，忽又决议设置西南最高分院，殊与国民政府明令显相抵触，且与贵会拥护中央之旨不符。至提议原文，引为设置根据之现行《法院编制法》及《法院组织法》立法原则等，为该案仅有之法律根据。乃一经查核，实皆不合。查现行《法院编制法》尚系前清时编定，时间已久，与现状不合者甚多。按照十六年八月十二日国民政府明令，从前施行之一切法令除与现行法令抵触外，方得暂准援用。是此项编制法既与国民政府裁撤最高法院分院之明令相抵触，则关于该部分之规定，依法当然失效，何能以之援用。再查《法院组织法》立法原则，据原咨附件所称二三一次会议决议者，有得设最高分院之规定，不知中央政治会议于本年三百十六次会议决议，业加修正，亦经完全变更前议。今应据中央政治会议决议修正案原第六项之说明，词旨明确，毫无疑义。谨节录如下："查最高法院设立分院，立法例中绝无仅有。盖以最高法院判决有统一全国法令解释之功用，设立多数分院易致分歧。旧《法院编制法》虽有大理分院规定，而事实上并未曾设立。其后东北、山西虽经设立最高分院，均系以一区政治之关系，为暂时迁就之办法。按之事实，现亦根本消灭。若谓我国幅员辽远，仅中央设一最高法院，于人民诉讼恐滋不便。其实民刑案件之上诉于最高法院者，率用面书[1]审理。"按此明文规定，修正前议，理足词明，适足证明不得设立最高分院之据，自应遵照。况该修正案同项说明之后节，采用巡回制度，正足以补救咨文所称幅员辽阔、交通不便之情形，更足旁证无设立最高分院之必要。因此等情形，自

---

[1] 似应为"书面"。——编校者注

始即不能为设立最高分院之理。是贵会此项决议，于法理既失去根据，于事实尤徒滋纠纷、无端枝节。固无当便民平讼之旨，有乱系统，实有碍司法统一精神，关系匪轻，为患滋甚。即经据咨呈请司法院核示。兹举司法院一〇一号指令略开。此案前准西南政务委员会咨行到院，业经本院以咨字第三十三号咨复，请其撤销决议在案，合行抄发知照等因，奉此，理合遵照办理。相应陈述理由，咨请贵会查照国民政府撤销最高法院分院明令，暨中央政治会议第三一六次修正《法院组织法》立法原则、不得设置最高法院分院之决议，及司法院咨复各节，迅予撤销，以免抵触而滋纠纷。俾我们司法系统亦得保全统一，实纫公谊，此咨西南政务会。

最高法院院长居正

〔本文原载《中华法学杂志》第三卷第九号，1932 年 9 月出版，"最高法院纠正西南设立分院错误"，第 133~134 页〕

致邹鲁电稿[*]

广州中山大学邹校长海滨兄鉴：

　　为最高分院，曾与罗部长[1]去电问讯，碰一个钉子转来，不想再说。未几接兄巧电，又谈此事，引起说话机会，藉便声明。既不是因弟在司法院要集权，亦不是因而托名护法，只为来电所引的例子与事实理由不大充分。例如东北分院，土地根本亡了，这个不详的例，万万望勿援引。若追溯从前云南、广东、山西曾设分院，但先后业已取消，现在可谓全国无一分院存在。若谓交通不便，莫如新疆。新疆不说，他更谓何？至于最高法院收案太多，办案积滞，使诉讼当事人受损害与苦痛，这是弟终日认为不安的，但是根本原因，大半为下级法院人事与审判不能尽满人意，以致地方不能

　　＊　1932年，因西南政务委员会议决设立西南最高法院分院，居正就此事向舆论公开致此项决议提议人之一、时任广东中山大学校长的邹鲁的电文。《中华法学杂志》以"最高法院纠正西南设立分院错误"为题，将居正以最高法院院长名义就此事咨覆西南政务委员会的全文，连同此份电稿一起刊载。——编校者注

〔1〕　指时任国民政府司法行政部部长一职的罗文干。

了结，上诉日多。果下级人事精明，审判平允，则一切案件都可能在地方了结，最高法院政简刑清，岂不是一种太平景象。无如现在梦想不到，而最高法院每月总是入超，因而有积滞之弊。谈到积滞方面，也有两个原因：（一）最高法院因预算经费关系，现只八庭，民四刑四。在国难期间，每月支给不过两万余元，法官案牍劳形，几乎每饭不饱，尚能加紧工作，办案有加。如果预算扩大，增加庭数，则分配所增加之率自然日多，绝无积滞之虞。（二）上诉人手续与程式往往不合，或不交诉讼费，或迟缓答辩，或证物未汇齐，皆足为办案之障碍。有如广东高等法院去年代收最高法院诉费，简直分文未缴，去电催促，一味延宕。试问这种积滞，仍要最高法院负责，尚得谓公也？再说到三级三审，上告日多，似乎宜斟酌情势，多设分院，为最高法院分工，此类理由亦非必要。自新《民事诉讼法》施行后，部中正极力充实整顿下级法院，于法律范围内予以相当职权，令其减少上诉之机会，则案多似无庸过虑。退一步说，人民仍不服判决，必多上告，经高[2]法院二审，乃至最高分院三审，应为裁判确定。假使院部始终不认最高分院之设立为合法，则最高分院所判决能否生效，成一问题。尔时或有人民不服最高分院之判决，仍上告于最高法院，最高法院从而受理之，则最高分院根本已失其信仰，尚有存在之余地乎？健讼风炽之地，难保无此事实发生，兄等又将谓何？来电谓现代司法为世诟病，弟以外行在司法界，应引咎自劾。而各地之自为风气，不能表现司法独立之精神与共纳法治之正规，原因亦甚复杂，固不能谓设立一最高分院，而司法即大放光明也。故弟始终认兄等所持为设最高分院之理由，表面上都说不过去。果要实现大长法治，应当通盘筹画，决定方策，以简驭繁，不应执此小问题，致起枝节之感。倘使兄易地以处，当更振振有词也。弟虽杠头，从不敢计执我见，只此一得之

---

〔2〕　此处遗以"等"字。——编校者注

愚，烦兄转达诸老同志之前，唯希裁察。居正漾。

〔本文原载《中华法学杂志》第三卷第九号，1932 年 9 月出版，"最高法院纠正西南设立分院错误"，第 134～136 页〕

《三年来之最高法院》序

　　昔张释之为廷尉，天下无冤民，于定国治狱，民自以不冤[1]。是皆司法者能守法不阿，有以致之，予何人斯。然间尝取孔子"听讼，吾犹人也，必也使无讼乎"之章而读之，又莫不兢兢然以为圣人垂训之或可期也。顾时代变迁，世异事异，昔之片言以解纷者，今则挟其庞杂之思潮狂卷以进，冲决樊篱，莫可究诘，苟非由今之道，用以变今之俗，虽与之天下，不可一朝居也。予自兼长最高法院，三易其暑，案牍无间，以时考成，则颇滋惭沮，故于公退之余，检点过去，整理现在，规划未来。觉日新又新，不仅为修己之要范，亦具见法治之准绳，拳拳之意，要在不背奉公守法、准今酌古而已，至予之于最高法院，亦俨若受业者然。会议评议，犹教材也；批阅酬答，犹课业也；而推庭僚属，则为畏友而或兼师资者

---

〔1〕　张释之为汉文帝时人，于定国为汉宣帝时人，两人皆曾担任廷尉一职，以司法能力卓著而为时人所赞。《汉书》卷七十一"于定国传"有云："张释之为廷尉，天下无冤民。于定国为廷尉，民自以不冤。"

也。风雨晦冥，切磋砥砺，三年以来，虽无显著之成绩，而质与量均较往年有进展，此庭推僚属之功不可没也矣。因属同人纂集是编，关于三年来之行政及审判事项，罔不备载，爰付剞劂，昭示来兹，此后应兴应革之务尚多，犹赖群策群力，以匡不逮，是编所载，不过椎轮热石，邦人君子，幸有以教之。

〔本文写于 1934 年仲秋，原载《三年来之最高法院》，南京国民政府最高法院 1934 年印行〕

《全国司法会议汇编》序

全国司法会议闭会以后，繁重工作已成过去，所有绪余则在整理与结束。赖诸位事之始终努力，秘书长之指导有方，结束如期完竣，整理大致就绪，夫亦可以蒇事矣。顾念此次会议，以形式言，等于他种会议，无甚新奇；若以实质言，取整个司法之改进，为有系统之探讨，开诚心，布公道，与会同人均认为有一种精神翕合无间，非可以文字传喻也，然使不立文字，将一切资料投之纸篓或束之高阁，其为会议之本旨何？乃相与辑为《全国司法会议汇编》，详略得中，疏密合度，述而不作，其在斯乎？

中华民国二十四年十月一日梅川居正序于司法院

〔本文原载《全国司法会议汇编》，1935 年秋印行，出版者、出版地不详〕

《中华法学杂志》复刊词

〔二十七年九月一日〕

本刊发行之始，吾人即以培养国人法律观念，充实法制本身之质体，并作法学之深邃研究，以冀树立中华民国之新法系，进而谋法治精神之奠定诸点，悬为鹄的。创刊以还，信守不渝，虽内容或有参差，不足餍读者之望，然资料力求丰富，质量务蕲完善。就本刊最低立场言之，小疵大醇，究不无贡献之处，此吾人私衷引为幸慰者也。

中华民国法学会西迁，诸务未遑，本刊暂告中辍。然吾人对本刊之使命与责任，未尝一日或忘，且在抗战建国之过程中，尤感迫切之需要。盖抗战建国中之社会形态，犹风驰电掣之列车，而法律制度，则载此急行列车之轨道也，脱无此轨道以资列车之遵循，其颠覆必矣。吾人有鉴于此，佥以法律与抗战建国之关系，既具有如斯之因果性与连锁性，则本刊之使命与责任更倍于畴昔。

本年四月，临时全国代表大会宣言中有言曰："……在技术方面，则提高自然科学研究，俾军需军器得无缺乏；在社会制度，则适应社会科学的学理，使社会的组织与活动趋于合理化，成为有计划有系统的发达"。技术方面，固指一切物资建设而言，然社会制度之合理化，则须应用社会科学，而社会科学中除政治、经济学等等外，最足令社会组织与活动趋于合理化者，舍法律外无他。法律为一种社会意识之拘束力，以支配人类之行为及其行为之动机。此拘束力之产生，随当时社会之状态而决定，亦随社会自身转变而转变。今者吾人之社会状态，正在抗战建国中而有所转变，一切形态现象，均为抗战建国生活之反映。法律既随社会状态而决定，随自身转变而转变，则吾人首须认识此种转变，进而把握之，再进而探讨之，更进则由探讨之结果，从而改进，并使之化为具体之方案与夫力量及行动，以求配合抗战建国之需要。就法律本身而言，如立法原则之讨论，司法行政之措施，诉讼程序之改善，刑事政策之研究，以及其他，在在皆须适应当时社会状态以及战时人民生活。必如此，则社会组织与活动，始足达到合理化之目的。

虽然，社会组织为一复杂之有机结合总体，社会制度含孕人类与自然以及积累文化之因素，故社会实为一不可分之整体。以社会为研究对象之社会科学，亦为一整个系统之科学。法律学为社会科学之一，就社会科学性质而言，固可成为独立之学科，然就社会科学整体而言，法律学实不能离其他政治学、经济学等等，而越出社会科学之范畴。故吾人今后将以纯粹科学态度，对法律学作更广义、更深邃之研究。除法律学外，其他与法律问题有关系之政治、经济等等之理论或实际，亦尽量博予采集，以求适应整个社会，使其成为有计划、有系统之发达。

制度为社会之外层，人民为社会之内容，欲使社会组织趋于合理化，并成为有计划、有系统之发达，必须先使构成社会之份子——人民，对此社会之转变以及社会之改进有适当之认识，始克整齐步骤，共向抗战建国之途进行。且在此抗战建国过程中，因法律之施行较多，极易养成人民对法律注意之习惯。欲求达到此种目的，必须先求法学上意见之统一。盖法学学者以及其他社会科学学者，因观点之互异，容或有意见之不同。是以吾人极愿以公开之态度，与国内法学学者及各别社会科学学者，共同作纯粹学术之批判，采求客观之真理，融和各方之意见，以求得正确之结论。并将此种结论，除因问题本身性质繁复，不能避免学术化及专门化外，力求简单化与大众化，以冀普遍输入各阶层之民众，引其对于法律之新认识、新观念，以为他日法治之基础。且于无形之中，使社会组织与活动趋于合理化，成为有计划、有系统之发达。

吾人愿以最大之决心与努力，以求上述诸点之实现，深盼海内贤达暨法学界同仁，不吝珠玑，予以研究之协助与指导。吾人当以至诚接受，使法律学与其他社会科学，继长增高，法治精神发扬光大，抗战建国顺利实施，并使吾人为此伟大时代所赋予吾人之使命与责任而迈进。

〔选自李翊民等编：《居觉生先生全集》（下册），台北 1954 年印行，第 586～588 页〕

致谢冠生函（三件）[*]

（一）冠生兄鉴：三月廿一日手书奉悉。监犯移垦计划，既荷介公采纳，宜详加研究，务祈切实可行。救济战区司法人员，初步分发，已达总数四分之三。后来者有无不敷分配之虞，似宜顾及。四川添设法院，初步可谓有成就，自不能因此而满足。云南、贵州

---

* 谢冠生（1897～1971 年），名寿昌，字冠生，浙江嵊县人。毕业于上海震旦大学，巴黎大学法学博士。曾任商务印书馆《辞源》与《中国地名大辞典》编辑，先后执教于震旦大学、复旦大学、中国公学及法政大学。1926 年由谭延闿、孙科介绍加入中国国民党。1915～1922 年任上海商务印书馆编辑，1926 年任国民政府外交部秘书，中国国民党中央监察委员，中国国民党中央评议委员，中国国民党中央纪律委员会委员，1927 年任国民政府外交部条约委员会委员，1927～1929 年任外交部条约委员会简任秘书，1929 年 9 月国立中央大学《半日刊》创刊，谢冠生、徐悲鸿等为编委会委员。1930 年 4 月年任司法院秘书长，7 月，创办《中华法学杂志》。1931 年，参与起草《训政时期约法》。1937 年 8 月任司法行政部部长，1948 年任行政院政务委员，1948～1949 年任司法院秘书长，1950～1958 年任"司法院"副院长，1971 年病逝于台北。著有《战时司法纪要》、《法理学大纲》、《罗马法大纲》、《中国法制史》等。——编校者注

不知此次分发人员有去否？兄前信有于二十八日南下意，确否？望驾惠临，藉商一是也。二十七年三月廿四日。

（二）冠生兄鉴：古者大司寇听于棘木之下。又云划地为狱。或云时代使然，然其表信示威，盖有在也。今者西康吾人不敢目之为"榛莽"、"游牧"。惟以殊方异俗，进化较迟，亦事实耳。法院初创，宜本筚路蓝缕之心诣。如以木铎徇于道路，日呼途人而告之，见有纷难，为之排解。不曰折狱，而曰主张公道，打抱不平。如有一二获其信仰，虽不敢必。德之流行，速于置邮而传命。然其收效，总比守株待兔、刻舟求剑胜多矣。据费院长报告，西康现有建筑费八万元，而其生活之高出人意外。余意将此八万元，以半数粗建办公室等等，以半数作盘川，着现有人员或加上土著，分组或一组，巡回于足迹能到之地。别出心裁，种种传播，尽一年或两年之力，循循善诱，化民成俗，法治之推行，似可操左券也。略抒己见，以备采择。二十八年一月十日（在重庆）。

（三）冠生兄鉴：顷接十三日手札，诵悉一是。司法经费，财部放手放胆，亦兄之积诚有以致之。但欲调查整理各省法收，殊非易事。参政会空气，似乎比以前稍有不同。不过外交关系，中央总应拿定一个主意，或如上次议长有严正之表示，庶几不同意见，可以消融，不使影响于中央国策。兄以为何如？司法改进案，望相机应付，想参政会不乏明达之士，断不会弄得牛头不对马嘴，非且行不通，且有碍于现制也。四川省人事问题，十分复杂，若如建议，未始非一法，然而难矣。二十八年九月十四日（在成都）。

〔选自李翊民等编：《居觉生先生全集》（下册），台北1954年印行，第588～589页〕

第六届法官训练班同学录序

　　法官训练，顾名思义，固知其为训练法官法律知识之增进，及政治意识与道德意识之修养，非仅致力于学课条文法典而已足也。法官训练所之设，爰本斯旨，一方面为国家树植司法专门人才，另方面又为专门人才锻炼身心，教忠励勤之养成所。故所冀造就之人才，于政治意识、道德意识两者，俱有甚深之修养与锻炼，以之为国家效力。庶几于抗战建国前途，得莫大之裨益，是又不仅为树植专门人才之意而已足也。故吾人应知，数年来抗战，就军事说，固为全国军事力量之斗争；然同时亦为一国政治技术之斗争。在全面抗战中，前方后方，凡是贡献能力于国家，不论地位之高卑，不论使命与功绩，皆有其相等之重要。况法官之任务，负有平衡法度、整饬纪律之责；后方政治之清明，社会秩序之安定，端赖法治之彰明信守。如后方政治清明，社会秩序安定，必至加强其前方作战力量，自无疑义。是法官所负之使命，已等于直接参加作战。由此以观，法官训练之意义，不其重且大乎？虽然，吾人于所负之使命既明，其于吾人平昔服务法界之信守，亦即有可得而言者："国家至上"一语，为国人今日作人处事之唯一原则。战时一国之内，人力资源，一切属于国家；思想意志，一切以国家之利益为前提。此非摭拾集权国家之牙慧，而为任何国家处战时之必然情态。中国过去情形，似觉太散漫，只看重个人，不重视国家整体。此种现象，普通人民原有此弊，而一般政治之服务人员，则不应蹈袭此弊。过去司法界常蒙有国家意识极淡薄之讥；意者以为司法乃一独立体，可超然于一般政治形态以外。此其臆说，固为诞妄，而过去司法人员之未能发挥国家意识，忽视国家整体，亦属事实。今抗战形势转入重大紧急之时，诸君于此时修业期满，正为贡献力量于国家最好时机。国家生存，高出任何私人利益之上；任何私人利益，必在国家生存之前提下，方有保全。诸君本其训练所得，当勃发此种意识，激励忠勤，为过去司法服务人员一矫此弊，为抗战建国时之司法人员树立新模，是则予之所厚望也。兹当第六届毕业同学刊行同学录，爰缀微意于弁端，为临别之赠言云耳。

〔本文大约写于 1939 年。选自李翊民等编：《居觉生先生全集》（下册），台北 1954 年印行，第 582 页〕

悼本院首席参事本会前任
理事潘植生先生

　　法官不难于守法，而难于明法；不难于用法，而难于了法。盖守法为法官之本分，用法亦法官之本能，现代法官，大都符此水准者也。然何以尚有失出失入，一审再审三审，穷年累月，为世所诟病者，非不守法也，亦非外法而自用也，多半由于不明不了，未能准情酌理，予当事人以折服也。昔舜命皋陶，一则曰维明克允，再则曰明于五刑，以弼五教。穆王诏吕侯，一则曰明启刑书胥占，再则曰明清于单辞，民之乱罔不中，听狱之两辞，毋或私家于狱之两辞，故知通明法律，解释法律，非深于学问，富于经验，而又能集思广益，虚衷善纳者，不足以胜任而愉快也。吾阅近代法官，适合于以上理想者，则潘植生先生其人也。

　　先生出生于河北涿州，姓潘名恩培，字植生，奕世清贵，家学渊源，幼而循齐，长而敦敏，魁梧奇伟，雅有北方之强，而恂恂如也。弱冠举茂才，考拔中选，时许为廊庙器。逊清末业，罢科举，置学堂，京畿得风气之先，纷纷以习洋务为终南捷径，而先生则独具只眼，谓欲变法图强，非厉行法治不为功。于是肄业于京师法律学堂，潜心研几，以甲班最优等毕业。初任农工商部主事，非其愿也，中华民国建立，晋司法部佥事，犹以为未遂其志，出任京师地方审判厅推事庭长，课最。拔京师高等审判庭推事庭长，大计卓异，升大理院刑庭推事。察辞于差，哀敬折狱，司法风规，于焉整肃。尔后内乱频仍，而司法犹得保持统一者，先生一辈廉公有威之法官，与有力焉。国民政府建都南京，先生应召，屈就司法部刑事司科长，匡直辅翼，咸与维新，更大理院为最高法院，以资深任推事，司法院创立，内调参事。民国二十三年，余一度兼任司法行政部部长，强之兼常务次长，不久解除部务，专任首席参事。盖自民国十七年，迄今三十三年，亦越十有六载。先生在参事任内，关于其职掌，一字一句，煞费心思，一项一条，绞尽脑汁，除著有《刑法实用》行世外，只此解释要旨，公布两千号以上，无一不为其心血之所寄。关于院务，凡有咨询，则缕缕而详说之，如数家珍，凡有讨论，则侃侃而不苟同，必衷一是。又确守致身之道，举知之义，而不私荐一人，或干与一事。抗战达严重阶段，则只身随政府西移，与北平家人亦不通问，自奉俭约，而不吝施舍，与人为善，而诱掖后进，法官学生之受其训诲者，讲堂功课之外，往往有举一问题或援一事例请益者，必不惮烦而为之剖析指示，使其涣然冰释，怡然理顺，故恒引以获列门墙为荣誉。吾敬之重之，倚之如股肱，事之如师友，先生则益自谦抑。凡余往返歇马场莲池沟本院所在，必迎送道旁，冬夏无间，风雨不移。前月五日，下车不见，同人以染微恙告，到院晤对，行坐如常。问何不适，有感冒否，抑旧疾发耶？先生答以，只感觉体重足软，不如往日之健步耳。午夜办公无异状，翌日太蕤葬，有劝勿往者；先生曰，礼不可失，法亦宜然，移灵执绋，随众如仪，既葬而返，不露倦容。晚间为商某一法案，与重庆电话者再，上下阶坎，不见气吁，自是各就寝。七日早起，犹走余室，若有所陈，时以书事，未及应。出室与内人谈，移时竟去，初不知其为病厥也。十时以后，同事奔告，先生气闷，急予往观，枕胁而卧，面唇变色，呼吸似停。驰役召医，逾时始到，而先生竟长眠不起矣。呜呼恸哉！同寅拭泪，工役含悲，余固不知涕之何从也。讣闻于外，电告其家，附身附棺，勿之有悔。三日而殡，天阴雨湿，不期而致祭者逾百人。相向失声，哀恸路侧，卜兆安厝，勒石墓门，题曰"河北涿州潘植生先生之墓"。盖志其清逸，而不以官名者，有待其令嗣之阡表也。呜呼，先生生清光绪七年辛巳（其家属曰属龙则为庚辰），殁于中华民国三十三年五月七日午时，享年六十有四。夫人沈氏，有子女四：长锡元、次铁元、女静元，敏元，孙四人。锡元自甘肃任内得电奔丧，见其一种仁亲为宝之哀思，发之于静默语言之表，深觉先生之庭训有方。使天假之年，其对战后法界复员之规划，与解释法律疑义判断人民私权纠纷，当有十百千倍与及身之成就也。先生自迁都后，公余退食，徜徉山水间，足迹所至，发为吟咏，人间世态，哀而不伤，尤嗜杜集，集句如己出，风人诗史，余韵长矣。

　　呜呼，先生，生有自来，逝有所为。悬弧涿鹿，脱化莲池。鞠躬尽瘁，殉身以道。忘家忘私，法门师表。我识先生，为时恨晚，越十余年，靖共无忝。胥仗先生，殷勤启沃，补阙拾遗，嘉我以谷。卒前须臾，失之瞬息。昊天不憖，噬脐无及。呜呼！安得起先生于九泉，令余得趋前而忏悔！

　　〔原载《中华法学杂志》第三卷第六期，大东书局 1944 年 7 月出版〕

悼大东书局总经理兼本会
编辑委员沈骏声先生

　　《中华法学杂志》复刊之会，获交骏声先生，盖一大因缘也。骏声先生，少有大志，不陨获于贫贱，不充诎于富贵，致力于文化事业，今人与居，古人与稽，博学而不穷，笃行而不倦，不宝金玉，而忠信以为宝，不祈土地，立义以为土地，不祈多积，多文以为富，随机赴感，誓愿弘深，倘得竟信其志，经纶天下之大经，立天下之大本，赞天地之化育，其有造于中华民族国家者，岂曰小补之哉。羌乃显仁藏用，易地皆然，本其弘扬文化心得，寄之于大东书局，三十年如一日。平时对于著作编修，极其审慎明辨，杜绝海淫海盗之邪说流行；对于资料技术，极其充实精到，适应日新月异之工业进化；对于发行交易，极其宽信敏惠，方戒使诈使贪之投取行为；其它分别部居，因材器使，大多福利，逮及员工，大东书局基础因之而巩固，规模因之而宏伟，是皆骏声先生之力也。不宁惟是，抗战军兴，淞沪糜烂，凡百工厂，随在内迁。骏声先生于此，采分工合作之法，乘因地取材之便，设分厂于浙江、江西、湖南，置分局于广西、贵州、西川，以总管理处为枢纽，若网在纲，有条不紊。金兰不守，浙厂迁闽，先事预防，损失减少，尔时群服其智。洎夫香港遇寇，以身系全局之安危，坐守仓库，一任大炮轰于顶，飞机震于耳，职工仆于侧，而不稍避，直至香港陷落以后，收拾余烬，间关脱险，又莫不佩其勇。重庆重来，百工居肆，既成其事，汔可少休，乃不敢自暇自逸。逆料抗战达最后阶段，需要票券供给，较前更为繁重，愿竭所有能力，尽量贡献国家。复稔知建国以法治为中心，当此资粮缺乏之余，非有系统之大量刊物流通，不足普及一般知法而守法。于是本其夙愿，负荷法学杂志副刊印刷发行之责任，并拨冗参与编辑，以次及于《法令周报》、《最高法院判例要旨》、《法学丛书》等等，务使于预定期间，排除万难，达成其以服务为目的之初衷，利市亏损非所计也。呜呼！不幸因此而积劳成疾矣。方疾之初起也，消化不良，间或感冒，延医诊断，均嘱静养，同人亦以为言。骏声先生则以平日总揽一切，事必躬亲之故，一旦放下，陨越堪虞，故仍不遑启处，力疾从公。中间小愈，赴歇马乡北碚，访问立法司法中山文化教育纪念馆及其它文化界，诸法家弼士，一种为求法故不惜身命之无畏精神，四筵大为感动。无何闻入疗养院检查，偶尔呕吐大作，急改入中央医院，傍晚余往问疾，见其呕吐甚苦，请医急治其标。次晨派人问讯，则云较昨平复。厥后便道过从，发现眼珠周身，均呈黄色，论者以为胆病。经过数日，黄色渐退，爱克司光摄照，皮里胸中似有一物，须得剖而视之。家人朋友，以为卧病较久，抵抗力弱，手术似宜慎重，不与签字，骏声先生则毅然亲笔签字，曰：看好治好，不然好早归去。亲友以他语乱之。用手术经过二十四小时后，余视之神志尚清，语言可晰，温慰至再，珍重而别，越日则以讣告，呜呼哀哉！时六月二日也。事后闻当日需输血，车不及驰，以致不起。佛言：人命在呼吸间，其然，其信然耶，传之非其真耶，何天夺之速也。骏声先生创业甫半，中道而殂，不仅为大东书局之损失，直文化界之损失，亦国家之损失，我中华民国法学会丧一良友，则尤震悼而不能自己者也。所幸者，大东书局董事明达及其同人，与骏声先生同患难，共甘苦，后先疏附，历有年所，必能竟其未竟之志，以慰在天之灵，则骏声先生之精神为不死也已。呜呼惜哉！

〔原载《中华法学杂志》第三卷第六期，大东书局 1944 年 7 月出版〕

朝阳学院三十二周年纪念特刊发刊词

夫一国政治之隆污，每系乎学术风气之所趋，以为转移。现代法治之昌盛，至此极矣；而我国法学犹未免瞠乎其后。故今日欲树立法治，以达成建国之目的，法学一道，必须力求昌明，蔚为风气，而后国家乃可长治久安。所谓学者，在能举其上下古今，比较中外，探赜索隐，折衷至当之谓也。我国当春秋战国之世，法学本极昌明；迨乎辕近，法学之衰微，亦可谓至于极矣。此其故，清沈家本氏言之綦详。其言曰："李斯相秦，议请史官非秦记皆烧之。非博士官所职，天下敢有藏诗书百家语者，悉诣守尉杂烧之。若欲学法令者，以吏为师。自是法令之书，藏于官府，天下之士，陋于闻见。斯时朝廷之上，方以法为上，四海之内，必有不屑以吏为师者，而此学亦遂衰。……汉兴虽弛秦禁，而积习已久，未能遂改，外郡之学律令者，必诣京师，又必于丞相府。……宋承唐律，通法学者代有其人，盖自魏置律博士一官，下及唐宋，或隶大理，或隶国学。虽员额多寡不同，而国家既设此一途，士之讲求法律者，亦视为当学之务，传授不绝于世。迨元废此官，而法学至此衰矣。……明设讲读律令之所，研究法学之书，世所知者约数十家，或传或不传，盖无人重视之故也。本朝讲究此学，为世所推重者不过数人，国无专科，群相鄙视。纪文达编纂《四库全书》，政书类法令之属，仅收二部，存目仅收五部。其按语谓'刑为盛世所不能废，而亦盛世所不尚'，所录略存梗概，不求备也。夫四库目录，乃奉命撰述之书，天下趋向之所属，今创此论于上，下之人从风而靡，此法学之所以日衰也。"沈氏之言止乎此，其后递嬗至于晚清之世，自鸦片战争以后，因怵于外国之船坚炮利，初以为若欲图强，仅须学得其制造机械等等技术便已足。及甲午之战以后，方知其优越之法制，实尤为富强根本之图。而同时我国内之经济社会状况，因帝国主义者之侵入，亦大呈变化，旧日简单固陋之法制，已不能适应新的环境。于是有下诏变法图强之举，事未及成而清社已屋。民国成立以还，祸乱相寻未已。迨至北伐完成以后，政府对于法学一道，初亦未重视提倡，自难期其振作。且抗战军兴，即对国内大学法科之招生人数，亦大加限制，法学一息之能属者亦仅矣。此与清末初时之一般士大夫之见解，徒怵于船坚炮利者，又岂少异？固知历史之教训，不足为一般人言也。而国人之所以不娴于法治之精义，散沙一盘，人各自为，固非一朝一夕之故。近年来以世界战争起于侵略之独裁者，与民主势力争衡，乃鉴于法治精神之不可侮，益感法治为民族命脉之所托。今者抗战胜利结束，建国计划，自必次第推行，即以积极工业化一事而言，世界工业先进国家，大都由于法治愈显而工业愈表现其进步。盖以现代政治与现代国家，莫不以法治为本。今欲使中国趋于工业化，对此扶助工业进展之法学，尤不可不讲也。总裁于统计实行实业计划中，以最初十年内所需之各级干部人才，共计为二百四十六万四千二百人，其中需要由大学或专科学校文法商经济等一般学科毕业者，计三万一千人，占总数八十分之一而强。夫在实行实业计划之时，尚须有八十分之一而强，由大学或专科学校文法商经济等一般学科毕业之人才，则此后各项政治建设所需用之法政人才，及因旧有行政人员发生新陈代谢作用，而需要补充之法政人才，其数之多，已可想像。是以今后法政人才之需要，既如此其多且殷，则力求法学之昌明，使其……刻不容缓。所以力求法学昌明之道，端在……提倡，与从事教育者之苦心毅力培养陶成而已。本学院为国内仅有之法学院，且具有深长之历史，所培成之法界人才，几遍全国，今当本学院届三十二周年纪念，吾人追溯既往，策励未来，觉应急待兴革者正多。惟秉朝乾夕惕之义，所望于学风之整肃，校务之刷新，及诸生兢兢进业，毋使来者之不如今也。则法学之昌明，庶乎有豸。

中华民国三十四年十一月居正草于山洞。

〔选自李翊民等编：《居觉生先生全集》（下册），台北 1954 年印行，第 583～585 页。文中几处有"……"，系原稿脱漏或文字不清处。原编者有按："本文末有'……'者因原稿脱漏，待补正。"〕

朝阳大学校训题词

曹交问曰："人皆可以为尧舜，有诸?"孟子对曰："然。"是真语者，实语者，不诳话者，故本斯旨，取《舜典》"浚哲文明"四字，以为本校校训，所以期许来学者，至大且远，略缀以词，非敢云释义也，聊供观摩云尔。

一曰浚，夙夜凌明狂作圣。譬如掘井须及泉，又如治水勿违性。级深缏短懁弗胜，显微阐幽寻究竟。淘沙拣金出夜光，入海求珠探径寸。愚公诚格可移山，大禹功成能继舜。资深左右则逢源，勖尔诸生宜受训。

一曰哲，聪明浚智非庸劣。六度万行重般若，五典三物崇达德。闻一知十回若愚，七十三千参也得。博学笃志穷未来，切问近思寻理则。修齐治平在格致，黄老庄玄别杨墨。知行合一实知难，毋矜小慧毋妄说。

一曰文，天地人才不可分。章生尽美需锦绣，华国最上是典坟。由博而约鸣和乐，闳中肆外广令闻。简疏揣摩法乎上，切磋瑟僴合其群。雕龙词倒三峡水，倚马笔扫千人军。沁人心脾脍炙口，化成天下庶民心。

　　一曰明，日月丽天四时行。容光必照了无际，通达一切自然精。破除昏暗资慧炬，涤荡瑕秽现冰清。鉴空衡平勤恤隐，象刑弼教允乎情。百世以俟而不惑，黄离得中享利贞。大学之道第一义，顾提悬书座右铭。

中华民国三十四年十一月二十三日
私立朝阳大学三十三周年校庆纪念
广济居正觉生题于
东川重庆巴县兴隆场朝阳学院

〔原载《中华法学杂志》第四卷第九期（总第 39 期），大东书局 1945 年 11 月出版〕

中华民国宪法颂并序

盖闻二仪有象，显覆载以含生；四时无形，潜寒暑以化物。虽万八千岁，同临有截之区；而七十二君，罔识无边之法。由是纵欲败度，轮回于六趣之中；取乱侮亡，没溺于三涂之下。

粤若神凝南海，圣诞香山，慧日法王，超四大而创制；灵犀天授，越三界而显庸。调御十方，弘济万品。其为教也，则综五族为共和；其为义也，则创三民而立极。四海兄弟，忠孝仁爱信义和平为其体；天下为公，政治经济文化交通为其用。圆融之力难思，行布之机多绪，等灵空而为量，匪算数之可穷，操实相之入微，讵名言之可述。巍巍乎无得而称者，其唯我国父孙中山先生欤。

国民代表大会，应运出兴，乘时拔萃。绍隆谟烈，凛遗泽之未宏；祖述典章，挽狂澜于既倒。我国民政府，启沃乃心，庄野氓蚩，呼号引领，迟迟召令，日异而月不稽；矗矗英姿，性别而情允洽。汇二千人之众志，诚重劳轻；惜四十日之寸阴，求深愿达。盈庭辩论，无言倾听能言；举案张弛，少数服从多数。五十年之顺应，辟新纪元；四百兆之安怀，划一时代。昭垂殷鉴，解秽天坛，运转金轮，盖愈领表。灵文宝录，公布之礼备焉；玉律金科，重译之传广矣。

中华民国宪法者，斯乃经天下之大经，立天下之大本，化育万物之洪范，变理阴阳之大乘也。开宗明义，遵循建国大纲；平等自由，赋与国民全体。大之则弥于宇宙，细之则摄入毫厘。纲领总持，若纲有条而不紊；节目具举，如珠在握而常明。都因执而不书，疆以理而从括，政权行使，大一统于中央；治能敷施，均自治于邦邑。法士超出党派，选举抑限官僚。经武缮防，措神州于永固；讲信修睦，进世界于大同。建设首要，衣食住行，水准提高，农工商学，劳力与资本同荣，社会共家庭一体。诠言理贯，式孚我国之情；摘句事谐，胥动舆人之诵。顾刚克而济以柔克者，得依法而提修；易知而尤恐难知者，当据文而解释。正宗彰显，余绪纷披。按程序而实施，计日期而促进。美矣备矣，猗与休哉。

洪惟大法，蕴久涵弘，肇祖元胎，远在同盟之夕；诞弥先达，豫惟起义之辰。壬子创业未半而毁于甲寅，丙寅中兴造端而臧于丙子。燃藜属草，亘一岁而飞书；吹管置邮，讫十方而露布。方谓三根普被，浚性海之源泉；万有齐资，廓法界之领域。何期长蛇封豕，荐食上都；铁马金鳌，蒙尘重庆。浴八年之血汗，惊天地而泣鬼神；洗九世之腥膻，化干戈而为玉帛。河山克复，含识扬麻；日月重光，有情效命。还我龙蟠虎踞，召开石室之藏；完兹骏业鸿图，大启珠函之秘。皇皇宪法，宣畅尘区；赫赫瑶章，显扬沙界。正塑厘定，并两曜而长悬；轨物纳常，弥五洲而永大。爰为之颂曰：

国父昔居兜率宫，手扶云汉分秩庸。天孙为插玉芙蓉，浩浩凭虚御太空。下与浊世启聋朦，载以共和福攸同。三民五权规模弘，睥睨共产资本雄。执其两端而用中，国民政府达四聪。集思广益被薰风，召开大会汇西东。代表多士箓景从，无党无偏举融融。受遗付讫秉至公，春秋笔削矢精忠。坚白异同辩论丛，审慎抉择三复终。皇皇大宪绍述隆，结集无量心血浓。历四十日告成功，飞书露布重译通。干羽两阶格苗凶，照照皥皥中华民国宪法万世宗。

中华民国三十六年一月廿五日，居正觉生氏书于刊江菜园。

〔原载《中华法学杂志》第五卷第九、十合刊"制宪专号"（总第49、50号），大东书局1947年5月出版〕

朝阳学院法律系二十五班
学生毕业同学录序
〔三十六年六月二十二日〕

中华民国三十六年夏，为朝阳学院法律系二十五班学生毕业之期，余于斯时，以职所系，未克莅平，与诸生相晤一堂，参与典礼，殊为怅怅。所幸校中全责，由石院长竭力主持，始终无间，暨诸位师长教导提撕，使诸生于戎马倥偬之余，由渝迁平，学习不辍，近已毕业，诚非易事。诸生以毕业之后，袂判璋分，不克常聚，爰有同学录之编印，作为纪念，藉资联络，意至善也。然余以为纪念与联络，不过徒有其形式耳；进而求之，端在精神团结。盖仅求形式，虽终朝观面，貌合神离；若团结精神，纵千里相违，志同道合。且纪念既往，还须策励将来，联络感情，尤期统一意志。诸生于毕业离校，置身社会，此后请益于师之日少，取助于友之时多。一方面当本其所教所学，明辨慎思，应诸实用；一方面当就其所亲所历，悉心研究，力求深造。语云：学问者金库，研究即其键也。欲启其键，实惟益友。同声同气，若石若金，他山攻错，在于斯矣。更有进者，诸生学习法律，将来行宪开始，经纬万端，宜发挥所学，集思广益，精研所历，博访周谘，以树立法治之基础，增高宪政之效率。尤望同学之间，互相砥砺，奉公守法，为人民之保障；严身律己，为人民之楷模。斯又不仅关同学之前途，实为朝阳之荣誉。则此同学录之编印，庶有意义矣。兹以数语弁其首，诸生勉乎哉。

〔选自李翊民等编：《居觉生先生全集》（下册），台北1954年印行，第583页〕

朝阳学院《法律评论》周刊复刊词

过去朝阳大学师生，于民国十二年，在北京创办《法律评论》周刊，历时一十五载，出版凡十四卷，七百二十余期，为法界较有权威之刊物。嗣因抗战而中止，至可惜也。今者抗战胜利，制宪完成，朝阳留京校友，定于本年七月一日复刊，率由旧章，继续努力，研讨法制，宣导舆情，属余一言弁其首。

缅维复之象意，易象词曰："复亨，刚反，动而以顺行，是以出入无疾，朋来无咎，反复其道，七日来复，天行也；利有攸往，刚长也；复其见天地之心乎"。朝阳校友，深明宏旨，持论以刚克，评事以顺行，通声气以求友，本文字以得朋，反复其道，亘七曜而法天；利有攸往，合四时而应地。天地之心，于此大可见矣。

抑知休复则吉，迷复则凶，频复若厉，敦复无悔。是以君子，多识前言往行，以蓄其德，后以裁成天地之道，辅相天地之宜，以左右民。莘莘诸子，青年读法，皓首穷经，学优则仕，仕优则学。值兹穷变变通之际，复刊《法律评论》，公开与世人相见，吾知其必有所以也。

顾名思义,法律开宗,殆鉴于人群社会之演进,万有现象之错综,非依法律为准绳,则不足范围天地之化而不过,曲成万物而不遗。尤其法律之于国家,如民非水火之不能生活也。于此应知法律之本质,有道德的规范,有伦理的规范,有技术的规范,有惯例的规范,依此本质而研究其进化。形而上者,道德伦理;形而下者,技术惯例。吾人不可忽视技术惯例,更须重视道德伦理。所以者何?法律者,与人为善,而禁人为恶者也。善人则受法律之保障,恶人则受法律之制裁,天之经也,地之义也,民之行也。吾人准此概念,而玩索其理则,阐明法律之目的,显证法律哲学之无上妙谛。中国法系之大方广博,使法理日益弘布,法治日益修明,措国基于巩固,维世界之和平,是则诸子复刊之责也。复次评论,则不限于法律,或针对时事之中心,而为剀切之陈述;或指点舆论之庞杂,而为明允之批判;或采取新颖之资料,而供学术上之参考;或广开通讯之门类,而供尔我间之观摩。凡此诸端,主编者及诸作者,必优为之,无俟余之辞费也。

中华民国三十六年六月十四日,居正觉生氏缀于大树根玉佛精舍。

〔选自李翊民等编:《居觉生先生全集》(下册),台北 1954 年印行,第 585~586 页〕

图书在版编目（CIP）数据

为什么要重建中国法系：居正法政文选 / 范忠信编. — 北京：中国
政法大学出版社，2009.6

ISBN 978-7-5620-3493-3

Ⅰ.为... Ⅱ.范...Ⅲ.法学 – 中国 – 文集　Ⅳ.D920.0-53

中国版本图书馆CIP数据核字(2009)第080463号

书　　名	为什么要重建中国法系：居正法政文选	
出 版 人	李传敢	
出版发行	中国政法大学出版社(北京市海淀区西土城路25号)	
	北京 100088 信箱 8034 分箱　　邮政编码 100088	
	zf5620@263.net	
	http://www.cuplpress.com（网络实名：中国政法大学出版社）	
	(010)58908325（发行部）58908285（总编室）58908334（邮购部）	
承　　印	北京华联印刷有限公司	
规　　格	880×1230　　32 开本　　16 印张　　410 千字	
版　　本	2009 年 6 月第 1 版　　2009 年 6 月第 1 次印刷	
书　　号	ISBN 978-7-5620-3493-3/D・3453	
定　　价	40.00 元（精装本）	